3
2019
第3辑
总第55辑

Nomocracy Forum

法治论坛

广州市法学会 / 编

中国法制出版社
CHINA LEGAL PUBLISHING HOUSE

目录 CONTENTS

Nomocracy Forum

社会治理专题

调研报告

实务研究

案例分析

法谈法议

社会治理专题

区域生态环境共治共享中的跨界环评法制研究

黄晓慧*

【内容提要】环境评价制度作为预见性环境保护制度的支柱，已为世界大多数国家和地区所接受。由于邻国或区域间的跨界大型项目建设的环境影响是区域性甚至是全球性的，跨界环境影响评价需求迫切。从国际双边、多边条约，国际法院及其他国际争端解决机构的裁判实践来看，跨界环境影响评价制度的实施基本上是在有共享陆地、水域的相邻国家或地区之间，相应的国际法惯例业已形成。粤港澳大湾区共享陆地、水域广泛，在打造世界级城市群建设中，实施跨界环境影响评价对协调大湾区区域环境的保护与治理确有必要性。由于“一国两制”下社会制度和法律制度的刚性约束，粤港澳大湾区尤其是粤港两地要实施跨界环境影响评价，仍面临两大法律障碍，一是环评报告中的“替代方案”问题，二是政府行政决策的“司法复审”问题。这需要通过双边协议的谈判、磨合，推进两地的环境影响评价制度在立法观念和技术、执法观念和程序等方面的衔接、协调。

【关键词】跨界环境影响评价　粤港澳大湾区　替代方案　司法复审

按照《粤港澳大湾区发展规划纲要》（以下简称《大湾区规划纲要》）的战略定位，粤港澳三地将合作共建、共治、共享“充满活力的世界级城市群”，“宜居宜业宜游的优质生活圈”[1]。据此定位，粤港澳大湾区跨域性环境保护及治理的协同性，是落实《大湾区规划纲要》、维护三地可持续合作发展的关键。

---

* 黄晓慧——广东省社会科学院法学研究所研究员。主要研究领域：经济法、行政法。

1 详见《粤港澳大湾区发展规划纲要》第二章“总体要求”第三节“战略定位”。

环境影响评价法律制度是预见性环境保护制度的支柱，是贯彻落实预防为主方针的基石。[2]基于“在‘一国两制’下，粤港澳社会制度不同，法律制度不同”[3]，香港法院对特区环保署的行政决定有司法复审权。从行政与司法的角度看，这一制度设计与内地差异较大，使得两地环评制度在保护环境的力度、评价作用的空间，以及环评次级等方面发挥的作用不具可比性，[4]由此导致一些跨界合作项目难以畅顺推展。为此，本文拟从比较法的角度，分析在粤港澳大湾区城群建设中实施跨界环境影响评价需要面对的若干法律问题，以期促进粤港澳大湾区跨域性生态环境的共治共享。[5]

一、理论与实践——跨界环境影响评价的新进展

跨界环境影响评价是指用于评价拟议活动可能对环境产生的跨界影响的国家（或地区）程序。所谓“跨界影响”指全部或部分发生于一国（或地区）辖区内的拟议活动在另一个国家（或地区）辖区内造成的任何影响。[6]西方发达国家环境影响评价内国法发展比较成熟，近二十年来，随着世界银行等国际金融组织的推进，许多发展中国家为获取项目建设资金资助也纷纷制定环境影响评价制度。由于邻国间的跨界大型项目建设的环境影响是区域性甚至是全球性的，跨界环境影响评价需求迫切，相应的国际法惯例业已形成。

（一）国内外涉跨界环评法制的学术法理研究

近年来，我国学界对跨界环境影响评价的研究主要是从国际习惯法和国际法院案例的角度切入，基本上都认为跨界环境影响评价规则已经发展成国际法。边永民从国际法院、联合国海洋法法庭和国际常设仲裁法院等国际司法机构审理的数个涉及跨界环境影响评价的案件入手，分析我国已经签署的涉及跨界环评的多边条约、区域性条约和双边条约，以及在一些项目（主要是黑龙江和广西边境地区）上开展的跨界环评的实践，认为跨界环境影响评价已经发展为国

---

2 黄晓慧：《论环境影响评价制度的移植异化——以粤港两个案例的比较为视角》，载《广东社会科学》2014年第3期。

3 《粤港澳大湾区发展规划纲要》第一章“发展基础”第二节“机遇挑战”。

4 黄晓慧：《论环境影响评价制度的移植异化——以粤港两个案例的比较为视角》，载《广东社会科学》2014年第3期。

5 鉴于香港属英美法系，澳门属大陆法系，且实践中香港与内地的管辖权法律冲突问题更明显，限于篇幅，本文仅就粤港合作中的环境影响评价问题进行法律分析。

6 《跨界环境影响评价公约》第1（vi）、（viii）条。

际法，对各国（包括我国）具有普遍约束力。[7] 杨锦波通过对第一个将界河纠纷诉诸国际法院解决的阿根廷诉乌拉圭违反双边协议（1975 年《乌拉圭河法》）在乌拉圭河畔兴建纸浆厂案进行分析研究，认为国际法院 2010 年 4 月所下判决结果首先将预防原则和谨慎原则明确为环境国际习惯法规则，并在此基础上澄清，如果拟议的工业活动（尤其是面对共享资源时）有可能造成跨界重大不利环境影响，却未能进行环境影响评价，该工业活动的拟议国就没有尽到国际习惯法要求的谨慎义务，由此明确了跨界环境影响评价的国际法义务。但他认为从国际习惯法的角度看，国际法院判决结果中对环境影响评估制度的论证逻辑有可商榷之处；并认为国际法院可以通过讨论环境影响评估制度是否为大量的国家实践所接受，来证明该项制度是一项国际习惯法规则；同时认为该案对我国跨境河流开发有重要意义。[8] 蹇潇通过对哥斯达黎加境内圣胡安河沿岸的道路修建案的法律分析评述，认为结合国际条约、国家实践和国际法院及其他国际争端解决机构的裁判实践来看，环境影响评价制度已经发展成一项习惯国际法上的法定义务。[9] 蒋小翼通过对《联合国海洋法公约》中涉及环境影响评价的国际义务的条款在国际司法实践中的解释与适用的分析，认为目前实施海洋环境影响评价义务在很大程度上依然依赖于起源国的能力及其国内法规，并且海洋环境保护领域对通知义务予以高度的重视以及与监测义务紧密相连。[10] 边永民和陈刚对中俄及东北亚、中国与东南亚等国就跨界水体签署的双边协议和展开的联合监测进行了全面分析与评述，阐释了中国在国际河流利用中应履行的跨界环境影响评价国际法义务。[11] 上述研究中虽然有对国内涉跨界的环境影响的具体实践的分析研究，但对粤港澳大湾区的跨界水域的研究基本没有涉及。

国外学界对跨界环境影响评价的研究起步较早。Kees Bastmeijer Zand Timo Koivurova 在《跨界环境影响评价的理论与实践》一书中，对跨界环境影响评价的历史演进有全面的阐述。作者认为，由于国际金融机构在项目资助时对环境影响评价报告有强制提供的要求，使得跨界环境影响评价（TEIA）在国际和地

7　边永民：《跨界环境影响评价的国际习惯法的建立和发展》，载《中国政法大学学报》2019 年第 2 期。

8　杨锦波：《乌拉圭河纸浆厂案中的环境影响评估论证》，载《法制与社会》2018 年第 9 期。

9　蹇潇：《哥斯达黎加境内圣胡安河沿岸的道路修建案法律评论》，载《湖南行政学院学报》2017 年第 3 期。

10　蒋小翼：《〈联合国海洋法公约〉中环境影响评价义务的解释与适用》，载《北方法学》2018 年第 4 期。

11　边永民、陈刚：《跨界环境影响评价：中国在国际河流利用中的义务》，载《外交评论》（外交学院学报）2014 年第 3 期。

区间得到越来越广泛的运用。[12] Neil Craik 在《国际法视域下的跨界环境影响评价的理论和实践：过程、主旨和一体化》一书中，从国际跨界环境影响评价活动的过程、主旨和一体化三个方面，阐述了跨界环境影响评价规则未来发展成为国际法规则的趋势。[13] 西方学者较为关注跨界环境影响评价在实践中的具体发展运用，论文多以国际著名个案讨论为主。Timo Koivurova 和 Ismo Pölönen 以 1991 年的《埃斯波环境影响评价公约》为基点，认为波罗的海天然气管道的跨界环境影响评价程序对未来类似的大型项目的跨界环评有借鉴价值[14]。Sassman. W. 通过对奥巴马时期的基石输油管计划（Keystone XL）环境影响评价的审视，认为作为国内法的环境影响评价法制因管辖权限已经无法预防跨界损害的发生，因此，项目参与国家之间应当签署一项合作环境评估协议，从而弥合差异，使跨界损害适用于国内环境影响评价法律。[15] Shakeel Ahmad 和 Javed Iqbal 以印度水条约及杰纳布河流印度大坝的跨界环境影响评价为切入点，对印巴两国跨界流域的水争端的解决提供了分析框架与解决方案，论文主要聚焦双边水共享条约的构建。[16] Nicolas C. Bremer 通过对幼发拉底河 - 底格里斯河地区大坝的跨界环境影响评价案例分析，认为跨界环境影响评价规则是一项对伊朗、伊拉克、叙利亚和土耳其均有约束力的国际法则。[17] Nicolas C. Bremer 重申跨界环境影响评价是国际法项下的一个相当新的规制工具，进而就监测措施及重大跨界影响活动的后环境影响评价进行深入研讨，对这项新晋国际习惯法进行了全面评估，认为交换信息义务和无害规则的建立，为后环境影响评价监测义务

---

12 Kee Bastmeijer Zand Timo Koivurova, *Theory and Practice of Transboundary Environmental Impact Assessment*, Legal Aspects of Sustainable Development〔book 1〕, Published by the Martinus Nijhoff, 2007.

13 Neil Craik, *The International Law of Environmental Impact Assessment: Process, Substance and Integration*, Cambridge University Press, 2008.

14 Timo Koivurova, Ismo Pölönen, *Transboundary Environmental Impact Assessment in the Case of the Baltic Sea Gas Pipeline*, International Journal of Marine & Coastal Law, 25 (2) 2010, p. 151-181.

15 Sassman. W. *The Grass Is Always Greener: Keystone XL, Transboundary Harms, and Guidelines for Cooperative Environmental-Impact Assessment*, Vanderbilt Journal of Transnational Law, 45 (5) 2012, p. 1489-1528.

16 Shakeel Ahmad, Javed Iqbal, *Transboundary impact assessment of Indian dams: a case study of Chenab River Basin in perspective of Indus Water Treaty*, Water Policy, 18 (3) 2016, p. 545-564.

17 Nicolas C. Bremer, *Transboundary Environmental Impact Assessment of Large Dams in the Euphrates-Tigris Region: An Analysis of International Law Binding Iran, Iraq, Syria and Turkey*, Review of European Comparative & International Environmental Law, 25 (1) 2016, p. 92-106.

演变成国际习惯法义务打下了基础。[18]

（二）国内外涉跨界环评法制的创设与实践

1991 年 2 月 25 日，《跨界环境影响评价公约》（Espoo Convention on Environmental Impact Assessment in a Transboundary Context，又称《埃斯波公约》）在欧洲率先问世。该公约文本依据《联合国宪章》《斯德哥尔摩人类环境会议宣言》、欧洲合作与安全会议《最后法案》以及欧洲合作与安全会议与会国代表马德里和维也纳会议《最后文件》等五份国际文件中的有关条款，[19] 从环境影响评价相关概念的定义、缔约方的义务、环境影响评价报告的编制及基本原则的磋商、项目后分析、双边和多边合作、研究计划、执行秘书机构、争端解决机制等方面对跨界环境影响评价活动作了全面规范。尤其值得肯定的是，该公约以七个附件的形式来详细规范，使得该公约颇具现实可操作性。按照该公约第十六条规定，有权参与的基本上是欧洲国家或与欧洲经济一体化组织有密切关系的国家。[20] 故此，该公约到 2018 年年底，共有 45 个成员国，且主要是欧洲国家。[21] 究其成因主要是欧洲国家内国法制（尤其是环境影响评价法制）在程序和内容方面比较接近，容易达成公约。而且，这也提高了该公约的可操作性。

2003 年 5 月 21 日，《跨界环境影响评价公约》的缔约国在基辅（乌克兰）签订《〈跨界环境影响评价公约〉战略环境评价议定书》，有权参与该议定书的国家与《跨界环境影响评价公约》国家一致。[22] 该协定书以《跨界环境影响评价公约》和《在环境事务中获得信息、公众参与决策及诉诸法律公约》[23] 为依

---

18 Nicolas C. Bremer, *Post-environmental Impact Assessment Monitoring of Measures or Activities with Significant Transboundary Impact: An Assessment of Customary International Law*, Review of European Comparative & International Environmental Law, 26（1）2017, p. 80-90.

19 《跨界环境影响评价公约》开场白。

20 《跨界环境影响评价公约》第十六条“签字”：本公约应当从 1991 年 2 月 25 日到 3 月 1 日在芬兰埃斯波对签字开放，此后在位于纽约的联合国总部对签字开放至 1991 年 9 月 2 日，有权签字的为欧洲经济委员会成员国、1947 年 3 月 28 日的经济社会理事会第 36（Ⅳ）号决议第八段所定义的具有欧洲经济委员会咨询地位的国家，以及由欧洲经济委员会主权国成员建立的这样的地区经济一体化组织，在本公约适用事务方面，其成员的权利，包括在本公约适用事务方面签署条约的权利，已经移交给该组织。

21 边永民：《跨界环境影响评价的国际习惯法的建立和发展》，载《中国政法大学学报》2019 年第 2 期。

22 《〈跨界环境影响评价公约〉战略环境评价议定书》第二十一条“签字”。

23 《在环境事务中获得信息、公众参与决策及诉诸法律公约》于 1998 年 6 月 25 日在丹麦奥胡斯缔结。在该公约缔约方第一次会议上通过的《卢卡宣言》中，对环境事务中获得信息及公众参与决策及环境公益诉讼等方面有进一步的规范。

托，将跨界环境影响评价推进到战略领域。认为“战略环境评价应在制定、通过规划、计划的过程中以及在制定和通过政策和法律的过程中的适当范围内发挥重要的作用，以及更加广泛地将环境影响评价原则应用于规划、计划、政策和法律将进一步加强对它们的显著环境影响的系统分析”。[24] 该议定书对缔约国在跨界环境事务中的信息披露义务和允许公众参与决策方面提出了较高的标准，推进了信息披露和交换义务的国际习惯法形成。

1982年的《联合国海洋法公约》在“海洋环境的保护和保全”部分规定了缔约国的监测和环境评价义务，“各国如有合理根据认为在其管辖或控制下的计划中的活动可能对海洋环境造成重大污染或重大和有害的变化，应在实际可行范围内就这种活动对海洋环境的可能影响作出评价”，并依本公约相关规定定期向主管国际组织提送这些评价结果的报告。[25] 该公约在实操性方面颇有建树。2010年，瑙鲁代表团就瑙鲁海洋资源公司和汤加近海采矿有限公司计划在克拉里昂－克利伯顿（Clarion-Clippton）中央太平洋断裂带多金属结核保留区内开展勘探多金属结核活动事宜，向公约授权的国际海底管理局提交了“就担保国的责任和赔偿责任问题请国际海洋法法庭海底分庭提供咨询意见的提议”。联合国海洋法法庭受理并于2011年2月1日出具“国家担保个人和实体在相关区域活动的责任和义务的咨询意见”。该咨询意见在阐释公约缔约国担保相关区域内的活动方面的法律责任和义务时认为，担保国履行谨慎尽职义务应当确保被担保的承包者遵守1994年《关于执行1982年12月10日〈联合国海洋法公约〉第11部分协定》附件第一节第七条中规定的进行环境影响评估的义务。在此，国际海洋法庭明确阐明，开展环境影响评估既是《联合国海洋法公约》第二百零六条款下的直接义务，也是国际习惯法规则下的一般义务。[26] 我国作为《国际海洋法公约》的缔约国，在上述案件的审理过程中曾出具书面意见。

《关于特别是作为水禽栖息地的国际重要湿地公约》第十次缔约国会议（2008年韩国会议）第17号决议《环境损害评价和战略环境评价：最新科学技术指引》要求缔约国对其在公约《名录》中所列湿地上拟采取任何项目活动前，都应当进行环境影响评价。我国于1992年加入该项湿地公约。

《生物多样性公约》规定，每一缔约国应尽可能并酌情采取适当程序，就其可能对生物多样性产生严重不利影响的拟议项目进行环境影响评估，以期避免

---

24 《〈跨界环境影响评价公约〉战略环境评价议定书》开场白。

25 《联合国海洋法公约》第二百零四、二百零五、二百零六条。

26 International Tribunal for the Law of the Sea, Responsibilities and Obligations of States Sponsoring Persons and Entities with Respect to Activities in the Area, Advisory Opinion of 1 February 2011, ITLOSReports 2011, p. 10.

或尽量减轻这种影响，并酌情允许公众参加此种程序。每一缔约国应在互惠基础上，就其管辖或控制范围内对其他国家或国家管辖范围以外地区生物多样性可能产生严重不利影响的活动促进通报、信息交流和磋商，其办法是为此鼓励酌情订立双边、区域或多边安排。[27] 1992年11月7日，我国全国人民代表大会常务委员会通过批准《生物多样性公约》的决定。

1991年6月23日，《关于环境保护的南极条约议定书》在马德里问世。考虑到南极生态的极端脆弱性，该议定书以附件的形式对环境影响评价作了全面、详细的规范，要求各缔约国保证在规划阶段就在南极条约地区所从事的任何活动（包括在南极条约地区的旅游及一切其他政府性和非政府性活动，以及与此相关的后勤支援活动）实行评价程序。[28] 如果活动是由一个以上缔约国共同规划的，有关缔约国应提名其中一国来协调执行环境影响评价程序。[29] 我国政府代表于1991年10月4日签署本议定书。

我国在跨水域国际与区域合作方面已经签订的双边协议主要有：《中华人民共和国政府和蒙古国政府关于保护和利用边界水协定》（1994年4月29日），明确双方在调查测量、交换信息及坚持无损害原则等方面的义务。[30]《中华人民共和国与哈萨克斯坦共和国政府关于利用和保护跨界河流的合作协定》（2001年），双方承诺成立联合委员会，每年定期谈判协调“研究共同防止或减轻由于洪水、冰凌和其他自然灾害影响的可行性；并研究跨界河流水量、水质的未来变化趋势”。[31]《中华人民共和国政府和俄罗斯联邦政府关于合理利用和保护跨界水的协定》(2008年)，双方承诺“按照事先商定的程序，相互通报在跨界水上修建的和拟建的可能导致重大跨界影响的水利工程，并采取必要措施，以预防、控制和减少该影响”。[32] 因为俄罗斯是《跨界环境影响评价公约》的签约国，所以在中俄双边条约中加入了“可能导致重大跨界影响的水利工程”这一涉及跨界环境影响评价条款。

此外，我国与东北亚、东南亚、南亚一些国家也签订了涉及跨界水域谅解备忘录，如《图们江经济开发区及东北亚环境准则谅解备忘录》（1995年）、《关于中方向印方提供雅鲁藏布江—布拉马普特拉河汛期水文资料的谅解备忘

---

27 《生物多样性公约》第14（1）a、b、c条。

28 《关于环境保护的南极条约议定书》第8.2条。

29 《关于环境保护的南极条约议定书》第8.4条。

30 《中华人民共和国政府和蒙古国政府关于保护和利用边界水协定》第三条、第四条第一款。

31 《中华人民共和国与哈萨克斯坦共和国政府关于利用和保护跨界河流的合作协定》第五条。

32 《中华人民共和国政府和俄罗斯联邦政府关于合理利用和保护跨界水的协定》第八条。

录》(2002年)、《中华人民共和国水利部与湄公河委员会关于中国水利部向湄委会秘书处提供澜沧江—湄公河汛期水文资料的协议》(2008年)。《图们江经济开发区及东北亚环境准则谅解备忘录》是一个多边协议，签署国包括中国、俄罗斯、蒙古、朝鲜和韩国，签署地在纽约。该协议要求“缔约各方将进行联合(定期更新)区域环境分析，对经反复研究的整体地区发展规划在当地、国家、区域以至于全球的环境影响进行评估，并联合制定区域环境调节与管理计划，以防止调节对环境的危害，基于区域环境分析及其他相关数据促进环境的改善”。[33] 该条款明确承诺要对“整体地区发展规划在当地、国家、区域以至于全球的环境影响进行评估”，显示出推进区域战略环境影响评价的意图。

二、先行与先试——粤港澳大湾区跨界环评的法制基础

从上述国际条约、国家实践和国际法院及其他国际争端解决机构的裁判实践来看，跨界环境影响评价制度的实施基本上是在有共享水域的相邻国家之间，目前已经发展成为一项国际习惯法义务。粤港澳大湾区共享水域广泛，深圳、香港区域有包括红树林湿地、海豚洄游、西贡自然保护区、米埔联合国自然保护区等国际公约[34] 规定的生态敏感地带，广东还担负着向港澳供应饮用水的任务。因此，在珠江三角洲空气污染及珠江口、大亚湾、深圳湾水质污染对香港区域(重点生态敏感区)等的环境影响的监测方面，粤港已经合作多年，实施跨界环境影响评价对协调大湾区区域环境的保护与治理确有必要性，也具可行性。由于“一国两制”下粤港澳社会制度、法律制度不同，环保合作需要以双边协议来推进共治共享。

(一) CEPA框架下的双边协议中的涉环境保护合作条款

截止到2013年8月29日，《内地与香港关于建立更紧密经贸关系的安排》(以下简称《安排》)已经签署到《〈安排〉补充协议十》。其中有关环境保护合作的条款主要涉及环保产品贸易、环保项目投资、环保服务三个方面。尤其是《〈安排〉补充协议一》(2005年)允许香港居民参加内地环境影响评价工程师专业技术人员资格考试，并颁发资格证书。[35] 该项资格许可不仅有助于提升内地环评专业水准，也为粤港进行联合跨界环评储备了专业人才。另外，2014年以专项协议形式签署的《CEPA关于内地在广东与香港基本实现服务贸易自由化

33 《图们江经济开发区及东北亚环境准则谅解备忘录》第1.2条。

34 《关于特别是作为水禽栖息地的国际重要湿地公约》和《生物多样性公约》。

35 《〈安排〉补充协议一之附件3〈内地向香港开放服务贸易的具体承诺的补充和修正〉》。

的协议》（以下简称《广东协议》）、2015 年签署的《〈内地与香港关于建立更紧密经贸关系的安排〉服务贸易协议》（以下简称《CEPA 服贸协议》）、2017 年签署的《〈内地与香港关于建立更紧密经贸关系的安排〉经济技术合作协议》，都设置有环保服务合作条款。尤其是2018 年 1 月 1 日起实施的《〈内地与香港关于建立更紧密经贸关系的安排〉投资协议》，更是设置了“环境措施”条款，规定“双方均承认，通过放松环境措施来鼓励另一方投资者进行投资是不适当的。为此，一方不应豁免、违背或以其他方式减损此类环境措施去鼓励另一方投资者在前述一方境内设立、取得、扩大或保留投资”。且该条以注释方式明确：“为本条款之目的，环境措施限于环境法律、法规、程序、要求或惯例。”[36]

（二）国务院及粤港澳政府间的行政协议

2010 年《粤港合作框架协议》提出了落实生态建设和环境保护的五大任务：共同研究珠江三角洲地区空气污染物的总量减排目标及方案，完善区域空气质量监测网络；共同推进东江和东深供水工程水资源保护、水质监控系统建设，监测资料交换，珠江口区域水质管理合作；共同建设跨界自然保护区和生态廊道，保护珠江口红树林等滨海湿地，合作建设东江水源林工程；建立海洋环境监测和灾害预防合作机制，合作开展珠江口海域海洋生态环境整治与海洋珍稀水生野生动植物保护，养护水生生物资源和生态系统；共同推进区域清洁能源及可再生能源发展策略。[37] 该合作协议首提粤港澳优质生活圈概念，是后来多项双边协议的雏形。为使框架协议能够落到实处，广东省政府逐年分别发布经粤港澳政府同意的《实施〈粤澳合作框架协议〉重点工作》。2019 年 5 月，已发布《实施〈粤澳合作框架协议〉2019 年重点工作》。

2017 年 7 月 1 日，国家发展和改革委员会、广东省人民政府、香港特别行政区政府、澳门特别行政区政府在香港共同签署了《深化粤港澳合作　推进大湾区建设框架协议》，将“宜居宜业宜游的优质生活圈”作为粤港澳大湾区的定位之一。2018 年 3 月 28 日，国家发展和改革委员会与香港特区政府签署《关于支持香港全面参与和助力“一带一路”建设的安排》（以下简称《香港“一带一路”安排》。该安排在“基础设施与航运服务”部分的第七条提出“支持香港为‘一带一路’建设基础设施项目提供可行性及风险评估、研发、融资，以及规划、设计、建造、监理、管理及养护等专业服务”。第九条明确细划为“利

36　《〈内地与香港关于建立更紧密经贸关系的安排〉投资协议》第二十五条。

37　《粤港合作框架协议》第六章“优质生活圈”第一条“生态建设和环境保护”。

用香港在环境和规划管理方面的专业优势”，如在港的专业机构提供有关环境影响评估、绿色建筑和污染控制等方面的技术及服务，促进“一带一路”建设项目符合可持续发展和环保等要求。

（三）广东省地方生态环境保护法制建设

在涉及水域水质环境保护方面，广东省的地方立法主要有《广东省生态保护补偿办法》《广东省排放污染物许可证管理办法》《广东省东江水系水质保护条例》《广东省西江水系水质保护条例》。在制度建设方面，以对东江的法制化管理为例，广东省成立了专门的水质保护监察机构，划定了 2800 平方公里水源保护区，实行最严格的水资源管理；专门成立东江流域管理局，对东江流域水资源实行统一管理、配置、调度和保护。通过全年水量调度，每年枯水期东江流域新丰江、枫树坝和白盆珠三大水库可调水量 50 多亿立方米，可满足东江流域 3 个枯水年的供水需求，确保对港供水安全。

三、难点与应对——粤港澳大湾区实施跨界环评的对策措施

上述法制建设对粤港澳大湾区生态环境的保护和治理提供了法治化的路径。但具体到跨界环境影响评价的实施方面，则远未足够。由于“一国两制”下法律制度的刚性约束，粤港澳大湾区尤其是粤港两地要实施跨界环境影响评价，仍面临两大法律障碍，需要通过双边协议的谈判、磨合，推进两地的环境影响评价制度在立法观念和技术、执法观念和程序等方面的衔接、协调。

（一）跨界环境评价法律中有关“替代方案”的问题

所谓“替代方案”是指除拟议活动以外的其他可供选择的备选方案。《美国国家环境政策法》明确规定环评说明必须有“拟议行为的各种替代方案”，目的是通过环评，选择对环境不利影响最少的方案。美国环境质量委员会称替代方案是环评“心脏”。欧洲国家的环境影响评价法都有“替代方案”条款，《跨界环境影响评价公约》要求“在完成环境影响评价报告的编写以后，发起方应不拖延地与受影响方特别对拟议活动的潜在跨界影响和减少或消除其影响的措施问题展开磋商”。[38] 磋商可以包括“拟议活动的可行替代方案，包括不行动方案和由发起方付费来减轻显著不利跨界影响以及对其效果进行监测的可行措施”。[39]

香港环保法律属英美法系，其成文法和判例法都要求环境影响评估报告必

---

38 《跨界环境影响评价公约》第 5 条。

39 《跨界环境影响评价公约》第 5（a）条。

须有替代方案。香港朱女士逼停港珠澳大桥建设案的一审中，争论的焦点是环评报告书中仅预测兴建大桥情况下的空气质量情况是否足够，是否还要预测不兴建大桥情况下的空气质量情况，即不行动方案（替代方案）。[40]

《环境影响评价法》没有要求环评报告必须有替代方案。《关于〈中华人民共和国环境影响评价法（草案）〉修改情况的汇报》认为，制作替代方案会耗费大量的时间和金钱，"要求所有的建设项目都要另搞替代方案，难以做到，也没有必要"。[41]

法律规定的不同，导致跨界环境影响评价难以实施。如果跨界环境影响评价双边协议不对"替代方案"作出规定，那么，没有替代方案的跨界环评报告在香港很可能无法通过"司法复审"。考虑到我国在 2002 年制定《环境影响评价法》时删除了"替代方案"条款，在今天"金山银山不如绿水青山"的语境下，这一值得商榷的做法必须得到纠正。但是，法律的修订是滞后的。在法律修订前，可以参考《图们江经济开发区及东北亚环境准则谅解备忘录》和《跨界环境影响评价公约》等的相关条款，由内地和香港签订 CEPA 框架下的跨界环境影响评价专项双边协议，在协议中设置"替代方案"条款。

（二）跨界环境评价法律中有关"司法复审"的问题

按照《香港特别行政区基本法》，香港特区法院保留有司法审查权，即法院有权审查其他政府部门或其他层次的政府的行为[42]。因此，香港政府保境署批准的跨界环境影响评价报告当然都有被司法复核的可能。尤其是香港非政府环保团体力量强大，动辄发起环评报告批准不当之诉，跨界项目建设、实施进程随时有中断的可能。司法不可预见性加大了跨界合作项目的不确定性。以港珠澳大桥香港段环评报告不适格为由申请香港高等法院司法复核一案，提示内地的环境影响评价制度从适用范围到评价程序以及保障措施和法律责任的实际执行效果上，都还存在一些在深入合作中需要进一步完善的问题。实际上，涉及众多香港本地重大建设项目的粤港澳大湾区规划要真正落地，必须面临非常严格的行政审核与司法复核程序。

缔结政府间的行政性行动计划成为跨界合作项目建设的惯常做法。例如，

---

40 黄晓慧：《论环境影响评价制度的移植异化——以粤港两个案例的比较为视角》，载《广东社会科学》2014 年第 3 期。

41 全国人大法律委员会：《关于〈中华人民共和国环境影响评价法（草案）〉修改情况的汇报》，第九届全国人民代表大会常务委员会第二十九次会议，2002 年 8 月 23 日。

42 《香港特别行政区基本法》第二条、第八条、第十一条、第十八条、第十九条、第八十条、第八十一条。

粤港合作的《环珠江口宜居湾区建设重点行动计划》就在香港法律界和环保界引起较大争议。争议之一是程序问题，即该计划的公众咨询期是否足够；争议之二是环评问题，即该计划是否要通过环境影响评价。按照《〈内地与香港关于建立更紧密经贸关系的安排〉投资协议》中的“环境措施”条款，“双方均承认，通过放松环境措施来鼓励另一方投资者进行投资是不适当的。为此，一方不应豁免、违背或以其他方式减损此类环境措施去鼓励另一方投资者在前述一方境内设立、取得、扩大或保留投资”。该条款同时以条目注释方式明确“为本条款之目的，环境措施限于环境法律、法规、程序、要求或惯例”。此规定再次以法制化的方式明示，粤港双方不能以政府协议的方式绕过环境影响评估报告的司法复审程序。因此，要使跨界环境影响评价切实得以实施，可以考虑在双边协议中设置“跨界环评执行机构”条款，规定由该机构负责对建设项目跨界环境影响评价第三方技术评估咨询服务的公开招标工作，提升跨界环境影响评价报告的公信力，减小提起司法复审诉讼的可能性；或即使提起司法复审，亦可减小被判决出局的可能性。此外，对涉及粤港的跨界环保项目和基建工程实施联合跨界环评，应在双边协议中规定，在跨界环评报告司法复审期间，拟建项目的任何一方都不得开工。

公众参与的权利和限度：“共建共治共享”理念下的广州市城中村治理

张庆元　吕　露*

【内容提要】城中村的形成与我国快速城市化、城乡二元体制、外来人口的大量涌入有着密不可分的关系。广州市记录在册的城中村高达138个，如何在城中村治理中平衡相关主体利益，最终形成善治一直是广州市政府社会治理追求的目标之一。党的十九大提出“共建共治共享”理念，为城中村的治理提供了新的路径。“共建共治共享”的核心是“共”，即公众参与，关键是“治”。“共建共治共享”理念对公众如何参与社会治理提供了新的理论支撑。就广州市城中村社会治理而言，构设参与主体的公众知情权、公众表达权和公众监督权是激发公众参与热情的重要前提。

【关键词】“共建共治共享”　公众参与　广州市　城中村治理

一、问题的提出

城中村是“中国过去几十年城镇化政策的特征产物，也是城郊村落城镇化一定阶段的特殊表现形态……由于政府城乡分割的二元体制和自身的理性算计，存在着明显的城镇偏好和农村歧视倾向，城郊村落被纳入城镇空间，但未被充分融入城镇社会，才转变成城中村这样一种‘中国式边缘化’社会样态”。[1]在城市化快速发展过程中，原为广州市边缘带后发展成为城市新中心区的天河、海珠、白云、黄埔等区存在大量的城中村。在繁华的市中心，在一栋栋的高楼大厦中，每个城中村就像人为制造的一个个高达20米的庞然大物。大量存在的城

*　张庆元——广东省社会科学院法学研究所研究员，法学博士；吕露——南昌大学法学学士。

1　卢福营：《城中村改造：一项系统的新型城镇化工程》，载《社会科学》2017年第10期。

中村一直是广州市的治理难题。2017年，在党的十九大报告中，习总书记提出“共建共治共享”的治理理念。在该治理理念下，广州市应当如何在目前现有公众参与的基础上进一步治理城中村成为新的关注点。

二、广州市城中村的成因与治理难点

（一）广州市城中村的成因

1. 城市化

根据我国《国家标准城市规划术语》的界定，城市化是“人类生产和生活方式由农村型向城市型转化的历史过程，主要表现为农村人口转化为城市人口和城市不断发展完善的过程”。城市化也是社会经济发展进入一定阶段，工业化水平显著提升的重要标志。从1996年至今，我国城市化进入快速发展阶段。1996年我国的城市化率超过30%；2014年我国的城市化率为54%，达到世界平均水平；2018年我国城市化率提高到了59.58%。城市化现象在中国具有很大的普遍性，特别是位于珠三角的广州、深圳等地，表现得尤为明显。

广州的城市化进程可以说是我国城市化进程的一个缩影。在城市化过程中，城市将无法避免地向周边农村区域侵入，城市化成为我国城中村现象的一个导火索。但对比其他国家的城市化进程可知，城中村现象并不是一个必然结果。所以，城中村的形成还需挖掘更深层次的原因。

2. 城乡二元体制

城中村的出现从很大程度上是为了应对工业化和城市化分离的困境和城乡分治的尴尬，是夹缝中的特殊产物。[2]城中村就是在城市化进程中，由我国城乡二元体制所形成的独特现象。城乡二元体制涉及面甚广，但主要影响城中村形成的因素有如下几个方面。

（1）城乡二元土地管理制度。根据我国《土地管理法》的有关规定，我国城市土地的所有权归于国家，农村土地则归农民集体所有。由于农村土地的产权归村集体所有，为了规避因村民安置和土地补偿而支付的巨额经济成本与社会成本，城市政府选择了有条件地绕开争议重重的宅基地而征用相对省事且低价的农用地的迂回发展思路。[3]此外，在快速城市化的过程中，地方政府为了加快征地的步伐，采取不变更土地性质，给被征地村留用部分建设用地，甚至继

2 战扬、童小溪：《“城中村”与中国城市化的特殊道路》，载《清华大学学报（哲学社会科学版）》2017年第6期。

3 何力武、刘骥：《城中村改造：历史起源及行为者分析》，载《中国行政管理》2017年第3期。

续给村民发放宅基地用地[4]等种种举措使农村在城市中得以存活。

（2）城乡二元户籍管理制度。中华人民共和国成立后，我国采取农业与非农业户口的户籍管理模式，对农村人口与城市人口加以区分。户口制度为农村和城市之间画了界线，城市中的居民基本上无法涉足城中村的城市化过程，而农村土地集体所有制的制度设计，使城市资本不能够自由进入土地的买卖和房屋租赁行业。[5]本可以在城市化进程中融入城市生活的村民，却被户籍制度束缚在农村土地上。

（3）城乡二元行政管理制度。我国城市行政组织（居委会）负责管理、服务非农业户籍的居民，农村行政组织（村委会）则负责管理、服务农业户籍的居民。城中村依然保留着农村行政建制，由村委会进行行政上的管理。而村委会在城中村村民和政府进行博弈的过程中处于一种微妙的地位。我国的农村地区具有特殊的血缘、地缘纽带，这导致村委会在执行上级政府命令时常常会以保护农村利益为取向而使政策得不到真正落实。城中村集体资产的处理困难与城中村彻底城市化的困难都与这一管理制度有着很大的关联。

（4）城乡二元社会保障制度。改革开放前，我国社会保障主要是对非农业人口实行全面保障，农村人口享有的保障范围非常有限。市场化改革后，我国在城市逐渐建立了完善的社会保障体系。而由于财力上的限制，我国长期以来都没有把农村养老保险、医疗保险纳入国家统筹解决的范围，广大农民依然依赖于传统的家庭保障形式与土地保障形式。在这种制度下，让村民进入城市社会保障体系的风险太大，预期成本过高，也在一定程度上阻碍了城中村村民的城市化。

3. 外来人口的大量涌入

珠江三角洲凭借其外向型的劳动密集型产业吸引了大量的外来人口。广州市区1990年外来人口为48.7万人，2000年外来人口达到228.5万人，2018年已超过1000万人。外来人口的大量涌入给广州市的快速发展提供了大量劳动力，但政府受到资金、土地资源的限制，无法为外来人口提供足够的廉租房。2003年，广州市城中村的平均月租金为每平方米7元，是周边商品房的1/10至1/5。于是，城中村以优越的地理条件、低廉的房租吸引了大量的外来人口。对城中村的村民而言，出租房屋成了有利可图的事情。有学者从多层次低成本物业市场、大量密集居住的消费人群、地缘关系集聚的外来经营者等方面考察了

---

4 王建青：《城市化进程中城中村的治理——以广州市登峰村为例》，华东师范大学2008年博士学位论文。

5 战扬、童小溪：《“城中村”与中国城市化的特殊道路》，载《清华大学学报（哲学社会科学版）》2017年第6期。

深圳市城中村商业的形成要素，我们认为这个判断值得借鉴，[6]但归根结底的原因仍是外来人口的大量涌入。在利益的驱动下，城中村房屋的高度、密度呈现快速上升的势头，形成了所谓的握手楼、亲吻楼。比如，广州市登峰村改造前，0.2平方公里面积内就有出租屋1625栋。大量外来人口的涌入，推动了城中村无序的进一步发展。

（二）广州市城中村的治理难点

广州市城中村占城市面积比高达22%，数量高达138个，其范围之大、数量之多为其他城市所不及。大量存在的城中村一直是广州市的治理难点，主要体现在如下几个方面。

1. 改造资金的筹集

据业内人士粗略估算，广州市每个城中村均需改造资金几十亿元，在有些村，仅改造消防通道就需要8亿元。[7]很明显，单靠政府投入无法聚拢如此巨大的改造费用。为此，广州市关于城中村改造资金的政策也经历了几个阶段的变化。阶段一：1992年前，拒绝开发商进入城中村改造；阶段二：1992—1999年，接受开发商进入城中村改造；阶段三：1999—2006年，再度拒绝开发商进入城中村改造；阶段四：2006—2012年，再度接受开发商进入城中村改造；阶段五：2012年后，加强政府主导、规划先行，提高开发商的准入门槛。[8]上述不同阶段的变化是广州市政府根据城中村改造实践中遇到的困难所作出的现实应对。阶段一，广州市提出了“政府出资、政府建设、房屋就地翻新或重建、对单栋危房进行改造”的改造策略。但实践中发现这只能解决危房的问题。阶段二，广州市通过引入开发商解决了资金问题，但出现了用地手续不完善、拖欠临迁费等问题，使得改造一度陷入僵局。阶段三，改造工作统一由政府投资和建设。但随着改造的深入，资金的缺口越来越大，导致改造几乎停滞。阶段四，广州市政府提出“中调”概念，允许从社会引入改造资金。此时的城中村改造，先由市政府做好拆迁安置工作，再由房地产公司提出改造建设方案，市政府审批通过后再交开发商进行建设。阶段五则是对广州市“三旧”改造政策进行的补充与完善。

由上可知，为解决改造资金问题，广州市政府在实践的基础上，最终允许

6　宋海平、李平：《深圳市城中村商业发展存在的问题与策略研究》，载《现代城市研究》2017年第1期。

7　曾学龙等：《城中村改造的难点及破解对策——以广州市荔湾区为例》，载《城市问题》2011年第2期。

8　傅嘉：《新政下的广州“城中村”改造策略研究》，华南理工大学2013年硕士学位论文。

开发商进入城中村改造。值得注意的是，开发商以追求利益最大化为目标，要使拆迁重建等支出成本得到补偿，并实现最大赢利，必然在补偿金额、回迁面积等问题上与村民产生冲突，甚至与社会利益、公众利益产生冲突。

2. 宅基地自建房屋的拆迁补偿问题

我国《土地管理法》只对征用耕地的补偿费和安置补助费有具体的计算标准，对征用农民宅基地而引起的自建房屋的拆迁却没有规定相应的补偿标准。法定补偿标准的缺失使集体土地上的房屋拆迁补偿随意性极大。由于赔偿没有统一的标准，不同区域内的不同项目，同一区域内的不同项目，甚至同一项目前期和后期都存在着巨大差异，钉子户漫天要价，制约着拆迁的进程。[9]

此外，上文也曾提及，城中村村民为获取更大的出租利润，会建造大量的违法建筑。《国有土地房屋征收与补偿条例》明确规定对违法建筑不予补偿，上述规定也势必引起村民对违法建筑拆除的抵触心理。

3. 外来人口的居住问题

城中村治安、环境差，基础设施不完善，安全隐患大，村内脏乱差是“城中村”的典型写照。此外，20 世纪 90 年代以来，城中村内的违法犯罪问题也是影响城市社区稳定发展的重要因素，俨然已成为严重的社会问题。根据广州市公安局的统计数据，2017 年第一季度，发生在广州市白云区的重大入屋抢劫案有 178 宗，其中在出租屋发生的有 134 宗，比例高达 75%。近年来，广州市公安机关抓捕的犯罪嫌疑人有 80% 是在城中村出租屋内被抓获的。

城中村的存在的确给广州市的社会治理带来了很多问题。但无法否认的是，城中村的存在给外来人口提供了栖身之所。开发商为了获得最大化利益，更偏向供应高层次住房，基本不会供应低层次住房。而政府由于财力、时间等方面的限制，也无法为数量如此庞大的外来人口提供廉租房。城中村的存在恰好填补了上述空白，城中村成为外来人口的最佳住房选择。曾经，广州市石碑村外来人口有 42000 余人，是村民人口的 4 倍；棠溪村外来人口有 21393 人，是村民人口的 7 倍。一旦城中村进行改造，其原本容纳的庞大数量的外来人口的居住问题该如何解决？城中村改造要如何保障这些外来人口的居住利益？上述问题也是我们在进行社会治理时必须考虑的问题。

从以上难点可以看出，城中村治理必然涉及多方利益的博弈。政府、开发商、村民、外来人口如何在城中村治理中达到共赢，是广州市政府在城中村治理进程中的症结所在。

9　李大勇：《“城中村”改造与合作治理》，载《民间法》2017 年第 2 期。

三、"共建共治共享"理念与公众参与

（一）"共建共治共享"理念

"共建共治共享"理念2017年在党的十九大报告中首次被提出，但最早源于第十六届六中全会中提出的要构建"全体人民共同建设、共同享有的和谐社会"，之后的第十八届五中全会进一步强调要构建"全民共建共享"的社会治理格局。最后，十九大将共治作为一个独立环节加入其中，形成了目前的"共建共治共享"理念。

共建指的是共同参与建设，要求社会治理体系和治理制度由全体社会成员共同参与建设。"共建共治共享"的社会治理模式必然蕴含着对话、竞争、妥协、合作与集体行动。所以，必须通过规则的建立来保证治理体系的内在协调，增强主体间的互动预期，增强公众的可预见性与可信赖性，并防范治理失灵与治理陷阱。但共建强调的不只是规则的建立，还有规则建立中的公众参与。也就是说，在相关法律法规、政策的制定过程中，要努力形成社会公众的民主参与机制，让公众参与法律和政策的制定中去，让法律和政策本身就体现公众的意志。共建是共治和共享的前提，社会治理需要制度先行，先有效整合一切可调动的社会力量，明确各主体的治理权利与责任。

共治即共同治理，要求多元主体共同发挥力量参与社会治理，是"共建共治共享"社会治理格局的核心。对于共治，通俗的理解是，各大主体通过沟通、协商、调和、合作的方式而不是简单的硬碰硬的办法来共同参与公共事务治理，妥善解决矛盾纷争，进而达成一致性意见、采取一致性行动。[10] 在当前人民对法治、民主、公平、正义和个人价值实现的愿望日益凸显的背景下，在社会力量、市场力量和公众力量日益增长的情况下，社会治理格局需要多元治理主体协调采取联合行动，共同管理公共事务，协调利益均衡，形成政府与社会治理力量结合的社会治理体系。[11] 在共建的基础上，共治是对已确定的法律法规和政策的具体落实。也就是说，共治强调的是公众参与的过程，要让公众真真切切地参与社会治理的具体过程中去。

共享指社会成员共同享有治理成果，是共建与共治的目标。共享的目的在于让全体公众分享社会发展成果，实现从群体利益分化到公众共享社会福利的

---

10 夏锦文：《共建共治共享的社会治理格局：理论构建与实践探索》，载《江苏社会科学》2018年第3期。

11 陈晓春：《习近平国家治理思想下"三共"社会治理格局：概念框架与运作机制》，载《湖南大学学报（社会科学版）》2018年第3期。

转变，从而平复社会情绪，稳定社会秩序。[12] 这样一来，共享事实上也在为共建和共治提供动力支持。

如果将社会比作一个“蛋糕”，那么“共建”是指将做“蛋糕”的基座搭建好；“共治”是指将“蛋糕”做好；“共享”则是指把“蛋糕”分配好。[13] 也就是说，共建是社会治理中的基础准备，共治是社会治理中的核心环节，共享是社会治理的最终目标，三者统一于“共”。如果说文义上的分立构成了“三共”治理理念的表层意涵，那么，逻辑上“共”的精神一以贯之则是“三共”治理理念的本质要求。[14] 而“共”即为公众参与，所以“共建共治共享”的核心是公众参与。

（二）“共建共治共享”理念下的公众参与

早在 20 世纪 60 年代初，随着对现代理性主义城市规划思想进行的批判，公众参与开始出现在人们的视野当中。1960 年，美国学者阿诺德·考夫曼（Arnold Kaufman）在其《人的本质与参与政治》一文中首次提出了“参与民主”的概念，考夫曼为公共参与作出了虽然含糊但是具有开创性质的论证。[15] 此理论精神要求具有强势地位的规划者不能仅仅根据自己的价值判断单方面作出决定，而要综合考虑社会、经济等多方面因素，平衡各种利益的冲突来形成社会所共同遵守的契约。这种倡导性规划学说成为城市规划中公众参与的宣言。

关于公众参与的定义，学者的描述有所差别，但对公共参与的基本内涵却有着一致的认识：公众享有对影响自己合法利益的决策向相关机构进行表达，与相关机构进行沟通、协商的权利。公众参与是公众作为一国国民所拥有的政治权利，参与实质上是权利的再分配过程，通过此种再分配，那些曾被排除在政治、经济与社会政策形成过程外的民众，能够参与进来。[16] 换言之，公众参与实际是在某一既定的社会背景下，给予那些原本被排除在决策以外的群体参与决策的权利。

“共建共治共享”理念的形成，可谓是对公共参与各个环节的细化，在该理念的映射背景下，可将公众参与分解为公众参与建设、公众参与治理和公众参

---

12 颜克高、认彬彬：《共建共治共享社会治理格局：价值、结构与推进路径》，载《湖北社会科学》2018 年第 5 期。

13 陈晓春：《习近平国家治理思想下“三共”社会治理格局：概念框架与运作机制》，载《湖南大学学报（社会科学版）》2018 年第 3 期。

14 江国华、刘文君：《习近平“共建共治共享”治理理念的理论释读》，载《求索》2018 年第 1 期。

15 付建：《城市规划中的公众参与权研究》，吉林大学 2013 年博士学位论文。

16 Sherry Arnstein, *A Ladder of Citizen Participation*, The City Reader, 2002 (02), p. 67.

与分享。相较之前的公众参与，“共建共治共享”理念强调了社会治理各个环节的公众参与。但我们也要对公众参与有一定的警醒，单纯的活跃社会未必是推动民主稳固的积极力量，“诉求优先”的社会成员行动模式则常常成为民主运行的障碍，多元主体参与可能诱发无政府主义、无序参与等问题，并导致治理陷入低效和合法性双重危机。[17]因此，在强调公众参与的同时，我们也必须意识到要防止“参与爆炸”“参与危机”等问题的出现。换句话说，公共参与作为一种权利，也必然有其限度。

从另一角度看，“共建共治共享”中共建的存在，体现了对公众参与的限制。上文也曾提及，共建是社会治理体系和治理制度的建立，建立体系与制度的关键性要素在于对参与主体的权利、义务予以界定，且形成上述体系和制度并非单纯依靠国家力量与行政手段，是各方面力量充分交锋、妥协、融合后的结果。多元利益主体的介入以及多元主体在制度构建进程中所呈现出来的异质性，对公共参与本身形成了某种意义上的权利限制。

四、广州市城中村治理中的公众参与现状

据不完全数据统计，自2009年广州市开展“三旧”改造之后到2012年上半年，“三旧”改造工作吸纳了改造土地4.2万亩，改造工作受惠市民有4.2万户约12万人，但广州市城中村改造进展并不顺利。杨箕村、冼村在早期的拆迁过程中遭遇村民暴力阻挠，发生了群体性的警民冲突，琶洲村未签约居民遭遇停水停电，许多城中村改造工作被迫停止，城中村治理中的公众参与现状值得深思。

（一）广州市城中村治理公共参与的规定与实践

1. 广州市城中村治理中的公共参与规定

2009年12月31日，广州市发布的《关于广州市推进“城中村”（旧村）整治改造的实施意见》规定：城中村全面改造专项规划、拆迁补偿安置方案和实施计划应当充分听取改造范围内村民的意见，经村集体经济组织80%以上成员同意后，再报领导小组审议。2011年8月8日《发布关于印发进一步规范城中村改造有关程序的通知》中规定：改造意愿和改造方式，应召开村集体经济组织成员代表大会进行集体表决，所作决定应当经应到会代表2/3以上通过。此外，各合作意向方提交的合作框架协议要经过村集体经济组织成员代表大会应到会成员2/3以上同意，该通知还具体规定了结果公示的地点、期限、方式。

17　江必新、王红霞：《论现代社会治理格局——共建共治共享的意蕴、基础与关键》，载《法学杂志》2019年第2期。

2012 年 6 月 3 日，《广州市人民政府关于加快推进三旧改造工作的补充意见》第十四条规定要充分保障村民的知情权和参与权。城中村重大事项决策，如改造方案、拆迁补偿安置方案等要经村集体经济组织 90% 以上成员同意才可生效。以上规范性文件的出台，为公众参与提供了政策依据以及具体路径。

2. 广州市城中村治理中公共参与机制的具体实践

在广州市政府不再禁止开发商参与改造后，猎德村成了首个成功进行全面改造的城中村。猎德村改造工程于 2008 年正式动工，历时三年改造完成。猎德村和之后的几个城中村的改造模式与改造流程基本相近，但实施推进效率却大相径庭，其中原因较为复杂，较重要的一个影响因素就是公众参与度有所差异。

猎德村改造中的公众参与可资借鉴。首先，在猎德村改造准备阶段，村民代表大会是改造项目动员的重要途径之一，通过动员村民积极参加村民代表大会，使广大村民认识到城中村改造的必要性和重要意义。其次，猎德村村委会通过个别谈话、调查问卷等方式充分听取村民意见，将整理后的意见向政府部门反馈，从而为接下来的临时安置、拆迁等方案的制订提供更加全面的信息。最后，城中村拆迁赔偿的标准、改造方式的选择等关键问题，猎德村召开村民代表大会通报情况，将决定权交给村民代表或全体户长。猎德村的每一位村民均可通过村民代表大会发表自己的看法，让村民充分使用公众参与的权利，有关猎德村改造的所有决策都必须经表决通过后方可执行。此外，在改造方案确定后，猎德村村集体定期召开村民代表大会，公布资金使用情况，拆迁补偿、住房安置等决策的落实情况，使改造事务尽量做到公开。由上来看，猎德村改造过程中的公众参与机制虽还有改进的空间，但基本上秉持了公众参与的理念。

并非所有的城中村改造在公众参与方面都能坚持上述标准。冼村改造过程中，村委会隐瞒村集体的财务信息；萧岗村的改造过程中，村委会隐瞒改造拆迁补偿标准。公众参与方式与路径的缺失，导致各村村民对城中村治理的不配合乃至反抗。

（二）广州市城中村治理公共参与面临的问题

1. 规则与实践之间的脱节

2010 年 8 月，在广州市冼村的改造工作中，政府事前未与村民沟通就突然发出通告，限期进行改造和动迁。村民的不满情绪、意见都无法通过正常的参与渠道得到表达，导致了集体上访和静坐示威等突发性、群体性事件的发生。[18]

18　肖彭军等：《城中村“人文改造”战略中的公民参与策略——以广州市猎德村为例》，载《战略决策研究》2013 年第 5 期。

而当时《关于广州市推进“城中村”（旧村）整治改造的实施意见》明确规定，拆迁要经村集体经济组织 80% 以上成员同意。“共建共治共享”中的前提“共建”要求规则先行，若规则只停留于纸面上的文字，无法落实到实践当中，将毫无意义。

2. 参与主体不具多元性

从城中村改造的有关规定和相关实践可以发现，目前城中村改造中被征询意见的对象仅限于城中村村民。但现实是，城中村改造涉及的相关利益主体远不止城中村村民，外来务工人员、参与城中村改造的开发商都与城中村改造有着直接的利益关系。

此外，关于参与主体的规定和实践都忽略了社会组织能够在改造过程中所发挥的强大影响力。社会组织能够通过集聚的公民力量影响政府的决策，也可以帮助政府向公民解释决策的缘由，促进政府与公民的有效沟通。

3. 信息公开不足

从广州市城中村改造的实践中可以看到，村民在多数情况下无法得到相应的信息反馈，甚至于到自家房子行将拆迁时，村民才了解到这一信息。没有信息公开就没有公众参与，这是公众参与的前提。[19] 只有在保证公众在城中村治理中享有广泛知情权的前提下，公众参与权才能在城中村治理中有真正行使和实现的可能。

五、广州市城中村治理公众参与的展望

在“共建共治共享”理念的支撑下，对广州市城中村进行社会治理，必须正视公众参与的主体范围和权利内涵。首先，公众参与的主体范围应超越我们经验视野中的城中村村民，使其扩展到地方政府、开发商、外来人口和相关社会团体。其次，对公众所享有的权利和限制有明确界定，使公众参与得以在可控范围内行使。

（一）广州市城中村治理公众参与权的赋予

公众参与首先必须明确其权利内涵，这也是公众参与“共建”的前提要求。只有“规则优先”的行动模式才能有利于民主的巩固与社会的长治久安。广州市城中村治理采取“一村一政策”模式虽然具有较强的针对性，但如何激发公众参与的热情仍需进行制度设计。

---

19 蔡定剑著：《公众参与：欧洲的制度和经验》，法律出版社 2009 年版，第 18 页。

1. 公众知情权——完善信息公开制度

与公众知情权相对应的是政府的信息公开义务。信息公开是公众有效参与的前提，为公众提供充足的信息，才能创立各种相互沟通和平等对话的平台。然而，公众接受信息的成本和能力是有限的，不同类型的公众获取信息的最佳渠道也不尽相同。因此，政府应当针对不同的公众情况，构建多样的信息公开方式。

针对不同的对象可采取不同的信息公开方式。例如，对村民而言，可通过村民代表大会、股东代表大会告知其信息。对外来人口而言，政府可通过在其居住的城中村发放信息手册告知其信息。对开发商、社会团体而言，政府可通过邮件告知相关信息。当然，随着现代技术的发展和网络的普及，政府可以建立网上信息公开制度，供公众随时随地查看信息。

2. 公众表达权——健全参与途径

虽然赋予公众知情权是公众参与权的重要内容，然而现实情况通常是参与的重点被放在单向的信息传递上——从官员到公民——而没有反馈的渠道和谈判的权利。[20]信息公开和知情只是公众参与的一个前提条件，有效的公众参与需以知情为前提，公众可以主动表达意见和看法。公众只有在享有足够表达权的情况下，才能把已获得的信息加工再输出；只有形成有效的表达，才能把自己的利益诉求融入城中村治理过程中。

村民大会、听证会等都是城中村治理中公众表达意见的重要渠道。在城中村治理过程中，政府也可以派专人在城中村内收集公众意见。政府应当建立专门的网络参与通道，方便公众随时随地提出意见。另外，由于信息处理能力的有限和公众需求的多样化，政府不可能完全吸收公众发出的全部信息，同样，由于专业知识的欠缺以及信息接收能力的有限，公众也不可能完全理解政府输出的相关信息。此时，社会团体的参与就显得尤为重要。基于业务需要，社会团体对某些方面的事务有专业性的了解，并且可以快速收集此方面的时效信息，从而为政府和公众的决策提供信息参考，有利于政府与公众之间的信息交流。

3. 公众监督权——完善监督机制

公众监督权是公众参与权的重要组成部分。我国《宪法》概括性地规定了公众对公权力可以行使监督权的几种方式，分别为批评、建议、申诉、控告和检举。在城中村治理过程中，政府要保持公民提出批评、建议的渠道畅通，运用互联网拓宽公民提出批评和建议的途径；要加强检举保密制度、检举激励制度以及检举人保护制度的建设，方便公众的检举。此外，监督处理结果应当向

---

20 付健：《城市规划中的公众参与权研究》，吉林大学2013年博士学位论文。

公众公开，供公众查阅和监督。

除了《宪法》中规定的这五种监督方式，城中村治理中还应当建立反馈机制——如果没有采纳公众提出的意见，政府应当说明意见被否决的理由。反馈机制的出台实际上包含了对政府权力的监督，该机制的建立有利于公众与政府在城中村治理进程中展开真正的协商与对话。

（二）广州市城中村治理公众参与权的限制

为了落实公众参与，应当赋予公众一定的知情权、表达权与监督权。但为了促成公众参与权的行使不脱离有效控制范围，有必要对公众参与权设置一定的限制。

就知情权而言，《政府信息公开条例》第八条规定："行政机关公开政府信息，不得危及国家安全、公共安全、经济安全和社会稳定。"第十四条第四款规定："行政机关不得公开涉及国家秘密、商业秘密、个人隐私的政府信息……"以上相关信息的保密实际上为公众知情权设置了一定的限制。

同理，表达自由永远不可能是绝对的。不受限制的表达可能与重要的公共利益或私人利益发生冲突，与国家利益发生冲突，甚至可能危害民族的生存。[21]遵循此理，城中村治理中的公众表达也必须依循表达的规定程序、途径。此外，表达的内容也不得有损国家利益、公共利益以及他人合法的个人利益。

最后，我国《宪法》第四十一条在规定了公众的监督权后，还规定了"……不得捏造或者歪曲事实进行诬告陷害……"《刑法》也设置了专门的诬告陷害罪。上述法律条款为公众行使监督权限定了相应范围。

结语

城中村治理一直是广州市政府社会治理的难题之一。要妥善解决上述问题，广州市政府应在"共建共治共享"理念的指导下，进一步提升公众参与在城中村治理中的角色和作用。一方面应激发更多的公众主体参与城中村治理这一事务当中来，使不同主体能够在该事务中发声，传达自己的利益诉求；另一方面也要从制度设计方面给公众参与提供权利框架，积极构设公众的知情权、表达权和监督权，并对公众参与的权利界限予以明确，使之成为破解城中村治理的有效药方。

---

21 张文显著：《二十世纪西方法哲学思潮研究》，法律出版社2006年版，第468页。

基层社会治理中的公共法律服务体系建构

——以武汉市六个社区治理实践为实证样本

杨　凯*

【内容提要】 公共法律服务体系建构是加强预防和化解社会矛盾机制建设的新方向，是正确处理人民内部矛盾的新经验，也是加强和创新基层社会治理的必然要求，更是国家治理体系和治理能力现代化的体现。通过以武汉市六个不同历史渊源、不同居民构成、不同社区形态的社区（镇）作为实证研究样本，可以发现基层社会治理实践中涌现出大量有益的做法和经验，特别是以“送法下乡”的方式，将公共法律服务体系建构融入社区治理的创新性实践，成功打造了共建共治共享的治理格局，有效促进了自治、法治、德治的有机融合，充分彰显了法治治理的内涵和精神。

【关键词】 社会治理　公共法律服务　枫桥经验

引言

中共十九大报告明确提出：“全面深化改革总目标包括推进国家治理体系和治理能力现代化。”社会治理是国家治理的重要组成部分，社会治理现代化是国家治理体系和治理能力现代化的应有之义。加强预防和化解社会矛盾机制建设、正确处理人民内部矛盾，是加强和创新社会治理的必然要求，更是国家治理体系和治理能力现代化的体现。我国正处于探索社会治理创新模式的重要转型期，城乡社区作为社会治理的最基本单元，其治理事关党和国家大政方针的贯彻与落实，事关居民群众的切身利益，更关系到国家的和谐稳定。基层社会自治是

* 杨凯——华中师范大学法学院教授、硕士研究生导师，华中师范大学应用法学与法治社会研究院院长，全国审判业务专家。

基层社会治理最重要的一环，是新时代社会治理的重要领域，是国家治理的重要课题。为保证调研结果的全面性和广泛适用性，我们以武汉市六个不同历史渊源、不同居民构成、不同社区形态的社区（镇）作为调研对象。此六个社区形态基本涵盖了当下中国社区基层社会呈现的转型特点，呈现了城市及农村的各种社区组织样貌，保证了调研样本的丰富性和代表性，为最终调研经验在全国范围内的推广普及打下了坚实的基础。

一、以法治为底色，创新公共法律服务在基层治理中的运用方式

习近平总书记指出，要坚持中国特色社会主义法治道路，更好发挥法治固根本、稳预期、利长远的保障作用，善于运用法治思维和法治方式分析解决问题。在国家治理中，法治是国家治理现代化发展的“底色”，是国家治理体系和治理能力现代化的重要依托。社区治理的法治保障，是指在社区之内，以法律法规和法治理念为基础，社区内利益相关的各方主体通过多种形式与方法，共同参与社区事务与社区政治等方面管理，以此使社区建设与发展步入法治化与制度化阶段。法律法规和行政规章也会在治理实践过程中充分显示其合理性与权威性特征，由此形成社区内的良性循环过程，使社区治理法治化深得民心。

此次研究的武汉市六个社区分别为江岸百步亭社区、汉阳江欣苑社区、武昌东亭社区、青山青和居社区、东西湖常青花园社区、新洲凤凰镇。六个社区形态、特点、典型问题对比见表 1。

表 1　六大社区形态、特点、典型问题对比

社区	社区形态	特点	典型问题
江岸百步亭社区	城市普通社区形态	10 个居委会，15 万居民，50% 为普通商品房，40% 为经济适用房，10% 为廉租房	流动人口问题、社区空间治理问题
汉阳江欣苑社区	农民还建社区形态	前身为渔业村，目前有两千多户，是武汉市最大的农民还建社区，也是典型的“五特小区”[1]	村改居问题、失地农民就业安置问题
武昌东亭社区	老旧社区形态	20 世纪 80 年代武汉市第一个商业小区，共有居民楼 104 栋，居民 4644 户，总计 15373 人	人口老龄化问题、人口流动性问题

1　五特小区：特殊环境、特殊区域、特殊居住人群、特殊管理团队、特别的管理模式。

续表

社区	社区形态	特点	典型问题
青山青和居社区	公租房社区形态	80%以上的居民户籍不在公租房社区，社区人员构成复杂，包含城镇低保户、住房困难户、农民工、待业青年以及刚刚工作或外地务工人群	人口流动性问题、特殊人群救济问题、居民邻里矛盾问题、治理资源缺乏问题
东西湖常青花园社区	新建社区形态	占地2.7平方公里，入住居民10万人，注册志愿者1.5万余人，是武汉市最大的安居工程之一	人口流动性问题、居民邻里沟通问题
新洲凤凰镇	乡村社区形态	辖19个行政村，187个村民小组，1个社区；7364户，30150人，其中农业人口27024人	留守人口问题、封建迷信问题、村民缺乏参与感、村民文化程度较低、法治化水平较低

通过比较六个社区在组织形式和典型样貌的不同特点，可以发现六个社区在社区基层治理中既存在共性的问题，也有个性化、差异化的特殊问题。在研究中我们发现，基层治理实践中涌现出大量好的做法和经验，特别是创新公共法律服务体系建构融入社区治理的工作方式，具有较大的启示意义。

法治是规则之治，社区治理的法治化强调以国家正式法律为依据开展社区的行政管理和公共服务。这就要求参与社区治理的各方，一方面，必须遵照既定的法律关系内容，以法律为依据主张权益、履行义务；另一方面，遵守既有法律程序，在法律规范和法律制度的框架下参与治理工作。通过制度化的方式使权责关系更加明了清晰，有利于形成运行规范有序、服务主动高效的社区服务新格局。青和居社区通过探索实践，初步建立起了完备的法治宣传教育机制、社会矛盾预警机制、依法维权和化解纠纷机制、利益诉求表达机制、社会协商沟通机制、法律求助机制等长效机制，实现基层社区依法治理的科学化、规范化和常态化。

在法治理念指引下的民主、科学、完备的规则体系，是社区治理的“纲目”。常青花园社区先后制定出台了《小区业委会议事规则》《业主公约》《公共收益管理办法》等制度规约，结合常青花园实际发展情况，不定期提出修改和完善意见，优化社区民主管理和民主自治制度，使社区自治制度不断适应法治建设需求，把社区治理涉及的各项事务全部纳入法治轨道，用法治思维和法治方式构建新型基层治理体系。通过建章立制，对居民自治组织、企业等治理主体之间的职责边界和事权划分作出明确规定，解决社区治理中越位、缺位、错位的问题。建立党组织领导、基层自治、区域共建共享、法治德治结合的多元共治体系，形成具有开放性、包容性的社区治理格局。用法治手段规范用权行为、规范组织活动、规范社会秩序，推动形成多层次多样化的社区治理规则体系，促进各项管理活动在法治轨道上运行。

东亭社区居民、社会自组织在参与社区各项公共事务的同时逐渐形成规则至上、权利本位和治理主体地位的法治意识。东亭社区始终坚持党的领导，在宪法、法律以及其他规则框架下进行基层社会自治，社会自组织依法成立，各社会力量依法自治，无论是国家权力的运行，还是基层社区群众的言行，始终在规则范围内进行。此外，社区居民、社会自组织依法自治的同时，始终坚持公民权利是权力的边界，权力是为权利服务的法治意识，积极主动履行社会治理主体的职责。

二、以服务为原则，改革公共法律服务在基层治理中的实现路径

公共法律服务是社区治理中法治保障的重要体现形式，也是为社区居民提供法律服务最直接的方式。六个社区普遍都重视加强法制工作的宣传，发挥各大群体在社区工作中的调解作用，发挥律师在社区法律服务中的作用，重视对社区居民或村镇村民法治理念和意识的培养。

江欣苑社区坚持法治思维，持续供给普惠性、便享性公共法律服务，以法治的方式解决社会矛盾，通过发生在身边的民事案件教育广大社区居民，通过公开审判进行法治教育。社区结合“红色引擎”工程，发展吸纳“红色物业”进入社区管理体系，将“红色物业”的保洁员、安保员、收费员、维修员等力量沉入网格，协助社区化解居民矛盾。将普法工作纳入网格员的工作职责，加强网格员的普法工作培训，让网格员提高法律知识，并引导网格员与居民面对面、心贴心地进行宣传交流，做群众信赖的普法“宣传大使”。同时在春节、国庆节等重点时段，在社区广场、建设银行等重点区域，针对法律知识相对缺乏的中老年居民等重点群体开展普法宣传教育活动，增强居民法律意识。通过微信、QQ 群等方式组织社区居民接收“普法微信公众号”“掌上汉阳”等微信公众号推介报道，在社区人员密集区域投放宣传广告，张贴宣传海报等；协调银行、超市、门店等 50 多个网点的 LED 屏滚动播放普法宣传语；利用巡回法庭和政法干部开展普法教育。在汉阳区人民法院的帮助下，江堤乡人民法庭于 2013 年在社区设立了巡回法庭，将涉及社区内的家事案件在社区内公开开庭，并且在每周四派一名法官到社区去开展咨询服务。利用汉阳区开展“万名警察进社区”“政法干部进社区”等活动的机会，清理了社区僵尸车，整治了流浪犬，开展了免费法律咨询和讲座，化解了居民矛盾，真正让各方力量都参与进来、融

合进来，找到自己的位置，都有用武之地。

东亭社区以网格化综合治理平台为依托，以社会多元主体参与的治理主体结构为落脚点，从政治、经济、文化、社会、生态、平安中国建设等领域描绘出了基层社会治理实践的建设图景。在习近平新时代中国特色社会主义思想的指引下，“东亭模式”从社会管理经验转型升级为社会治理经验，致力于打造共建共治共享的社区治理格局。

常青花园社区把法治建设工作纳入社区总体发展规划，社区干部法治思维和法治能力的提升成为关键要点，强化法治观念在社区干部中的日常养成，做好社区干部法治意识与法治理念的教育引导，强化党的领导、人民当家作主和依法治国有机统一，着力培养和提高社区干部尊法学法守法用法的能力；开辟“法治课堂”，通过各级组织系统和社区干部学院，重点加强对社区干部的法治能力培训，提升社区干部法治思维和法治能力；运用法治破解治理难题，法律顾问全程介入，有效实现公共空间法治化治理；严把“入口关”“考核关”，强化正向激励，将法治能力作为考察社区干部的硬指标，树立鲜明的选人用人导向；建立健全权力运行制约和监督机制。加强党内监督、民主监督、行政监督、审计监督、社会监督、舆论监督制度建设，增强监督合力和实效；加强对社区干部的管理和岗位权力的控制，防止权力滥用；依法公开权力运行流程，确保权力在阳光下运行。

凤凰镇聘请北京易和律师事务所和湖北典恒律师事务所专业律师团队全程开展村民自治法律服务。开展“七五”普法宣传教育活动；推进“一村（社区）一法律顾问”工作，实现公共法律服务全覆盖。

百步亭社区首先建立了完整的法治宣传网络，由法庭、司法所牵头，社区工青妇、学校、居委会、民调、志愿者队伍加入，在依法治理中，法律志愿者做人心工作，心理咨询志愿者做安抚工作，把矛盾化解在法庭之前。在社会治安、纠纷化解、信访、市场监管、法律服务等方面，社区有效运用了基层自治制度和自治组织的能量，结合自有情况实现了依法管理和依法服务，并有效支撑了社区范围内普法宣传、司法、执法等法治工作的开展。

青和居社区建立起了调和矛盾双方关系的“第三间房”和“第三方力量”。打造了氛围温馨的“顺顺吧”功能室，组织社区“两代表一委员”、人民调解员、社区律师、社区民警，以及群众威望高、热心公益的党员先锋和群众骨干组成“顺顺服务团”，围绕物业服务、家庭纠纷调解、邻里矛盾调和、妇女维权、劳资纠纷、法律咨询等主要问题，面对面解决居民诉求，律师服务从“相约周四”到“律师天天见”。并开展青少年模拟法庭、律师进社区、法律调解等活动，法治理念和法治思维逐渐根治人心，居民群众遇事从找政府到找法，从信访到信法。

三、以自治为核心，彰显公共法律服务在基层治理中的无形力量

习近平总书记强调，治国安邦重在基层。社会治理的重心必须落到城乡社区。要坚持和发展“枫桥经验”，争取做到“小事不出村、大事不出镇、矛盾不上交”。基层社会自治[2]是社会治理最重要的手段之一，社会治理的核心是“以人民为中心”。由于人民日常生活和交往的主要场所是基层，因此，最大限度扩大和发扬基层民主，实现“由民作主”的基层社会自治，促进国家层面的民主机制与基层社会的民主机制的有机统一，是社会治理现代化转型的重中之重，也是基层社会自治的核心要义。

法润万物细无声。法律是有温度的，只有丰富和拓展公共法律服务的内容和方式，让老百姓在日常生活中感受到法律的精神，接受法治文化的熏陶，培养依法行事的习惯，才能将硬性的法律制度规定转变为学法、懂法、守法的民众自觉，从而真正发挥法律的制度竞争优势。六个社区在治理经验的总结中都突出了社区自治的重要性，共性的体现有推动社区组织、志愿者团队建设，积极调动社区居民主动参与共治意识，打破原有僵化治理模式，完善居民议事协商机制，打造社区自治文化等。传统管理体制最大的弊端就是权力过于集中，政企不分和管理过死，使经济和社会生活缺少活力，社区长期处于政府管制之下不但给政府带来了巨大的行政负担，而且阻碍了社区自治力量的形成，不利于转型时期的社区治理。因此，六个社区在探索治理模式的过程中都面临着打破原有政府或村委单一治理模式，创建居民自治、社区共治的治理新模式。

恩格斯在《反杜林论》中指出，所有人或者至少一个国家里的所有公民或者一个社会的所有成员都应当享有平等的政治与社会地位。[3]因此，打造共建共治共享社会治理格局折射的正是权利平等、机会平等、地位平等的思想，这同时也正是习近平新时代中国特色社会主义思想的重要内容。习近平总书记在党的十九大报告中提出指导意见，“打造共建共治共享的社会治理格局，就要加强社会治理制度建设，完善党委领导、政府负责、社会协同、公众参与、法治保

2 基层社会自治是基层社会成员在中国共产党的领导下，依据宪法、法律法规以及其他规章制度，通过公共组织（政府等）和社群的集合体（社会自治组织、非正式组织、社会团体、自发形成的社群团体等其他社会自组织）直接参与一定区域的公共管理事务，进行自我管理与自我统治，共同行使自治权的一种基层社会治理模式。

3 参见恩格斯：《反杜林论》，载《马克思恩格斯文集（第9卷）》，人民出版社2009年版，第109页。

障的社会治理体制，提高社会治理社会化、法治化、智能化、专业化水平”。[4]这是中国特色社会主义进入新时代的客观要求，是解决新时代我国社会主要矛盾的本质规定，也是全面建设社会主义现代化强国的现实需要。[5]“共建共治共享”强调社会治理过程中多元主体的参与，特别是公众参与的重要性。公众是公共事务利益的直接获得者，是社会治理的成果享用者，自然也应该是社会治理协商、合作、互动过程中的最主要参与者。调研对象社区设立“公共法律服务点”，成立“法律咨询志愿服务队”，积极打造法治文化阵地，实现法律顾问全程介入，有效整合政府、社会组织、居民法治资源，同时，社区还积极整合组建属于社区的法治队伍，深入广大社区群众之中为居民提供专业的法律服务。在社区之中建立法律便民服务点，降低社区居民接受法律援助的门槛，让居民在服务之中加强法治意识。在法治方式上，通过民主协商、民主决策、民主监督等方式提升社会自组织、社区居民参与社会治理的活跃度，助力其充分发挥在基层社会治理中的主体作用，实现政府依法治理和社会依法自治的有机统一，体现了“以人为本”的法治理念。

凤凰镇总结出了未来发展的方向即为加强法治建设，鼓励村民自治，尊重乡土文化。通过加大普法力度，构建多元纠纷解决机制，提升乡村德治水平等路径实现德法并举，“三治”融合。青和居社区作为公租房社区，存在的短板主要是居民缺乏自治能力和道德修养，社区内邻里情感淡薄，矛盾多发，困难群体、特殊人群难以安置。对此应该积极引入外部治理力量，大力发展社区组织和志愿队伍，以提高社区自治能力；治理中重视德治建设，推动文化建设，搭建沟通桥梁；积极维护法治秩序，投入更多公共法律服务资源，为弱势群体提供免费的法律服务。江欣苑社区作为农民还建社区，存在的问题是法治意识不强，文化建设不足的问题，对此江欣苑社区积极进行文化、法治建设，激活社区自治活力，打造文化名片，有效化解了治理中的矛盾。常青花园社区设立“公共法律服务点”及成立“法律咨询志愿服务队”，有效整合政府、社会组织、居民法治资源；强化法治宣传教育，融入文明创建、志愿服务、换届选举等工作，厚植法治社会土壤。社区法律顾问制度正式运行以来，助力党委决策，实现法律风险的关口前移，切实帮助社区居民解决生活中的关切和难点，推进依法自治，充分发挥了律师参与社会治理的功能，使“政府买单、群众受益”的新样本逐渐改变社区居民的日常生活。

4　《中国共产党第十九次全国代表大会文件汇编》，人民出版社 2017 年版，第 39 页。

5　黄高晓：《打造新时代共建共治共享的社会治理格局》，载《解放军报》2018 年 1 月 8 日，第7 版。

结语

马克思说："人是历史的剧作者，又是历史的剧中人。"人民群众是物质生活的创造者，同时也是精神生活的创造者和社会变革中的中坚力量。法治是一项以人的需要为起点，并以人的幸福为归宿的事业。现代法治的正当性至少应满足人本、人道和人文三项最低限度的伦理法则。人本作为法治逻辑起点的伦理法则，强调人作为目的以及满足人的需要、保障人的权利对法治的绝对价值。人道作为法治价值导向的伦理法则，强调法治应当能够激发并且引导人类向善的天性，应当有助于促进社会的有机结合、增进社会成员之间的协作，应当有助于公民美德的塑造和提升。人文作为法治运行条件的道德法则，强调法治应当是一种文化之存在，尊重人之为人的固有秉性、尊重人之存在的文化内涵、尊重公民生活的传统智慧乃法治得以畅行的必要条件。

六个社区通过党建为基层社会自治提供方向性指引，为公众参与营造环境；积极推动社会自组织的形成，为公众参与积蓄力量；搭建以协商对话为主要方式的信息化平台，为公众参与提供途径；召开围绕某公共事务或公共利益的各类民主协商会议，为公众参与创造条件。通过合作、互动、共建、共治，增进社区共识，让社区居民都能有更多的获得感，从而真正实现共享的终极目标。作为社会治理的典型案例，武汉市社区治理的积极探索彰显了公共法律服务融入基层社会治理的生动实践，值得在持续的跟踪观察中挖掘更多有益的启迪，为国家治理体系和治理能力现代化贡献更多经验和智慧。

“共商共建共享”理念下的全球治理

——以中国—东盟经济一体化进程为例

孙志煜　李　蕤*

【内容提要】全球治理遭遇到前所未有的危机，“共商共建共享”理念为全球治理提供了新的理论思路。在中国参与全球治理的众多区域当中，中国—东盟之间形成的区域治理最具代表性。从中国—东盟经济一体化进程看，“民主共商”已成为中国—东盟经济一体化的基本思路；“制度共建”已成为中国—东盟经济一体化的主要方式；“成果共享”已成为中国—东盟经济一体化的效果呈现。由于治理结构的缺陷以及机制实施的困境，中国—东盟经济一体化进程仍存在不少问题。在此背景下，我们应坚持“共商共建共享”的基本理念，推动“软硬兼顾”的新型治理模式在该区域的形成，为该区域的经济一体化进程提供正当性和合理性的支撑。

【关键词】“共商共建共享”　全球治理　中国—东盟经济一体化　制度构建

一、问题提出：全球治理新型理念的形成

全球治理是一种通过国际合作解决全球性问题的机制，为应对共同的问题与挑战、寻求共同利益而进行制度化合作，共克时艰，共享权益，共同管理、

* 孙志煜——贵州大学法学院教授、法学博士、博士生导师，研究方向：国际民事诉讼法；李蕤——贵州大学法学院博士研究生，研究方向：比较民事诉讼法。本文系贵州省哲学社会科学规划一般课题《中国区域贸易争端解决的理论建构与实践应对研究》（批准号：16GZYB03）、贵州大学文科重点学科及特色学科重大科研项目《民商事纠纷解决的国内法与国际法互动研究》（批准号：GDZT201601）的阶段性成果。

规范我们生存的世界。[1] 全球治理的核心思路是通过国际合作，形成全球性机制，最终解决全球性问题。全球治理一词发轫于 20 世纪 80 年代末期由“新自由主义”占据主导的国际关系领域，后风行于国际关系领域与国际政治领域。自这一概念诞生以来，与之相关的理论大量涌现，无论是国际利益论、霸权稳定论、相互依存论，还是国际机制论，均秉持由西方价值观所主导的全球治理观。中国作为新兴发展中国家，之前是全球治理观的积极践行者，在全球范围以及区域范围内的实践进行了相应探索，作出了显著的贡献并积累了丰厚的经验。随着中国在全球治理体系中地位的提升及作用的日渐凸显，如何在全球治理中贡献中国智慧、提出中国方案成为全球为之侧目的一个议题。尤其随着以美国为主导的全球治理体系与全球治理机制无力应对“权力分布失调、经济发展失衡以及全球治理赤字”[2] 等严重问题时，来自中国的思考则显得尤为重要。恰在国内外形势急遽发展之际，习近平总书记正式提出了“构建人类命运共同体”的思想，并辅以“共商共建共享”的全球治理理念。此为破解全球治理中的新问题提供了新原则与新思路。值得注目的是，第七十一届联合国大会将中国提出的“共商共建共享”原则纳入“联合国与全球经济治理”决议，正是中国倡议转化成全球共识的最佳体现。[3]“共商共建共享”的全球治理新型理念愈加受到其他国家的青睐与认同。但问题也随之产生，“共商共建共享”作为一种新型全球治理理念，与传统的全球治理理念有何区别？在操作层面又能给其他国家提供多大助益？以及中国在参与全球治理的进程中是否有合适范例可资借鉴？循上所述，笔者拟以中国—东盟经济一体化进程中的制度构建与制度实践为研究视阈，剖视“共商共建共享”理念在此领域中的实践样态，以期为中国今后参加甚至主导区域治理提供有益借鉴或评判的样本。[4]

二、民主共商：中国—东盟经济一体化的基本思路

西方传统的全球治理理念认为，国际霸权体系与国际秩序稳定互为因果，只有强大且具霸权实力的行为体方可利于国际体系的稳定和公益目的的实现。[5] 霸权稳定论作为西方国际关系理论中颇具影响的流派之一，长久占据全球治理

1　何亚非著：《选择：中国与全球治理》，中国人民大学出版社 2015 年版，第 1 页。

2　秦亚青：《关于世界秩序与全球治理的几点阐释》，载《东北亚学刊》2018 年第 2 期。

3　钟声：《开辟共商共建共享的全球治理之道》，载《人民日报》2017 年 12 月 5 日，第 3 版。

4　选择中国—东盟作为分析样本，非基于随机考虑，而在于中国—东盟之间的经济交往在所有与中国交往的经济伙伴中最具代表性。2010 年 1 月正式建立的中国—东盟自由贸易区是中国建立最早、涉及人口最多、贸易额最大且治理规则较为完善的自由贸易区。

5　倪世雄等著：《当代西方国际关系理论》，复旦大学出版社 2012 年版，第 293 页。

理念的重要位置。但随着苏联政权解体、美国全球领导力的急遽衰退，霸权稳定论被国际现实无情鞭挞，相互依存论、国际机制论、软权力论和文明冲突论等新兴理论借此契机逐渐呈现。然上述理论仍以西方大国的国家利益为根基，罔顾新兴国家的利益诉求及国际秩序的重新塑造，进而导致转型时期的全球治理理念与西方主导的全球治理传统理念仍处于斩不断、理还乱的关系之中。

为正确应对全球治理中上述危机，“共商”理念融入民主化思想在全球治理领域中予以集中表达。究其本义，“共商”包含着不同参与主体间地位平等、共同协商以解决问题之意。聚焦于全球治理领域，其可指“中国同国际社会对全球治理的基本原则、组织机制、重点领域、发展方向等的共同认识、辨析、判断”，[6]即“共商”实际涵摄如下三重要素：多元主体、平等参与和协商民主。具言之，冷战之后的国际秩序实则为多元主体主持的国际秩序，尤其随着发展中国家群体的兴起，国际主体多元化尤为凸显。“治理一个多元世界，需要以多元主义界定治理主体，即以‘多元主体’代替垄断性权。唯有真正实行多元主义，方可解决多元世界中的问题。”[7]有学者认为平等原则作为从正义原则与公平原则当中抽象出来的一项新原则，是保障国际正义与国际公平的“安全阀”。多元主体须以平等身份参与全球治理当中，应平等地享有知情权、表达权、表决权和监督权。[8]此外，就其演进路径而言，全球治理亦应当是一个协商的过程。即通过多元主体的平等参与，针对不同全球治理领域中的问题，决定利益共享及责任承担主体，并为寻求共同利益而开展广泛的合作与交流。

中国—东盟经济一体化进程如何展开需考虑中国与东盟双方的态度。从中国的角度看，与东盟的政治交往大致可分为对峙状态、关系解冻、加强合作、全面拓展四个阶段，不同阶段的经济交往方式迥异。从东盟的角度看，与中国的政治交往大致经历了从对立到合作的两个阶段，不同阶段经济政策呈现显著差异。[9]其中不乏学者指摘中国从政治关系和经济关系两方面均对东盟形成了“威胁”。尤其当下，中国的“外国投资的黑洞”性质及“世界工厂地位”直接冲击了东盟经济，有必要从根本上予以抵制。[10]不同的态度决定了经济一体化过程中有可能出现不同的沟通方式。

从官方表述以及学界研究结果看，中国—东盟经济一体化进程的主导权之

---

6 杨洁勉：《全球治理的中国智慧：共商共建共享》，载《光明日报》2016 年 6 月 16 日，第 16 版。

7 秦亚青：《全球治理失灵与秩序理念的重建》，载《世界经济与政治》2013 年第 4 期。

8 罗国强著：《国际法本体论》，法律出版社 2008 年版，第 152 – 153 页。

9 孙志煜著：《区域经济组织争端解决模式研究》，人民法院出版社 2015 年版，第 112 – 114 页。

10 Joseph Y. S. Cheng, *China-ASEAN Economic Co – operation and the Role of Provinces*, Journal of Contemporary Asia, Vol. 43:2, p. 314 – 315 (2013).

前由东盟掌握。中国与东盟经济一体化的具体内涵、优先领域、行进方式、制度构建等悉由东盟提出议事框架，之后在此基础上进行谈判。因此，东盟提倡的议事方式可能对中国—东盟经济一体化进程产生重要影响。在东盟众多议事方式中最具代表性的是“东盟方式”，新加坡前外长贾亚古玛（S. Jayakumar）对何谓“东盟方式”作了如下概括：“‘东盟方式’强调非正式性，组织最小主义，包容性，通过磋商达成一致。”[11]“东盟方式”的最显著特征就是尊重各成员方，通过磋商而非制度化水平较高的司法程序来解决成员方之间的争端。有鉴于此，“东盟方式”与“共商”的核心内涵完全契合。此外，中国在参与东盟经济一体化进程中并不着意谋求主导地位，而是提倡通过“相互尊重、彼此信任、友好磋商”的原则来解决发展进程中的相关问题。因此，在如何推进经济一体化进程方面，中国与东盟形成了“民主共商”的共同思路。

三、制度共建：中国—东盟经济一体化中的规则演进

“共建”实为共治，是指多元主体共同决定全球治理的内容、方式和途径。共建实际统摄了“谁来建”“建什么”以及“如何建”三个核心议题，落脚于全球治理领域，可转化为如下三个方面。其一，主体不分实力之强弱，人口之多寡均可参与全球治理。传统全球治理理念认为全球治理本身就隐含着一种统摄性力量，需由一种霸权力量予以驾驭与领导；而多元主体平等参与的全球治理更多强调的则是一种协商性力量。其二，由多元主体共同决定治理内容。治理内容虽然庞杂，但其大致可归纳为全球治理的价值共识、规则体系以及发展环境三个互为补充的子议题。而全球治理“共建”理念理应统摄上述三个子议题，并在局部问题上有所侧重。其三，由多元主体选择合适的治理方式或治理途径。在国际关系领域，将治理方式划分为正式机制（formal regimes）和非正式机制（informal regimes）[12]是较具普适性的一种分类方式。各参与主体可针对具体问题在两种方式之间作出选择，也可采取混合制的治理方式。

“共建”理念亦是代表性、正当性与公正性在全球治理领域的表征。共建通过破除霸权治理中权力自上而下的灌输模式，代之以平行权力的博弈、妥协与整合，进而赋予参与主体更多的代表性与话语权，使不同力量的主体都能在该

---

11 Lee Kim Chew, *ASEAN Unity Showning Signs of Fraying*, Straits Times, 23 July 1998, p. 30.

12 学者认为由国际组织立法规定的，由理事会、大会或其他机构予以维持以及由国际机构监督实施的机制是正式机制；而非正式机制是参与者通过同意或协调一致创设或维持其目的性的机制，该机制由双方相互利益交换和君子协定来履行，在双方互相监督下实施。详细可参见［美］斯蒂芬·克拉斯纳主编：《国际机制》，北京大学出版社2005年版，第65页。

治理体系中得以发声。正当性是指在新型治理理念下，治理的权力来源不再是单一体，而是来自多元主体的共同赋权。其打破了传统治理理念下权力垄断性、攫取性特征，使各参与主体均能享有平等的制度性权力，治理体系的正当性得以彰显。共建的核心目标则在于构建公正性的治理规则。各主体广泛参与的治理规则在考虑整体利益以及各参与主体利益的基础上，也能在解决具体问题时考虑到形式公正与实质公正的平衡点，得以使公正性的治理规则最终顺利实施。

中国—东盟经济一体化的制度进程大致可用如下话语来概括：中国—东盟经济一体化进程中的制度构建经历了从非正式机制向正式机制逐渐迈进的一个历史过程。上述观察也符合杰克逊先生作出的如下经典判断："在很大程度上，文明史可以说是一部在自然状态下，由权力导向型向规则导向型逐渐演进的历史。"[13]以上两个概括的要旨在于：无论是文明史的发展，还是中国—东盟经济的一体化，制度安排尤其是具有一定约束力的制度安排正在全球治理中发挥着更为重要的作用。

中国—东盟的经济接触随着双方的政治接触而逐渐深入。中国—东盟经济一体化的初始进程是随着冷战秩序的结束而逐渐展开的，其最早的经济交往方式为双方首脑互访以及相关行政长官之间的函件往来。如 1991 年 5 月中国外长钱其琛致函东盟秘书长，表示希望与东盟在政治、经济、贸易、科技和安全等领域建立关系，并得到东盟的积极回应。同年 7 月，钱其琛外长应邀出席第 24 届东盟外长会议开幕式，这是中国与东盟的首次正式接触，可视为中国—东盟新双边关系的起点。中国—东盟在此阶段的经济交往方式主要为会谈与磋商、缔结伙伴关系、发表相应联合声明，如 1997 年 12 月 16 日，中国与东盟签署的《中华人民共和国与东盟国家首脑会晤联合声明》。随着双方在经济领域相互依赖程度的加深，不具有强制约束力的制度安排得到逐步发展，如政府首脑非正式会议、部长级会议、五个平行的对话机构[14]均是上述制度安排的典型代表。此类制度安排虽不具有强制约束力，但对指导双方行为、树立治理意识起到了关键作用，并为双方构建具有强制约束力的制度安排奠定了基础。

承如上言，从非正式机制向正式机制演进是中国—东盟经济一体化制度进程的必然路径。随着双方经济一体化程度的加深，具有一定约束力的制度安排逐渐浮出水面，双方在经济领域随之缔结了一系列的协议、协定、条约。其中最为瞩目的是中国和东盟领导人于 2002 年 11 月在柬埔寨首都金边签署的《中

---

13 John H. Jackson, *The World Trading System: Law and Policy of International Economic Relations*, 2nd edition, Cambridge: The MIT Press, 1997, p. 110.

14 中国—东盟高官会议、中国—东盟经贸委员会、中国—东盟科技联合委员会、中国—东盟合作联合委员会、东盟北京委员会。

国与东盟全面经济合作框架协议》，双方围绕该协议为拟定建立中国—东盟自由贸易区的目标设置了一系列具有明确法律约束力的正式机制，而此标志着中国—东盟经济领域治理框架的基本形成。[15]

四、成果共享：中国—东盟经济一体化的效果检视

就字义解释，“共享”是指让全球治理的成果惠及各参与主体。从共商、共建、共享三者之间的关系看，共商、共建是前提和手段，共享是动力与目标，三者是统一的整体，缺一不可。如共商、共建能依照之前设立的标准行事，则共享成为顺理成章之事。至于共享内容如何确定，有学者从经济、政治、安全、文化等各个方面陈列说明。[16]此种归纳虽有具体指向之功能，但鉴于不同治理领域中各参与主体的治理目标与追求均会迥然有别，太过具象的指征反而不具有普适性。也有学者认为，共享的内容实为构建人类命运体的奠筑基石。[17]然此判断却失之宽泛，无法将全球治理的成果落实到具体场域之中。据此，共享内容不甚作太过具象的表达或太过抽象的概括。笔者认为，成果共享宜指通过公正合理的治理规则使各参与主体达到的共赢结果。

全球治理的核心在于形成公正合理的治理规则。从制度经济学的角度分析，治理规则的公正合理可在一定程度上降低交易成本，减少边际效应，提升信息透明度和增强结果预测性。在正常情况下，公正合理的治理规则是各参与主体追求的目标之一，也是共享的成果之一。但公正合理的治理规则能否产生共赢的结果殊难判断。尤其是在全球治理领域，囿于政治、经济、文化乃至制度本身等诸多因素的影响，良法并不必然导致善治。鉴于此，将共赢作为共享追求的最终成果予以界定则显得十分必要。共赢概念的提出是对全球治理中有可能呈现的“整体”与“个体”，“一般”与“特殊”，“多”与“寡”，“异”与“同”等矛盾对立体通览后的结果。共赢意指在追求合理国家利益的同时，考虑其他国家的合理利益以及全人类的共同利益。正如习近平总书记所言：“每个国家在谋求自身发展的同时，要积极促进其他各国共同发展。世界长期发展不可能建立在一批国家越来越富裕而另一批国家却长期贫穷落后的基础之上。只有各国共同发展了，世界才能更好发展。”[18]

---

15 中国—东盟经济交往历程中的关键性制度安排可参见陈万灵、吴喜龄著：《中国与东盟经贸合作战略与治理》，社会科学文献出版社2014年版，第215－216页。

16 曾巧生：《全球治理的价值、内涵及中国的国家定位》，载《求实》2016年第11期。

17 龚柏华：《“三共”原则是构建人类命运共同体的国际法基石》，载《东方法学》2018年第1期。

18 习近平著：《习近平谈治国理政》（第一卷），外文出版社2018年版，第273页。

中国—东盟经济一体化进程中形成的治理体系无疑是最值得重视的成果之一。首先，治理内容涉及广泛。自2004年11月至2009年8月，双方围绕《中国与东盟全面经济合作框架协议》，先后签署了《货物贸易协议》、《服务贸易协议》和《投资协议》，使治理范围横跨了贸易与投资两大领域。尤其是随着中国与东盟各国自由贸易协定“升级版”所有国内程序的最终完成及全面生效，其治理内容又向纵深方面拓展深入。其次，治理手段融合了非正式机制和正式机制。不同的治理手段虽会在治理对象上存有差别，在方法运用上有所迥异，但双方在治理目标上却是殊途同归。此外，由于中国—东盟经济合作领域中待解决问题呈现复杂性、多元性特性，而非正式机制和正式机制却存在制度功能的互补性，将正式与非正式机制综合运用于治理当中具有一定的合理性。最后，构建了合理的治理保障机制。实体性权利义务设置规则虽有利于明确双方的群己权界，但若缺少程序性的保障机制，便易使之流于一纸空文。双方为保证彼此承诺能如期实现，构建了两套较为全面且详细的争端解决机制，即《中国—东盟全面经济合作框架协议争端解决机制协议》与《投资协议》中的缔约方与投资者间争端解决机制。前者着重于解决一般性争端；后者则主要适用于东道国与投资者之间的争端。上述两套争端解决机制亦为中国—东盟经济合作中的有效治理提供了制度保障。

更为重要的是，中国—东盟经济一体化进程显著增强了双方的区域认同意识。建构主义学者认为，国家利益并不是在那里岿然不动，而是通过社会互动而建构起来的，[19]而决定国家利益的不是体系的物质结构，而是国际政治过程。剖析国际政治过程的社会建构，需洞悉影响国际社会行为体认同和利益之间的社会结构。从某种意义看，“认同构成了利益的基础”。[20]依据上述分析路径，形成大抵相同的区域认同意识较之于构筑统一治理体系更为关键。通过中国—东盟经济一体化进程的逐渐深入，双方对“东亚共同体”[21]这一区域身份的认同意识也随之加深。菲律宾前总统拉莫斯认为：“东盟扩大到东南亚十国，这只是一个开端，它将融入东亚共同体。中国的崛起，使得东亚的持久和平与稳定

19 Martha Finnemore, *National International Society*, Cornell University Press, 1996, p. 2.

20 Alexander Wendt, *Anarchy is What States make of It: The Social Constitution of Power Politics*, International Organization, No. 2, p. 46 (1992).

21 “东亚共同体”是以区域经济一体化为先导，通过建立自由贸易区等形式，由低级到高级，形成一种你中有我、我中有你、利益交织、相互联结而成一体的关系状态，并由此进一步发展为安全共同体和社会共同体。

有了更加可靠的保证。”[22]而中国与东盟都在极力推进的“10+3”更是为双方加深“东亚共同体”这一身份体认提供了制度保障。中国—东盟经济一体化进程中形成的治理体系既是区域认同意识的产物，也将推动双方区域认同意识的逐渐深化。

五、软硬兼顾：“共商共建共享”理念下的全球治理新模式

治理体系的形成与区域认同意识的强化并不意味着中国—东盟经济一体化进程的一片坦途。治理体系所遭遇的实践困境、东盟内部的冲突与分化以及东盟对中国地位提升的警觉都给中国—东盟经济一体化进程笼罩上一层迷雾。

治理体系的成功并不在于制度逻辑的严谨，而在于实施的有效性。从经济成效来看，中国—东盟经济一体化进程呈现蓬勃之势，但治理体系的结构与适用却存在一些问题。第一，治理体系结构本身存有一定缺陷。中国—东盟经济一体化程度目前还较低，其治理内容主要偏重于贸易与投资，对贸易与投资以外的经济活动则较少涉猎。较之于欧盟、北美自由贸易区等区域经济一体化，仍存在较大差距，即便与东盟自由贸易区相比，其在治理内容仍有明显差异。上述状况极易造成中国—东盟经济治理结构失衡，不利于中国—东盟经济一体化进程的健康发展。第二，治理体系中具有强制约束力的正式机制适用率偏低。中国—东盟争端解决机制作为治理体系中最具约束力的正式机制，却遭遇到较为明显的实践困境。中国—东盟之间迄今所产生的经贸争端主要通过各国的国内程序或磋商程序解决，争端解决机制中的仲裁程序被束之高阁，这极易使各缔约方产生制度安排形同虚设之感，不利于正式机制的进一步构建。

东盟内部的冲突与分化也可对中国—东盟经济一体化进程造成严重冲击。近年来，东盟经济一体化与安全一体化虽取得长足进展，但在政治一体化层面仍存巨大分歧。东盟内部由于政治制度构成、经济发展水平、宗教信仰自由、文化价值追求等方面存在较大差异，导致内部合作框架设定、统一对外关系方面都出现严重冲突，内部不和谐声音频出，极大影响了东盟一体化的进程。另外，东盟内部分化现象也逐渐凸显，著名学者阿米塔·阿查亚（Amitav Acharya）认为，东盟内部已出现自由主义与保守主义、传统的“南方与北方”以及亲干涉主义者与亲主权主义的三种分化样态。若未能较好处理上述三类分

---

22 Fidel Valdez Ramos, The World to Come-Value and Price of Globalization? The Economic Strategy Institute, Global Forum 2000, Ronald Reagan International Trade Center, Washington D. C., U. S. A. 17 May 2000.

化所带来的负担，东盟作为一个新生的安全共同体有衰败成无政府状态之势。[23]上述问题如无法得到妥善消解，将对中国—东盟经济一体化进程推演产生无法估量的负面影响。

"人们普遍认为，中国令人震惊的快速崛起以及其不断增长的经济能力将重塑国际经济秩序并将在东亚经济、金融领域推动更高层次的一体化。"[24]中国在东亚区域内不断增强的领导力给东盟各国带来了不安全感，这也是东盟在处理东亚事务时始终坚持以东盟区域论坛、"10+3机制"以及三个"10+1机制"等对话机制为基本场所的症结所在。东盟不仅主导着中国—东盟自由贸易区治理体系的基本框架，还力图主导"东亚共同体"的未来进程，而就中国目前的态度看，"赞赏并支持东盟在国际事务和地区事务中的积极作用"。[25]但关键是，随着中国"一带一路"倡议的提出、亚洲基础设施投资银行（AIIB）的成立，中国在东亚区域内的显性实力日增已实际引起东盟各国巨大担忧，这给中国—东盟经济一体化进程蒙上了区域保护主义的阴影。

上述情势要求中国对该区域的经济治理必须采取新思路和新方式。中国—东盟经济一体化进程中出现的三重困境，其中有两项都要求中国对治理理念与治理方式作出相应改变。"共商共建共享"理念的出台，以其强大的涵摄力为该领域治理理念与治理方式的转变提供了理论支撑。"共商共建共享"理念在全球治理领域的主要映射为推动国际关系的民主化、法治化和合理化。对此，习近平总书记早有先见，主张国际关系民主化，认为世界命运应由各国人民共同掌握，国际事务应由各国政府和人民共同商量来办；主张国际关系法治化，认为各方应在国际关系中遵守国际法和公认的国际关系基本原则，用统一适用的规则来明是非、促和平、谋发展；还主张国际关系合理化，认为应适应国际力量对比新变化，推进全球治理体系改革，体现各方关切和诉求，更好维护广大发展中国家正当权益。[26]

在中国—东盟经济一体化进程当中，要推进国际关系的民主化、法治化和合理化，目前较为可行的方法是构建"软硬兼顾"的新型治理模式。所谓"软"，是指通过非正式机制实现治理之目的。非正式机制主要表现为国家之间

---

23 ［加拿大］阿米塔·阿查亚著：《构建安全共同体：东盟与地区秩序》，王正毅、冯怀信译，上海人民出版社2004年版，第301－302页。

24 Paul De Grauwe, Zhang zhaoyong, *The Rise of China and Regional Integration in East Asia*, Scottish Journal of Political Economy, Vol. 63:1, p. 4 (2016).

25 参见《中华人民共和国与东盟国家首脑会晤联合声明》，1997年12月16日发表于吉隆坡，转载于潘国华、张锡镇著：《东亚地区合作与合作机制》，中央编译出版社2002年版，第240页。

26 习近平：《弘扬和平共处五项原则、建设合作共赢美好世界——在和平共处五项原则发表60周年纪念大会上的讲话》，载《人民日报》2014年6月29日。

的宣言、国际组织之间的建议和决议、以示范法和技术规则等方式出现的行为准则及其他非正式的制度安排，具有如下特征：（1）有一定的规则、规范和程序；（2）规则、规范和程序不具有法律意义上的拘束力；（3）实施机构与监督机构并不明确。“硬”则指通过正式机制实现治理之目的。正式机制主要表现为条约、习惯与一般法律原则，具有如下特征：（1）有明确的规则和规范；（2）规则和规范具有法律意义上的拘束力；（3）有相应的实施机构与监督机构。“软硬兼顾”，是指在治理过程中通过非正式机制与正式机制的良性互动，达到善治之目的。“软硬兼顾”这种新型治理模式与中国—东盟经济一体化过程中曾整合非正式机制与正式机制进行治理的方式有本质区别。“软硬兼顾”强调参与主体应根据彼此互动建立起来的主体间性的结构来把握采取何种治理模式的合理性问题。在制度构建中并不存在从非正式机制向正式机制线性发展，或者从正式机制向非正式机制线性演进的截然判断。各个领域中的治理方式均为复杂、多元、重叠的统一体，就像认识一座森林一样，需要多重的观察和视角。

“软硬兼顾”的核心在于强调通过构建机制来实施治理。机制因其具有的“可通过提供信息、减少交易成本、帮助解决分配冲突，更重要的是能够减少欺骗，缓和无政府状态，从而促进合作”[27]的优势成为全球治理的首选方式，中国—东盟以此作为“共建”的核心内容具有制度上的正当性和逻辑上的合理性。最为关键的是，“软硬兼顾”新型治理模式的构建能较好缝补中国—东盟现有治理体系的缺陷，消弭东盟对中国崛起的成见和恐惧。中国—东盟现有治理体系结构上的缺陷，双方均已直视，之所以纠偏困难，在于双方未能在共商的基础上动态地破解中国—东盟经济一体化进程中的梗阻。而“软硬兼顾”新型治理模式下的多重视角更易分解治理进程的各种困局，让双方的共赢利益浮出水面。从中国—东盟经济一体化的目前进程看，强制实施正式机制并非治理之上策。正式机制虽在明晰双方权责方面具有一定的优势，但由于规则的明确性与刚硬性特征，容易造成双方避而不用。再细思“东盟方式”在东盟内部的稳定根基以及“无为而治”精神在中华法系中的承袭，是否要在中国—东盟经济交往过程中构建硬性的正式机制更值得斟酌。“软硬兼顾”新型治理模式的提出，实质是强调非正式机制在治理体系中的合理地位，增加非正式机制在治理过程中的适用范围。其不羁的议事风格、弹性的规则内容及便利的实施措施更易被参与主体接受，也更易消解东盟因中国崛起产生争夺治理领导权之动议。

---

27 Robert Keohane, Lisa Martin, *The Promise of Institutionalism Theory*, International Security, Vol. 19:1, p. 47 (1995).

六、结论

全球治理传统问题尚未解决，新的问题又层出不穷，尤其随着英国脱欧、美国退出《跨太平洋伙伴关系协定》（TPP）、欧洲民粹主义抬头、世界经济增长缓慢以及贸易保护主义势力增强，全球治理遭遇到前所未有的危机。但传统霸权稳定理论在全球治理领域的衰退也给新兴理论的崛起提供了相应的契机。中国应时提出的“构建人类命运共同体”思想以及提炼的“共商共建共享”理念，对推动国际秩序与全球治理体系朝着更加公正合理的方向发展无疑有重要意义。作为试验上述思想与理念的重要场域，中国—东盟经济合作进入历史最活跃时期，其一体化进程与“共商共建共享”的理念在很大程度上暗合，但由于“世界政治经济中的制度建设是一项充满挫折与艰辛的工作，共同利益经常很难发现或维护”，[28]该区域现有的治理体系、治理方式与治理目标之间还存在不少罅隙。“共商共建共享”理念的融入，将从制度建构的源头进一步扩大国际民主，疏通发现共同利益的渠道，为全球治理中的制度建构提升正当性、合理性的支撑。但若作进一步思考，坚持“共商共建共享”理念是否会影响中国—东盟经济增长的速度与效率，如何平衡这两者之间的关系，恐也是该领域治理过程中的另外一个重要议题。

---

28 ［美］罗伯特·基欧汉著：《霸权之后：世界政治经济中的合作与纷争》（增订版），苏长和等译，上海世纪出版集团 2012 年版，第 238 页。

自然保护地复合型环境风险防范：制度定位、治理模式与协同路径

任　颖*

【内容提要】环境执法与环境司法实践显示，自然保护地生态环境严重破坏问题背后存在深层次的原因。本文通过对自然保护地环境风险防范特殊属性的深度考量，以及对国外建立在国家公园法案、分级分类监管、社区管理基础上的三类自然保护地环境风险防范模式的深入探析，准确定位我国自然保护地环境风险防范制度设计，破解非单一环境要素下综合风险治理困境，有效应对空间相对封闭下自然保护地环境风险源排查隐蔽性及单一管理模式下自然保护地环境风险防范的外部性问题，推动相关国家立法与地方立法非协调性识别、以自然生态统一监管为导向的部门联动协同、环境风险防范公众参与逻辑冲突克服及公私合作机制衔接，打出自然保护地立体化、递进式、参与式环境风险防范制度及机制建设组合拳，多管齐下、精准定位、综合发力，开创自然保护地复合型环境风险防范的中国路径。

【关键词】自然保护地　环境风险防范　协同治理

2018年7月，国家公园办组织召开立法座谈会，《国家公园法》立法已经正式拉开序幕；相应的，既有以保护区为核心的区域环境治理体制需要实现转型。自然保护地是以生态功能为核心划定的特殊区域，其设立反映出人类对工业文

* 任颖——广东外语外贸大学广州绿色发展法治研究中心研究人员，主要研究领域：法学理论、环境治理。本文系基金项目广东省教育厅青年创新人才项目“治理视角下环境监察法律问题研究”（2017WQNCX036）、广州市哲学社会科学“十三五”规划“广州环境监察协同治理研究”（2019GZGJ58）的阶段性成果。

明及人与自然关系的反思。按照《IUCN 自然保护地管理分类应用指南》的分类，与保护地多样生物及资源环境要素相适应，自然保护地涵盖荒野地、国家公园、栖息地、遗迹地、景观地、可持续利用地；其中既有遵循严格保护原则的“生态共同体利益的共享模式”，[1] 也包括了有限开发利用下的综合治理模式。从 2015 年在《生态文明体制改革总体方案》中提出“改革各部门分头设置自然保护区、风景名胜区、文化自然遗产、森林公园、地质公园等的体制”，完善风险预警防控体系；到 2016 年在《国家“十三五”规划纲要》中提出“整合设立国家公园”，“实施环境风险全过程管理”；再到 2017 年《建立国家公园体制总体方案》中“构建以国家公园为代表的统一规范高效的自然保护地体系”要求，2018 年《深化党和国家机构改革方案》下自然资源部、生态环境部、国家林业和草原局（加挂国家公园管理局牌子）的组建，中国自然保护地建设迈入了新时代、新阶段。与此同时，2018 年中央环保督察“回头看”反馈情况显示，“自然保护区管而不严”问题严重，云南省保护区有 142 处违规设施未整改，并且存在调减保护区范围、缩减保护区面积等违法行为；江西省保护区管理中出现了违规发放捕捞证等现象；江苏省镇江市整改期间又新出现保护区 1400 亩湿地遭到违法侵占与严重破坏等一系列问题。我国人口众多、人均资源占有量少的特殊实际决定了，我国的自然保护地环境风险防范与其他国家呈现出不同的路径依赖特征，不能盲目照搬国外的公园管理及环境风险防范模式，而需进一步明确自然保护地的制度定位、治理模式与协同路径，开拓自然保护地环境风险防范的中国道路。

一、自然保护地环境风险防范的特殊属性

自然保护地是对特定的自然生态系统、野生动植物物种及自然遗迹进行特殊保护和管理的区域。自然保护地环境风险防范除遵循环境风险防范的一般规律外，还具有其特殊属性，形成了与一般领域相区别的外化特征和特殊的运行规律。在实践当中，自然保护地环境风险治理困境长期未得到破解，保护地甚至成为违法开发利用的“法外之域”。在“绿盾 2017 国家级自然保护地监督检查专项行动”对 446 个国家级自然保护地的排查中，发现的问题达到了两万多项。立足于自然保护地环境风险防范特殊属性的制度创新，成为全面深化改革实现国家治理现代化的重要议题。2018 年 5 月，习近平总书记在全国生态环境保护大会上指出，我国的生态文明建设正在发生历史性、转折性、全局性变化，

1 ［美］科马克·卡利南著：《地球正义宣言——荒野法》，郭武译，商务印书馆 2017 年版，第 2 页。

要“系统构建全过程、多层级生态环境风险防范体系”，建设“以生态系统良性循环和环境风险有效防控为重点的生态安全体系”；并将“山水林田湖草是生命共同体”确立为新时代生态文明建设的原则之一。[2] 这奠定了新时代中国特色社会主义生态文明下自然保护地环境风险防范的理论基础。

（一）非单一环境要素下自然保护地环境风险防范的复合性

自然保护地的非单一环境要素与其他区域具有共性，突出表现在“山水林田湖草是生命共同体”，聚合了多重环境要素，并且这些环境要素之间相互影响、相互融合。与此同时，对自然保护地这一微型生态系统而言，多重环境要素的组合千差万别，其中的环境风险亦具有综合性。具体而言，一方面，自然保护地内部大气污染、水污染、土壤污染、野生动植物等资源环境隐含内生性、聚合性风险，加之自然保护地生态系统的脆弱性，环境风险防范压力大；另一方面，自然保护地确定性与不确定性环境风险相互交织，显性风险与潜在的隐性环境风险相互交错，自然风险与制度风险同时并存。自然保护地环境风险防范呈现出鲜明的整体性、系统性、复合性特征。并且，环境风险所特有的集聚性特征，使得自然保护地环境风险防范的难度呈几何倍增大，相应的环境损害因果关系认定标准亦具有特殊性（如排污量的累积效应），亟待建立具有适应性和科学性的复合型环境风险防范体系。

由这一复合性特征所决定，自然保护地环境风险防范需要打破区隔性治理思维，提升协同治理效能。自然保护地的核心区、缓冲区、实验区分别采用不同的准则予以规制。2017 年，《自然保护地条例》最新修订中增加了对“违法批准人员进入自然保护地的核心区”的处罚规定。与之相区别，缓冲区是允许开展科学研究的，实验区更是对旅游开发作出了赋权。但在环境风险防范层面则需要克服这种“一刀切”式的环保手段。在理念层面，诸环境要素事实上是一个整体，牵一发而动全身，难以人为地将这些区域的风险因子割裂开来。在具体的操作层面，就更为复杂。例如，实践中出现了对非法穿越活动的监管困境。在相互区隔的监管模式下，非法穿越行为人擅自闯入禁止进入的区域，当分散采取行动时穿越者早已进入其他区域，导致各块失守。由此引发的资源环境损害风险（如越野车追赶藏羚羊事件、擅闯罗布泊自然保护地事件）亦得不到有效的防范与处置。以整体性、系统化思维应对自然保护地环境风险防范复合性，推动全域监控、协同治理，成为生态环境监管体制改革的重中之重。

---

2 习近平：《坚决打好污染防治攻坚战推动生态文明建设迈上新台阶》，载《人民日报》2018 年 5 月 20 日，第 1 版。

（二）空间相对封闭下自然保护地环境风险源排查的隐蔽性

从补救式环境治理到预防式环境治理的转变，是风险预防原则在环境立法与治理实践中确立的重要标志。风险预防原则最早在海洋环境保护领域得以确立；20 世纪 80 年代以后，逐步广泛拓展至包括自然保护地在内的所有环境保护领域；至 1992 年，《里约宣言》更明确规定了“广泛适用风险预防措施”与“防止环境恶化”的一般原则。从功能上看，风险监管体系主要包括风险防范、风险评估、风险监测、风险控制、风险弥补环节，是生态安全体系的重要组成部分。具体到自然保护地领域，因其具有至关重要的生态环境功能，并呈现生态脆弱性特征，所以，补救式的环境治理对自然保护地生态屏障与生态安全功能的恢复作用极其有限，无法有效应对自然保护地所面临的对国家的资源环境安全造成无法弥补的损害。正是在这个意义上，习近平总书记强调，要建立“以生态系统良性循环和环境风险有效防控为重点的生态安全体系”。其中，环境风险防控是生态系统良性循环的重要基础，生态系统良性循环是环境风险源排查与监管的价值指引。这也奠定了预防式治理在自然保护地治理理论体系中的基础性地位，而环境风险源排查及监管更是自然保护地源头治理的重中之重。

在此基础上，从生态功能层面出发的环境风险源排查及监管定位，与自然保护地的地理属性、社会属性相交织，呈现出自然保护地环境风险防范尤其是风险源排查层面的特殊性。一是从地理位置上看，自然保护地空间相对封闭，其环境风险源排查的隐蔽性问题突出。自然保护地多处于偏远地区，且面积广阔，其中更有如青海可可西里、西藏羌塘、新疆阿尔金山等无人区。这一自然保护地环境风险源排查的自然属性，极大地增加了自然保护地的风险源辨识和风险预警监测的难度，自然保护地环境风险源排查需要综合运用监测工具。二是从社会属性上看，自然保护地环境风险防范的体制机制设计，尤其是社会监督与社会参与要有效应对环境风险源排查所面临的特殊问题。2017 年，祁连山自然保护地生态环境问题在全国通报，相对封闭的生态自然保护地域成了违法开发利用的“庇护所”；无独有偶，在中央四批次的环保督察中，被列入整改名单的自然保护地众多。除加强监管举措外，更需在空间相对封闭甚至是隔离下的公私合作衔接机制创新这一根本层面，推动自然保护地环境风险防范深层次问题的解决。

（三）单一管理模式下自然保护地环境风险防范的外部性

世界自然保护联盟（IUCN）对自然保护地的定义明确了其赋权管理的重要基础，也即以行政管理排除或限制对生态资源的开发利用的资源环境保护区域。

其中，自然保护地采用设立自然保护地管理机构的垂直、单一管理模式，突出强调行政规制的重要作用。这一管理模式与自然保护地空间相对封闭的自然属性相结合，造成社会主体在自然保护地的设立与变更、管理与开发、运行与评估过程中发挥的作用极为有限，而程序上与实体上的公众参与弱化，会加剧自然保护地原住民与公共环保政策之间的冲突与抵触。

而其中的冲突与抵触实质上是单一管理模式下自然保护地环境风险防范的外部性的外化表现。庇古（A. C. Pigou）在分析社会资源最优配置时提出了“外部性”问题，企业排放污染物或个体追求经济利益的过程中损害了环境公益，在“公用地”非排他属性下形成个体成本外溢的负外部性；与此同时，这对其他消费者或生产者会造成不利影响，并与自然资源资产产权不明问题相交织，导致私益分散下的负外部性状态。[3]具体到自然保护地环境风险防范领域，对自然资源利用的限制确实会对自然保护地居民赖以为生的经济来源造成影响，“绿水青山”与“金山银山”的有机协调和相互统一仍然面临着障碍。以青藏高原为例，自然保护地内有 30 万左右人口生活，人地关系极为紧张，经济功能与生态功能冲突严重。究其根源，在这一管理模式下，自然保护地环境风险防范的外部性，实质上是新时代中国特色社会主义的主要矛盾在发展权与环境权相互关系层面的体现；在自然保护地分散化治理与单一环境管理模式下，“人民日益增长的美好生活需要和不平衡不充分的发展之间的矛盾”，突出表现为原住民对经济社会发展的要求与资源环境保护之间的矛盾。

因此，亟须实现自然保护地环境风险防范从单一管理模式向协同治理的转变，其主要包含两个层面的意义：一是理念层面，实现从“管理”向“治理”的转变，从源头治理、系统治理、依法治理角度，优化自然保护地环境风险防范路径；二是制度层面，实现从直控型环境风险防范向合作型环境治理及风险防范的转变。20 世纪 80 年代在全球范围内兴起的“新公共管理运动”即强调非规制政策工具在公共产品有效供给中的积极作用；在国家治理、政府治理、社会治理协同推进层面，完善公私协同合作制度保障及其衔接机制建设，成为自然保护地环境风险防范与环境善治的重要内容。

二、国外自然保护地环境风险防范模式分析

英美法系与大陆法系建立起了以专门机构管理、社会监督协同为特征的自然保护地风险防范体系。2017 年 9 月 26 日，《建立国家公园体制总体方案》印

3 《环境科学大辞典》编辑委员会：《环境科学大辞典》，中国环境科学出版社 1991 年版，第 687 页。

发，中国启动了国家公园体制试点工作，其中对国外环境治理及风险防范模式的合理借鉴具有积极意义。但需注意的是，作为拥有世界上规模最大保护地系统之一的国家，中国的《国家公园法》制定及自然保护地环境风险防范模式选择，尤其需要协调在特定经济社会背景下，人民发展权益和环境权益实现过程中出现的诸多矛盾和冲突，开拓立足于国情的保护地环境风险防范中国道路。这要求客观理性地对国外保护地环境风险防范模式的路径依赖特征展开分析。

（一）以国家公园法案为基础的自然保护地环境风险防范模式

美国阿肯色州占地面积最小的温泉城（保护区），于1832年被确立为“特别保留区”，也被称为“国家公园体系中最古老的地区”。至1872年3月1日法令授权建立黄石国家公园，美国内政部长领导下的国家公园系统正式得到了确立。此后，国家公园体系在许多国家得到了推广。从总体上看，以国家公园法案为基础的自然保护地环境风险防范模式有值得借鉴的优点。

1. 规则、政策、原则为基础的保护地环境风险防范

德沃金所提出的“规则、政策、原则”模式在保护地环境风险防范中得到了充分的应用。第一，国家公园法案为基础的自然保护地环境风险防范，以规则为核心，强调立法先行，遵循法律治理；国家公园及其环境风险防范体系的建立严格依照法令进行，建立在包括《设立黄石国家公园法案》《国家公园基本法》（加拿大称《国家公园法》）的基础上，并通过一系列国会立法收回了公园用地，形成了保护自然状态的治理模式及相应的退出机制（包括采矿权的收回）。第二，制定《国家公园组织构成法》、国家公园多目标管理法案（规定新成员的认定和授权）等单行法案和特别法案。第三，在相关规则的基础上，确立了国家公园系统管理政策及三项基础性原则，即不受现代文明入侵的影响，专为所有人的使用、教育、健康和快乐之目的，以及国家利益优先于所有影响公园和古迹的公共或私营企业的决定，从而为其保护地环境风险防范奠定了规范基础。

2. 保护地环境风险防范与自然资源综合管理的协同推进

以国家公园法案为基础的自然保护地环境风险防范模式，是在内政部的综合管理框架内推进的。内政部下设土地管理局、矿产管理局、地质调查局、国家公园管理局、野生动物管理局，对公共土地和多样化的自然资源实行集中统一管理；在其职责清单中亦明确列出了对可能出现的风险的评估、监测及有效应对。这一集中统一的综合管理模式，极大地避免了部门之间的推诿或冲突，提升了保护地环境风险防范的效能。在此基础上，进一步细化设置了严格的准

入模式（国家登记册）、明确的处理标准和准则（如1990年修订的国家公园管理局编写的处理历史财产准则），以及严格保护为主、限制开发利用为例外的配套机制保障，后者如温泉国家公园的商业利用、1872年“采矿法”规定开放的六个公园。[4]与此同时，还通过国家资金支持及国家公园信托基金的运作，为保护地环境风险防范提供有力支持。

（二）以分级分类管理为基础的自然保护地环境风险防范模式

在欧洲成立的世界自然保护联盟是唯一的世界自然遗产评估机构，其确立了分级分类建设自然保护地的基本方案（六类中的第一类面临环境迅速变化下的高风险），并发布了《自然保护地国家系统规划》《陆地/海洋景观保护区管理指南》《土著、传统社区和自然保护地》《自然保护地可持续旅游》等系列指南，形成了自然保护地有效性评估的完整框架；在此基础上，推动会员国家多样性的自然保护管理，并与信息共享机制及示范项目推进相结合，对会员及合作伙伴国家和地区的自然保护地环境风险防范提供重要支持。

1. 通过管理指南确立“预防原则”

在分级分类管理为基础的自然保护地环境风险防范模式下，《世界自然保护联盟1b类保护区管理指南》（Management guidelines for IUCN Category 1b protected areas）中申明了保护地治理的“预防原则”，即为保护人类和环境免受不确定的人类行动风险而在其发生前对其进行预测和防范。与此同时，这一原则在推进的过程中，重点管理受到威胁的区域，也即该保护地的物理属性或社会条件正在由于非自然的力量而发生变化或退化的区域；并针对不同保护区域的特殊性采取有效的监管措施。此外，按照世界自然保护联盟75%规则（IUCN 75 per cent rule），须保证自然保护地至少有四分之三严格遵守1b类的指定，四分之一至少符合荒野保护要求。

2. 通过规划系统和管理框架推进价值平衡

通过规划系统和管理框架（Planning systems and management frameworks）切实推进价值平衡（包括相互竞争的价值之间的艰难权衡），从根本上促成减少风险的努力落地生根。自然保护地生态系统及生物资源的完整保护，一方面，需要尊重联合国《土著人民权利宣言》的规约，使政府管辖的保护区决策及实施支持原住民的生存权和发展权的实现，促进荒野管理与人类价值的平衡；另一方面，建立起了处理包含两个或两个以上相互竞争的需求和利益的有用机制，

---

4 Novak, Eva, *Mining and the National Park System*, Journal of Energy Law and Policy, vol. 2, p. 165 (1982).

并防止措施选择错误而导致风险扩大现象的出现。

3. 依据清单分类系统推进风险监测

建立红色名录（Red List of Threatened Species，Red List of Ecosystems），确保依据Ⅰ至Ⅵ系统分类，展开风险评估、监测及风险规划（Risk-sensitive planning）。世界自然保护联盟2017—2020年联合工作方案（Joint work programme for the IUCN programme period 2017—2020），明确提出2020年前完成对全球25%面临崩溃风险的生态系统的评估工作。严格依照保护地管理类别的准则，包括世界自然保护联盟关于识别保护地、确定管理类别及治理类型的最佳做法指南在内，推进以自然为基础的干预措施（如生态恢复、减少风险、流域管理），并且协助建立具备系统评估和监测管理能力的国内扶持框架以作为实施保障。[5]

（三）参与式治理为基础的自然保护地环境风险防范

参与式治理倡导是除政府外的多主体治理，但其并非排除政府治理的积极作用，而是强调协同、协作、共同推进。自然保护地参与式治理对于提升保护地环境风险综合防范的效能具有重要意义。根据主体类型不同，又可细化为公益治理与社区治理下的保护地环境风险防范两类模式。

1. 公益治理模式下的保护地环境风险防范

通常情况下，政府在推进自然保护地管理的过程中，会采取措施收回具有生态重要性区域的土地，但公益治理模式是一个例外。公益治理覆盖了私人拥有的区域，有些甚至没有政府的正式承认，因此也被称为私人保护区（Privately Protected Areas）；其治理主体包括营利性机构、非营利性机构、个体土地所有者、非政府组织（NGO）、科研机构、宗教团体在内。其中典型的代表是南非，私有土地与保护区（尤其是关键缓冲区）在其生态平衡维护与生物多样性保护中发挥了至关重要的作用。在这一治理模式下，更多的利益攸关方的深度参与（包括养护及创新筹资机制在内），使保护地环境风险防范内化为利益攸关方的需求，并能够第一时间对保护地紧急情况作出应对（如对土地或水资源利用的迅速变化作出快速反应）。尤其是在相较于国家管理的保护地而言并不具有典型代表性的生态系统维护中，公益治理确实具有衔接性、枢纽性的影响，发挥着积极的作用。但其也面临着一些不利因素，如定义和管理不明确，管理规划与生物多样性丰富程度之间不匹配，政府的支持有限，无效的激励结构以及临时行动的危险等。

---

5 《世界自然保护联盟1b类保护区管理指南》，载世界自然保护联盟网站，https://portals.iucn.org/library/sites/library/files/documents/PAG-025.pdf，最后访问于2019年7月20日。

2. 社区治理模式下的保护地环境风险防范

社区治理模式下的保护地环境风险防范，以原住民及当地社区自然保护地（ICCAS）为代表，如澳大利亚原住民保护地、西班牙的社区森林；其通常获得了政府承认与法律保护，也包括了以习惯法方式推进的例子。以巴西为例，原住民及当地社区自然保护地被纳入国家自然保护地管理体系，并进一步细化为全面保护（Total Protection）和可持续利用（Sustainable Use）两种类型的区域。政府与地方及传统社区达成长期协议，赋予其有权管理、使用和监测国有土地所有权地区的自然生态和自然资源。从总体上看，社区治理模式下的保护地环境风险防范，最为突出的特点是将环境风险防范与原住民权利保护紧密结合起来，其所反映的价值观是政府推进的环境保护、土著文化保护与土著人民的自愿保护的有机统一。土著人民的这种自愿养护还包括赋予人民或其代表对社区保护地进行管理的法律授权。在保护生态系统供土著人民使用的目标指引下，使土著和其他地方人民以生态可持续的方式协调他们的活动和生活方式。事实上形成了以合作而非对抗、冲突的方式推进保护地治理及环境风险防范的路径。[6]

三、中国自然保护地环境风险防范的制度定位与路径选择

2018年7月，第十三届全国人大常务委员会第四次会议通过《关于全面加强生态环境保护　依法推动打好污染防治攻坚战的决议》，从指导思想、立法、执法层面出发，强调要严密防控重点区域的生态环境风险，从而为自然保护地环境风险防范制度定位与路径选择提供了重要指引。结合2017年《建立国家公园体制总体方案》以国家公园为核心的自然保护地建设要求，立足国家所有、全民共享这一基础，以及我国地域广阔，自然地理要素的地区差异大，人均占有资源量少，保护地环境风险防范外部性突出，而环境风险防范社会意识及社会组织建设仍然存在许多不足的客观实际，不能盲目照搬国外保护地环境风险防范模式，而须将国家公园为核心的自然保护地统一监管及环境风险防范，与分级分类管理相结合，并在积极培育环保社会监督力量的同时，科学定位、多管齐下、协同推进，开拓保护地环境风险防范的中国道路。

6　Alzahrani, Damma A, *Indigenous Community Conserved Areas in Brazil*, Murdoch University Law Review, Vol. 19:2, p. 2 -3 (2012).

（一）我国自然保护地环境风险防范所面临的主要问题

1. 立法层面：自然保护地环境风险防范立法分散化且存在漏洞

我国自然保护地管理规定，散见于《环境保护法》（第二条、第三十九条）、《草原法》（第四十三条）、《森林法》（第十六条、第二十四条）、《水法》（第三十三条）、《水污染防治法》（第六十三条）、《野生动物保护法》（第十二条）。其中，《环境保护法》的环境风险防范及制度设计，以建立、健全环境与健康监测和风险评估制度为核心，并有突发事件应对与风险控制的体制机制保障；《水污染防治法》第三十二条规定，以有毒有害水污染物名录为基础，筛查污染风险因素，评估和防范环境风险，实行风险管理。无独有偶，在立法分散化现象存在的同时，在规范性文件备案审查中发现，与《自然保护区条例》不一致的配套条例、管理办法、监督检查办法竟达到了总文件的四分之三之多。一方面，在执法层面的法律适用中，地方立法为违法违规行为开了口子；另一方面，在司法层面的法律适用中，立足自然保护地环境要素的特殊性的地方立法十分欠缺，因操作性不强而导致的援引适用率低的问题又同时存在。保护地环境风险防范的推进举步维艰。而在以国家公园为核心的保护地统一监管体制改革推进的过程中，统一的、法律位阶较高的综合性专门立法并未先行，环境风险管理条款及风险防治责任缺位，企业环境风险防控措施细化于法无据，亦成为深化保护地环境监管体制改革的一大掣肘。

2. 执法层面：自然保护地环境风险防范职能交叉且存在冲突

在单一管理模式下，山水林地碎片化治理、多头管理并存，导致保护地环境执法中出现了大量违法开发利用、权力寻租现象。中央环保督察显示，被列入整改名单的自然保护地数量众多，个别省份近半数的自然保护地存在违法违规项目建设，自然保护地生态环境千疮百孔。2018 年 6 月，生态环境部对洞庭湖自然保护地展开专项督察，发现了侵占 3 万亩湖区长达 17 年之久的私人矮围事件。如此长时间、大规模的违法项目建设却久未处理，其深层次原因即保护地环境风险防范职能交叉且存在冲突。从宏观上看，根据《自然保护地类型与级别划分原则（GB/T 14529－93）》的生态功能类型划分，自然保护地分别归属林业局、生态环境部、农业部、国家海洋局、水利部、住房与城乡建设部、国土资源部等十几个部门主管，部门关系难以理顺。具体到水域环境风险防范领域，水资源（水量）与水污染防治（水质）分别由《水法》《水污染防治法》调整，前者由水利部门负责，后者由生态环境主管部门负责；仅洞庭湖水域就有 4 个保护地管委会、十多个厅局（涉及 70 多项事权划定）。其中既有职能重叠、交叉，又有职责空白、各行其是，环境风险防范的实际效果与国家生态文明建设存在巨大差距。

3. 守法层面：自然保护地环境风险防范公众深度参与面临困境

由人均资源占有量少的客观实际所决定，我国自然保护地环境风险防范的外部性尤为突出。我国自然保护地占国土面积的14.8%，覆盖面积达到了较高水平；而在中国人口众多、资源环境压力大的背景下，自然保护地人地矛盾、草畜矛盾等愈加激化；在实践中推进保护地环境风险防范制度设计及机制完善，所牵涉的矛盾与纠纷十分复杂，环境公益与自然保护地居民权益之间的冲突尤为突出。在这一背景下推进的社会参与，并不能够真正发挥环境风险防范“共同参与”“共同建设”“共同享有”的实际效能。与此同时，由保护地环境风险防范的隐蔽性所决定，保护地公众参与和其他地域有着不同的特征。而现有部门协同、社会协同（包括风险评估在内）领域“两张皮”现象颇受诟病，自然保护地环境风险防范行政同体监督与社会监督相互分离，未能有效整合，造成环境风险防范监督力量分散，不能形成合力。

（二）自然保护地环境风险防范的重新定位

我国现有的自然保护地不仅包括自然保护区（由《自然保护区条例》规制），还包括由国务院或省级人民政府批准的风景名胜区（由《风景名胜区条例》规制）、由国家林业局作出准予设立的国家森林公园（由《森林公园管理办法》规制）、由国土资源部批准授牌的国家地质公园，等等。在这一背景下，自然保护地数量的增多与环境保护和资源保护职能分散，主功能与次功能的作用（机理）发挥显著失衡并存，造成功能性质的定位交叉。2018年，以组建自然资源部、生态环境部为标志的大部制改革进入深层次推进阶段，这不仅是从“开发”到“保护”、从“产业”到“资产”的管理体制改革，更意味着从国家治理与顶层设计高度破解“先污染、后治理”及分散化管理困境，全面推进源头治理、系统治理进程的开启。联合国开发计划署《自然保护地旅游特许经营管理指南》指出，保护地能够开展特许经营活动。相应的，保护地环境风险防范应定位于污染防治，服务于限制、禁止开发与减贫脱贫目标之间矛盾的有效解决；这也构成了以国家公园为核心的自然保护地统一监管的法理依据。与此同时，自然保护地环境风险防范具有特殊属性，其属于生态安全制度体系的重要组成部分，保护地环境风险防范与生态系统良性循环紧密相连，而其中的环境保护与一般地域亦不相同，在保护程度上要求更高。因此，需要同时与分级统一的国家公园管理体制相结合，维持核心生态功能区域隔离保护定位，坚持核心区禁止非法进入的严格规定，以分级分类的进一步细化，尤其是以突出每一个保护区的特色为前提，实现自然保护地的原真性和完整性保护。

在此基础上，自然保护地环境风险防范在整个环境法律体系中，应定位于特别法与一般法之间的中枢性制度设计；通过这一聚合性的制度设计，整合、连接起环境保护一般法（《环境保护法》）与特别法（《草原法》《森林法》《野生动物保护法》《大气污染防治法》《水污染防治法》）等多项规范的综合适用，服务于自然保护地大气污染、水污染防治多重环境要素综合治理。从总体上看，环境法律体系是规范环境保护及资源利用行为的所有规定的总和。我国环境法律体系是由《宪法》中的环境保护条款、国际公约（如《生物多样性公约》）、环保基本法、保护环境和防治污染的单行法律法规所组成的相互联系的统一整体。但在具体实施过程中，适用于特定领域的特别法，却在立法层级上有所欠缺（如《自然保护区条例》），导致特别法在事实上的适用处于相对弱化地位，这不利于立足于保护地实际的制度创新的推进。自然保护地环境风险防范的立足点，是普遍性环境风险防范原则与自然保护地特殊实际的有机结合，以消除或减少风险为目的，体现了环境风险监管理念，以及经济社会发展与环境保护之间的权衡。其中，既包括对一般法环境风险条款的遵守，也包括对于立足保护地特殊属性与具体环境要素的特别法的整合，应当通过自然保护地立法层级的提高，使特别法优于一般法的原则在保护地环境风险防范中得到有效适用，从而使保护地环境风险防范真正发挥起中枢性制度设计的积极作用。

（三）自然保护地复合型环境风险防范的中国路径

1. 立法协调：自然保护地立体化环境风险防范规则体系

自然保护地生态环境监管是山水林地综合治理、系统治理、源头治埋的重要样本。在《国家公园法》制定过程中，需要注意与保护区立法的有效衔接，克服单一环境要素保护的弊病，需要从立法协调（规范布局）层面出发，在顶层设计上实现综合环境要素下复合式环境风险防范的实质性突破。2018 年 7 月，全国人大常委会审议了有关决议草案，指出“要加快推进生态环境保护立法”，“建立健全最严格最严密的生态环境保护法律制度”，为保护地环境风险防范提供了重要指引。(1) 从法律框架层面寻求突破，建立以《国家公园法》为核心的自然保护地统一立法体系，清晰界定保护地分级分类，不仅立足环境保护价值目标进行条款设置，而且对各类保护地的特许经营与资源利用须作出明确的规定，有效防范下位法打擦边球现象的出现，克服我国自然保护地环境风险防范规则制定在既有的自然资源（资源要素单项立法）与自然生态环境（环境保护法）分而为治的框架内推进的弊病。(2) 在《国家公园法》《自然保护区条例》等规范有效衔接协调的基础上，细化保护地环境风险防范条款设定，真正从立法设计层面，将“预防为主、防治结合”的原则及相应的责任制度设计贯彻落实到生态环境法律制度体系的全过程，避免落入“先污染后治理”的悖谬。与此同时，需要加强《国家公园法》中的环境风险防范规则的制定，并通过《自然保护区条例》等法规中环境风险条款的完善，弥补原有立法对新兴风险或潜在危险预期的滞后性；立足保护地环境要素实际的名目编纂，推动地方立法创新，建成多层次、立体化的保护地环境风险防范规则体系。

2. 部门联动：自然保护地递进式环境风险防范制度体系

以自然资源和自然环境统一监管为指引，推动国家公园为主体的自然保护地体系的建立，形成统一的保护地发展规划及环境风险防范制度体系。2018 年 2 月 28 日，《深化党和国家机构改革方案》获得通过，将多部委的自然保护区、地质公园、风景名胜区等职能进行了整合，“组建国家林业和草原局，加挂国家公园管理局牌子”，强调国家公园管理局承载者自然资源和自然环境统一监管重任；3 月 28 日，习近平总书记在中央全面深化改革委员会第一次会议上强调，要脱胎换骨“解决多头分散、条块分割”问题。其与《建立国家公园体制总体方案》通过统一管理机构“建立统一事权、分级管理体制”，优化以国家公园为核心的自然保护地体系要求相结合，为分层次、递进式推动保护地环境风险防范部门联动提出了新的要求。第一，与自然资源资产产权制度相结合，推动自然保护地资源所有权和监督权的分离，以国家公园管理机构为主导推进保护地环境风险防范，健全由中央政府直接行使所有权与省级政府代理行使的保护地分级管理体制。第二，对自然保护地形成有效的国土空间用途管制，立足各个保护地环境要素与生态系统结构，统筹保护地土地利用方式（包括社会经济限制因素在内），形成统一的环境风险监管与评估制度，建立保护自然生态原真性、完整性的长效机制。第三，立足保护地山水林地综合环境要素特征，破解多头管理与分散化治理困境，对保护地体系进行系统整合，解决自然保护地类型与功能定位混淆问题，形成高效、规范的分级统一管理体制，同时加强保护地环境要素相关部门间的专业业务协作，凝聚保护地环境风险防范合力。

3. 社会协同：自然保护地参与式环境风险防范机制保障

自然保护地参与式环境风险防范机制保障需要解决以下三个方面的问题：一是开拓符合中国实际的公益治理模式，明确公益组织参与自然保护地环境风险防范的地位、权利、方式（如委托协议）；二是深度推进保护地社区治理，使原住民参与保护地设立、变更、决策制定及实施的全过程，同时发挥非正式社区规范在风险防范中的积极作用，通过保护地环境风险防范信息公开和共享机制建设，使保护地周边社区建设与国家公园为核心的自然保护地体制改革统一起来。参与机制建设最终要内化于居民内心的环境风险防范意识，并且与激励约束机制有机结合，这样才能够真正发挥实际效用，形成积极参与、协同治理的良好格局。需要真正实现与原住民共建共享，推动保护地环境风险防范需求的内化。促进环境效益与经济效益（如绿色生态经济发展）的有机统一及回归于人民自身，将协调自然保护地居民利益与环境利益融入环境风险防范的全过程，避免“一刀切”式的环境保护手段导致后续的产业转型、民生保障配套机制（包括利益协调机制在内）的建设却并未跟上的弊病，形成具有针对性、协调性、复合性的自然保护地环境风险防范协同机制，开拓自然保护地环境风险防范的中国道路。

黑恶势力犯罪涉案资产处置的困境与出路

杨　毅*

【内容提要】 规范黑恶势力犯罪涉案资产的处置对摧毁黑社会性质组织的经济基础至关重要，当前我们对黑恶势力犯罪的打击策略偏重于对罪犯的特殊预防，不重视对涉案资产的处置，另外，还存在涉案资产线索的收集普遍存在瑕疵，对涉案资产的属性认定不清，财产刑量刑不均衡，罚金刑与没收财产刑混同，及没收财物的处理手段过于单一等诸多问题。只有从立法上对上述问题予以回应，方能真正发挥刑法在打击犯罪，特别是减少和预防犯罪方面的作用。

【关键词】 黑恶势力　涉案资产　财产刑　没收

黑恶势力犯罪作为社会的一颗毒瘤，参与人数众多，影响面广，社会危害性大，不仅给人民的生命财产安全带来了极大的危害，还影响到整个社会的繁荣稳定，对市域社会治理带来极大的阻力和干扰。为期三年的扫黑除恶专项斗争已经过半，各地扫黑除恶的行动还在如火如荼地进行，越来越多的黑恶势力被摧毁，黑恶势力犯罪的藏身之所日渐萎缩，这对于净化市域社会环境，维护市域社会的和谐稳定，提升市民的安全感和获得感，均起到了巨大的促进作用。

规范黑恶势力犯罪涉案资产的处置对摧毁黑社会性质组织的经济基础，防止其死灰复燃至关重要，作为一种剥夺罪犯财产权益为内容的刑罚方式，体现了国家对罪犯经济上的制裁，其严厉程度应当与整个国家和各具体区域的经济发展水平相适应。在长期重主刑轻附加刑、重自由刑轻财产刑观念的驱使，及经济社会发展水平的限制下，在过去很长一段时间，涉案资产的处置没有得到

---

* 杨毅——广东省广州市中级人民法院刑一庭审判员，四级高级法官。

应有的重视，其在刑罚体系中近乎“鸡肋”。无论是运行至今已有22年，且经过10次修正的《刑法》还是2018年刚刚修订的《刑事诉讼法》，均没有对涉案资产处置制度进行过任何实质的增减或变更。当前，我国经济总量已跃居世界第二，经济形势发生了翻天覆地的变化，民众的生活水平和思想观念也出现了显著改变，收入状况和支付能力整体上出现较大提升，政府的社会调控手段和管理水平也被要求顺应时势，加之刑罚理念的进步和发展，越来越多的声音开始关注涉案资产的处置在预防和减少犯罪方面的作用。

一、当前打击策略的缺陷

司法机关对黑恶势力犯罪的打击策略与其他普通犯罪并无明显区别，均是强调特殊预防，通过长时间剥夺人身自由，甚至是剥夺生命，将其清除出社会，使其不致再对社会造成侵害，以达到遏制和减少犯罪的目的。但常常事与愿违，严厉的刑罚并没有教育和警戒社会上某些可能效仿犯罪人实施犯罪的不稳定分子，使他们不致走上犯罪的道路。当一个黑社会性质组织被摧毁后，在原地又会滋生出一个或几个新的组织，并在很短的时间内取代上一个组织，再次在当地形成称霸一方，为非作恶，欺压、残害群众，严重破坏经济、社会生活秩序的黑社会性质的组织，刑罚的一般预防功能并未实现。

这种打击策略最大的缺陷就是不重视对涉案资产的处置，不能增加犯罪的经济成本，难以打垮犯罪分子的经济基础，犯罪分子仍通过犯罪获益。首先表现在侦查阶段，侦查机关往往重视对嫌疑人的抓捕和嫌疑人口供的突破，忽视对嫌疑人及其所控制公司财产的扣押、冻结，导致人一旦被控制，财产马上就被案外人转移；忽视对财产线索的收集，转移到他人名下的财产及通过各种渠道洗白的赃款，由于没有掌握完整的证据链而无法追缴。另外，在审判阶段，财产刑的量刑不平衡，部分案件中对财产刑的量刑偏轻，对违法所得和供犯罪所用的本人财物没有全额没收，不能在最大限度上打垮犯罪分子的经济基础。

由于犯罪分子的主要经济基础仍保存完好，案外人有充足的动力通过腐蚀司法队伍的手段，让罪犯获得减刑的机会，让其在最短的时间之内出狱，这不但影响了司法队伍的廉洁，更妨害了正常的司法秩序，在社会上产生了极坏的影响。更为关键的是，犯罪分子出狱后，可以利用之前的经济基础重新实施违法犯罪活动，对举报人实施报复，对不服从其淫威的群众施加暴力或软暴力，刑罚的改造功能在其身上彻底失效，也让周围群众萌生出法律无用论、权钱勾结、社会正义缺位等错误的想法，进一步破坏既有的社会秩序。

二、当前涉案资产处置的问题与困境

根据广州市中级人民法院近年来的司法实践经验，涉及涉案资产处置的案件主要有三类，一是侵财型犯罪案件，二是毒品犯罪案件，三是黑社会性质犯罪案件。尽管法院在审理这三类刑事案件过程中，将打垮犯罪分子犯罪的经济基础作为一条重要的审判原则，但是涉案资产的处置存在许多全局性问题，不能满足当前惩罚刑事犯罪的需要，不能有效威慑罪犯、打击犯罪。

1. 收集财产线索普遍存在瑕疵

由于没有统一的财产扣押冻结指引，侦查机关在执行财产线索收集过程中操作各不相同，或严或疏，或稀或密，或详或浅。以致在司法实践中，对犯罪嫌疑人个人财产的证据或线索不予调查或把握不严已成为一个普遍现象。例如，对非本市户籍或非常住人口，通常不会赶赴罪犯原籍调查其财产；对罪犯在外地或登记在他人名下的财产，常不予深入查证，或未能查扣；除了能够较方便查封的实体性财物，如以犯罪嫌疑人本人名义登记的银行存款、房产和汽车之外，其他财产很少进行有效的调查，甚至包括以个人名义开设的证券账户、银行保险柜；对于提请法院判处的扣押财产，也存在部分财产产权不清的状况，这些都直接导致法院在适用财产刑时，无法下判或者是判后无法执行，严重影响法律的执行效率，一定程度上也是对罪犯的放纵。此外，有些财物由于价值不详，难以确定是否有没收的必要，如扣押的银行卡或存折，侦查未注明是否有余额及余额数，导致法院难以下判。

作为最重要的财产线索——银行流水，侦查机关往往只是去银行打印出对账单，客观地描述出资金在该银行账户中的进出情况，至于能否与犯罪事实相互印证，哪部分资金属于犯罪所得，哪部分资金属于犯罪工具，哪部分资金属于被害人的合法财产，哪部分是正常的生产生活收支，则疏于甄别，给法院在最终裁判时埋下隐患。另外，近几年来，第三方支付平台不断发展，黑恶势力犯罪中的部分资金流动，如开设赌场犯罪中的赌资、毒品犯罪中的毒资、强迫交易及敲诈勒索中的款项，都可能通过支付宝、微信等平台来运作，由于有第三方平台的存在，资金进出并不能与银行流水一一对应，这些现实中的困难进一步增加了公安机关取证的难度，也就间接影响了对嫌疑人财产情况的调查效果。

还有部分案件只扣押了银行卡，在抓获嫌疑人时，将从嫌疑人身上或住处搜查到的银行卡予以扣押，并随案移送，但是并未及时对银行卡予以查询、冻结。值得注意的是，单纯扣押银行卡对涉案资产的处置用处不大，银行卡的所有权人是银行，卡片只是一个载体，载体内的资金流才是最实质的东西，不冻结账户而单纯扣押实体卡没有任何意义。

2. 对涉案资产的属性认定不清

法院在黑恶势力犯罪案件的审判过程中，对犯罪所得、犯罪工具等可以确定的涉案资产，都是通过《刑法》第六十四条予以没收，我国《刑法》第六十四条规定了对不同财物的不同处理方式：犯罪分子违法所得的一切财物，应当予以追缴或者责令退赔；对被害人的合法财产，应当及时返还；违禁品和供犯罪所用的本人财物，应当予以没收。因此，对涉案资产的性质进行认定是正确处置的前提，除违禁品比较好把握外，究竟是犯罪所得还是被害人的合法财产，抑或包括犯罪工具在内的供犯罪所用的本人财物，在错综复杂的黑恶势力犯罪案件中，并不容易分清。

因此，在部分判决中，出现了对涉案资产的性质不进行任何区分，囫囵吞枣般予以没收的情况。这种做法是危险的，既可能损害被害人的合法权益，也可能将被告人的合法财产在没有法律依据的前提下予以处理，损害被告人的合法权益，又反映出经办法官可能并未准确审查证据，没有全面地了解案件细节。

3. 财产刑量刑不平衡

由于没有统一的量刑标准，法院在财产刑量刑时严重不平衡，部分偏重部分偏轻，最突出的情况是量刑偏轻。在部分案件中，对许多被告人判处 1000 元的起点刑，明显与其收益或犯罪所造成的经济损失不相适应。另外，在部分黑恶势力犯罪案件中，非但没有深挖被告人隐藏的财产线索，甚至出现大量被告人被扣押的财物需要发还的情况，严重影响侦查机关打击犯罪的积极性，也影响打击犯罪的有效性，不足以打垮犯罪分子的经济基础。

之所以造成财产刑量刑不平衡，主要是基于当前《刑法》几乎没有关于数额参考的分级标准，现行《刑法》对罚金刑的规定非常广泛，涉及罚金刑适用条款有 182 条 375 处之多，但如此之多的条文所指却没有一个适合当前形势的罚金刑制度。我国《刑法》总则规定了法院在进行罚金刑裁量时的一般原则，《刑法》第五十二条对罚金刑的适用作出了笼统的规定："判处罚金，应当根据犯罪情节决定罚金数额。"从文本解释的角度理解，罚金刑的数额与犯罪情节相关，犯罪情节越轻微，罚金数额应当越少，犯罪情节越恶劣，罚金数额应越高，体现出罪责刑相适应的刑法原则。

2000 年 12 月 19 日起施行的《最高人民法院关于适用财产刑若干问题的规定》第二条第一款规定："人民法院应当根据犯罪情节，如违法所得数额、造成损失的大小等，并综合考虑犯罪分子缴纳罚金的能力，依法判处罚金。刑法没有明确规定罚金数额标准的，罚金的最低数额不能少于一千元"。即在罚金刑的裁量过程中，应综合考虑各种因素来决定。遗憾的是，该规定仍过于笼统，在司法实践中缺乏可操作性，与我国现阶段收入状况相脱节，容易造成实质不公平以及执行难等问题。一方面，未规定上限，容易导致司法擅断，过低的罚金其惩罚性和威慑力有限，过重的罚金也造成执行难；另一方面，起点刑的罚金相对于黑恶势力罪犯的社会危害性来说，根本无法涵盖其对整个社会和经济秩序所造成的损害，甚至成了包括被害人在内的民众嘲讽法院无能的借口，严重影响法院判决的严肃性，同时使民众对其在打击犯罪和发挥刑法的特殊预防功能方面产生怀疑。

4. 罚金刑与没收个人财产刑混同

罚金与没收财产同属财产刑，都属于附加刑的范畴，二者字面表述不同，但实质意义相同，都是以剥夺罪犯财产权益为内容的刑罚方式，是国家对罪犯经济上的制裁，是立法者对侵犯财产罪及以贪利为动机的犯罪的“报复”。

从《刑法》条文可以分析出，罚金不局限于罪犯现有财产，数额较大的，还可分期缴纳，对于不能全部缴纳的罚金，人民法院在任何时候发现罪犯有可以执行的财产，随时可以追缴；若遭遇到不能抗拒的灾祸，缴纳罚金确有困难，可以向人民法院申请减少或者免缴。而没收财产则限于罪犯的现有财产，指将罪犯个人所有的财物、现金、债权等财产全部或部分收归国有，不能涉及罪犯以外的人的财产，没收全部财产的，还应当为犯罪分子个人及其扶养、抚养的家属及子女留下必要的生活费用，对罪犯在没收财产前的正当债务，经债权人申请还可以归还，被判没收财产的，不得因任何理由向人民法院申请酌情减少或者免除。可以看出，立法规定上的罚金与没收财产的显著差别只有两点，一是缴纳确有困难时，罚金刑可以申请减免，而没收财产刑不能减免；二是没收财产只着眼于罪犯当前的财产情况，即现在有什么财产就没收什么财产，不涉及将来，将来罪犯获释后所获得的财产不在没收范围之列，而罚金刑不光着眼于现在，还涉及将来，只要没有缴纳完毕，无论是羁押前获得的财产还是获释后获得的财产，都是执行对象。

因此，除非没收个人全部财产，且被告人有大量财产，在其他情况下，罚金刑显然相对没收财产刑更严厉。如果找不到被告人的任何财产，没收财产刑判决就等同于“空判”，威慑力实际上尚不如罚金，因为罚金刑可以追及将来。在此情况下能否对被告人的财产刑进行适当转换，是需要我们考虑的问题。

而四部委最新颁布的《关于办理黑恶势力刑事案件中财产处置若干问题的意见》规定：“对于组织者、领导者一般应当并处没收个人全部财产。对于确属骨干成员或者为该组织转移、隐匿资产的积极参加者，可以并处没收个人全部财产。”仍然在没有解决罚金刑与没收财产刑威慑力高低之分的情况下，理所当然地认定没收个人全部财产必然比罚金刑更严厉，但在部分案件中，这种立论与实际情况是恰恰相反的，被告人将财产放置在他人名下，而侦查机关又没有查获有效的财产线索，对被告人判处没收个人全部财产刑实际上无法执行，被告人在出狱后，再将转移的财产转回来，就可轻易规避法院的财产刑判决，反之，若判处罚金，设定一个足以涵盖其犯罪收益及犯罪所造成损失的额度，不管被告人是否转移财产，其在有生之年都必须缴纳。

5. 没收财物的处理手段过于单一

《刑法》第六十四条中所规定的“没收”，是指对犯罪密切相关的特定物品之没收，理论上可称为刑事没收。[1] 该刑事没收是对犯罪分子违法所得、供犯罪所用的本人财产以及违禁品的“强制处理方法”，而并非《刑法》第五十九条所规定的没收财产刑，该条没收财产刑针对的是被告人本人所有的合法财产。

《刑法》第六十四条用非常肯定的措辞规定：没收的财物和罚金，一律上缴国库，不得挪用和自行处理。但这一毫无例外的处理手段在纷繁复杂的司法实践中“黯然失色”：一律上缴国库的前提是有国库的存在，国库是一个很虚的概念，到底什么是国库，国库是否就是字面理解的国家所有的仓库，或是国家在银行的一个特定账户，抑或兼而有之？但可以肯定的是国库不能收藏所有的东西，国库不会来者不拒，否则有形的国库会被铺天盖地的作案用的铁锤、铁锅、木棍、各式刀具、旧衣裳、废旧玩具、车辆、甚至毒品等一股脑塞满，问题是，塞满国库后又有什么意义呢？所幸的是，实践中从没有听说过某国库被没收的财物塞满，因此，从这个侧面也反映出法律规定的该条文在实际操作中已被有意或无意地抛弃。与其在实践中被抛弃，不如及时进行改变，而最为有效的改变手段就是对没收财产后的处理措施予以细化，不能单一地上缴国库，而应规定几类国库能够收藏什么东西，其余的东西或拍卖或变卖或销毁或捐赠，但这些措施都是当前其他法律规定的“挪作他用”，并非“师出有名”。特别是在对违禁品的处理上，部分裁判文书的处理方式是“销毁”，但从《刑法》文本来理解，《刑法》并未授予“销毁”的权限。

三、涉案财物处置的规范与突破

自2018年起，广州市公安局率先启动犯罪财富调查改革试点工作，尝试把黑社会性质组织案件、部分毒品案件及涉众型刑事案件的财富调查工作纳入侦查范围，建立单独的财富卷，对涉案资产预先调查，并采取查封、冻结等措施。法院在审判环节，设立单独的涉案资产证据举证、质证环节，加强对涉案资产线索的排查认定，对涉案资产的处理作出最终决定。上文所列的既有制度层面

---

1 张明楷著：《刑法学》，法律出版社2015年版，第37页。

的问题，也有具体应用过程的问题，要切实解决上述问题，最根本的还是要对现有制度在立法框架进行适当的修正。

1. 完善对涉案财物证据的收集程序

财产线索的全面性和准确性是法院对被告人涉案资产进行处理的前提，建立统一的财物扣押、冻结规程，指引各地公安、检察机关在执行财产线索收集过程中按照既定的程序和方法办理，既要调查房产、银行存款等常规项目，也要调查证券账户、银行保险柜等新类型项目。此外，还要全面、细致查明登记在案外人名下的属于犯罪嫌疑人所有的财物，如房产、车辆等，即使其供认是自己出资购买，也应向案外人调查取证，收集固定好证据，防止审判阶段当事人异议而导致法院无法下判。既要全面把握所有财产证据，又不拘泥于某个细节而延误办案时机。扣押、查封、冻结的财物，法院无论是否判决，均应说明理由。为避免漏判的情况，应建议检察机关在起诉时明确提请对哪些具体财物进行处理，不能过于笼统。

由于涉案资产的调查相对于案件事实的调查更容易被忽视，因此错漏难免，庭审后，法院应当主动召集公检法三家召开联席会议，共同会商涉案资产在认定和处置上的疑难问题，会后，公安机关根据会商情况陆续补充需要的证据，为法院在财产的处理上排除了障碍。对于诸如未查明金额、价值的银行卡、存折及金属饰品之类价值不详，难以确定是否有没收必要的财物，侦查机关应予具体查证。侦查机关在讯问阶段要有意识地就被告人的财富线索问题进行讯问，将那些没有登记在被告人名下，但被告人承认是其所有或实际使用的财产，作为证据固定下来。此外，由于现代金融工具繁多，被告人的财产范围分散，如果让侦查人员去每个银行、公司查询，耗时耗力，效力低下，应该建立一个统一的查询系统，且公检法应当共享系统的数据。

2. 判项中列明处理财物的性质

在司法实践中，部分法院笼统判决“没收与犯罪有关的个人财物”，但对具体哪些财物与特定犯罪有关却未予列明，或对哪些财产进行没收，哪些财产发还不作区分，过于模糊，既不利于法院内部执行机构对财产刑的执行，也不利于扣押机关对扣押财物的分类处理，最后导致由扣押机关自行决定项目的发还或扣押，既不严肃又缺乏法律依据，同时还影响司法公信力，这种粗略判法应当尽量予以避免。穷尽一切手段后仍无法确认性质的财物，应当按照先赔付被害人，再抵扣财产刑的顺序下判，既保证被害人的合法权益，又让被告人无法利用制度的漏洞获益。

3. 以打垮犯罪分子经济基础作为财产刑量刑的原则

对于没有证据证明的财产属性的财产，只能认定为合法财产，通过财产刑来处理，而财产刑量刑不平衡是长期存在的现象，在当前并无具体量刑指引的前提下，法官在裁量时，应当以打垮犯罪分子经济基础作为财产刑量刑的原则，不让犯罪分子通过犯罪获益。同时避免同类型案件中罚金数额的畸高畸低，尽量做到切实有据，罪刑相适，提升判决执行到位率，从制度层面维护司法公正，既惩罚了犯罪，又维护了法律的严肃性和法院判决的权威。当然，打垮犯罪分子的经济基础并非一味从重，并非严刑峻法，对于有证据证明是被告人合法财产的，在抵扣完应有的财产刑后，应予发还被告人或其家属。

另外，出于解决财产刑执行难的需要，可以设置罚金易科制度。在英美法系国家，罚金易科制度亦是最为常见的刑罚适用方式之一，罚金刑适用范围极为广泛，一般按照所在法院当地当时的最低工资标准等因素折算出罪犯应服监禁刑的天数[2]。在我国，除直接将罚金数额折算成相应天数的自由刑，对罪犯予以延长羁押外，罚金易科制度有另外一种执行方式，且该方式有现成的制度土壤。根据《刑法修正案（八）》的相关规定，对判处缓刑、假释、管制的罪犯，在考验期内依法实行社区矫正。社区矫正即对人身危险性较轻或经过一段时间的改造后变轻的罪犯实施的一种相对开放的监管改造手段，让其在较宽松的环境中逐渐适应社会，帮助其创造形成个人责任感，减少交叉感染，降低监管成本。目前，该制度已在全国范围内全面铺开，初步形成一个较为完善的制度。中国式的罚金易科，可借助于社区矫正制度，将不能如期缴纳罚金或不能缴清罚金的罪犯，按照罪犯羁押地的最低工资标准折合成相应天数，在主刑执行完毕后，对其实施该相应天数的社区矫正，让其从事相应劳动，直至改造期限届满，罚金数额亦不再要求缴纳。

4. 修改现有没收财产刑制度

从立法原意来看，没收财产刑本是比罚金刑更严厉的刑罚制度，但在司法实践中暴露出来的种种问题都表明其存在的必要性和合理性需要重新论证，且这些问题并非通过简单的《刑法》修正能够解决。值得注意的是，取消没收财产刑制度并不会影响我国的刑罚结构，也不会降低刑罚的威慑力，相反，能够提升刑罚裁量的科学性和到位率。综观世界各国，罚金刑是均予设置的一种财产刑制度，但并不是所有国家都同时规定了没收财产刑，其暗含的理论根据和现实考量是：首先，公民的合法的私有财产不受侵犯，这是现代法治社会的基本要求，罪犯因其犯罪行为需要受到惩罚，但必须有数额的限制，不能一股脑

2 《德国刑法典》第四十三条规定："不能缴纳罚金的，可由法院折抵相应自由刑，折抵自由刑的最高期限为2年，最低期限为1个月。"1907年《日本刑法典》第十八条规定："不能缴清罚金的人，应拘留于劳役场1天以上2年以内。"

全部没收。比卡利亚指出："没收财产是在软弱者头上定价，它使无辜者也忍受着罪犯的刑罚，并使他们沦入必然也去犯罪的绝境"。其次，没收财产刑在具体适用中有失公平。不同人拥有的财富大不相同，有人家徒四壁，有人富甲天下，同样的犯罪行为，实际执行后果却大不相同，没收财产刑没有顾及这一点，适用起来就可能是财产越多越"反动"，赤贫或者通过非法转移而达到法律上赤贫的人就能够享受空判的法律后果。再次，没收财产刑的可操作性较差。在执行没收财产刑过程中，涉及财产的调查、保全及分家析产，再加上被告人家属不积极配合，通常是困难重重，司法机关限于时间、精力，难以一一查明，结果多数是不了了之。最后，没收财产刑不能与自由刑之间进行转换。即使罪犯不履行没收财产的法律义务，从法律上来看也没有好的措施来制衡，而罚金刑则在部分国家可以通过转换为自由刑来实现，即没收财产刑没有易科的可能，容易导致空判。由于没收财产基本上是无确定数额的，无法与自由刑进行等值评价，因此，当其不能执行到位时，无法实行。出于上面的原因，在当今世界各国，适用没收财产刑的国家日渐稀少，特别是在法治相对完备的发达国家，除极个别以外，几乎所有国家都取消了没收财产刑。

在当前的司法形势及罚金刑尚未完善的情况下，立即取消没收财产刑、完全用罚金代替没收财产刑尚不可取，我们认为应当逐步实施。当前，除进一步修改罚金刑之外，权宜之计还在于对没收财产刑制度进行必要的修改补充。一是应明确没收财产仅限于没收现有财产，不涉及将来，明确其与罚金的区别，体现出其相比而言的严厉性；二是取消没收个人部分财产，用罚金代替没收部分财产；三是主刑是无期徒刑以上才能适用没收个人全部财产，不适用于有期徒刑以下刑罚；四是没收财产时应将亲属财产、个人合法债务、必要生活抚养费等事先剔除，并在判决时明确列明所没收财产的明细，避免笼统模糊的判决，以便于执行和区分；五是在被告人无财产可供执行情况下，探讨建立由没收个人全部财产转为罚金刑的制度创新；六是在严重犯罪的情况下，对被告人的罚金应根据其对社会危害的程度结合其现有财产，作出相应的判决，且从数额形式上看应当与现在应用的没收财产相当，根本原则是不能让其通过犯罪获益。

5. 设立没收财物的多重法定处理手段

法律并没有赋予法院对被告人的作案工具、特殊物品（如毒品）等进行"销毁"的权力，对违禁品和供犯罪所用的本人财物一般只能"没收"，且没收后一律得上缴国库。没收的财物和罚金，一律上缴国库是不现实的做法，这样规定的唯一后果就是大家都来违反，因此，可以根据涉案财物的不同属性，改变以往法律规定的单一上缴国库的做法，设立没收财物的多重法定处理手段，建议对于铁锤、刀具、扳手等可能有实用价值的财物，法院一般判处予以没收，公安机关再予拍卖、作为废旧物品出售或销毁；对于毒品类赃物，则直接判处没收、销毁。

此外，实践中还有一个涉及办案机关特别是公安机关执行权限的突出问题，即公安机关对于扣押的银行存款无法进行直接划扣，对于需要拍卖变现的财物，无法直接委托评估、拍卖机构进行评拍处理，故虽有的判决判明由扣押机关执行，但最后扣押机关反过来仍要求助于法院执行机构，人为造成程序的繁琐和周期的冗长，能否由立法、司法机关联合人民银行等行政机关尽快调整公安机关的执行权限，值得引起关注。

结语

黑恶势力犯罪作为一种社会行为，与其他犯罪一样永远不可能消灭，其对市域社会的影响长期存在，且不可能有一劳永逸的方法来完全阻绝犯罪，对涉案资产的处置也并没有一个完美的制度，但对行为的处理不存在取代刑罚的适当方法[3]。相较于其他刑罚种类和刑罚执行方式，对不法财物的没收和对合法财产的财产刑，最起码可以对社会秩序恢复起到一种补偿作用，可以减少民众为此付出的代价，更关键的是可以大大提升犯罪的成本，降低犯罪的欲望。诚如德国刑法学家李斯特（Franz Von Liszt）所言，“最好的社会政策就是最好的刑事政策”，[4]如果能够将这种在社会实践中总结出来的涉案资产处置制度逐步加以完善，改革现有制度的弊端，我国的刑罚体系将得到进一步完善，被犯罪所破坏的社会秩序也将得到更快、更好的恢复。

---

3 ［日］大塚仁著：《刑法概说（总论）》，有斐阁1987年增补日文版，第86页。

4 Liszt, Strafrechtliche Aufsatze und Vortrage, Bd. 2, 1905, S. 246.

加强基层治理组织专业化保障的思考

陈建明*

【内容提要】 基层是服务群众"最后一公里"，是国家治理最基础、最关键、最困难的重要组成部分，基层治理的好坏与否直接关系到人民群众的切身利益，关系到国家治理能力现代化和治理体系现代化的实现。只有加强基层组织的协调，强化基层组织专业化建设，才能使国家政策在向下延伸过程中，找到落脚落地的支点。广州近年也作了很多有益的探索，对基层组织专业化保障方面提供了一些参考。

【关键词】 基层组织　专业化　保障

基层是服务群众"最后一公里"，是国家治理最关键、最基础也是最困难的重要组成部分，基层治理的好坏直接关系到人民群众的切身利益，关系到国家治理能力和治理体系现代化的实现。"最后一公里"问题之所以反复出现，就在于政策落地缺少一个有力的组织支点。解决"最后一公里"的问题，需要加强基层组织专业化建设，唯有经过基层组织的协调，国家政策在向下延伸过程中，才能找到落到实处的支点。通过这个支点办成基层治理的小事，就需要有坚强的基层组织。近年来，广州市在打通基层治理"最后一公里"方面作了不少有益的探索，如"五个一"基层治理模式（一卡：社保卡；一号：12345政府服务热线；一格："网格化"服务管理；一网：网上办事；一窗：政务大厅）、"一队三中心"基层社区服务管理平台（一队：一支综合执法队负责行政执法，三中心：一个开展"一站式"服务的综合性政务服务中心，一个家庭综合服务中心为辖区内居民提供专业服务，一个综治信访维稳中心集中处理矛盾和化解

---

* 陈建明——中共广州市委办公厅综合二处主任科员，工程硕士。

纠纷)、增城区下围村基层民主议事制度等一批具有较大影响力的基层治理探索，取得了一定的成效。但在打通基层治理“最后一公里”的过程中，仍然存在上级政策难以落地的情况，这就跟基层组织建设保障不够专业有莫大的关系。

一、存在问题

（一）基层组织建设机制一定程度上仍然不顺畅

随着政府职能转变和工作重心下移，我们很多时候强调各职能部门要把“工作向基层延伸”，但是由于长期以来的体制机制问题，不同政府职能部门之间的数据没有实现共享，只把责任下放到了基层，人员、权力等没有真正下沉到基层，还是“上面千条线，下面一根针”，但基层这根针没有相关的能力、没有相关的保障，基层干起活来既不专业，也不细致，穿不起“千条线”，存在很多“看见管不了，管了看不见”的现象，造成很多工作只停留在文件上，基层没有办法落实。

（二）基层治理生态一定程度上被破坏

一些“地方豪强”或“强力人士”通过各种方式介入基层治理，通过加入基层组织队伍，利用基层组织的力量使基层社会秩序呈现“结构混乱”状态，甚至出现恶霸、宗族和宗教把持基层治理的局面，不少地方也存在以自治为名绑架政府的情况。在农村，一些从事邪教活动等的不法分子把农村作为进行违法活动的重点，由于大部分农民的辨别能力和防范意识有限，极其容易被教唆，被利用引发产生各种群体性问题。在城市社区，一些黑恶势力渗透到小区物业管理中，从而引发业主与物业管理的冲突，直接影响小区和社区的安全稳定。

（三）基层党组织一定程度上出现弱化、虚化

基层党组织存在失序、无序现象，组织力有待提高，党员干部队伍能力素质不高，因为“政经”分离把更多的精力投入发展经济中，随之而来的就是集体“三资”（农村集体资金、农村集体资产、农村集体资源）管理混乱、违法建设屡禁不止、治安维稳问题突出等，老百姓有困难、有问题没有地方申诉，申诉到基层党组织也没有解决的办法。

二、原因分析

（一）以人民为中心的理念淡化

基层治理的主体不止是基层党组织和村委会、社区居委会，还有社会组织，

更重要的主体是人民群众。基层治理实践中，镇（街）、村（社区）“两委”往往被摆在了主要位置，群团组织和其他社会组织的作用也渐渐在发挥，但尚不能有效地发挥其自治功能。最重要的主体即人民群众却常常缺位或缺席。人民是国家和社会的主人，理所当然也是国家和社会治理的主体。镇（街）、村（社）“两委”作为治理主体，承担的更多工作应该是服务性工作，而不是在实际中把社会组织、人民群众作为治理的客体对待，作为对象化的“物”来治理。以人民为中心的思想在基层治理中的缺失或弱化，导致个别基层政府在治理实践中唯经济是瞻，把工作重心和主要精力放在追求经济利益上，而对基层群众在生活生产中的真实需求不太关注，甚至在追求经济利益的过程中不断损害群众利益。在调研的过程中，有的基层党组织书记说，如果不是当时为了认识更多的人，解决个人一些利益问题，他也不会回来参选党组织书记，现在认识人了，他也不想干下去了。

（二）党的基层组织公信力弱化

中国共产党的一个最大优势就是具有强大的组织和动员群众的能力，在革命时期如此，在建设时期也是如此。但村（社）“两委”很大程度上缺乏自主权，村民对村庄公共事务的冷漠，村、社区的政治只要不直接影响村民或者居民个体的利益得失，也不会引起村民和居民的关心和重视。尤其是社区居委会，镇政府、街道办事处的财政拨款是社区居委会开展党务和服务的主要来源，因此社区居委会的社区服务活动主要以镇（街）的要求为主，不是按照居民的自主意愿开展，结果是镇（街）与居民之间无法形成良性互动，居民对社区发展的参与热情不高。另外，个别部门在涉及人民群众切身利益的一些突出问题上相互推诿扯皮，村（社区）没有能力去协调相关部门，导致一些问题得不到及时有效化解，在群众中产生不良影响，降低了基层党组织在群众心目中的地位。有的基层干部说，镇（街）有时只站在他们自己的立场上，不但没有支持村（社区）解决历史遗留问题，甚至还制造出新的矛盾，反过来还让村（社区）去做群众工作，最终导致群众对村（社区）的干部十分不满，严重影响村（社区）“两委”的威信。党在基层力量退化或退场，必然有其他力量补场或进场，如个别地方出现家族势力、宗教甚至黑恶势力控制基层的现象，进而导致基层社会秩序出现紊乱，影响基层党组织的公信力。

（三）基层组织承接的任务过多过重

随着经济社会发展，基层社会治理提供更加多样化、优质化、科学化和人性化的社会服务。一说到具体工作，部门都站在自身的利益上，提出“往基层延伸”，把工作和服务延伸到基层第一线，但相应的人、财、物并没有随之往下倾斜，造成基层组织没有能力承接这些任务，甚至挤占了基层联系服务群众的时间和空间。据本次调研的不完全统计，村委会协助政府工作事项达20个类别近100项，社区居委会协助政府工作事项达17个类别80多项，内容涵盖大到民政、城市管理、卫生计生、司法、征兵等，小到中小学生资助金的申请、儿童之家建设等。根据《城市居民委员会组织法》和《村民委员会组织法》，社区居委会由5—9人组成，村委会由3—7人组成。目前全市共有1144个行政村、1558个社区，按照2018年广州1490万常住人口计算，平均每个村委会、社区居委会需要服务的人口约5514人，只有几个人工作力量的村委会、社区居委会面临的服务群众压力非常大。

（四）人员队伍管理建设难度加大

基层组织干部队伍的整体水平不高、缺乏年轻干部、工作积极性和能力素质不足，极大地影响了基层社会治理水平的提高，也损害了基层干部队伍的形象。学历水平方面，广州市现有近19000名村（社区）“两委”班子成员中，本科及以上学历占22.68%，大专学历占38.12%，[1] 整体学历水平不高，特别是村一级的干部，对基层出现的新问题容易预判不足，导致对政策理解、措施执行的不到位，服务能力还有很大的提升空间。年龄方面，35岁以下的年轻干部有4346人，占23.02%。[2] 工资报酬方面，据本次调研统计，广州市农村党组织干部工资平均每人3000元/月，城市社区组织干部平均每人5000元/月，远低于2018年度广州市在岗职工平均工资8218元/月的水平。村（社区）的薪酬没有吸引力，难以吸引高素质人才加入，也留不住高素质的人才。特别在农村，这样的薪酬更难留住优秀的年轻人。有的基层干部说，这样的薪酬还不如出去打工，电话费、摩托车油钱都不够，能维持基本生活就不错了，还要经常上山下乡，还有什么精力服务老百姓？

三、各地的经验做法

（一）武汉市通过管理体制改革推动资源下沉

武汉市一方面为街道党工委赋权，赋予其对职能部门派驻机构的考核权、财政权、用人权和辖区规划建议权，并增设党建办，增加党建专职人员；另一

1 参见广州市民政局2017年工作情况，载广州市民政局官方网站，http：//www. gzmz. gov. cn/gzsmzj/mznews/xxgk. sht-ml，最后访问于2019年6月7日。

2

方面为社区“松绑减负”，社区干部全部下沉网格，全市1.6万个网格普遍建立了党组织，在“家长里短”中帮助群众解决困难。同时，武汉市每年整合各类资金近10亿元，推进“红色阵地”提档升级，全市87%的社区党群服务中心超过1000平方米，社区工作经费年均达到50万元，真正让社区党组织有时间、有资源、有能力服务引领群众。此外，武汉把“群众信得过、服务有本事、治理有办法”的基层党组织书记定义为“红色头雁”。为培育“红色头雁”，武汉实施社区书记和居委会主任“一肩挑”，并选聘一批优秀大学生到社区任职，目前全市社区书记平均年龄43.7岁，80%具有大学以上学历。每年武汉还拿出至少50个街道公务员和事业编制人员名额，定向招录优秀社区书记。[3]

（二）长沙市探索基层组织队伍建设新路子

长沙市下大力气解决社区工作者身份定位、报酬待遇、发展出路等方面的问题，出台《关于进一步加强社区专职工作人员队伍建设的意见（试行）》，强化社区书记宏观管理、实行社区专职工作人员员额管理、建立“三岗十六级”职业薪酬体系等措施。这项制度将5000余名社区工作人员分为正职、副职、普通工作人员三种岗位，根据在社区工作年限将薪酬设置成16个等级，每三年晋升一个等级，受益于这项改革，社区工作人员今年将比去年人均增收25%，让社区工作者们感到既有面子又有里子。此外，全市共有222名社区书记考录为公务员，38名社区书记考聘为事业编制人员，37名社区书记通过公开选拔担任街道班子成员，10名社区书记被选举为市、区两级党委委员、候补委员，为社区工作人员提供广阔的出路。[4]

（三）北京市东城区推动“社区专员”下沉社区

北京市东城区率先改革街道党政内设机构设置，将街道内设机构从原来“向上对口”的25个科室和4个事业单位，精简为“向下对口”的“六部一队四中心”，并派正科级干部担任“社区专员”下沉社区，破解社会治理“最后一公里”难题。“六部”包括综合保障部、党群工作部、社区建设部、民生保障部、社区平安部、城市管理部。“一队”是在街道城管执法队的基础上，从公安、工商、食品药品监管、交通、消防五部门抽调执法人员，组建街道综合执法队，将人员、责任、工作机制、工作场地相对固化，推动执法力量下沉基层、

3　程远州：《湖北武汉打造城市基层党建新格局》，载《人民日报》2018年1月2日。

4　凌晴、刘励洁：《长沙以小切口撬动城市基层党建大格局》，载《中国组织人事报》2018年7月6日。

综合执法。街道所属事业单位“四中心”：成立党建服务中心；保留社区服务中心；社保所更名为政务服务中心；整合为民服务分中心和环卫所，组建网格化服务管理中心，加挂“综治中心”牌子。在此基础上，东城区梳理形成了106项街道内设机构职责清单。今后，除街道职责清单以及涉及城市管理、民生保障、社区建设和公共安全工作以外，其他职能部门不得随意向街道安排工作。同时落实街道对相关重大事项提出意见建议权，赋予街道对派驻机构的统筹调度权、人事建议权和考核评价权，明确派驻机构的日常管理重点在街道，业务管理重点在职能部门，坚决消除职责交叉、混淆不清现象，切实增强街道在基层治理中的基础地位和统筹协调职能。[5]

（四）广州市增城区加强基层组织党建引领提升基层治理能力

调研中，实地走访了解广州市增城区的做法，增城区将基层党建工作作为基层治理的重中之重，持续整顿软弱涣散基层党组织，安排区镇（街）两级领导“双挂点”，分类选派37名第一书记到软弱涣散村、乡村振兴重点村、禁毒工作重点村脱产驻村工作，端掉朱村涉黑涉恶腐败团伙，社会风气明显好转。打造凤馨苑社区以基层党建引领社区治理示范试点，成立凤馨邻里等社会组织24个，义工队员1099名，推动解决热点难点问题23个。在全区341个村（社区）建成村（居）民议事厅，累计召开议事会议4038次，讨论议题7847个，通过议题7787个，已落实议题共计7521个，落实率达96.58%，解决历史遗留问题2000多宗，涉农信访逐年减少，全区信访总量连续6年下降。

四、有关建议

（一）强化组织体系建设，构建“上下联动”的专业化治理格局

今年，中共中央办公厅印发《关于加强和改进城市基层党的建设工作的意见》，为新时期城市基层党建和基层治理组织建设提供了遵循。党对基层的领导，首先是通过镇（街）、村（社区）党组织的领导来实现的。加强在党的领导下开展基层治理体制机制建设，做到重点项目在哪里，党建工作就跟进到哪里，通过“区委—镇（街）党（工）委—村（社区）党组织—村（居）民党小组”多级党组织联动抓主责，构建上下联动的机制。例如，将党建引领贯穿于项目征拆、城市更新等重点工作全程。建立区领导干部挂点包干镇（街）、镇（街）领导干部挂点重点村（社区）、村（社区）干部包干到户等机制，构建

5　王萍：《社区专员把办公桌支您家门口》，载《北京晨报》2018年6月4日。

区、镇（街）、村（社区）三级征拆包干到户格局，形成“党员干部带头拆、带动群众主动拆”良好氛围。

（二）突出为基层减负，引导基层组织提供细致化专业服务

一是全面梳理权责范围。落实中央《关于解决形式主义突出问题为基层减负的通知》精神，进一步梳理村（社区）权责范围，形成具体权责清单，帮助基层细化依法履职的职责事项。二是确保做好工作任务清理。对村（社区）的工作任务、达标评比、工作台账及部门在村（社区）建立的各类组织机构开展全面清理、压缩。三是完善公共服务事务准入机制。各部门需进入村（社区）的组织机构、工作任务及需村（社区）协助的事项，严格按准入制度执行。由申请单位提出书面申请，经区一级政府研究同意方可进入。未经批准的一律不得进入村（社区），真正让村（社区）干部从具体琐碎的事务中解脱出来，集中精力为群众解决“最后一公里”。

（三）完善基层组织服务水平，实现工作平台由单一化向综合性升级

一是提高“网格化”管理的服务水平。大力推广广州市“基础网格＋专业网格（城市管理、治水、安全生产、基础党建）”社会治理管理的先进经验，把“网格化”管理维稳、综治功能扩展到各项政务服务，由网格员引导群众上网，或到镇（街）、村（社区）服务中心办理，网格员可提供预约协助。二是全面推进村（社区）党群服务中心“提档升级”。打造融党务服务、政务服务、商业服务、文化服务以及其他公益服务于一体的综合性服务平台，实现党组织服务与群众多样化需求“无缝对接”。按照“精简、规范、便民、高效”的原则，把与群众生产生活密切相关的证照办理、“三农”政策、卫生计生、民政社保、法律咨询等事项作为常规业务，强化党组织建设阵地、基本审批服务事项代办等功能，实行“一站式”等服务。三是提高信息化服务水平。整合全市各部门信息化服务功能，通过精心打造内容丰富的便民服务平台，在镇（街）、村（社区）设立服务终端，提供更多“网上办理”服务，涵盖生产生活资料供应、水电费代办代缴、手机充值、邮政快递、小额存取、日用超市等各个方面。四是积极引导社会组织发挥作用。在镇（街）的指导下，实施镇（街）社区社会组织联合会能力提升计划，采取政府购买服务、设立扶持资金、公益创投等措施，鼓励和支持社区社会组织承接社区公共服务项目，开展邻里互助、居民融入、平安创建等社区服务活动。

（四）推动重心下移，促进基层组织工作落实由缺途径向有资源转变

坚持资源下倾、力量下沉、保障下移，加大人、财、物的投入，促进村

（社区）各项保障到位。一是强化人员保障。重点抓好村（社区）党组织书记选配，抓住带头人这个关键，按照服务热情高、服务意识强、服务能力强的标准，积极拓宽选任渠道，按照“五个一批”模式。即现有优秀村（社区）书记中留任一批，现有村（社区）年轻党员选拔一批，镇（街）优秀党员干部中选派一批，国企、高校中的优秀党员干部选派一批，市、区级机关优秀党员后备干部中直接选派一批。加强对村（社区）干部的教育培训，切实提高基层干部的综合素质和防范化解重大风险能力。二是强化经费保障。加大公共财政投入，逐步建立来源稳定、管理规范、保障有力的村（社区）组织运转经费保障机制。由区一级财政按照每村（社区）每年一定标准建立村（社区）为民服务专项资金，用于满足村（居）民共同需要的生活服务，解决群众最关心、最迫切、最直接的问题。建立镇（街）一级服务资金事前项目备案和事后审计制度，加强基层的资金使用监管，确保资金用到实处、取得实效。三是强化待遇保障。重新对村（社区）“两委”干部薪酬待遇进行重新评估，与社会平均工资挂钩，在职村（社区）“两委”干部基本报酬市、区级财政统筹，做到总体平衡，体现激励。拓宽村（社区）干部上升渠道空间和出路，提高公务员、事业单位人员招考中村（社区）干部的比例，吸收优秀的村（社区）干部留在基层镇（街）工作，并适当放宽招考年龄限制。

调研报告

认罪认罚从宽协商制度研究

——以广州市南沙区认罪认罚从宽协商实践为样本

南沙法院（南沙自贸区法院）课题组*

一、认罪认罚从宽协商制度之历史内涵解读

（一）历史梳理

2014年10月，党的十八届四中全会决定提出“完善刑事诉讼中认罪认罚从宽制度”。2015年2月，最高人民法院发布《人民法院第四个五年改革纲要（2014—2018）》（以下简称“四五改革纲要”），提出“完善刑事诉讼中认罪认罚从宽制度。明确被告人自愿认罪、自愿接受处罚、积极退赃退赔案件的诉讼程序、处罚标准和处理方式，构建被告人认罪案件和不认罪案件的分流机制，优化配置司法资源”。几乎同时，最高人民检察院发布《关于深化检察改革的意见（2013—2017年工作规划）》（以下简称“深化改革意见”），提出“推动完善认罪认罚从宽制度，健全认罪案件和不认罪案件分流机制”。2016年3月，最高人民法院和最高人民检察院的工作报告分别将“探索刑事诉讼认罪认罚从宽制度”“探索检察环节认罪认罚从宽制度”作为2016年工作重点之一。

2016年6月27日，中央全面深化改革领导小组第25次会议通过了《关于推进以审判为中心的刑事诉讼制度改革的意见》，其中第二十一条提出：“推进案件繁简分流，优化司法资源配置。完善刑事案件速裁程序和认罪认罚从宽协商制度，对案件事实清楚、证据充分的轻微刑事案件，或者犯罪嫌疑人、被告人自愿认罪认罚的，可以适用速裁程序、简易程序或者普通程序简化审理。”

* 南沙法院（南沙自贸区法院）课题组——组长：吴翔；成员：陈昭强、张友好、蔡穗硕、谭海云、伍敏青、林志毅。

关于“认罪认罚从宽”，2014年11月中央政法委书记孟建柱同志指出：“要加强研究论证，在坚守司法公正的前提下，探索在刑事诉讼中对被告人自愿认罪、自愿接受处罚、积极退赃退赔的，及时简化或终止诉讼的程序制度，落实认罪认罚从宽政策，以节约司法资源，提高司法效率。”

（二）内涵解读

如果把“完善认罪认罚从宽制度”作为一项改革来看的话，从上述有关正式文件以及权威观点中，可以对“认罪认罚从宽协商制度”的基本内涵作如下解读。

1. 从改革基点来看

认罪认罚从宽协商制度并不是一项新的制度，而是原先就存在的制度。党的十八届四中全会决定强调的是“完善”该项制度，而不是创建该制度。从这样的含义出发，最高人民法院工作报告中所言之“探索刑事诉讼认罪认罚从宽制度”和最高人民检察院工作报告中“探索检察环节认罪认罚从宽制度”的“探索”，实际上是指“探索”“完善”“认罪认罚从宽制度”，而不是探索构建“认罪认罚从宽制度”。

2. 从目标来看

这次改革的主要目标在于建立健全分流机制。在我国刑事诉讼中，原来就存在一定的分流机制，如对于案件事实清楚、证据充分，被告人承认自己所犯罪行，对指控的犯罪事实没有异议，被告人对适用简易程序没有异议的案件，可以适用简易程序处理；对于特定类型的公诉案件，犯罪嫌疑人、被告人真诚悔罪，通过向被害人赔偿损失、赔礼道歉等方式获得被害人谅解，被害人自愿和解的，可以按照“当事人和解的公诉案件诉讼程序”处理。另外，还有改革试验中的对于案件事实清楚、证据充分，犯罪嫌疑人、被告人承认自己所犯罪行，对指控的犯罪事实没有异议，当事人对适用法律没有争议，犯罪嫌疑人、被告人同意人民检察院提出的量刑建议，犯罪嫌疑人、被告人同意适用速裁程序的轻微犯罪可以适用“速裁程序”，等等。但是，从实践反映的效果来看，并不是那么理想，或者说没有完全取得预期效果。所以，需要“健全”认罪认罚从宽协商制度。同时，它并不或不应限于在原有制度上的健全。既然是一项改革，同时也允许“探索”，那么在必要的情况下应当允许“构建”新的制度。

3. 从内容上来看

主要内容在于建设科学合理的程序体系。这一程序体系包括以下基本内容：程序组成部分、具体的诉讼程序、处罚标准和处理方式。认罪认罚从宽协商制度，“不应是一项独立的制度，也不应是一项意欲创建的新制度，它实际上是一个集合性的法律制度”。就目前而言，它由普通程序简化审程序、简易程序、刑事和解程序、速裁程序等组成。但是，它们与认罪认罚从宽协商之间如何合理衔接，尚有待进一步研究和探讨。在这些对接认罪认罚从宽协商的具体制度中，具体的程序也需要进一步完善，如适用案件范围、适用条件等。同时，认罪认罚从宽协商的处罚标准和处理方式，如程序“简化”或程序“终止”等，也都是这次改革的主要内容。

4. 从现实动因看

这方面的内容主要有二：一是源于案多人少的司法困境。有学者指出，1995 年，公安机关刑事案件立案数是 1690407 件，2013 年达到 6598247 件。1995 年法院刑事一审收案数为 495741 件，2014 年为 104 万件，2015 年达到 1126748 件。在 20 年里，案件数增幅约 127.29%。而法院工作人员的人数，1995 年全国法院工作人员总人数为 280512 人，法官人数为 168571 人；2013 年总人数为 33 万人，法官人数约 19.6 万人；2014 年总人数为 36 万人，法官人数为 19.88 万人。在 20 年里，法官人数增幅约 18%，与案件增幅相比有很大的差距。二是现有程序制度不能取得令人满意的效果。有学者指出，许多省份反映，2012 年《刑事诉讼法》修改后，简易程序的适用率并无明显上升，有的地方适用比例反而有所下降。根据《关于刑事案件速裁程序试点情况的中期报告》，截至 2015 年 8 月 20 日，183 个试点基层法院、检察院共适用速裁程序审结刑事案件 15606 件 16055 人，占试点法院同期判处 1 年有期徒刑以下刑罚案件的 30.70%，仅占同期全部刑事案件的 12.82%。可见简易程序和速裁程序的适用率整体上不够理想。

5. 从关注点来看

集中在自愿认罪、自愿接受处罚、积极退赃退赔三种情况。无论是孟建柱同志的讲话，还是最高人民法院四五改革纲要，都重点强调对这三种情况的关注。

6. 从目的来看

这次改革的根本目的在于合理配置司法资源，提高司法效率。正如上文所言，我国现阶段正面临“案多人少”的困境，同时，为了诉讼公正，正在进行“以审判为中心”的诉讼制度改革，而“以审判为中心”的诉讼制度改革的重要内容是庭审的实质化，由此势必消耗更多的司法资源，这对于“案多人少”的困境而言，无疑是“火上添油”。正如学者所言，“党的十八届四中全会决定将完善认罪认罚从宽作为审判中心和庭审实质化的配套措施而提出”，由此合理配置司法资源，不认罪的集中更多司法资源处理，认罪认罚的通过快速程序处理，从而提高司法效率。

二、认罪认罚从宽协商制度的正当性基础

正如前文所言，认罪认罚从宽协商制度的强调，主要是基于我国刑事司法“案多人少”的现实困境的考虑。按照这一逻辑，认罪认罚从宽协商制度的价值取向显然应当是效率。那么，这种基于效力取向的制度，其正当性基础何在呢？下文拟从实体和程序两个方面进行论述。

（一）实体正当性

从实体上而言，认罪认罚从宽协商制度，具有以下几个方面的正当性基础。

1. 契合我国宽严相济的刑事政策

我国刑事政策的发展可以分为四个阶段：初步发展时间（1949—1965 年）、遭受破坏时期（1966—1976 年）、恢复与发展时期（1977—2005 年）、最新发展时期（2005 年至今）。与不同的历史阶段相适应，我国的刑事政策也从“镇压与宽大相结合”到“惩办与宽大相结合”，再到“宽严相济”。宽严相济的刑事政策强调“根据犯罪的具体情况，实行区别对待，做到该宽则宽，当严则严，宽严相济，罚当其罪”，“要正确把握宽与严的关系，切实做到宽严并用。”认罪认罚从宽协商制度是我国宽严相济刑事政策在当下的制度体现，其主要体现了宽严相济刑事政策“宽”的一面，主要针对被告人自愿认罪、自愿接受处罚、积极退赃退赔的案件实行宽缓处理。

2. 降低社会危害性

我国刑法对犯罪的定义采取定性加定量的模式，从性质上而言，犯罪是具有社会危害性的行为，但是，只有这种社会危害性达到一定程度，才予以追究其刑事责任。我国《刑法》第十三条的但书规定：“情节显著轻微危害不大的，不认为是犯罪。”所谓的“情节”，包括罪前情节、罪中情节和罪后情节。认罪认罚从宽协商制度中的自愿认罪、自愿接受处罚、积极退赃退赔等情形，属于罪后情节，尤其是积极退赃退赔行为，降低了行为人的社会危害性。从量刑理论看，报应的正当性和预防犯罪目的的合理性是刑罚的正当化根据，其中报应性属于责任刑，而基于预防犯罪目的所裁定的刑罚属于预防刑。社会危害性降低，不仅可以出罪，从有利于实现刑罚目的的角度而言，也可以在刑罚上从宽处理。

3. 降低人身危险性

正如上文所言，刑罚中包含责任刑和预防刑。“犯罪后的态度，反映犯罪人人身危险性的大小和改造的难易程度，因此，从有利于刑罚目的的实现出发，这一事实情况应在量刑时予以考虑。”根据我国《刑法》的规定，自首、坦白等

犯罪后的表现作为量刑的法定情节，可以获得从轻、减轻或者免除处罚。《最高人民法院关于常见犯罪的量刑指导意见》（以下简称“量刑指导意见”）还将“当庭自愿认罪”这一酌定情节予以规范化，被告人当庭自愿认罪的，可以获得一定的量刑优惠。自愿认罪、自愿接受处罚等犯罪后表现，表明行为人的人身危险性降低，从有利于刑罚目的实现的角度出发，也可以获得从宽处理。

可见，在实体层面，从刑事政策、社会危害性、人身危险性方面而言，认罪认罚从宽协商制度存在着正当性基础。

（二）程序正当性

认罪认罚从宽协商制度，在程序上具有以下正当性基础。

1. 有利于对案件进行繁简分流

正如上文所言，认罪认罚从宽协商制度是一种集合性的制度，由此，根据案件中认罪认罚具体情形，分别适用不同的程序进行处理。此外，对于不认罪的案件，则通过普通程序进行审判。由此，对案件进行了合理的分流。根据案件情况的不同而设置不同的诉讼程序，是国际上普遍的经验，也是诉讼的普遍规律。

2. 提高司法效率

这主要表现在两个方面：一方面，通过认罪认罚从宽协商制度，认罪认罚的案件基本上流向简化程序，如简易程序、速裁程序等，相对于普通程序而言，这些程序在某些环节上进行了简化，无疑提高了司法效率；另一方面，由于简化程序的适用节省了司法资源，从而可以有更多的司法资源投入不认罪而适用普通程序审判的案件，这样也会加快对这些案件的处理，从总体上提高了司法效率，而且提高了司法质量。

3. 尊重被追诉人的主体地位

认罪认罚从宽协商制度，以被追诉人的自愿认罪认罚作为基础，尤其强调被追诉人的自愿性。而这种对自愿性的强调，本身就体现了对被追诉者主体地位的尊重。在实体上而言，被追诉人可以认，也可以不认；可以在审前阶段认，也可以在庭上认；可以认罪认罚，也可以认罪不认罚；可以自始至终都认，也可以认了之后再撤回等，都由被追诉人自由决定。在适用简化程序问题上，也是以被追诉人的同意为前提，如果被追诉人不同意适用简化程序，那么也不得适用，因为这些简化程序在一定程度上是对被追诉人诉讼权利的克减，基于司法公正的考虑，需要以被追诉人的同意为前提。因此，无论是从实体上还是从程序上而言，认罪认罚从宽协商制度都体现了对被追诉人主体地位的尊重。

4. 有利于减少羁押性强制措施的适用

根据我国《刑事诉讼法》的规定，采取取保候审不足以防止社会危险性的被追诉人，应当予以逮捕；而采取取保候审不致发生社会危险性的，可以采取取保候审。被追诉人认罪认罚的，在一定程度上体现其社会危险性的降低，为采取非羁押性措施奠定了良好基础。各地在探索“认罪认罚从宽协商制度”的试验中，已出现了“程序从宽”的做法，对于符合取保候审条件的犯罪嫌疑人优先采取取保候审强制措施。某地在被追诉人认罪认罚而适用简易程序的案件中，与认罪认罚从宽制度试验前相比，犯罪嫌疑人在看守所的平均羁押期限由137天缩短至40天。可见，认罪认罚制度有利于非羁押性强制措施的适用，有利于提高刑事诉讼的人权保障水平。

三、认罪认罚从宽协商制度的问题研讨

自从党的十八届四中全会决定提出“完善刑事诉讼中认罪认罚从宽制度”以来，有关试验就在全国铺开，有关问题的研讨也相应展开。例如，认罪认罚从宽协商制度的时代背景、价值取向、适用案件范围、适用阶段、适用条件等。有些问题基本上达成一致的认识，如认罪认罚从宽协商制度的时代背景、价值取向、该制度中律师的作用等，但是，更多的问题尚存在不同看法，甚至争议还比较大，这里拟对一些尚存在不同看法的主要问题作一些探讨，再结合广州市南沙区人民法院［广东自由贸易区南沙片区人民法院，以下简称“南沙法院（南沙自贸区法院）”］的实践样本，提出相关的改革建议。

（一）认罪的含义

关于认罪的含义，理论上尚存在争议。大体上有如下几种观点：其一，概括认罪说。概括认罪说认为，认罪的“概念核心”是“如实供述自己的罪行”，即既要承认“行为”，也要承认“犯罪”，但不包括追诉人对自己行为性质（罪名、犯罪形态等）的认识。其二，具体认罪说。具体认罪说认为，认罪不能满足于概括地承认罪行，而必须提供事实细节，“认罪”是提供犯罪细节的“供述”。其三，协议说。协议说认为，只要犯罪嫌疑人、被告人如实供述了被指控的行为事实，并在后续的协商过程中达成了承认罪行指控的协议，就应当被认定为符合“认罪”的要求。换言之，犯罪嫌疑人、被告人除了如实供述“事实”之外，还需要达成“协议”。

有学者指出，被追诉者认罪认罚的情形复杂多样，如有的被追诉者口头上认罪但在陈述案件事实时避重就轻，有的被追诉者表示认罪但屡犯不改，有的被追诉者口头上认罪但主观上的抗拒非常明显，有的被追诉者是否认罪认罚存

在判断上的困难（如时供时翻等），在可否因认罪认罚换来缓刑方面被追诉者的认罪认罚表现出明显的波动性，有的被追诉者认罪但不认罚，等等。总体而言，被追诉者在认罪认罚的主动性、阶段性、充分性、稳定性等方面存在差异，难以确立认罪认罚的统一标准，并给予明确的规范评价。针对上述复杂多样的认罪表现，实际上还可能存在其他不同的看法或标准，如即认说、悔罪说等。

上述各种学说的区别，一是客观行为与主观认识的差异，二是客观行为内涵和外延的差异。认罪说，无论是概括认罪说还是具体认罪说，其与悔罪说的差别在于是否要求主观要件。概括认罪说与具体认罪说的差异在于认罪的内涵不同。而认罪说与协议说的差异则在于认罪的外延是否要求达成协议。

（二）认罚的含义

关于认罪认罚从宽协商制度中认罚的含义，也存在不同的看法。大体上有如下几种观点：其一，三要件说。该说认为，认罚包括以下三项条件：第一，接受刑事实体法上的刑罚后果；第二，放弃在普通程序中所享有的部分法定诉讼权利；第三，退赃退赔。其二，抽象刑罚说。该说认为，认罚是被追诉人对于可能刑罚的概括意思表示。具体而言，被追诉人“认罚”的判断标准应当为接受公安司法机关提出的抽象刑罚。其三，处罚说。该说认为，“认罚”是指被追诉人接受司法机关提出的处罚方案。这里的处罚不应局限于刑事处罚，还应包括其他性质的处罚措施。上述三种观点的区别主要体现在认罚的外延上。三要件说与抽象刑罚说的区别在于认罚的含义中是否包含对诉讼权利的放弃和退赃退赔，抽象刑罚说与处罚说的区别在于罚的外延是否仅限于刑事处罚。

（三）适用案件范围

关于认罪认罚从宽协商制度适用的案件范围，主要有两种观点：其一，放宽说。放宽说认为，认罪认罚制度是建立在侦控机关指控犯罪嫌疑人、被告人有罪的基础上的一种制度延伸，它适用于任何案件性质、诉讼程序类型，广泛存在于刑事诉讼过程中。其二，限制说。限制说认为，认罪认罚从宽协商制度所适用的案件范围应当作出严格限制。理由如下：第一，认罪认罚从宽协商制度对传统司法观造成强烈冲击。在认罪认罚从宽协商制度中，国家权力与公民权利的关系趋于平等化，双方以相对平等的姿态进行协商，以及进行利益交换，由此势必对传统司法观形成强烈冲击。第二，产生风险问题。在协商和利益交换过程中，可能产生一些问题和风险。因此，应当对适用案件范围进行严格限制。

（四）适用阶段

关于认罪认罚从宽协商制度在刑事诉讼中适用于何阶段，主要有两种不同观点：其一，侦查阶段禁止说。该说认为，认罪认罚从宽协商制度不适用于侦查阶段，理由如下：第一，侦查阶段实行认罪认罚从宽协商制度，与侦查阶段的主要任务不符。侦查阶段的主要任务是取证，而不是认罪协商。第二，许可侦查阶段促成认罪协商，可能导致侦查人员过分依赖口供，造成错案。第三，允许侦查阶段进行认罪协商，可能会导致非法取证，进而造成冤假错案。其二，全阶段说。该说认为，认罪认罚从宽协商制度存在于侦查、审查起诉、审判和执行的整个阶段。理由大体如下：第一，存在于全部阶段是宽严相济刑事政策的要求和直接体现。第二，认罪认罚从宽协商制度适用于侦查阶段，有利于发挥其激励功能。第三，侦查阶段限制说所担心的不当取证问题，可以通过加强侦查讯问程序的人权保障来解决。

（五）证明标准

对于认罪认罚的案件证明标准应如何把握，目前尚未形成比较明确的意见，但这又是一个在当下的改革试点工作中亟待澄清的问题。关于认罪认罚案件之证明问题诸学说，有学者概括如下：（1）证明标准降低说；（2）证明对象限定说（“基本事实”清楚和“基本证据”确实、充分）；（3）证明责任减轻说；（4）证据调查简化说。上述所有观点均认为，认罪认罚案件的证明应与不认罪案件有所区别，但此种区别是否意味着证明标准的降低，则存在不同意见。主张直接降低证明标准者仅为少数派观点，而多数意见则试图坚持刑事诉讼法所确定的“事实清楚，证据确实、充分”之标准，但是对于认罪认罚的案件，在证明对象、证明责任或证据调查程序等方面作出与不认罪案件相区别之要求。该学者认为，我国《刑事诉讼法》中“证据确实、充分”的证明标准实际上包含实体条件、程序条件和心证条件三个要素；同时还指出，我国刑事证明标准中的实体要件与心证要件均不存在放宽或降低之可能性，否则将突破刑事法治的基本底线，因此，认罪认罚案件与不认罪案件在证明标准上的差别，只能以程序要件的放宽作为基本路径。即对认罪认罚案件之证据调查程序的严格性程度，可较不认罪案件作一定程度的降低，从而达到实质上降低证明标准之效果。

实务界认为，如果对认罪认罚案件与不认罪案件在证明标准和证据要求方面不作区别把握，则两种类型案件的办案模式事实上也不会有区别，提高办案效率的目的也就没有了实现的基础。因此，应对试点过程中的证明标准问题予以重点关注和总结，为今后建立适用范围更广的认罪认罚从宽协商处罚机制积累经验。

（六）从宽模式

关于认罪认罚案件中公安司法机关的从宽模式，存在两个不同的观点：其一，应当从宽说。该说认为，如果被追诉人认罪认罚，就应当从轻或减轻处罚。其二，可以从宽说。主要理由如下：第一，认罪认罚的形态复杂多样，判断标准难以统一。有的被追诉者口头上认罪但在陈述案件事实时避重就轻，有的被追诉者表示认罪但屡犯不改，有的被追诉者口头上认罪但主观上的抗拒非常明显，有的被追诉者是否认罪认罚存在判断上的困难（如时供时翻等），在可否因认罪认罚换来缓刑方面被追诉者的认罪认罚表现出明显的波动性，有的被追诉者认罪但不认罚等。第二，我国认罪认罚从宽协商制度尚未完善。第三，如果为了更好地发挥认罪认罚从宽协商制度在提高法律后果可预测性、激励认罪认罚、降低改判风险等方面的优势，而有必要将立法上的“可以”改为“应当”，则需要加上“依法”进行限定，即“应当依法”从宽。

（七）制度地位

关于认罪认罚从宽协商制度的地位，主要存在以下不同观点：其一，特别程序说。有学者主张，对于简易程序，应当将其中可能判处三年有期徒刑以下刑罚的案件分化出来，另外设立协商程序；对速裁程序则应彻底简易化，改造成原则上不开庭的快速处理程序，从而最终形成“普通程序—简易程序—协商程序—速裁程序”的四级“递简”格局。其二，集合制度说。该说认为，认罪认罚从宽协商的精神在我国《刑法》和《刑事诉讼法》中已有较多体现，并且形成了多种制度形态。认罪认罚从宽协商不应是一项独立的制度，也不应是一项意欲创建的新制度，它实际上是一个集合性的法律制度。其三，基本制度说。该说认为，可以直接将其作为一项基本制度，载入第一章“任务和基本原则”之中。理由如下：第一，有利于认罪认罚从宽协商制度的体系化。我国《刑事诉讼法》中体现认罪认罚从宽协商精神的具体条文、制度并不鲜见，但未能形成制度化、体系化的规定。将认罪认罚从宽协商制度作为基本制度予以规定，有利于该制度的体系化建设。第二，现行的刑事简易程序、未成年人附条件不起诉制度、刑事和解制度以及正在部分地区试点的刑事速裁程序，本身就具有认罪认罚从宽协商制度的性质，没必要将认罪认罚从宽协商制度作为特别程序来设计。

特别程序说是少数派观点，集合制度说是多数派观点。集合制度说与基本制度说实际上是相通的，都认为认罪认罚从宽协商制度不是某些单独的制度，而是一系列具体制度的总和，体现在多种具体的制度当中。

（八）认罪认罚从宽协商制度与审判中心主义的关系

党的十八届四中全会提出了“推进以审判为中心的诉讼制度改革”。这是在有关正式文件中首次使用“以审判为中心”这一提法，在学理上被称为“审判中心主义”。目前，学界对“以审判为中心”尚未形成一致认识。综合来看，审判中心主义有以下几个基本含义：第一，在整个刑事程序中，审判程序是中心；第二，在全部审判程序中，一审程序是中心；第三，审判权包括实体定罪权和程序审查判断权，其中程序审查权既包括单纯对程序的审查，也包括经由程序而获得的证据的审查权；第四，强调庭审实质化。由此，改变长期以来我国刑事司法实践中侦查决定审判、审判配合检控、审判依附侦查的异化局面。

关于认罪认罚从宽协商制度与审判中心主义的关系，虽然说基本上达成比较一致的认识，但是，也有个别不同的看法。多数观点认为，认罪认罚从宽协商制度与“以审判为中心”的制度改革并不矛盾，而是相辅相成，是配套措施。党的十八届四中全会同时提出“推进以审判为中心的诉讼制度改革”和“完善刑事诉讼中认罪认罚从宽制度”，是作为配套措施而提出的。前者在于解决庭审虚化问题，提高刑事程序的正当化水准；后者解决案多人少以及司法资源的合理配置问题。

（九）量刑问题

量刑问题，可以说是认罪认罚从宽协商制度中的核心问题。认罪认罚最终需要体现在“从宽”上。如果说，罪名问题在我国不具有“从宽”的可为空间，那么“从宽”就只能落在量刑上。从目前的研讨和实践探索来看，认罪认罚从宽协商制度中的量刑问题，具体而言，主要存在以下几个方面的问题。

1. 认罪认罚这一事实情节如何定位

进一步而言，认罪认罚是作为法定的量刑情节还是作为酌定的量刑情节来设置？同时，无论是作为何种性质的量刑情节，都涉及相关法律规范的修改。

2. 认罪认罚这一事实情节在量刑中所占分量如何

为了使得量刑得以规范化，对认罪认罚的事实情节所得到的“从宽”处理之分量应当予以规范化，否则，不仅可能会造成“同案不同判”，而且可能会造成量刑超出合理范围的“失范”。

3. 法院是否受检察机关量刑建议的约束

一方面，如果法院裁判受检察机关的量刑建议约束，那么是否有检察权侵蚀审判权之嫌？另一方面，如果法院裁判不受检察机关量刑建议的约束，那么认罪认罚从宽协商制度的激励机制是否严重受损，以致影响到该制度的正当性基础？

4. 检察机关的量刑建议应当是相对比较明确的量刑幅度还是具体确定的量刑建议

相对明确的量刑幅度建议会留给法院灵活处理的空间，而具体确定的量刑建议则在一定程度上制约了法院的可为空间，乃至可能侵蚀了法院的裁判权；但是可以给犯罪嫌疑人、被告人一个明确的预期，较好地发挥认罪认罚从宽协商制度的激励功能。

四、认罪认罚从宽协商制度的南沙样本分析

（一）南沙法院（南沙自贸区法院）认罪认罚从宽协商实践概况

自2016年3月开始，南沙法院（南沙自贸区法院）即在全省率先开展认罪认罚从宽协商制度改革的积极探索。2016年7月11日，南沙法院（南沙自贸区法院）与广州市南沙区人民检察院联合签署《关于"认罪从宽协商"工作实施办法（试行）》（以下简称"南沙办法"），界定认罪认罚从宽协商制度的内涵，确定实施认罪从宽协商须坚持的证据裁判、保障人权、接受监督、自愿协商、有限协商原则，明确认罪认罚从宽协商制度的具体适用范围，并初步建立起认罪认罚从宽协商制度的具体程序。2017年2月20日，南沙法院（南沙自贸区法院）又与区检察院、公安局、司法局联合签署《关于开展刑事案件认罪认罚从宽制度试点工作实施细则》（以下简称"南沙细则"），进一步规范和细化了认罪认罚从宽协商程序的启动撤回、法律援助值班律师介入、精细化量刑和庭审简化等重点工作机制和程序。

截至2017年3月20日，南沙法院（南沙自贸区法院）共适用"认罪从宽协商"制度审结案件246件263人。其中，简易程序案件40件，速裁程序案件206件。被判处一年有期徒刑以上刑罚（不含一年）的案件6件，被判处一年以下有期徒刑、拘役、缓刑的案件240件。认罪认罚从宽协商案件主要呈现以下四个方面特点。

1. 配合适用速裁程序，建立专门绿色通道，审理期限"快"

适用"认罪从宽协商"的案件，速裁程序适用率达83.74%。建立快速审理通道，当天立案，当天通知当事人，当天送达，当天确定开庭日期，并要求经办法官在7个工作日审结，有效缩短了审判期限。对速裁案件实行当庭宣判，宣判当日送达判决书，进一步提高司法效率。在刑事速裁程序的配合下，该类案件从立案到宣判平均用时仅5.3天。

2. 充分尊重当事人意愿，严格落实规则，审理程序“简”

按照认罪从宽管理办法的规定，对适用简易程序审理的案件，在法庭调查、辩论环节等进行了相应的简化。对于认罪从宽案件，严格实行庭前证据开示制度，充分尊重当事人意愿，犯罪嫌疑人、被告人有权随时中止或反悔认罪协商。为保证案件质量，还在审理过程中严格审查实施证据，注意听取当事人意见，一经发现不适用认罪从宽程序的情形，立即终止该程序。

3. 充分下放审判审批权限，推行审判专业化，案件量刑“准”

推行专业化审判，严格按照量刑规范化的有关规定准确量刑。对于适用认罪从宽程序的案件，由专人审理，促进办案人员的专业培养、定向配置，迅速积累处理此类案件的有效经验，提升司法水平。同时，改革内部审批和签发程序，充分下放审判审批权限，由法官直接签发裁判文书，减少行政化束缚，真正做到让“审理者裁判，由裁判者负责”。

3. 注重庭审释法，强化当事人权利保障，审判效果“佳”

注重案件办理质量，加强案件庭审释法，确保被告人充分知悉认罪从宽协商程序流程、全案证据情况、依法享有的诉讼权利及自愿认罪的法律后果等，强化对被告人的权利保障。在适用认罪从宽案件中，截至目前上诉仅1件，案件服判息诉率达99.59%。

（二）南沙法院（南沙自贸区法院）认罪认罚从宽协商实践经验

1. 贯彻“以审判为中心”原则

南沙法院（南沙自贸区法院）在探索认罪认罚从宽协商制度改革过程中，坚持“以审判为中心”的原则。正如上文所言，审判中心主义的核心要义在于对个人刑事处罚权由人民法院行使，包括定罪权和程序及证据审查权。在审判中心视野下，审判阶段不仅决定诉讼的结果，而且对审前程序和相关证据产生影响。根据南沙办法的规定，按照认罪从宽协商程序处理的案件，提起公诉时应当将《认罪从宽协商意愿书》与《起诉书》等法律文件、卷宗材料一并送达人民法院，由人民法院核实被告人、辩护人是否确系自愿、是否清楚认罪从宽协商的后果、案件情况是否适用认罪从宽协商及认罪协商是否合法等情况。被告人、辩护人认可认罪从宽协商结果的，人民法院在重点查清事实是否清楚、证据是否确实充分以及认罪从宽协商结果的自愿性、合法性后，作出判决。另外，根据南沙办法第七条的规定，在案件提起公诉后，庭审结束前，检察机关、被告人或者辩护人提出进行认罪从宽协商的，应当经人民法院允许。也就是说，适用认罪从宽协商程序处理的案件，人民检察院在实体上没有处理权，而是由人民法院作出处理。这样，既贯彻了定罪权由人民法院行使的基本原则，也保障了人民法院对审前的协商程序以及相关的事实与证据进行审查，体现了“以审判为中心”的核心要义，取得了良好的法律效果和社会效果。适用认罪认罚从宽协商制度审结的案件，仅有1例上诉。

2. 认罪的认定

关于认罪的认定，南沙法院（南沙自贸区法院）采取协议说。南沙办法第二条规定：“认罪从宽协商，是指刑事案件犯罪嫌疑人、被告人在充分了解认罪后果和全案证据的基础上，在提供法律帮助的律师或辩护人的帮助下，自愿认可检察机关的指控；检察机关在此基础上对犯罪嫌疑人、被告人作出刑期或者犯罪情节上的从宽认定并载明书面文件；人民法院在查清被告人确系自愿认罪、认罪从宽协商合法以及案件事实清楚、证据确实充分的情况下，认可被告人与检察机关达成的书面文件，据此作出判决。”根据该办法第六条第一款第（四）项的规定，这里的书面文件是指《认罪从宽协商意愿书》。

南沙法院（南沙自贸区法院）的做法，具有以下几个亮点。

（1）避免争议

由于采取协议说，也就是被追诉人的认罪需要以书面文件作为依据，所以，可以避免一些不必要的麻烦。采取书面形式，有以下几个方面的好处：第一，有利于证明被追诉人认罪事实本身以及所认内容，从而有利于人民法院对被追诉人认罪的情况进行审查；第二，通过签订书面内容，可以在心理上提示被追诉人慎重考虑问题，一旦被追诉人认罪，将会在其心理上产生某种约束力；第三，将来如果就认罪问题发生争议，也有利于澄清或化解。

（2）形成官方约束力

由于在《认罪从宽协商意愿书》中会记载“认罪后的刑期或者情节从宽认定内容”，一旦把这些内容载入书面文件，就会对被追诉人形成某种预期，反过来，无形中也会给检察机关乃至人民法院形成某种约束力。例如，在某案件中，犯罪嫌疑人《认罪从宽协商意愿书》记载，“对检察机关认定本人涉嫌危险驾驶罪的指控表示认罪、悔罪，接受检察机关提出的一个月以上两个月以下拘役，并处罚金，可适用缓刑的量刑建议，同意法庭审理程序进行相应简化”。

（3）强调“认可检察机关的指控”

法院并不是着重强调对犯罪事实的承认，这样就不会过于纠缠犯罪事实本身，当然这并不是枉顾犯罪事实，这里强调的是“不过于”纠缠，否则可能会陷入事实泥潭之中而违背了认罪认罚从宽协商制度本身所追求的诉讼效率价值取向。

（4）南沙办法的关注点侧重于认罪

南沙办法的关注点侧重于认罪而不是认罚。这就抓住了问题的关键，只要认罪，认罚就容易协商，所以认罪是关键，认罚是顺延。

（5）区分了认罪在认罪认罚从宽协商制度的双重意义

认罪在认罪认罚从宽协商制度中，在两个环节具有意义：一是程序启动环节的意义，二是作为程序终结环节的意义，或者说作为从宽处理的前提。根据南沙办法第四条的规定，“认罪从宽协商”的开展，不仅适用于犯罪嫌疑人完全认罪的案件，也适用于不完全认罪以及完全不认罪的案件。所谓的完全认罪，是指“供述稳定”。不完全认罪包括两种情形，一是“虽然认罪，但对部分事实有辩解意见”，二是“承认犯罪，但对量刑情节存在辩解”。前者是对犯罪事实的辩解，后者是对量刑情节的辩解。可见，在南沙法院（南沙自贸区法院）的样本中，“认罪从宽协商”程序的启动不以被追诉人认罪为前提。但是，对被追诉人从宽处理，就要以被追诉人认罪，或者说以“认可检察机关的指控”为前提，而且这种认可需记载在书面文件，即《认罪从宽协商意愿书》中。

3. 适用案件范围

南沙办法中，对于认罪从宽协商程序适用的案件范围，在案件类型以及刑罚标准上，没有作出明确的规定。但是，根据该办法第十二条的规定，认罪从宽协商程序的案件适用范围，会受到速裁程序或者简易程序案件范围的限制。

根据《最高人民法院、最高人民检察院、公安部、司法部关于在部分地区开展刑事案件速裁程序试点工作的办法》（以下简称“试点办法”）第一条的规定，速裁程序适用于危险驾驶、交通肇事、盗窃、诈骗、抢夺、伤害、寻衅滋事、非法拘禁、毒品犯罪、行贿犯罪、在公共场所实施的扰乱公共秩序犯罪，在刑罚标准上，速裁程序适用于依法可能判处一年以下有期徒刑、拘役、管制的案件，或者依法单处罚金的案件。根据我国《刑事诉讼法》第二百零八条规定，只要是基层法院管辖的案件，在满足法定条件下，都可以适用简易程序，而不对适用案件类型和刑罚作出专门的规定。

从南沙法院（南沙自贸区法院）的样本来看，适用认罪从宽协商程序的案件类型，包括抢劫、抢夺、交通肇事、危险驾驶、故意伤害、诈骗、盗窃、寻衅滋事、妨害公务（速裁）、贩卖毒品（速裁）、容留他人吸毒（速裁）、非法捕捞水产品（速裁）、销售假药（速裁）、非法持有枪支（速裁）等案件。就适用速裁程序的案件而言，妨害公务、贩卖毒品、容留他人吸毒、非法捕捞水产品、销售假药、非法持有枪支等案件类型，并不在“两部两高”制定的试点办法之列，而且取得了良好的效果，这些适用认罪从宽协商程序的案件，仅有1件上诉。可见，就从实践层面而言，不仅速裁程序适用的案件范围有扩大的必要，认罪认罚从宽协商制度的适用案件范围也有扩大的必要，不应过多限制该制度的适用案件范围。

4. 适用阶段

在认罪认罚从宽协商制度的探索上，广州市南沙区主要将认罪从宽协商程序适用在审查起诉阶段和审判阶段。根据南沙办法第六条第一款的规定，刑事案件移送检察机关审查起诉后，检察机关经审查，认为案件符合该办法第四条规定情形的，可以启动认罪从宽协商程序。

南沙地区的做法避开了争议性问题，有利于认罪从宽协商程序的顺利铺开。在认罪认罚从宽协商制度的研讨过程当中，关于侦查阶段是否适用认罪认罚从宽协商制度或者说是否适用认罪认罚从宽协商程序，存在肯定说和否定说。但是，从审查起诉阶段开始可以适用认罪认罚从宽协商制度基本上没有争议。在改革试验初期，先从没有争议的地方着手，从而推动改革试验的顺利展开，值得肯定。在改革取得良好效果之后，侦查阶段是否开展认罪从宽协商可另行探讨。

5. 证明标准

在证明标准问题上，南沙法院（南沙自贸区法院）提出了更高的要求。根据我国《刑事诉讼法》第二百零八条第一款的规定，“案件事实清楚、证据充分的”案件就可以适用简易程序审判。根据《试点办法》第一条第（一）项的规定，“……案件事实清楚、证据充分的”，可以适用速裁程序。但是，根据南沙办法第四条的规定，开展认罪从宽协商的条件之一是“犯罪事实清楚、证据确实充分”，其中对证据提出了“确实”的要求。该办法第九条也要求法院重点查清“案件事实是否清楚、证据是否确实充分”。

当然，从理论上而言，在立法上使用“案件事实清楚、证据充分”是否意味着证明标准的降低，存在争议。正如前文所述，有学者认为，“证据确实、充分”是我国刑事案件的证明标准，而且在我国《刑事诉讼法》中属于总则的内容，具有统领全部刑事案件的地位，因此，在简易程序和速裁程序中也不意味着证明标准的降低。当然，也有学者从实体条件、程序条件和心证条件的角度主张，在认罪认罚从宽协商制度中，刑事案件的证明标准在实体条件和心证条件中不存在降低的空间，而在程序条件上可以降低。但是，从解释论上而言，我国关于简易程序和速裁程序中案件的证明标准，是存在降低的可能性空间的。毕竟少了“确实”二字不应当被理解为是立法上的疏忽，而更像是有意预留的空间。

无论如何，至少在表述上，南沙法院（南沙自贸区法院）坚持了我国刑事案件传统上的证明标准，即“案件事实清楚、证据确实充分”。例如，在丁某涉嫌抢劫罪的案件中，丁某表示认罪，但是法院在审查案件时，仍然审查了被害人段某的陈述、证人林某的证言、同案人何某的供述、抓获经过、被告人户籍资料、扣押决定书和扣押物品清单、扣押物品照片、现场勘查笔录和照片、相关辨认笔录、涉案物价格鉴定结论书、法医学人体损伤程度鉴定书等证据。

6. 从宽模式

关于从宽模式，南沙法院（南沙自贸区法院）倾向于“应当”从宽模式。根据南沙办法第九条的规定，被告人、辩护人认可认罪从宽协商结果的，人民法院在重点查清案件事实是否清楚、证据是否确实充分以及认罪从宽协商结果的自愿性、合法性之后，一般参照检察机关与被告人达成的《认罪从宽协商意愿书》作出判决。这里使用的措施是“一般参照”意愿书。所谓“一般参照”，也就是原则上应当参照意愿书的内容作出判决。

正如前文所述，关于我国认罪认罚从宽协商制度中的从宽模式，存在两种不同的看法，即可以从宽模式和应当从宽模式。南沙法院（南沙自贸区法院）倾向于应当从宽模式，有利于对被追诉人形成激励机制，促进认罪从宽协商程序的顺利进行。

7. 制度性质

前文指出，关于认罪认罚从宽协商制度的性质或性质设定，存在不同看法，有特别程序说、集合制度说和基本制度说。从南沙法院（南沙自贸区法院）的样本来看，其倾向于独立程序说，即将认罪从宽协商作为一道独立的程序而进行。

根据南沙办法，认罪从宽协商作为一道单独的程序而设置，包括适用范围、排除范围、程序启动、协商事项、程序终止等方面的内容。从该办法的内容来看，该程序是否具有我国《刑事诉讼法》第五编规定的未成年人刑事案件诉讼程序、当事人和解的公诉案件诉讼程序、犯罪嫌疑人、被告人逃匿、死亡案件违法所得的没收程序和依法不负刑事责任的精神病人的强制医疗程序等特别程序的地位，不甚明确。同时，似乎也不是作为一种集合性制度和基本制度而看待。但是，可以看到的是，至少它是一种相对独立的协商程序。同时，协商程序完成之后，又需要对接于速裁程序或简易程序。从制度试验的角度来看，这样的一种定位有利于改革试验的顺利进行。首先，如果作为一种集合性制度或者基本制度，那么其所涵摄的范围就比较广，从而增加了实施的难度；其次，如果作为一种特别程序，就可能面临着在我国刑事程序体系中的地位、内容协调等方面的争论。先将它作为一种相对独立的程序进行试验，考察其效果，然后再进行下一步的探讨，这样的进路具有合理性。

8. 被告人主体地位的尊重

在南沙法院（南沙自贸区法院）的样本当中，被告人的主体地位得到了充分的尊重。其主要表现如下。

（1）充分告知

根据南沙办法第六条第一款第（一）项的规定，认罪从宽协商程序的第一步，是制作《认罪从宽协商告知书》，其内容包括：犯罪嫌疑人涉嫌的罪名、全案的证据情况、犯罪嫌疑人享有的诉讼权利以及自愿认罪的后果、拟协商的内容等。这里有两大亮点：第一，告知的内容比较广泛。它涉及涉嫌罪名、证据、诉讼权利、认罪后果、拟协商内容等。比如，告知犯罪嫌疑人达成认罪从宽协商意愿后，检察机关将在5个工作日内将案件向法院提起公诉，确保刑事诉讼流程尽早结束；达成认罪从宽协商意愿、同意适用速裁程序后，人民法院将对庭审程序中的法庭讯问、举证质证、法庭辩论等环节进行相应的简化，但仍然依法保障其在庭审中应有的权利等。通过这一告知程序，犯罪嫌疑人不仅了解了检察机关的意向和案件的有关情况，还明了拟将协商的内容，以便作出是否进行协商的决定以及为协商做好准备。第二，告知采取书面的形式。这不仅有利于明确告知的内容，而且有利于犯罪嫌疑人慎重考虑。

（2）证据开示

在前述的内容中可以看到，告知的内容当中，包括全案的证据情况。具体而言，包括本案证据的种类、证据名称及内容、说明等。例如，某案件中，公安机关出具的《抓获经过》证实，某年某月某日某时，民警在设卡查车中当场抓获犯罪嫌疑人；酒精含量测试单证实犯罪嫌疑人现场酒精呼气测试结果为×mg/100ml。通过这样的充分性展示，不仅保障了犯罪嫌疑人的知情权，而且为认罪从宽协商程序的开展奠定了良好的基础。在案件事实清楚、证据确实充分的情况下，犯罪嫌疑人也会倾向于选择协商程序而获得量刑的从宽处罚。

（3）律师或辩护人参与

根据南沙办法第三条的规定，试行认罪从宽协商，必须坚持的原则之一是接受监督原则。它是指，进行认罪从宽协商，必须有提供法律帮助的律师或犯罪嫌疑人、被告人聘请的辩护人参与。对于拒不认罪或翻供，且没有聘请辩护人的犯罪嫌疑人、被告人，必须有为其提供法律帮助的律师在场。可见，在认罪从宽协商程序中，律师或辩护人的参与是必备条件，只不过律师参与的具体形式有多种。根据南沙办法第四条的规定，对于犯罪嫌疑人、被告人拒不供述犯罪事实，或者虽曾经供述犯罪事实但又翻供，又或者犯罪嫌疑人、被告人虽承认犯罪，但对部分事实有辩解意见的情形，在提供法律帮助的律师或者辩护人在场参与的情况下，才能启动认罪从宽协商。关于律师或辩护人参与，南沙样本有以下亮点：第一，全部参与。在南沙样本中，对于所有认罪从宽协商案件，必须保障有律师或者辩护人参与。第二，参与形式多样。在南沙样本中，对律师参与的具体形式进行的探索和区分，大体上分为在场参与和不在场参与。

在进行区分的基础上，对特定情形的案件要求律师或辩护人必须采取在场的参与方式。

（4）程序选择权利

南沙样本中，被追诉人的程序选择权主要体现在如下方面：第一，程序适用决定权。根据南沙办法第六条第一款第（四）项的规定，检察机关需要与犯罪嫌疑人"协商一致"才制作《认罪从宽协商意愿书》。同时，根据该办法第八条的规定，人民法院受理认罪从宽协商案件后，应当核实被告人、辩护人自愿性。被告人、辩护人有异议或者反悔的，人民法院应当及时终止认罪从宽协商并将案件转为普通程序审理。可见，在认罪从宽协商程序中，被追诉人具有程序适用决定权，被追诉人不同的，不得适用该程序。第二，启动协商程序提出权。根据南沙办法第六条第二款的规定，犯罪嫌疑人、辩护人有主动提出启动认罪从宽协商程序的权利。这一点具有特殊的意义。在这里，关于适用认罪认罚从宽协商制度的视角发生的转移，开始关注当事人的主动性问题。

南沙样本认罪从宽协商程序取得良好的效果，与上述特点是分不开的。在认罪问题上采取协议说，易于操作；在适用案件范围上探索扩大化，有利于将更多的案件纳入认罪从宽协商程序，进一步提高司法效率；在适用阶段上，排除了侦查阶段的适用，避免了争议；在证明标准上坚持传统的"案件事实清楚、证据确实充分"标准，避免质疑；在从宽模式上，倾向于"应当"从宽模式，有利于激励被追诉人选择认罪从宽协商程序；在制度性质上，倾向于设置相对独立的认罪从宽协商程序，有利于该制度的施行；在对待被追诉人问题上，充分尊重其主体性地位，加强了该制度的正当性基础。但是，结合认罪认罚从宽协商制度的有关研讨和实践经验，认罪认罚从宽协商制度仍有进一步拓展的空间。对此，下文进一步展开论述。

五、认罪认罚从宽协商制度的改革建议

认罪认罚从宽协商制度的改革与完善，需要从该制度本身的性质出发。正如前文的分析所指出，认罪认罚从宽协商制度是我国宽严相济刑事政策在当下的体现。根据多数观点，它属于某种集合性的制度，具有多种具体的制度载体。当前对它的强调，主要的现实动因是要解决"案多人少"的司法困境。从这样的思路出发，结合南沙样本的有益经验，以及有关的研究成果，本文拟对认罪认罚从宽协商制度的改革与完善提出以下建议。

（一）坚持"以审判为中心"原则

从前文的分析中可以看出，认罪认罚从宽协商制度改革与以审判为中心的

诉讼制度改革存在两方面的关系：一是作为一个整体的配套制度。其中，认罪认罚从宽协商制度改革侧重追求司法效率，而以审判为中心的制度改革侧重司法公正。二是在认罪认罚从宽协商制度中，也需要坚持“以审判为中心”的原则。虽然在认罪认罚从宽协商制度中，审前程序和审判程序都可以简化，但是核心部分仍然在于审判阶段。在认罪认罚从宽协商制度中，“审判中心原则”主要体现在以下几个方面：（1）最终话语权。即对于案件的定罪量刑，法院具有最终话语权。这体现在两个方面：第一，被告人的罪名和量刑轻重最终由法院来认定；第二，如果法院认为检察机关的量刑建议明显不当，那么享有修正权。关于第一点，基于对检察机关工作的认可和尊重，以及对犯罪嫌疑人、被告人自主意思的尊重，法院原则上应当按照检察机关与犯罪嫌疑人、被告人之前“协商”的结果作出判决，但是，这种最终的确认权在于法院。关于第二点，如果法院认为检察机关的量刑建议明显不当，那么有权不按照量刑建议的内容作出裁判。但是，之前所进行过的认罪认罚程序应当归于无效。在按照普通程序审理的情况下，犯罪嫌疑人、被告人在认罪从宽协商程序中自认的对自己不利的事实，不得作为指控其构成犯罪的证据使用。（2）全面审查权。即法院不仅要解决定罪量刑问题，还要审查审前程序和相关证据问题，法院应当是以“审判事实（结果）”而非“侦查事实（结果）”作为裁判的根据。具体而言，法院要审查以下内容：第一，协商程序的合法性和自愿性问题；第二，证据能力和证明力问题，包括证明标准问题；第三，定罪和量刑问题。根据目前学界的基本共识，罪名问题不能协商解决或交易，应当以事实为根据以法律为准绳，协商的内容应当限于量刑问题。至于量刑标准，下文再专门展开分析。

有学者指出，以审判为中心是当代中国刑事司法改革的基点。实际上，在认罪认罚从宽协商制度中，坚持“以审判为中心”原则，不仅是我国刑事司法改革基本趋势的要求，而且符合国际上的普遍经验，如美国辩诉交易制度中，也需要法官进行最终的审查。另外，从我国有关地区的试验效果来看，这一原则也值得肯定。在广州市南沙区的改革试验中，仅有 1 例上诉案件。

（二）制度体系

既然认罪认罚从宽协商制度是一种集合性的制度，那么其具体表现形式就不仅限于一种。从南沙地区的试验探索中，就体现出了认罪认罚从宽协商制度的集合性。在南沙办法中，认罪认罚从宽协商制度对案件的处理最终嫁接于速裁程序或者简易程序。但是，在南沙细则中，认罪认罚从宽协商制度已经不限于上述两种程序，而是扩展到了普通程序。

接下来的问题是，如果说认罪认罚从宽协商制度是类似“刑事政策”而贯彻于多种具体制度或程序的制度类型，那么是否还有设置单独的认罪认罚从宽协商程序的必要呢？应当说，仍然有单独设置认罪认罚从宽协商程序的空间。从南沙地区的试验来看，认罪认罚从宽协商程序有别于其他的刑事诉讼程序的重要特征是协商性和协议性。虽然从目前的试验探索来看，这两种认罪认罚从宽协商程序的性质尚不十分明显，但是，隐约可见。首先，南沙办法突出了认罪认罚从宽协商制度中的“协商性”特征。可以说，这在一定程度上反映了实务界的灵敏性。其次，对犯罪嫌疑人、被告人的辩护性保障，在一定程度上可以看作对协商性的正当性保障。南沙办法规定：“进行认罪从宽协商，必须有提供法律帮助的律师或犯罪嫌疑人、被告人聘请的辩护人参与。”南沙细则规定：“办理认罪认罚案件，应当保障犯罪嫌疑人、被告人获得有效法律帮助，确保其了解认罪认罚的性质和法律后果，自愿认罪认罚。”同样是认罪认罚，为何在认罪认罚从宽协商制度中的认罪认罚需要特别强调有辩护人参与或者获得有效法律帮助？这是否隐含着对该制度中协商性的某种假设？最后，从南沙地区的实践探索来看，认罪从宽制度的运行过程中，检察机关需要告知犯罪嫌疑人相应的涉嫌犯罪事实和证据以及指控的罪名和量刑建议，犯罪嫌疑人在了解上述情况的基础上签署具结书，在犯罪嫌疑人签署具结书之后，检察机关按照之前拟定的指控罪名和量刑建议移送法院，法院一般应当按照检察建议作出裁判。整个过程似乎显示出某种协议性。因此，认罪认罚从宽协商制度中的协商性与协议性可以作为单独设置一种有别于简易程序、速裁程序等其他刑事诉讼程序的理论基础。这一道程序只是认罪认罚从宽协商制度体系中的一种具体程序，或许可以被称为“认罪认罚从宽协商程序”。总之，认罪认罚从宽协商制度应当是一套体系性的制度，而不是某个单独的制度。所有的具体制度形式，它们的主旨是相同的，即认罪认罚从宽，但是不同的具体制度形式，其价值取向的侧重点有所区别。

另外，从世界范围来看，形式程序繁简分立存在两种不同的模式选择：一种是以大陆法系国家为代表的以案件疑难与否和罪刑轻重作为区分标准；另一种是以英美法系国家为代表的以被告人认罪与否作为区分标准。比如，目前我国的速裁程序和简易程序中，都要求被追诉人认罪和同意适用该程序。实际上，可以考虑借鉴大陆法系国家的经验，以罪刑轻重作为程序的区分标准。在有些简化程序中，即使被追诉人不认罪或者不同意适用该程序，也可以适用。通常，适用这类程序的案件都比较轻微。这主要是基于司法效率的考虑。实际上，这也符合我国当前强调认罪认罚从宽协商制度的时代背景。换言之，针对“案多人少”的司法困境，我国当前主要强调通过认罪机制来提高司法效率，其实，不认罪的案件也可以提高司法效率。

（三）认罪

遵循上述思路，在认罪问题上，也没必要采取单一的标准。在不同的程序当中，可以采取不同的标准，不同的标准对应不同的程序类型。有的程序在认罪标准上采取概括认罪说，有的采取具体认罪说，而有的采取协议认罪说，甚至有的采取悔罪说。或者说，有些倾向于形式化标准，而有些倾向于实质化的标准。不同的标准，其定位和功能也不同，相对而言，形式化标准侧重于效率，而实质化标准侧重于司法化解矛盾的功能。比如，对于判处拘役、一年有期徒刑以下、缓刑、单处罚金刑等刑罚的案件，可以采取概括认罪说，侧重于形式审查，而对于判处一年有期徒刑以上刑罚的案件，则采取具体认罪说，侧重于实质审查。

概括认罪说、具体认罪说、协议说、悔罪说等分别代表着不同的标准，同时也代表着不同的制度设置。相对而言，概括认罪说和协议说的效率较高，具体认罪说次之，悔罪说的效率最低。

（四）案件适用范围

基于“案多人少”司法现实的考虑，总的原则应当是能快的应当尽量快。但是，根据案件的类型、罪行的轻重程度以及认罪与否而有所不同。比如，南沙样本对速裁程序的案件适用范围就进行了积极探索，并不限于试点办法当中规定的案件范围，并且取得了良好的效果。遵循这样的思路，同样作为认罪认罚从宽协商精神体现的刑事和解制度和附条件不起诉制度的案件适用范围也可以进行拓宽性探索。另外，在南沙样本中，在区分认罪的双重意义基础上，对于不认罪的案件也可以启动协商程序，只是在最后的处理阶段，需要达到认罪的结果而已。

（五）适用阶段

在认罪认罚从宽协商制度的适用阶段上，争议主要在于侦查阶段。有些学者认为侦查阶段可以适用，有些则反对。南沙地区没有在侦查阶段进行试验。但是，基于司法效率的考虑，在稳妥的情况下，可以展开积极的探索。比如，在充分尊重被追诉人主体地位的基础上，可以对一些轻微的案件在侦查阶段展开探索。而且，在尊重被追诉人主体地位方面，南沙已经取得了成效并积累了有益经验。

（六）证明标准

关于证明标准问题，多数派认为应当坚持传统的“案件事实清楚，证据确实充分”的证明标准，至少在心证条件上应当坚持上述标准。但是，也有少数派提出降低证明标准的主张。从司法实务来看，有人认为，如果对认罪认罚案件与不认罪案件在证明标准和证据要求方面不作区别把握，则两种类型案件的办案模式事实上也不会有区别，提高办案效率的目的也就没有了实现的基础。因此，应对试点过程中的证明标准问题予以重点关注和总结，为今后建立适用范围更广的认罪认罚从宽协商处罚机制积累经验。因此，在证明标准这个问题上，可以借鉴英美法系国家的做法，对于特定案件，主要是轻微案件，可以采取一定程度上的形式标准，从实质上适当降低证明标准，从而提高司法效率。只是需要对这种证明标准的程序适用条件进行合理的设置。

（七）从宽模式

关于从宽模式，基于激励被追诉人适用认罪认罚从宽协商制度，对于制度中的多数具体制度形式，应当采取“应当”从宽的模式，而少数采取“可以”的模式。一方面，应当从宽模式已经取得积极成效，如南沙样本；另一方面，应当从宽模式更加符合认罪认罚从宽协商制度的初衷。

（八）量刑标准

1. 量刑原则问题

应当坚持宽严相济的原则。2014年7月30日发布的量刑指导意见中，关于“量刑的指导原则”指出，“量刑应当贯彻宽严相济的刑事政策，做到该宽则宽，当严则严，宽严相济，罚当其罪，确保裁判法律效果和社会效果的统一”。在“常见量刑情节的适用”部分，也强调“对严重暴力犯罪、毒品犯罪等严重危害社会治安犯罪，在确定从宽的幅度时，应当从严掌握；对犯罪情节较轻的犯罪，应当充分体现从宽”。同时，“对于退赃、退赔的，综合考虑犯罪性质，退赃、退赔行为对损害结果所能弥补的程度，退赃、退赔的数额及主动程度等情况，可以减少基准刑的30%以下；其中抢劫等严重危害社会治安犯罪的应从严掌握”。

2. 量刑定位问题

正如前文所指出，在量刑问题上，认罪认罚情节应当如何定位，是作为法定情节还是酌定情节来考虑。从改革的动因以及制度效果考虑，应当将认罪认罚作为法定情节为宜。将认罪认罚作为法定情节，有利于激励犯罪嫌疑人、被告人认罪认罚，因为作为法定情节提高了该制度的可预期性。具体应当如何规定，下文再结合量刑方法来阐述。

3. 量刑方法问题

关于量刑方法，主要涉及“调节基准刑的方法”，具体而言，涉及两个问题。

（1）优先适用问题

量刑指导意见中指出：“具有多个量刑情节的，一般根据各个量刑情节的调节比例，采用同向相加、逆向相减的方法调节基准刑；具有未成年人犯罪、老年人犯罪、限制行为能力的精神病人犯罪、又聋又哑的人或者盲人犯罪，防卫过当、避险过当、犯罪预备、犯罪未遂、犯罪中止，从犯、胁从犯和教唆犯等量刑情节的，先适用该量刑情节对基准刑进行调节，在此基础上，再适用其他量刑情节进行调节。”这一规定表明，我国立法将上述情节置于优先的地位，而且都处于“从宽”的范畴。该规定中的“等”字，意味着不限于上述列举的情形。为了使认罪认罚从宽协商制度改革取得良好的效果，应当把“认罪认罚”情节补充进来，这既符合该规定“从宽”的精神，也符合该量刑指导意见贯彻宽严相济刑事政策的基本原则。

（2）普遍适用问题

量刑指导意见中指出：“被告人犯数罪，同时具有适用于各个罪的立功、累犯等量刑情节的，先适用该量刑情节调节个罪的基准刑，确定个罪所应判处的刑罚，再依法实行数罪并罚，决定执行的刑罚。”该规定对于可以普遍适用于个罪的量刑情节有“立功、累犯等”，既有减轻情节也有加重情节，具有适用于各个罪的属性，因此，如果犯罪嫌疑人、被告人对各个罪或者多个罪都认罪认罚，那么对于这些认罪认罚的罪也应当按照“先适用该量刑情节调节个罪的基准刑，确定个罪所应判处的刑罚，再依法实行数罪并罚，决定执行的刑罚”的方法量刑。因此，为保证认罪认罚从宽协商制度改革取得良好效果，应当在该规定中补充“认罪认罚”情节。

4. 量刑具体标准问题

与认罪认罚相关的情节，如自首、坦白、当庭认罪、退赃、退赔、积极赔偿被害人经济损失、取得被害人谅解、达成刑事和解协议等，已经在量刑指导意见中作出了规定。但是，这里需要注意两点：第一，自首、坦白和当庭认罪是分别适用，不能重复计算。第二，积极赔偿被害人经济损失并取得谅解情节与根据《刑事诉讼法》第二百七十七条达成刑事和解协议的情节分属不同情形，而且达成刑事和解协议的，减少刑罚的幅度更大。一般而言，前者可以减少基准刑的40%以下，后者可以减少基准刑的50%以下。

通过比较可以发现，达成刑事和解协议的情形比积极赔偿被害人经济损失并取得谅解情形至少多满足了两个要件：一是实体上“真诚悔罪”；二是程序上

"制作和解协议书"。其中，关于"真诚悔过"，除了积极赔偿被害人经济损失和取得谅解之外，还应当包括当庭自愿认罪。而当庭自愿认罪，可以减少基准刑的10%以下。换言之，达成刑事和解的，基本上相当于当庭自愿认罪加上积极赔偿被害人经济损失并取得谅解的情形。而"制作和解协议书"的价值，似乎并没有得到体现。签署协议书，不仅对犯罪嫌疑人、被告人形成更强的约束力，而且代表着对追诉机关工作的认可，有利于证明相关的工作成果，甚至可以据此直接推进程序的进行。因此，有必要赋予其相应的量刑优惠。鉴于认罪认罚从宽协商制度中，相关的内容如自首、坦白、当庭认罪、退赃、退赔、积极赔偿被害人经济损失等情节已有规定，所不同的是多了"认罚"和"签署协议"两部分内容，因此，可以参照自首、坦白、当庭认罪、退赃、退赔、积极赔偿被害人经济损失等情节，在这些情节原有的量刑基础上，再增加10%—20%的减少幅度。也就是说，在认罪认罚从宽协商制度实施中，如果协议中量刑部分在上述范围内，人民法院应当予以认可。

（九）被追诉人的主体地位

由于认罪认罚从宽协商制度的价值取向倾向于效率价值，因此必须关注司法的公正性问题，对被追诉人主体地位的充分尊重是司法程序公正性的重要保障。对被追诉人主体地位的保障，包括对其知情权、司法决定的自愿性和理智性、程序选择权等方面的保障。这些方面，南沙样本均取得了值得推广的有益经验，如律师参与形式的分化等。

网络购物合同纠纷案件中“知假买假”相关法律问题研究

——基于272个判决的实证分析

广州市白云区人民法院课题组*

一、网络购物合同纠纷的现状分析

（一）网络购物合同纠纷的立法现状

网络购物合同纠纷来源于传统的买卖合同纠纷，即其本质上仍然是买卖合同纠纷，只是由于交易过程发生在网络平台之上，故命名为网络购物合同纠纷。

随着我国互联网产业快速发展，消费者的购物方式亦随之发生了变化，网络购物走入千家万户，特别是在“互联网+”的背景和政策扶持下，我国已成全球第一网购大国[1]。网络购物合同纠纷与传统的买卖合同纠纷相比，基于其中一方为消费者，因此又具有消费者服务合同的相关特性。在网络购物行业快速发展的背景下，与之形成鲜明对比的是网络购物行业以假充真、以次充好的产品泛滥，网络交易平台监管的弱约束性以及因地域原因造成的消费者维权困难，使消费者的合法权益难以得到有效的维护，长此以往，将不利于网络购物行业的健康、可持续发展。在此背景之下，我国关于消费者保护的法律共进行了三次的完善，第一次是2013年，《消费者权益保护法》修正案中将第五十五条即“惩罚性赔偿条款”的惩罚性赔偿从两倍提高到三倍，修改为“经营者提供商品

* 广州市白云区人民法院课题组——负责人：冯齐广；组长：邓刚；成员：杨月琴、叶炜；执笔人：叶炜。

1 详见《中国已成全球第一网购和快递大国　电商物流从业者203万》，载腾讯科技，http://tech.qq.com/a/20160509/064115.htm，最后访问于2019年7月7日。

或者服务有欺诈行为的，应当按照消费者的要求增加赔偿其受到的损失，增加赔偿的金额为消费者购买商品的价款或者接受服务的费用的三倍；增加赔偿的金额不足五百元的，为五百元。法律另有规定的，依照其规定”。这一规定加大了对经营者诚信行为的惩罚力度，意图以此规范经营者的经营行为。此条和《食品安全法》第一百四十八条第二款“生产不符合食品安全标准的食品或者经营明知是不符合食品安全标准的食品，消费者除要求赔偿损失外，还可以向生产者或者经营者要求支付价款十倍或者损失三倍的赔偿金；增加赔偿的金额不足一千元的，为一千元。但是，食品的标签、说明书存在不影响食品安全且不会对消费者造成误导的瑕疵的除外”（该条规定又称“十倍赔偿性条款”）共同构成了消费者维护自身合法权益掣肘经营者违法行为的“达摩克利斯之剑”。第二次是2013年《最高人民法院关于审理食品药品纠纷案件适用法律若干问题的规定》第三条：“因食品、药品质量问题发生纠纷，购买者向生产者、销售者主张权利，生产者、销售者以购买者明知食品、药品存在质量问题而仍然购买为由进行抗辩的，人民法院不予支持。”食品安全无小事，此次完善即对食药品领域这些事关消费者人身安全切身利益的违法行为加大惩治力度。第三次是2015年《最高人民院关于适用〈中华人民共和国民事诉讼法〉的解释》第二十条：“以信息网络方式订立的买卖合同，通过信息网络交付标的的，以买受人住所地为合同履行地；通过其他方式交付标的的，收货地为合同履行地。合同对履行地有约定的，从其约定。”即通过规定消费者的收货地（通常为其住所地）可以为诉讼案件管辖地，从而避免消费者远赴经营者所在地维权的情形，方便消费者维护自身的合法权益。

三次完善覆盖了实体到程序全过程，既加大了对经营者违法行为的惩罚力度，亦为消费者维权提供了便利。自此，消费者基于网络购物权益保护的相关法律制度基本建立。

（二）网络购物合同纠纷的司法现状

广州市白云区人民法院（以下简称“白云法院”）位于改革开放的前沿阵地，经济和交通路网均较为发达，物流可覆盖下设乡镇街道，互联网普及率亦位于全国前列，因此选择此处为样本具有较典型的代表性。

表 1　白云法院 2015—2017 年上半年网络购物合同纠纷结案案件统计

结案方式＼年份	2015 年	2016 年	2017 年（截至 6 月 30 日）
撤诉	10	278	59
调解	2	29	2
判决	11	217	44
其他结案方式	0	9	0
案件总量	23	533	105

从表 1 可以看出，白云法院 2016 年网络购物合同纠纷的案件较 2015 年增长了 20 多倍，但 2017 年上半年有所回落。且三年的案件撤诉都占据案件总数近一半比重，而以判决的方式结案的案件所占比重不足案件总数的一半。本文选取的样本为以判决方式结案的案件，以此为样本的原因在于以判决方式结案可以直观体现司法对网络购物合同纠纷的评价，从而发挥法律对社会经济生活的评价和指引作用，因此本文所采取和分析的样本为白云法院所作出的网络购物合同纠纷的一审判决。

表 2　白云法院 2015—2017 上半年网络购物合同纠纷判决方式结案以知假打假型案件统计[2]

产品类型	2015 年	2016 年	2017 年	产品类型	2015 年	2016 年	2017 年
食品	4	120	37	服装	0	5	3
日用品	2	27	2	珠宝	0	2	0
电子产品	3	40	1	其他	2	7	0
家用电器	0	5	1				
化妆品	0	11	0	总计	11	217	44

表 2 反映出，当前白云法院所出现网络购物合同纠纷绝大多数是知假打假的案件，仅有极少数个案是认为自身的权益受到损害才提起的诉讼。

2　两种案件类型划分是根据原告是否在该院有知假打假的案例、购买数量等因素综合考量进行的区分。

表 3　白云法院 2015—2017 年网络购物合同纠纷判决方式结案的产品类型统计

产品类型	2015 年	2016 年	2017 年	产品类型	2015 年	2016 年	2017 年
食品	4	120	37	服装	0	5	3
日用品	2	27	2	珠宝	0	2	0
电子产品	3	40	1	其他	2	7	0
家用电器	0	5	1				
化妆品	0	11	0	总计	11	217	44

表 3 反映出，2015 年由于案件数量不多，因此食品日用品电子产品的案件数相差不大；但 2016 年，因食品问题而提起的网络购物合同纠纷案件数量占了案件数的一半，其后是电子产品和日用品，而在 120 件食品类网络购物合同纠纷案件中，以食品存在安全问题进而索取十倍赔偿的有 103 件，占据所有案件的 47.5%；2017 年食品类案件所占比重更是大幅增长，占案件总数的比重更高达 84.1%，如此高比例的原因正是食品药品领域的十倍惩罚性赔偿条款的存在。

表 4　白云法院 2015—2017 年合同纠纷判决方式结案的产品类型统计

诉讼理由	2015 年				2016 年				2017 年			
	支持	退费退款	驳回	案件数量	支持	退费退款	驳回	案件数量	支持	退费退款	驳回	案件数量
产品标签瑕疵	1			1	39	26	25	90	5	6	3	14
产品本身违法					9		4	13	9	1	4	13
非法食品添加	1			1	11	2	2	15	2	0	1	3
欺诈	1		2	3	4		6	10	0	0	1	1
虚假宣传	4		2	6	38	14	35	87	5	2	5	12
冷静期					1			1	0	0	0	0
其他					1		1					
总计	7		4	11	101	43	74	217	21	9	14	44

从表 4 的统计可以看出，2016 年的案件中，白云法院以产品存在瑕疵为由进行的诉讼有 90 件[3]，包括未完全标注产品信息、产品标准有误、未标注不适

3　白云法院以此原因提起的网络购物合同纠纷不止 90 起，由于本文所采纳的样本为网络购物合同纠纷的判决，因此所称因该原因提起的纠纷仅指以产品存在瑕疵为由提起网络购物合同纠纷并以判决方式结案的数量，下述各原因所对应的数量与此相同。

宜人群、没有中文标签、产品能量标识有误等情形；以产品本身违法为由进行的诉讼13件，包括从禁止进口地进口产品（日本福冈）、属于假冒伪劣产品、销售超过产品保质期的产品、没有生产许可证销售；非法食品添加案件[4] 15件；欺诈案件10件，包括未如期发货以及所发货物非消费者所购之物；虚假宣传案件[5] 87件，包括产品材质和宣传的不符、虚构原价再行降价销售、虚假有奖销售、不具备宣传的功能等；冷静期案件和其他类型案件各1件。2017年的案件产品标签瑕疵和虚假宣传以及本身违法的案件数量大体相当。

表5　白云法院2016年食品网络购物合同纠纷案件类型及法院是否支持原告诉讼请求的统计[6]

	2016年					
食品	产品标签瑕疵			非法食品添加		
	支持	退货退款	驳回	支持	退货退款	驳回
	28	24	22	11	2	2
	本身违法			虚假宣传		
	支持	退货退款	驳回	支持	退货退款	驳回
	8	0	3	5	3	8
	欺诈			合计		
	支持	退货退款	驳回	支持	退货退款	驳回
	1	0	3	53	29	38

4　非法食品添加指在食品中添加了按照食品类法律法规禁止添加的药材、原材料等，从而造成不符合食品安全的现象。

5　虚假宣传亦属于欺诈的一种类型，即经营者通过虚假宣传的方式令消费者陷入认识错误，从而做出非理性的消费行为。但司法实践中，传统的欺诈更多体现在经营者收款后未能如期发货或所发货物与消费者所购之物不符这类消费者认为经营者骗取钱财的行为，而虚假宣传则指消费者所购的货物未能达到如经营者宣传的效果，所以笔者在本文中对这两种行为进行区分，将虚假宣传作为一项独立的诉讼理由，但需强调的是这一行为仍然属于《消费者权益保护法》中的欺诈行为。

6　这些案件的诉讼请求基本都为要求退还货款及要求经营者给予三倍到十倍不等的惩罚性赔偿。

表6　白云法院2017年食品网络购物合同纠纷案件类型及法院是否支持原告诉讼请求的统计[7]

	2017年					
食品	产品标签瑕疵			非法食品添加		
	支持	退货退款	驳回	支持	退货退款	驳回
	3	6	3	2	0	1
	本身违法			虚假宣传		
	支持	退货退款	驳回	支持	退货退款	驳回
	9	1	3	3	2	4
	欺诈			合计		
	支持	退货退款	驳回	支持	退货退款	驳回
	0	0	0	17	9	11

根据表5、表6的统计，2016年产品标签瑕疵的案件占据食品类网络购物合同纠纷的60%以上，非法食品添加、产品本身违法、虚假宣传的数量大体相等，各占据案件总数的10%左右。2017年则本身违法、虚假宣传和产品标签瑕疵案件数量大体相当。在法院具体的判决结果中，由于非法食品添加、产品本身违法这两种类型的案件起源于食品本身存在的问题，因此法院在查明涉案产品确实存在上述问题的情况下所作出的判决更倾向于支持消费者的诉讼请求。至于虚假宣传和产品标签瑕疵的案件，在2016年上半年度的案件中，法院只要认为产品存在瑕疵，更倾向于作出有利于消费者的判决；但2016年下半年起到2017年上半年，对这两类案件的审查重点转移至涉案产品是否确实存在食品安全问题以及消费者是否为知假买假索取暴利等角度进行综合性考量，从而在判决中出现或者退货退款或者驳回消费者的诉讼请求。

7　这些案件的诉讼请求基本都为要求退还货款及要求经营者给予三倍到十倍不等的惩罚性赔偿。

表7　白云法院2016年非食品类网络购物合同纠纷案件类型及法院是否支持原告诉讼请求的统计

非食品	2016年					
	产品标签瑕疵			其　他		
	支持	退货退款	驳回	支持	退货退款	驳回
	11	2	3	0	1	1
	本身违法			虚假宣传		
	支持	退货退款	驳回	支持	退货退款	驳回
	1	0	1	32	12	27
	欺诈			合计		
	支持	退货退款	驳回	支持	退货退款	驳回
	4	1	1	48	16	33

表8　白云法院2017年非食品类网络购物合同纠纷案件类型及法院是否支持原告诉讼请求的统计

非食品	2017年					
	产品标签瑕疵			其　他		
	支持	退货退款	驳回	支持	退货退款	驳回
	2	0	0	0	0	0
	本身违法			虚假宣传		
	支持	退货退款	驳回	支持	退货退款	驳回
	0	0	1	2	0	1
	欺诈			合计		
	支持	退货退款	驳回	支持	退货退款	驳回
	0	0	1	4	0	3

根据表7、表8的统计，非食品类网络购物合同纠纷案件主要集中在虚假宣传，此类案件占据非食品类案件总数的70%以上，产品标签瑕疵占据了案件总数接近20%。2017年上半年由于该类案件结案数较少，因此不作具体分析，以2016年为准。在虚假宣传的案件中，2016年上半年度法院只要认为存在着虚假宣传，更倾向于作出有利于消费者的判决；但至下半年，对这类案件的审查重点转移至消费者是否会受到误导从而作出错误性购买等角度进行综合性考量，从而在判决中出现或者退货退款或者驳回消费者的诉讼请求。而产品标签瑕疵

的案件更多体现在产品没有生产厂家、没有产品合格证等情况，对于这类不能判断产品是否安全的情形，法院所作出的判决亦更倾向于保护消费者的知情权，而对于仅仅未能完全标识产品信息但有产品合格证的案件，则不因轻微的瑕疵而让经营者背上较为沉重的负担。

（三）网络购物合同纠纷司法实践总结

从上述各表中可以得知，当前网络购物合同纠纷的案件绝大多数都因知假买假的行为而产生，即由职业打假人发起，由于基于食品问题所提起的消费者维权可以向经营者索取十倍的惩罚性赔偿，所以食品类案件占了所有案件量的一半以上，其次是电子产品和家用电器，由于此类产品价格较为高昂，以此类产品提出索赔亦可得到较为丰厚的回报，因此这两类案件的数量紧随食品类案件之后。

食品类网络购物合同纠纷案件中，产品标签瑕疵的案件占据了绝大多数，非法食品添加、产品本身违法、虚假宣传亦占据了一部分份额；非食品类网络购物合同纠纷案件主要集中在虚假宣传。非法食品添加、产品本身违法的案件由于产品本身即可能存在着较大的问题，因此法院对惩罚性赔偿条款的适用较为宽松。对于产品标签瑕疵和虚假宣传的案件，白云法院经历了从倾向于支持消费者的“重消费者保护主义”逐渐向维护消费者和经营者利益平衡的“有倾斜的平等主义”转变。

二、网络购物合同纠纷的审判实务分析

虽然当前白云法院的司法实践正在从倾向于支持消费者的“重消费者保护主义”逐渐向维护消费者和经营者利益平衡的“有倾斜的平等主义”转变。但综观国内司法实践，对于网络购物合同纠纷案件仍然未能形成较为统一的意见，具体存在着以下几个问题。

（一）职业打假人是否应当纳入消费者的范畴

基于当前网络购物合同纠纷主要由职业打假人发起的现实情况，诉讼主体是否适格成为此类案件应该考量的首要问题。根据《消费者权益保护法》第二条“消费者为生活消费需要购买、使用商品或者接受服务，其权益受本法保护……”的规定可以得出：只有为了生活消费所进行的购买行为才能被视为消费行为，此类主体才能被视为消费者，因此在司法实践中为确定是否为生活消费而购买，需要结合购买次数、购买数量、购买目的以及过往是否有类似购买行为等因素进行综合判断，但这些标准和因素往往较为模糊且难以确定，因此经

常出现司法实践中同案不同判的情形。职业打假人知假买假索赔的行为与现在社会的主流价值取向有所违背，亦不符合商业社会的诚实信用精神，而大量诉讼案件的涌现在某种程度上造成了司法资源的严重浪费，司法在某种程度上成为职业打假人谋取个人私利的工具，司法性质的演变显然不是法律人愿意看到的，因此《重庆市高级人民法院印发〈关于审理消费者权益保护纠纷案件若干问题的解答〉的通知》第二点中明确指出知假买假的行为有违诚信原则，人民法院不予支持，法律法规另有规定的除外，对知假买假的行为予以否定性评价[8]。知假买假索赔的行为却又是督促经营者诚信合法谨慎经营、净化市场的一把利剑，自20世纪90年代出了王海等职业打假人知假买假索赔后，法律上对于知假买假行为并没有进行相应的界定的原因亦在于此。但回归到个案的处理中，消费者是否适格的问题是网络购物合同纠纷的每一个案件所必须考量的出发点，因此该问题不容回避。

（二）知假买假的案件能否适用惩罚性赔偿条款

当前的《消费者权益保护法》并未对这一问题作出明确的界定。而2013年《最高人民法院关于审理食品药品纠纷案件适用法律若干问题的规定》第三条规定："因食品、药品质量问题发生纠纷，购买者向生产者、销售者主张权利，生产者、销售者以购买者明知食品、药品存在质量问题而仍然购买为由进行抗辩的，人民法院不予支持。"根据该法规的解释，食药品领域知假买假的行为法院应予以支持，但仅仅支持退还货款的行为，还是支持适用惩罚性赔偿条款的问题，没有明确的界定。即使是支持适用惩罚性赔偿条款的法官，亦会对涉案产品为食品还是非食品时进行区分，即认为涉及食品类的网络购物合同纠纷较非食品类案件更应严格保护消费者的权益。具体到各省的司法实践中亦有所不同，如根据《江苏省高级人民法院关于审理消费者权益保护纠纷案件若干问题的讨论纪要》第一点第二条，非食品、药品消费领域知假买假由于不符合惩罚性赔偿构成要件中对欺诈行为的界定，从而不予支持[9]。

（三）对各种类型的网络购物合同纠纷案件司法裁判尺度未能统一

以产品标签瑕疵为例，产品标签的瑕疵是否可以认定其存在产品质量问题？首先，产品标签出现瑕疵是违反现行法律法规的，如《消费者权益保护法》《食

---

8 详见《重庆市高级人民法院印发〈关于审理消费者权益保护纠纷案件若干问题的解答〉的通知》。

9 详见《江苏省高级人民法院关于审理消费者权益保护纠纷案件若干问题的讨论纪要》。

品安全法》等法律都规定了经营者销售的产品应当具有真实完整的商品信息标签，以保障消费者的知情权和自由选择权。但当前的市场上，仍然具有大量的产品存在着标签的瑕疵这类违法行为。其次，因经营者销售的产品确实存在产品质量问题从而选择在标签上回避的情形不在少数，但有部分案件仅仅属于经营者疏忽所造成的轻微瑕疵，即产品为合格产品但标签上却有所瑕疵。两种情形的存在给法官认定产品是否符合产品安全标准造成了一定的困难，因此往往出现各地甚至同地同案不同判的现象，互联网的跨地域性造成了职业打假人巧妙利用管辖地原则，将收货地约定为更容易支持其诉求的法院辖区，进而索赔的乱象，长此以往，全国司法尺度的不统一将造成利益平衡的窘境，平衡消费者和经营者利益的目的恐怕只能成为一句空话。

三、处理网络购物合同纠纷的思路重构与完善建议

当前网络购物合同纠纷主要由职业打假人发起，通过高额惩罚性赔偿获取暴利的背景下，如何平衡消费者和经营者的合法权益，在保护真正消费者的合法权益的基础上又不至于令经营者承担过重的负担，显然需要针对当前司法实践，在总结的基础上提出新的解决路径，具体包括如下内容。

（一）从消费者“弱而愚”的理论假设向消费者相对“平等主义”转变

在市场经济发展的初期，消费者缺乏足够的商品信息从而导致信息不对称，市场上充斥着各种假冒伪劣产品，消费者权益被侵害后维权无门的现象比比皆是。[10] 在此背景下，消费者“弱而愚”的社会形象成为理论假设，立法时出现了立法者代替当事人决策的“不对称家长制”，[11] 因此全国人大法律委员会将消费者权益保护法定位为“保护市场交易中处于弱势地位的消费者，体现了对消费者的特殊保护”，[12] 这一定位在《消费者权益保护法》中最直观的反映是只规定了消费者的权利，而没有消费者的义务。此背景之下的司法实践亦更侧重于维护消费者的合法权益。但随着市场竞争的日趋激烈，消费者货比三家“用脚投票”，经营者需要尽可能详尽地将商品信息及售后服务展现在消费者面前以得到消费者的青睐方能实现交易，在网络购物领域更是如此。虽然还有不少学

10　参见甘强：《重拾“消费者”的法律地位》，载《政治与法律》2016年第12期。

11　参见徐国栋：《民法私法说还能维持多久——行为经济学对时下民法学的潜在影响》，载《法学》2006年第5期。

12　参见《全国人民代表大会法律委员会关于〈中华人民共和国消费者权益保护法修正案（草案）〉修改情况的汇报》（2013年8月26日），载中国人大网，http：//www. npc. gov. cn. /wxzl/gongbao/2014－01/02/content－1823321. htm，最后访问于2019年5月20日。

者认为网络购物环境下，消费者知情权不能得到有效保护[13]，但消费者购买商品前可进行检索比较，与经营者通过即时通信方式交流获得了更多的信息，还有《消费者权益保护法》赋予消费者撤回权等权利的保障，令经营者不敢对商品情况有所隐瞒或作出过度虚假宣传，[14]消费者因此对商品信息有了相对充分的了解，信息不对等的局面已有所改变并渐趋对等。除此之外，职业打假人的兴起令部分经营者沦为“弱势群体”，不仅对司法资源造成较大的浪费，还对市场经济秩序造成了恶劣的影响。在此背景下，仍然以消费者绝对的“弱而愚”作为理论假设恐不再适应社会的发展，因此“平等主义”逐渐成为新的理论假设。

如上所述，知假买假索赔的行为有利有弊，20世纪90年代王海等最早一批职业打假人出现，从而造成司法界对“知假买假”行为是否应当支持引发巨大讨论，数次《消费者权益保护法》的修订都没有提及职业打假人的问题。究其原因，还是在于行政资源不可能完全杜绝经营者侵犯消费者合法权益事件的发生，而市场上的主体较公权力机关更有动力为自身权利而斗争，因此通过让部分职业打假人获利的方式实现社会的自我监督，通过职业打假人提起诉讼暴露出经营者有所欠缺的问题，令经营者规范自身的行为、诚信谨慎地经营显然更符合经济性的原则。因此，不宜将所有“知假买假”的行为均予以扼杀，应当根据不同的情况分别对待。在此背景下，更应从消费者“弱而愚”的理论假设向消费者相对“平等主义”转变，以期更为公平地兼顾双方的利益。

（二）区分本身违法行为与非本身违法行为

网络购物合同纠纷中的本身违法行为指经营者销售的产品本身即为法律法规所禁止出售的产品，如销售已过保质期的产品、销售假冒伪劣产品、从禁止进口地进口产品、销售未经过生产许可的产品以及非法食品添加的产品。其他并非为法律法规所禁止出售的产品则不是非本身违法行为。

区分这两者的意义在于本身违法行为由于其行为或者对消费者有直接的人身损害（已过保质期的产品和禁止从进口地进口的产品），或者侵犯了他人的合法权益（假冒伪劣产品），从而直接损害了消费者的合法利益，因此应当对这些行为直接予以否定性的评价，即对这些领域的“知假买假”予以支持，通过惩罚性的手段维护消费者的合法权益以及维持市场的健康经营秩序。但假冒伪劣

13 参见易玲：《网络购物维度下消费者的权益保护研究》，载《河北法学》2016年第6期。

14 消费者对事先未了解清楚的商品可以通过撤回权的行使取消交易，因此经营者如不详尽披露商品信息，可能导致消费者行使撤销权从而造成付出了时间精力却无法得到回报的情况，因此让消费者了解清楚商品信息后再行决定是否购买从而减少行使撤销权的概率显然对经营者更为有利。

产品的举证责任应当在消费者一方，即应当由其出具证明涉案产品为假冒伪劣产品的相关证据，否则应由其承担举证不能的法律后果。白云法院2016年关于假冒伪劣产品的4个案件中3个被驳回诉讼请求的理由即在于消费者未能提供证据证明涉案产品为假冒伪劣产品。

对于非本身违法的行为则需要通过消费者和经营者进一步的举证从而确定经营者是否承担相应的法律责任。

（三）回归“契约”本位思考法律关系

虽然网络购物合同与传统商事合同有所区别，即传统的商事合同的主体在法律上预设为平等的主体，而网络购物合同纠纷案件基于交易的一方主要为消费者，且基于消费者“弱而愚”的理论假设，从而在立法和司法过程中处理此类案件需要更多地考量消费者权益的因素；但网络购物合同就本质而言仍然是一种契约，网络购物作为一种民事活动，自然应当遵守民法与合同法的基本原则。从网络购物合同发生的全过程考量，消费者以自愿、意思自治的立场出发选择商品从而与经营者发生交易成立合同，意思表示是否真实显然是判断网络购物合同纠纷是否成立的第一要件；除此以外，诚实信用以及公序良俗亦是消费者从事市场活动所必须遵守的基本原则。司法实践中，越来越多的案件在处理过程中亦注意到了这一问题，在龚某诉某商场食品安全案件中，龚某以该商城出售的产品没有完整标识产品信息为由要求十倍的赔偿，一审法院支持了其诉请；[15]但二审法院以龚某在已经知道产品存在问题的情形之下依然下单购买并起诉，进而判断其后续购买并非受到误导，且其后续购买索赔的行为有违诚实信用，因此仅支持其第一次下单时的索赔请求，对后续的购买索赔不予支持。该案的启示意义正在于回归契约的本质，思考网络购物合同的本质，从契约的角度考量意思表示是否受到误导从而未能真实表达，以及在购物活动中恶意磋商有违诚信原则，即彰显了对消费者知情权的保障（对未完整标识信息的惩罚性赔偿）和对经营者利益的兼顾（不至于因同一行为招致多次的惩罚）。

因此，对于虚假宣传类的案件，首先应当考虑经营者的行为是否构成虚假宣传，宣传作为经营者吸引客户提升产品知名度的手段，适当的拔高和赞美应当被允许，倘若宣传已经偏离了事实，与产品原有特性严重不符，则此时涉嫌构成虚假宣传；其次需要判断虚假宣传的行为是否会对消费者造成误导，如确实让消费者陷入了认识错误从而实施购买的行为，此时可以适用惩罚性赔偿条款让经营者承担相应的法律责任，而对于并无认识错误的知假买假行为，则基

15 详见（2016）粤0111民初6310号。

于经营者和消费者与有过失的原则，判令退货退款，通过此方式可以令经营者不因其过失而获益，进而反思其行为的合法与合理性。

对于产品标签瑕疵类案件的思考则是另一种思路。就本质而言，产品标签瑕疵亦属于令消费者陷入错误的认识进而作出错误意思表示的一种情形。真实而完整的产品标签是保障消费者知情权的重要一环，即消费者根据产品标签上的产品成分、生产者信息、适宜和禁忌人群、保质期限、使用方法及使用功效对产品是否符合其需求作出判断进而决定是否购买，因此产品标签上的瑕疵所侵害的是消费者的知情权，即可能因为产品标签信息的不完整或不真实造成消费者对产品认识的错误从而做出错误的购买行为。但与虚假宣传所涉及产品不同的是，虚假宣传所涉及的产品基本都为真实符合产品安全标准的产品，而产品标签瑕疵所涉及的产品可能是涉嫌产品安全存在问题的产品。如没有标识生产许可证号的产品以及执行的企业标准过期或标注的标准并非为原产地等情形，在此情形之下产品安全是否存在问题无法较为明确地判断。综观白云法院的判例，对该问题的态度经历了从倾向于直接认定为不合格产品到允许经营者通过提供产品合格检验报告等相关材料证明其产品为合格产品的综合考量的过程，即只要经营者能够以产品检验报告等相关资料证实其产品为合格产品，以此证明产品标签仅仅存在轻微的瑕疵，不足以造成消费者无法使用的情形，对消费者要求惩罚性赔偿的请求予以驳回。这一观点已经在白云法院的司法实践中得到了体现，综观重庆、江苏及广东的司法实践，对产品仅仅存在轻微瑕疵的案件基本都遵循不让经营者因为轻微瑕疵而背上沉重负担的原则。

但有两种情形值得探讨。第一种是在过往案件中被法院认定为存在产品标签瑕疵的产品，经营者并未就此进行整改，仍然使用此标签。如前所述，网络购物合同纠纷的处理思路是尽可能维持消费者和经营者利益的均衡，因此才会在产品仅仅存在轻微瑕疵时尽可能不让经营者背上沉重的负担，但若其仍然不愿进行整改，则其行为不仅视消费者合法权益于无物，更损害司法的权威性，故在此情况下可以将这一行为视为本身违法行为，在后续消费者对该经营者适用惩罚性赔偿时予以支持，但考量到经营者整改需要一定的时间，因此可将整改的时间固定为自确认产品存在瑕疵的判决生效之日起三个月内。第二种是倘若产品标签存在多处瑕疵，是否仍认定为轻微的瑕疵？对这一问题的判断仍然应该回到契约的角度，即如若产品为合格的产品且具有其应有的功效，则应当认定该标签仅仅为轻微瑕疵，而不应对瑕疵的数量进行简单的叠加从而作出有失公允的判断。对于进口的产品没有贴中文标签的情形同样如此，即不应将消费者再设定为“弱而愚”的形象，以理性经济人的角度看待其发生交易的过程，虽然销售的产品没有中文标签，但消费者应当合理行使自身的权利，通过查阅网页产品图片以及询问、了解等方式向经营者咨询产品的具体信息，再行作出购买的选择，而非未经了解和查阅放任自身的权利后即行购买然后索赔。因此在此类案件中，经营者需要提供进口许可证以及产品合格证等资料证明其产品为合格产品，即可对消费者提出的索赔请求予以驳回。

（四）区分行政行为与司法行为的边界

消费者权益的保护不仅仅是司法问题，亦是行政管理的问题。侵犯消费者合法权益的行为除可以向法院申请退货退款以惩罚性赔偿外，还可以向行政管理部门举报经营者侵犯其权益的行为。回到网络购物合同纠纷的领域，对于产品确实存在质量问题的情形，消费者通过司法实践主张惩罚性赔偿的同时亦可向行政机关举报。但对于产品仅存在轻微瑕疵等情形，有的行为违反的只是行政管理类法规，应当由行政机关对其作出是否适合的评价，而不适宜以司法的手段对这些行为进行评价从而造成司法权过度延伸。如产品标准超过有效期以及产品标准并未进行备案的情形，根据《食品安全法》第三十条的规定，对食品标准备案进行管理的主体应当是省、自治区、直辖市人民政府卫生行政部门，而非人民法院，因此对没有进行食品标准备案或者之前备案的食品标准已过期未办理继续备案的情形，消费者应当向主管部门进行投诉，由行政机关通过责令备案、罚款等行政手段调整，而非通过司法途径维权，[16]从而避免行政问题司法化。

对网络购物合同纠纷案件中产品标签存在轻微瑕疵的处理亦是如此，即允许经营者以产品经由质量监督机构或者检验检疫机构认定为合格，作为抗辩的依据，这一思路体现的就是对行政行为的尊重，不以司法评价替代行政性评价，从而让司法和行政两条轨道各司其职，共同筑成维护消费者合法权益的防线。虽然应当注意行政行为与司法行为边界的存在，但对于行政机关疏于维护消费者合法权益的行为，法院可以在具体经办的案件中涉及相关问题时向行政机关发出司法建议函，建议其依据法律法规维护消费者的合法权益。

（五）将消费者义务纳入法律规范

现行《消费者权益保护法》通过“消费者权利”专章共9个条文赋予了消费者享有人身权、知情权、自主选择权等九种权利；除此以外，还通过《产品责任法》《食品安全法》《反不正当竞争法》《商标法》等相关联的法律法规共

---

16 （2016）粤01民终17056号民事判决书的其中一个理由即对食品标准进行备案的主体是行政机关而非司法机关，以此为由驳回了消费者的诉讼请求。

同保护消费者的权利，较之于贫瘠的消费者义务，现行法律法规已构筑了较为完善的消费者权利保护体系。消费者义务则没有得到相应的重视，在法律条文中，只有《消费者权益保护法》第五条规定的健康消费方式、反对浪费以及第十三条所规定的努力掌握消费知识这种较为原则性的规定，除此以外，消费者其他的社会义务主要依靠道德伦理或司法实践中零星的若干内容组合而成。随着经济的发展，尤其是“互联网 +”引领下的网络经济进入新阶段，仅仅依靠道德伦理或原则性的法律条文对消费者义务进行调整的方式愈加不能适应经济社会发展的需要。因此以法律手段保护消费者权利的同时，规范消费者义务同样需要予以重视。

因此，可在《消费者权益保护法》第五条后增加一款“消费者应当合理、诚信地行使权利，不侵犯他人的合法权利”。增加该规定即可在立法层面形成“权利—义务”对应的模式，为司法实践中从对消费者的重度保护到兼顾消费者和经营者利益的转变提供制度支撑。同时，司法实践还可通过该规定进行相应的解释，进而在个案中衡平双方利益。

四、小结

在“互联网 +”的大数据时代背景下，网络购物成交量只会随着时间的推移不断增加，而网络购物合同纠纷案件处理承载着维护交易公平的秩序和维护消费者合法权益的双重任务。职业打假人“知假买假”的行为具有两面性，应充分发挥其市场净化的作用，对于本身违法损害消费者合法权益和拒不修改产品瑕疵的行为鼓励惩罚性赔偿，震慑非法经营者注重对消费者权益的保护；而对于不存在产品质量问题而仅有轻微瑕疵的情形，给予经营者一定的“容错改错”空间，并回归契约本质考量“网络购物合同纠纷”的实质，以产品是否合格作为认定的标准；且要注意区分行政行为和司法行为的界线，将消费者义务纳入法律规范，从而尽可能实现消费者利益和经营者利益的均衡。

涉众经济犯罪中的非法集资类犯罪研究

——以广州市两级检察院近五年办理的非法集资类刑事案件为样本

侯向东　陈晓滢*

关于非法集资罪我国刑法没有明确规定，实务中就非法集资可能涉及哪些犯罪这一问题存在争议。我们从2010年11月《最高人民法院关于审理非法集资刑法案件具体应用法律若干问题的解释》中的相关规定得出：非法集资活动可能触及的罪名主要有：非法吸收公众存款罪，集资诈骗罪，欺诈发行股票、债券罪，组织、领导传销活动罪，擅自发行股票、债券罪。[1] 非法集资在实务中最常触犯的两个罪名分别是非法吸收公众存款罪、集资诈骗罪。因而本文对广州市两级检察院2014—2018年办理的非法集资类刑事案件的统计，是对非法吸收公众存款类案件和集资诈骗类案件这两类案件的统计。

基于样本数量和地域范围都较小，本文的分析不可避免地存在不足之处，难以全面体现我国集资犯罪的特点。但笔者仍希望通过对非法集资类刑事案件的分析来探究非法集资犯罪的特点、成因和对策，这既有利于本地区非法集资犯罪的防控，又能在一定程度上体现非法集资犯罪的整体特点。

一、广州市两级检察院近五年非法集资类犯罪的数据分析

广州市两级检察院2014—2018年共办理非法集资类案件154起，涉案金额总额为4075521.663万元。立案数及涉案金额的变化情况如图1、图2所示。

---

* 侯向东——广州市人民检察院公诉一处四级高级检察官；陈晓滢——华南师范大学法学院刑法学硕士研究生。

1 孙利国：《非法集资犯罪小样本实证分析——以相关案件为依据》，载《北京政法职业学院学报》2013年第3期。

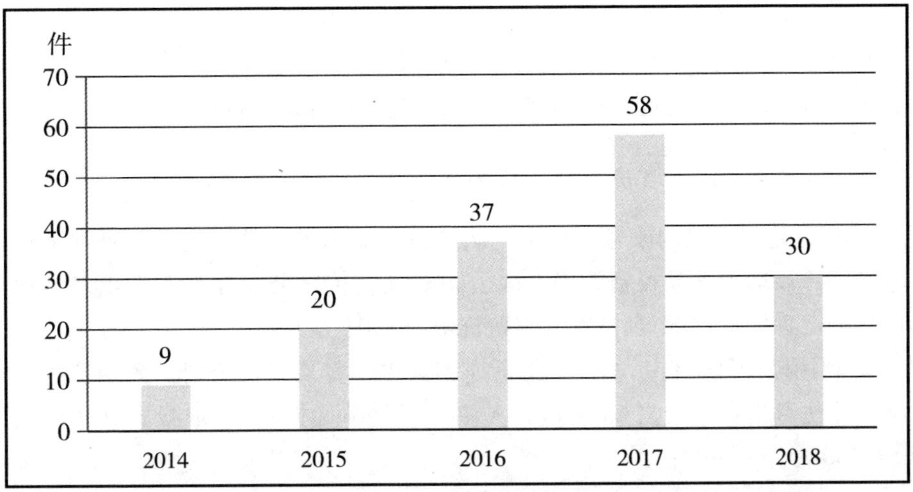

图 1　广州市两级检察院 2014—2018 年提起的非法集资类案件数量统计图

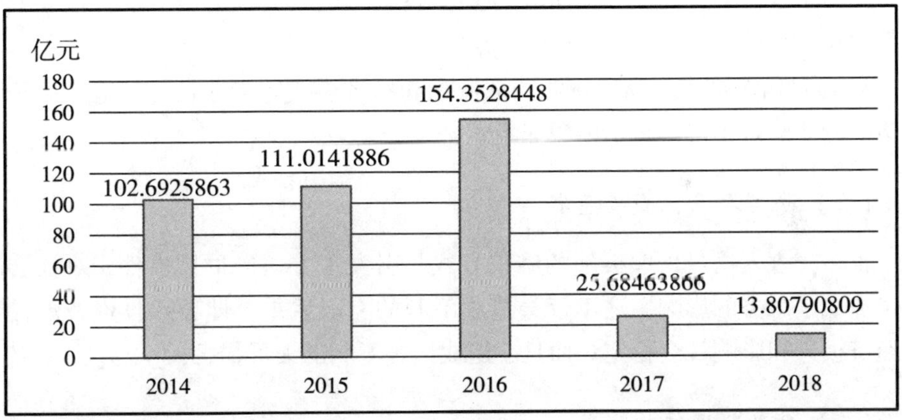

图 2　广州市两级检察院 2014—2018 年提起的非法集资类案件涉案金额统计图

根据图 1、图 2，可以看出 2017 年立案数量最多，2016 年涉案金额数最大，这显示出立案数量和涉案金额数并不呈正相关。而造成此种现象主要是因为涉案金额容易受个别重大案件影响。2014—2017 年的立案数量大幅上升，而 2017—2018 年的立案数量呈下降趋势，且下降速度较快。这是因为在 2018 年广州市检察机关突出精准打击金融犯罪，坚持“疑罪从无原则”，对“证据不足”的作出不起诉决定。2014—2016 年涉案金额极速上升，且 2016 年涉案金额数达到近 5 年的最大数额。2016—2018 年涉案金额数呈下降趋势，这主要是受 2016 年广州市警方针对经济犯罪热点，开展的以非法集资、假币等犯罪为主要对象的“飓风 2016”打击金融领域突出犯罪专项行动的影响。从广州市两级检察院

2014—2018年涉案金额的变化情况可得出，2018年涉案金额创近5年来新低，说明开展了“飓风2016”、精准打击金融犯罪等专项行动后，非法集资类案件得到了有效的治理。据此还可以分析出该类案件具有以下特点。

（一）犯罪手段具有隐蔽性和欺骗性

1. 打着公司经营的旗号，利用合法经营形式掩盖非法活动。如张某某集资诈骗案中，深圳市龙某投资管理有限公司对外宣传该公司在广东省惠东县种植大面积的沉香树，向55名被害人骗取资金378.05万元。

2. 利用欺诈性宣传。如曾某集资诈骗案中，曾某虚构公司扩大经营的事实向社会非法募集资金，与65名被害人签订《借款凭据》，骗取投资款共计人民币5414000元。

3. 以高回报为诱饵，牟取公众巨额财产。如王某某非法吸收公众存款案中，王某某以出资建立并运营“邦家租赁体验店”进行区域合作为名，虚构25%至47.5%的年收益率，保证一定期限返还本金等事实，向23万余人次许以高额利息，非法集资约99亿元。

4. 通过偷换概念和利用新的经济概念和经济模式的专业性，编造一些貌似合法的专业经济术语推行新的犯罪模式。

（二）受害人多，影响恶劣

很多受害人通过采取极端的维权方式，引发了上访等群体事件，对社会的稳定造成了恶劣的影响。这不仅会造成不利的有形后果，即导致投资者承受重大经济损失和影响社会稳定；而且会造成诸多不利的无形损害。

（三）涉互联网特征明显

鉴于网络监管缺失，信息不对称、知识结构差异、牟取暴利的原动力等因素共同发酵，以互联网为平台实施的经济违法犯罪活动日益增加，[2]这主要表现在违法犯罪分子打着金融创新的旗号，披着P2P等网贷平台和电子商务行业的“合法”外衣进行圈钱。

（四）潜伏期长、危害性大

该类案件犯罪手段具有隐蔽性和欺骗性，进而导致案件潜伏期长，通常案

2 肖文波、熊纬辉：《防范和打击非法集资类涉众型经济犯罪问题研究——以福建省三明市为例》，载《江西警察学院学报》2019年第1期。

发于集资行为人资金链断裂、无法按约返利并遭到举报之时。如郑某、蒋某非法吸收公众存款案中，被告人从2000年4月开始非法集资，直到2012年5月才案发。涉案金额高，社会危害性大。以广州市天河区人民法院为例，2014—2018年受理的24件非法集资类犯罪案件中，涉案金额在5000万元的案件达10件，占比41.67%。

二、非法集资类犯罪的成因分析

(一) 被害人逐利投机心理，风险意识淡薄

在许多非法集资案件中，被害人本身存在过错，具备一定的被害倾向性。这主要是因为被害人在被害情景下通常具有一种无意识的顺应性和接受性，一是被害人具有明显的逐利投机心理和草率签约的盲目心理，[3]二是被害人风险意识淡薄，极易落入犯罪分子的圈套中。

(二) 社会闲置资金增多，投资渠道相对狭窄

随着社会经济的发展，企业和个人的财富逐步积累，但投资渠道比较单一，且我国的金融市场上缺乏有吸引力的投资品种和投资渠道。非法集资人员利用投资者的投资需求，以高利息、高回报、低风险为诱饵，[4]使得一部分投资者将大量闲置资金投入集资活动。

(三) 行业监管不力，缺乏预防机制

近年，在金融改革的大背景下，小额贷款公司、担保公司、典当行、金融中介服务机构等，大多直接或间接从事高息吸存、放贷等违规经营活动，成为非法集资的一个重要主体。同时工商、银监、公安、金融办等管理部门之间存在监管职责不明等问题，导致这类市场主体处于多头监管，或游离于监管之外。相关职能部门难以全面、及时进行有效控制，也缺乏相应的预防机制。

(四) 非法集资犯罪具有成本低效益高的优势

《刑法》第一百七十六条[5]及《最高人民法院关于审理非法集资刑事案件具

---

3 任克勤主编：《被害人心理学》，警官教育出版社1997年版，第172页。

4 安家莲：《非法集资犯罪案件发案态势与对策》，载《人民检察》2016年第24期。

5 《刑法》第一百七十六条：非法吸收公众存款或者变相吸收公众存款，扰乱金融秩序的，处三年以下有期徒刑或者拘役，并处或者单处二万元以上二十万元以下罚金；数额巨大或者有其他严重情节的，处三年以上十年以下有期徒刑，并处五万元以上五十万元以下罚金。单位犯前款罪的，对单位判处罚金，并对其直接负责的主管人员和其他直接责任人员，依照前款的规定处罚。

体应用法律若干问题的解释》第三条[6]分别对非法吸收公众存款罪的最高量刑标准和对个人、单位犯非法集资类犯罪的入罪标准进行了规定。在司法实务中，对非法吸收公众存款案件的量刑都相对较轻。如戴某非法吸收公众存款案中，认定戴某为主犯，非法向33人吸收存款人民币共计5552万余元，造成直接经济损失共计人民币5501万余元，最终判处戴某5年有期徒刑。

三、检察机关办理非法集资类犯罪案件的难点

（一）定性把握难

1. 罪与非罪的认定难

（1）对非法集资不特定对象的界定。非法集资具有四个主要特性，分别是非法性、公开性、利诱性、社会性。其中“社会性”是指向社会不特定人员吸收资金，这也是判断罪与非罪最重要的标准。在司法实务中，对该要件的理解和适用仍存在以下三个问题：①对亲属、朋友以及单位的范围应该如何把握？②集资行为人一开始主要向亲友吸收资金，是否构成向不特定对象吸收资金？如果构成，是否应当在犯罪数额中扣除其向亲友集资的数额？

（2）对非法集资与民间借贷的区分。在司法实践中，有相当多的观点认为《最高人民法院关于审理非法集资刑法案件具体应用法律若干问题的解释》对非法集资和民间借贷的区分标准并不科学合理。这是因为部分民间经济行为在形式上符合《最高人民法院关于审理非法集资刑法案件具体应用法律若干问题的解释》中第一条规定的“四要件”，[7]但其不一定属于非法集资。这两者的根本差别在于筹集资金的目的是否具有金融性。《最高人民法院关于审理非法集资刑法案件具体应用法律若干问题的解释》中第三条对入罪门槛进行了规定，将吸收资金的人数、数额、损失认定为区分民间借贷和非法集资的重要标准。这款规定认为三者居其一即可入罪。该标准显然是推翻了筹集资金的目的。例如，在一个私企中，企业主向20人借款用于企业经营可能不涉嫌犯罪，而向30人

---

6 《最高人民法院关于审理非法集资刑法案件主体应用法律若干问题的解释》第三条：非法吸收或者变相吸收公众存款，具有下列情形之一的，应当依法追究刑事责任：（一）个人非法吸收或者变相吸收公众存款，数额在20万元以上的，单位非法吸收或者变相吸收公众存款，数额在100万元以上的；（二）个人非法吸收或者变相吸收公众存款对象30人以上的，单位非法吸收或者变相吸收公众存款对象150人以上的；（三）个人非法吸收或者变相吸收公众存款，给存款人造成直接经济损失数额在10万元以上的，单位非法吸收或者变相吸收公众存款，给存款人造成直接经济损失数额在50万元以上的；（四）造成恶劣社会影响或者其他严重后果的……

7 肖文波、熊纬辉：《防范和打击非法集资类涉众型经济犯罪问题研究——以福建省三明市为例》，载《江西警察学院学报》2019年第1期。

借款就构成犯罪；再如，企业主向30人借款80万元可能涉嫌犯罪，但向1人借款500万元却未必涉嫌犯罪。可见，解释规定的入罪标准是从实用主义出发，便于司法实践的操作，但显然欠缺科学性、内在合理性和公正性。

2. 此罪与彼罪的界定难

在司法实务中容易混淆的是非法吸收公众存款罪与集资诈骗罪、集资诈骗罪与普通诈骗罪的区分问题。

（1）对“以非法占有为目的”要件的把握是区分非法吸收公众存款罪和集资诈骗罪的关键之处。部分行为人一开始筹集资金并非意图占有他人资金，一旦在项目经营或资金运作方面受挫，就会导致资金链断裂，最终造成拆东墙补西墙的态势，直至案发。在此种情形下，不易区分构成非法吸收公众存款罪还是集资诈骗罪。在司法实务中，一般是通过行为人实施集资时的资金投向、行为手段、经营方式、后续表现等客观行为进行推定。但在大部分非法集资案件已经造成实际损失的情况下，当运用司法推定的方法认定非法占有目的时，应当坚持主客观相统一，避免主观归罪。

（2）对行为对象是否不特定以及行为方式是否具有集资属性的把握是区分普通诈骗罪和集资诈骗罪的关键之处。这主要有两个方面的原因：第一，集资诈骗罪侵害的对象是不特定的主体，诈骗罪侵害的对象往往是特定的人。第二，集资诈骗的犯罪行为以“集资”之名行诈骗之实，行为人常常捏造一个或多个经营项目，承诺以高额回报或者利息来骗取借款，以此作为筹集资金的平台；而诈骗罪的犯罪行为中不具有集资的特征。

（二）调查取证难

1. 非法集资类案件通常涉案事实多、涉案金额巨大、时间跨度长、参与集资人员众多、参与集资人员分散、身份核实难度较大、跨越区域广，且由于借款人出具的借条形式不一，不具有规范性，导致难以确定一个确切的犯罪数额。

2. 许多案件涉及亲戚、朋友和熟人，他们之间的资金往来没有账目记录，也没有收款凭证，增加了司法机关查处此类案件的难度。

3. 该类案件的被害人通常具有双重心态，当他们投入资金后，即便发现存在风险，也会积极吸纳更多人加入以减轻自己的风险。因而他们既是受害人，也是帮凶者。案发后，这些证人有的非但不承认自己受害的事实，还会阻碍办案。

（三）财产处置难

1. 在实务中，非法集资类案件的涉案款物不仅存在被被告人挥霍、转移、隐匿的情况，还存在其他各种各样的去向分布的情况，这些都增加了案件的处理难度。另外，对用赃款支付代理费、劳务费的情况如何处理尚不明确。

2. 发案后，受害人的集资款通常难以清偿，满足不了受害人的期望和要求，最终易形成群众工作效果不佳的表面现象。

（四）维稳压力大

非法集资类犯罪案件涉及的受害人数众多，且具有抗风险能力弱的特点。他们在案发后不仅难以获得足额的赔偿，有的受害者甚至损失了全部积蓄，因而通常采用到政府机关集体上访、打砸抢等极端方式，意图挽回损失，在一定程度上扰乱了社会的安定。

四、检察机关治理非法集资类犯罪的对策

非法集资类犯罪具有涉及面广、发案周期长、损失大且难挽回的特点。检察机关应当从多方面、多渠道、多手段的标本兼治的综合性角度出发，采用综合治理的方式，以实现对非法集资类犯罪的有效治理。主要应当从以下四个方面实现。

（一）制定规范性文件，明确法律适用标准

最高人民检察院在2017年4月7日印发了《关于充分发挥检察职能依法办理非法集资案件的通知》，进一步指导各级检察机关依法规范办理非法集资案件。针对一些跨区域网络非法集资案件，最高人民检察院侦监厅与公安部经侦局共同就案件的罪名认定、打击范围、证据标准、衔接机制等问题形成会议纪要，转发各地检察机关，规范指导案件办理。各地检察机关在规范金融犯罪案件证据标准、梳理办案疑难问题凝聚共识方面也做了有益探索。如河南省公检法会签了《关于办理非法集资刑事案件适用法律若干问题的指导意见》，就是对罪与非罪的界线、非法吸收公众存款罪与集资诈骗罪法律适用、证据标准等给予明确指引。

（二）完善工作机制，加大金融犯罪打击力度

最高人民检察院侦查监督厅制定的《关于建立重大敏感案件快速反应机制的意见》，在金融犯罪重大敏感案件情况报告、督促办理、信息报送等方面发挥了重要作用，强化了对案件的指导与督办工作。各地检察机关应当高度重视重大案件的办理，强化责任担当，依法履职，提前介入侦查，引导侦查机关依法取证，强化侦、捕、诉的衔接与配合。通过与公安机关、法院建立联席会议制

度等，形成打击犯罪合力。

（三）探索专业化办案，发挥金融检察作用

1. 尝试专家辅助介入制度。为进一步丰富专业类型案件专门问题的解决途径，在一些案件中可以积极探索专业人员同步辅助审查机制、尝试专家辅助介入制度，助力金融案件的办理。

2. 推进专业化素质建设。检察机关通过开展研讨会、业务培训等形式，着力培养具备金融专业知识的复合型人才。同时也鼓励经验丰富的检察官参加学术研讨会，不断夯实知识底蕴，提升解决案件难点的能力。

3. 建立理论交流平台。要积极推动金融检察理论实务研究，推动金融法治研究和司法实务领域交流，用先进的工作理念和扎实的理论成果指导和支撑司法实践。

（四）注重风险防控，有效维护社会大局稳定

在办理非法集资案件时，将依法处理、舆论引导、社会面管控的“三同步”作为要求，把严格公正执法与维护稳定有机统一起来，做好风险评估，制订应急处置预案，严格落实信访责任制。及时向当地党委、政府部门和上级检察院汇报案件办理情况。例如，重特大案件及时向处非办报送办理动态，努力实现法律、政治、社会“三效果”的统一。

（五）积极延伸检察职能，完善非法集资犯罪综合治理体系

检察机关应主动开展预防和处理非法集资类案件的专项工作，在深入考察研究的基础上，积极向市委、市政府、市人大提出建议，以推动金融体制改革，将民间借贷归入规范化发展轨道，为非公有制经济发展营造安全的融资环境。同时，在办案过程中注重延展检察职能，对于投资公司欠缺监管等问题，要积极向工商、银保监会、央行等有关行政执法部门提出检察建议，明确监管主体，加大对民间融资的监管力度。

互联网背景下涉众型经济犯罪实证研究

——以天河区人民检察院近年办理的相关案件为样本

广州市天河区人民检察院课题组*

【内容提要】近年来，涉众型经济犯罪案件数量居高不下，涉案金额高达数千亿元，传统经济犯罪与新型网络犯罪交织，犯罪形式和犯罪手段层出，办案机关在办案过程中遭遇了众多难题。因此，加大对利用互联网进行的涉众型经济犯罪的预防和惩处力度，是保障市场经济发展和人民群众财产安全的重要基础。本报告基于天河区人民检察院的办案实践，以天河区人民检察院五年来的办案数据为分析样本，充分考虑互联网背景下涉众型经济犯罪的场域特征，深入研究该类犯罪活动在罪名认定、证据提取、证据固定和风险防范等方面的问题。经过对近五年天河区人民检察院办理的360件涉众型经济犯罪进行实证分析，我们发现，随着互联网的发展和应用，涉众型经济犯罪也出现从线下犯罪向网上犯罪发展、从民生行业向金融领域发展、从固定区域向跨省地域扩散发展、从地下方式向公开方式转化等趋势。犯案人数、规模和影响范围都远远超出了传统经济环境下的经济犯罪。究其根源，从检察实践的角度，我们认为主要在于互联网的跨界性带来的基层检察院管辖权不明和跨域办案的协作机制的不完善。因此建议在明确办案基本原则的前提下，细化司法实践工作中的技术环节，必要时提前介入侦查环节确保证据的合法提取；完善专业化办案机制、提高办案队伍的专业化水平和技术能

* 广州市天河区人民检察院课题组——负责人：广州市天河区人民检察院检察长林伟忠；课题组成员：华南理工大学知识产权学院教授刘汉霞，广州市天河区人民检察院廖丽红、潘东、张宇琼；执笔人：张宇琼。

力，同时加强理论研究保证案件办理质量；在案件办理过程中还应突出风险防控意识，努力实现办案与维稳并重。同时，建立并完善异地多发联动机制，必要时可设置专案组以减少协作不畅的问题。

【关键词】 涉众型经济犯罪　互联网　犯罪　实证分析

前言

涉众型经济犯罪是指基于同一法律事实、利益受损人数众多、可能影响社会秩序稳定的经济犯罪案件，包括但不限于非法吸收公众存款，集资诈骗，组织、领导传销活动，擅自设立金融机构，擅自发行股票、公司企业债券等犯罪。近年来，随着互联网的深入发展，涉众型经济犯罪借助高科技和网络便利，在犯罪形式、犯罪手段、侵害范围等方面都出现了重大变化，不仅严重扰乱市场经济秩序，也给广大人民群众带来重大经济损失。位于广州市金融核心区的天河区人民检察院（以下简称“天河区检察院”）在近几年承办了大量借助互联网的涉众型经济犯罪，如“E 租宝”“健康猫”“邦家”等大案要案的办理在国内引起广泛关注，产生了重大影响。在案件办理过程中，我们发现由于互联网的渗透，涉众型经济犯罪呈现出高科技、高智商、刑民交错、罪名交织的现象，案情疑难复杂，取证难，新情况、新问题层出不穷。因为涉及金融创新与经济犯罪的界限模糊，因而对此类案件进行深入研究无论是在法律层面还是在经济发展层面都具有重大意义。

一、互联网背景下的涉众型经济犯罪规范依据

2018 年 1 月 1 日起施行的《最高人民检察院、公安部关于公安机关办理经济犯罪案件的若干规定》，是目前对涉众型经济犯罪具有司法解释性质的规范性文件，该规定修订了 2005 年《公安机关办理经济犯罪案件的若干规定》（以下简称《若干规定》），结合《刑事诉讼法》关于程序正义和人权保障的价值定位，细化了涉众型经济犯罪案件的办理程序，规范了检察监督的办案职权，下文即结合《若干规定》等权威性文本的规定，从法律解释论的立场界定互联网背景下的涉众型经济犯罪的基本规范要素。

（一）涉众型经济犯罪内涵及外延

涉众型经济犯罪案件是指基于同一法律事实、利益受损人数众多、可能影响社会秩序稳定的经济犯罪案件，包括但不限于非法吸收公众存款，集资诈骗，

组织、领导传销活动，擅自设立金融机构，擅自发行股票、公司企业债券等犯罪。[1] 涉众型经济犯罪尚不是严格意义上的刑法学概念，而是在犯罪侦查的实务工作中，根据经验总结所提出的犯罪学概念。具有三大要素：

第一要素是基于同一法律事实。法律事实就是法律规定的，能够引起法律关系产生、变更和消灭的现象，可以理解为同一件事。比如，在非法集资案中，犯罪行为人依托同一网络平台，以高额回报为诱饵，以借款项目和基金为名非法吸收公众资金，这里的同一法律事实是指行为人以非法牟利为目的，依托网络平台以借款项目和基金吸收资金的同一行为侵害了不特定多数人的财产利益，诱发社会不稳定因素。

第二要素是利益受损人众多。利益受损人常见于民法的概念，在刑事法律中没有对利益受损人的界定，参考法律文献及学者观点，利益受损人是指正当权利或合法权利受到直接或间接侵害的人。[2] 涉众型经济犯罪不是犯罪嫌疑人涉众，而是指利益受损人涉众，这里的利益受损人包括直接侵害人即受害人，也包括间接受损人，如在传销案中，虽然参与者的利益不受法律保护，但是实际参与者利益确实受损。人数众多，指的是对象的不特定性，或者是特定的某一类人群但这类人群人数众多。换言之，一对多、多对多的经济犯罪，都是涉众型经济犯罪。

第三要素是仅限于经济犯罪案件。涉众型经济犯罪覆盖的经济生活领域广泛，主要是指公安经侦部门管辖的各类刑事案件，及其他办案部门管辖的破坏社会主义市场经济秩序犯罪有关案件。主要包括非法吸收公众存款，集资诈骗，组织、领导传销活动，擅自设立金融机构，擅自发行股票、公司企业债券等犯罪。[3] 笔者认为，合同诈骗和信用卡诈骗属于经济犯罪范畴，而近年来高发的电信诈骗如果是以电话网络形式骗取投资理财的，因具有涉众因素，又具有非法集资的特点，为扩大研究范畴，也列入了本文统计中。而一般的诈骗罪属于《刑法》第五章侵犯财产罪，则不属于涉众型经济犯罪。

（二）互联网对涉众型经济犯罪的影响

互联网和涉众型经济犯罪有机结合，依托和利用互联网技术实施的涉众型

1 参见2018年1月1日施行的《最高人民检察院、公安部关于公安机关办理经济犯罪案件的若干规定》。

2 朱里：《非法经营罪中利益受损人权利救济的思考》，载《法制博览》2013年第5期。

3 其中公安经侦部门管辖的经济犯罪案件有：妨害对公司、企业的管理秩序犯罪案件；破坏金融管理秩序犯罪案等六大类89种刑事案件；金融诈骗犯罪案件；危害税收征管犯罪案件；侵犯知识产权犯罪案件；扰乱市场秩序犯罪案件等。

经济犯罪案件中，[4] 互联网既可能是犯罪工具、犯罪对象，也可能是实施犯罪行为的场所。“互联网+”时代加剧了涉众型经济犯罪的规模和态势，与传统犯罪相比，互联网对涉众型经济犯罪的影响有以下几点：

首先，犯罪形式的多样化。互联网渗透社会生活的各个领域，工业、服务业、商业甚至是农业，还有人们的衣食住行，互联网无处不在，这为犯罪分子实施犯罪提供了多样化的选择。于是乎，网络借贷、私募股权、虚拟货币、电子商务、消费返利、慈善互助、养老等领域均有涉及，利用各类交易平台从事非法证券、期货活动成为“新兴”犯罪样态。

其次，犯罪行为的隐秘性，这是由互联网自身的虚拟性所决定的，犯罪分子利用虚拟信号进行犯罪的隐蔽性、专业性、传导性进一步增强，如互联网金融、内幕交易、“老鼠仓”、操纵市场等，此类案件中，犯罪行为人注册公司筹建专门的互联网融资平台，通过 P2P 信贷、P2P 自融、设立资金池等模式，在“线上”“线下”两个渠道开展融资业务。一旦案发将对市场经济秩序、社会稳定和政治安全造成严重危害，这是以往传统经济犯罪案件所不具备的特征。

最后，犯罪跨度大，这是由互联网的开放性所决定的，犯罪分子利用互联网可以跨地区甚至是跨国界进行犯罪活动，如跨国的电信诈骗，只要有互联网，犯罪分子就可以实施涉众型经济犯罪，利用互联网的开放性，犯罪分子跨越了涉众型经济犯罪时间和空间的界限。

（三）互联网背景下涉众型经济犯罪的类型

互联网正处于高速发展时期，中国正由“网络大国”走向“网络强国”，特别是在互联网全面嵌入现有的生产生活方式之际，可以预见，涉众型经济犯罪形式仍将不断变化，并且趋于复杂与多变。

第一类是“公益”筹资类。这是传统的涉众型经济类型，利用当前社会正着力发展养老、医疗等关系国计民生事业为契机吸引投资者投资，既有投资农业、矿业等传统产业，也涉及生物科技、药物、新能源等高新科技领域，这一类非法集资类行为往往采用大量的宣传包装，给人一种公司实力雄厚、行业前景光明的假象，迷惑性和隐蔽性较强，通常针对手中有点闲钱的中老年人进行。

第二类是“高收益”理财类。成立投资公司，在媒体发布广告，吹嘘有机构、资金、专业优势，以提供国际线路的外汇、贵金属、原油投资，零风险的玉石等以小博大式短期投资为名，向社会不特定公众非法集资，这种类型专门

---

4 任怡：《论大数据背景下涉众型经济犯罪侦查工作机制》，载《中国人民公安大学学报（社会科学版）》2016 年第 2 期。

针对不懂业务的投资客。

第三类是“概念化”炒作类。非法公开销售原始股，虚构拥有上百万名会员的跨境电商平台，诱骗公众消费返利；编造只升不跌的虚拟货币，诱骗客户注册账户并以人民币入金。

第四类是“虚构类”的网络借贷类。这是近年来增长速度较快的非法集资类犯罪，如P2P网络借贷、私募基金等。P2P和私募基金都是未经有关部门批准，在网上设立网络借贷平台，以年息高额回报为诱饵，发售虚假投资产品面向社会公众吸收资金。相较于P2P，私募资金在投资门槛、投资数量、宣传方式和收益等方面有更加严格的要求，P2P没有统一的投资门槛，平台投资门槛更低。

第五类是“层级化”的组织领导传销类。以共享经济、新销售为幌子，成立电子商务有限公司，要求会员缴纳一定费用取得加入资格，通过设立多等级的会员制度组成层级，以发展人员数量作为计酬返利依据，引诱他人继续参与，骗取财物。

实践中的非法集资行为更多的时候并不单纯属于以上五种类型中的一类，而是组合多种要素的复合型非法集资，欺骗性更强，甄别难度也更大。

二、互联网背景下涉众型经济犯罪实证分析

天河区是广州国际金融城核心区，GDP连续13年位居全国前列，属于经济犯罪多发地区，涉众型经济犯罪案件数量多、涉案金额高。2014年1月至2019年7月，天河区检察院共审查起诉涉众型经济犯罪案件360件1277人，被害人数557539人，涉案金额1982.35亿元。通过案件分析，具有以下特点：

（一）发案数量、被害人数、涉案金额大致呈逐年上升趋势

2014—2019年7月天河区人民检察院办理涉众型经济犯罪的案件情况

年份	案件数（件）	被告人数（人）	被害人数（人）	涉案金额（元）
2014	56	169	12323	34.55亿
2015	54	90	20956	49.73亿
2016	64	138	66175	55.71亿
2017	72	353	87218	21.79亿
2018	64	258	306967	70.31亿
2019年1—7月	50	269	63900	1750.26亿
合计	360	1277	557539	1982.35亿

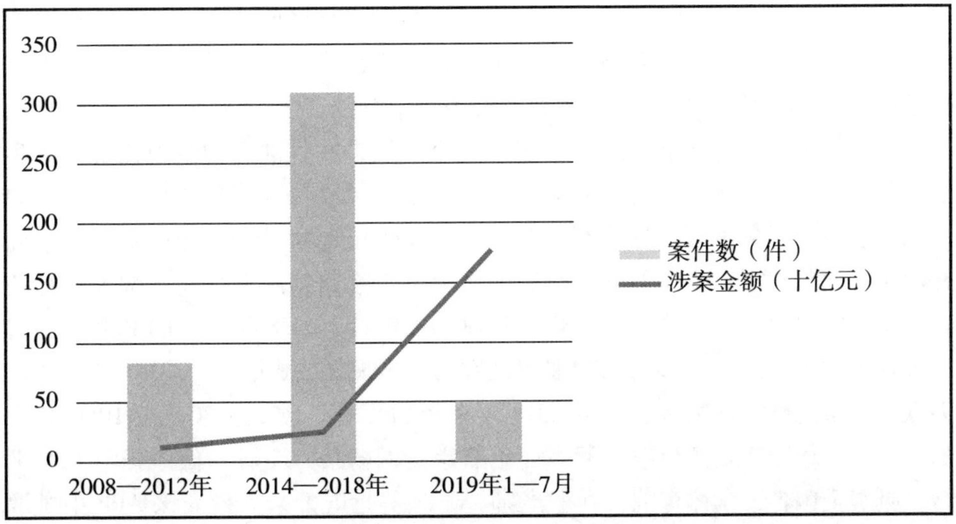

图 1　近十年间天河区人民检察院办理涉众型经济犯罪案件量及涉案金额变化情况

如图 1 可看出，2014—2018 年五年间，天河区涉众型经济犯罪案件数量的变化比较平缓，被害人数呈明显上升趋势，涉案金额除 2017 年略有回落外，整体上并未偏离上升趋势。为了保证实证研究的客观性和科学性，参考涉众型经济犯罪的滞后性，本文参考了 2008—2018 年的涉众型经济犯罪数据，这一期间正是改革开放 30 年到改革开放 40 年的重要节点，这 10 年间中国经济迅速发展、社会变革日新月异，第三方支付、P2P、众筹等互联网金融业态不断发展和深度社会化，全方位地改变着人类的社会面貌和生活。社会环境的变化对涉众型经济犯罪也产生了深刻的影响。如果把这 10 年以每五年为轴，前五年是以实业投资为主的涉众型经济犯罪的发展期，后五年是以金融理财为主的涉众型经济犯罪"互联网 + 时代"。据统计，天河区检察院近五年来办理的涉众型经济犯罪案件比上一个五年在数量上超 278%，涉案人数超 104%，涉案金额超 88% [5]，98% 以上的案件都是通过互联网实施的。这些数据高位运转的背后，正是网络融资、第三方支付等金融业态的发展。[6] 从近五年的案件来看，2014 年、2015

5　2008—2012 年五年间办理涉众型经济犯罪案 82 件 417 人，被害人数 241808 人，涉案金额 123.6 亿元。而 2014—2018 年同样是五年的时间，涉众型经济案件高达 310 件 1008 人，被害人数 493639 人，涉案金额高达 232.09 亿元。

6　据数据显示，2013—2016 年，中国移动支付年交易量由 1.3 万亿元增长至 35.33 万亿元，其中第三方支付交易规模达 19.1 亿元，据中国互联网信息中心发布的报告称，我国网民数量规模达 7072 亿，互联网普及率高达 55.8%，超过全球平均水平（51.7%）4.1 个百分点，超过亚洲平均水平（46.7%）9.1 个百分点，以上数据印证了互联网对涉众型经济犯罪的影响。

年、2016 年我国宏观经济稳中向好，经济运行在合理区间，金融平台融资约束有所放松[7]，2016 年案发的 64 件涉众型经济犯罪涉案金额超千万元的案件占案件数的 74%。2017 年是金融市场监管强化年，国务院金融稳定发展委员会成立，相关部委出台了规范金融资产管理系列政策，在各部门的强力监管下，影子银行、互联网金融、房地产金融等领域的金融风险得到明显缓解，这一年的涉众型经济犯罪案件数有所回落。2018 年是改革开放 40 周年，金融业成为对外开放主方向，在进一步完善金融监管的大势下，受到经济下行和金融去杠杆的影响，随之出现 P2P 网贷平台“爆雷”潮。据统计，2018 年案发的 P2P 案件占总案件数的 47%，涉众型经济犯罪案件数量又出现爬坡式增长。2019 年 1—7 月涉众型经济犯罪案件数量已接近 2018 年全年的 80%，涉案金额是近 10 年总额的 5 倍，单件涉案金额超千亿元。如犯罪嫌疑人杨某力注册“健康猫”APP 平台，吸引全国各大学体育院校在职老师、学生等近五万余人投入该 APP 中赚取课时补贴费用，后资金链断裂，无法归还，涉案金额达 1716 亿元。因此，防范和打击涉众型经济犯罪的任务仍然很艰巨。

（二）涉案罪名较为集中

涉众型经济犯罪案件涉及的犯罪类型广泛，包括非法吸收公众存款、集资诈骗、组织领导传销活动、非法经营、诈骗等众多包含涉众因素的类型。但在司法实践中，非法吸收公众存款和集资诈骗所占比例较大，两类犯罪占涉众型经济犯罪案件总量的 71%，涉案金额占总额的 95%，两者的区别在于行为人主观故意的认定。集资诈骗罪是以非法占有为目的，行为人采用虚构事实、隐瞒真相的方法意图永久非法占有社会公众的资金；而非法吸收公众存款罪行为人只是临时占用投资人的资金，行为人承诺也意图还本付息。非法集资类犯罪中经常会出现组织者与其他参与者的主观犯罪故意不一致的情形，组织者暗怀非法占有意图，并通过收款账户绝对掌控犯罪所得收入，但蒙骗其他参与者为其犯罪行为效力，参与者可能并不知悉公司运作实质，只为获得高额业绩提成而卖力，因此要以参与者对公司运营模式非法性的认知程度来界定其主观犯罪故意。如“礼德财富”P2P 网络借贷案中，涉及受害人 4595 名，涉案金额 7.4 亿元，主犯郑某被认定为集资诈骗罪，其他参与人员均被认定为非法吸收公众存款罪。值得注意的是，由于涉众型经济犯罪中非法占有的主观故意较难认定，许多实质上的涉众型诈骗犯罪一般会认定为非法经营罪，因此，非法经营的案

7 王彬：《2016 年中国经济金融形势评论与 2017 年展望》，载《IMI 研究动态》2017 年上半年合辑。

件数和涉案金额都不可小觑。

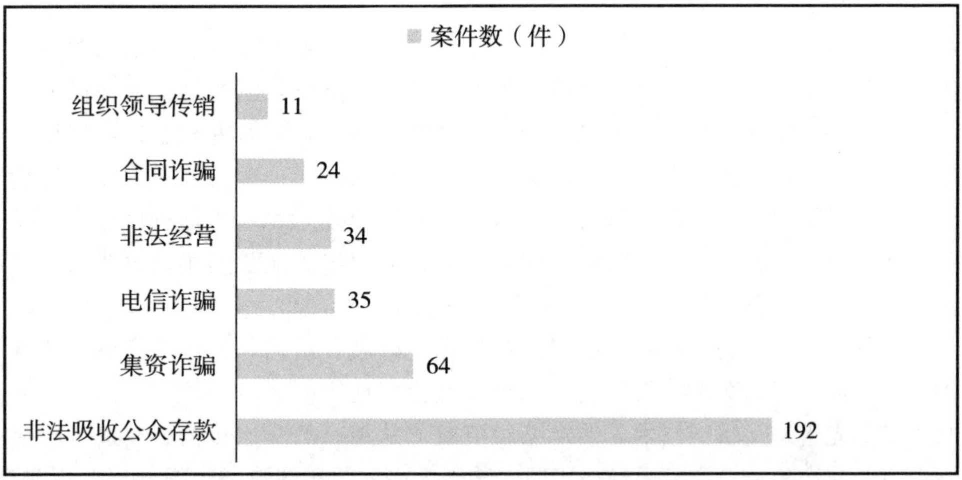

图 2　2014—2018 年天河区人民检察院办理涉众型经济犯罪案件涉及罪名情况

（三）犯罪地由核心商圈向东部金融城、互联网创建小镇扩散，犯罪地域扩大化

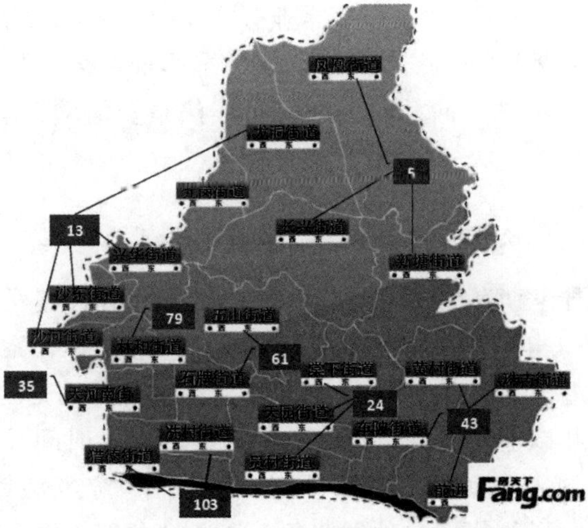

图 3　2014—2018 年涉众型经济犯罪案件在天河辖区的分布情况（件）

由图 3 可看出，天河区的涉众型经济犯罪的分布，有着明显的地域集中特征，集中于珠江新城周边及天河路一带，其中以珠江新城所在的冼村、猎德为圆心辐射至林和、石牌、天河南，这五个街道的案件量占案件总数的 77%，涉

案金额占总数的88%。[8]这与该五个街道辖区已经成为日趋成熟的CBD中央商务区密切相关。天河CBD不仅是华南地区最大的CBD，更是华南地区总部经济和金融、科技等高端产业高度集聚区，该区域集中的超甲级写字楼给犯罪行为人获得公众关注和信任提供极佳的气场和迷惑性。值得关注的是，天河区涉众型经济犯罪案件虽然存在上级机关指定管辖的客观因素，但主要还是依据地域管辖，大多数天河区检察院承办的案件就发生在天河区，天河区的营商环境仍然是乐观可控的。另外，天河辖区21个街道中每个街道都有不同程度涉及，受天河东部打造金融城、互联网集聚区的影响，近两年的互联网涉众犯罪出现了向员村、车陂、黄村、棠下等东部商圈扩散的趋势[9]。

此外，涉众型经济犯罪的涉案地域由固定区域开始向跨省区域发展。传统的涉众型经济犯罪案件一般以地域为界，在犯罪地周围区域进行。然而时至今日，借助先进的互联网技术，涉众型经济犯罪从单一的非法传销、非法吸收公众存款、非法集资等诈骗类经济犯罪，转变为多元化犯罪形式交织的复杂犯罪；犯罪区域由固定地区向全省、全国乃至全球跨区域发展。面对这种犯罪的跨区域性，由于犯罪形式的复杂化、多样化和信息不对称，犯罪识别难度大大增加。以邦家公司非法集资案为例，该案的主犯蒋洪伟等人在天河区的CBD成立广东邦家租赁服务有限公司后，以天河区作为始发点在全国16个省、直辖市设立了多达64家分公司、24家子公司，以正常业务作掩护，在未取得融资行政许可的情况下，以非法占有为目的，虚构高额回报，采用推销会员制消费、区域合作及人民币资金借款等方法，向社会公众进行非法集资活动，案件影响范围广，带来的社会影响恶劣。

（四）犯罪潜伏期较长，渐变性累积爆发，犯罪公开化

涉众型经济犯罪从萌芽到案发通常有一个较长的潜伏过程。调查发现（见图4），存续时间在1年以内的案件量占总数的39%，虽然作案时间短，但发案数量大，具有“短平快”的特点，说明大部分犯罪组织均是“草台班子”，捞一把就走。存续4年以上的案件金额占总金额的36%，时间长说明投入大，隐秘性强，对投资者的迷惑性大，侵害后果也大，具有“放长线钓大鱼”的特点。在开始阶段，犯罪分子往往制造种种假象，如通过办理正规工商执照、税务登记等手续，成立合法公司，以部分实际经营掩盖其犯罪活动等，使投资者难以

---

8 近五年办理的362件案件中均分布在天河区的21个街道，以冼村、猎德、石牌、林和、天河南为核心商圈的五个街道案件数278件，涉案金额253.93亿元。

9 科韵路周边列为全省首批“互联网+”创建小镇之一，目前小镇已集聚互联网企业400多家，互联网认筹超过4万人，按照天河区的规划，天河东部将打造成为千亿级互联网集聚区。

发现其犯罪实质。在实施阶段，犯罪分子往往是从小额资金的聚拢开始，进行滚球式的发展，在案发前会采用兑付回报的方式掩饰其犯罪的本来面目，以取得投资人的信任；而且在资金链尚未断裂、犯罪分子尚能维持“拆东墙补西墙”时仍不收手，直至资金链完全断裂才“东窗事发”。

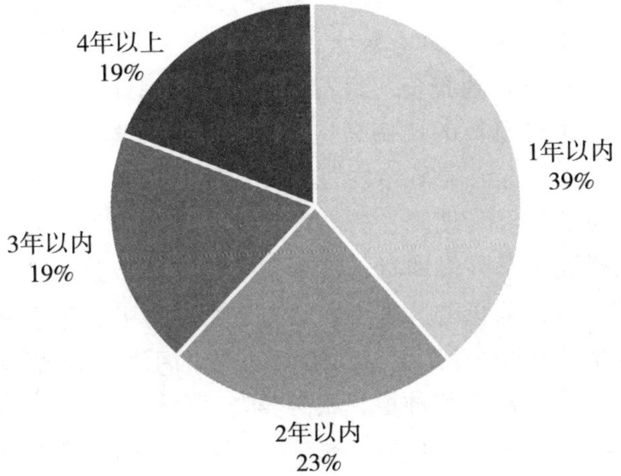

图4　2014—2018 年天河区人民检察院办理涉众型经济犯罪案件潜伏期情况

此外，与传统的涉众型经济犯罪案件私下运作的情况不同，现在新型的涉众型经济犯罪往往披上合法的“外衣”公开进行经营，以合法经营的外在形式掩盖违法犯罪的内在实质，真实项目与虚假承诺、合法交易与违规操作相交织，具有较强的伪装性与欺骗性，令人难以辨别。例如，“国盈基金”案，国盈广州分公司本具有私募基金牌照，被告人覃灿生等 11 人借用私募基金牌照突破特定对象，违反国家相关法律法规，以固定收益回报、溢价回购为诱饵，公开向社会不特定人群销售该公司私募基金，截至案发共有 253 人报案，累计投资款达 9.1 亿元。该公司在销售基金的过程中，前期的销售行为是经过银监会备案许可的，但后期持合法牌照打违规经营的擦边球，违背募集机构及其从业人员推介私募基金的禁止性行为，该公司通过公众号、举办推介会、客户答谢会、投研报告会、全国营销会等形式推荐，明确规定投资人必须提供资产证明文件证实个人金融资产不低于 300 万元且投资于单只私募基金的金额不低于 100 万元。被害人往往难以分辨出犯罪行为而遭受利益损失，也使得打击此类犯罪的难度加大。

（五）犯罪手段多样化，触及经济生活各领域

金融业是天河区的第一大主导产业[10]，截至2019年8月底，天河区持牌金融机构累计达到236家，占全市总数的70%以上，一定程度上形成了金融业的集聚效应，因而涉众型经济犯罪的行为人会将其据点设在此地以彰显其所谓的“专业性”和“发展前景”，具有较大的迷惑性。因此，在天河区以“私募基金”“P2P网贷”“文化产业投资”进行理财投资的形式成为涉众型经济犯罪常见的犯罪形式，占案件总数的比例高达51%，涉案金额占总数的62%。其中，P2P案件频发，涉案数占该类案件数的51%。同时，非法经营案件的触角不断向新领域蔓延，除非法经营烟酒、药品等常见犯罪类型外，还出现了非法经营承兑汇票，POS机套现及买卖期货、黄金和外汇等新型犯罪形式。传销案件由商品型向服务型、资金型变化，现在常见的是通过购买服务或缴纳年费取得会员资格，并发展下线获取返利。涉众型经济犯罪的手段以及涉及的领域趋向于多样化发展，以往多涉及养殖种植、旅游养老、高铁广告、网络电信、珠宝玉石、金矿开发等不同领域；近年来，随着互联网金融的快速发展，在相应监管机制缺失的情况下，众筹、P2P网络借贷、私募股权、虚拟货币、电子商务等新兴互联网金融业态为犯罪分子所利用，沦为涉众型犯罪“重灾区”。据不完全统计，2017年以来全国公安机关共立非法集资、网络传销等涉众型犯罪案件1.7万起，其中利用各种交易平台从事非法证券、期货活动成为新兴犯罪样态。以天河区为例，从2014年至今，天河区检察院公诉部门受理金融类非法集资犯罪案件313件，占涉众型经济犯罪案件总数的87%，而且涉案资金往往非常高，远远超出过去的同类案件。以“E租宝”案为例，李某等9人以珏城国际公司名义开展的“E租宝”理财基金以及芝麻金融网贷平台，一年多时间就吸收辖区内5151名被害人的3亿余元资金。如此的规模，在过去是难以想象的。

---

10 根据天河区商贸金融局提供的数据显示，截至2019年8月，天河区持牌金融机构累计236家，占全市70%以上。

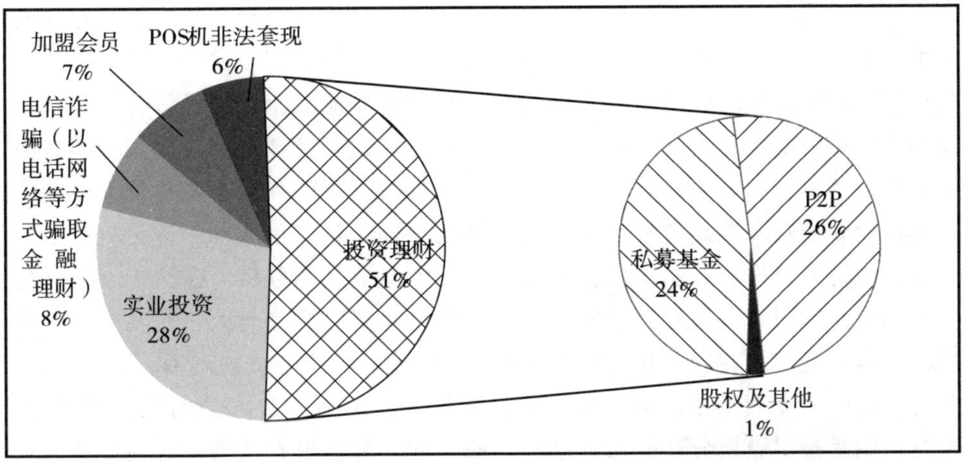

图5　2014—2018年天河区人民检察院办理涉众型经济犯罪案件涉及领域

三、涉众型经济犯罪案件办理过程面临的问题和挑战

涉众型经济犯罪案件频发，产生的社会危害性严重。与此对应，案件办理过程中相关法律规定的滞后及其他疑难给案件的办理加大了难度。这些疑难主要集中在五个方面。

（一）法律相关规定的滞后问题

法具有安定性，使得法律相关规定不可避免地在一定程度上滞后于社会实践的发展。涉众型经济犯罪形式日新月异的发展趋势之下，依据既有的法律体系已难以调整新型犯罪关系，主要表现为三种情况：一是刑法条文（包括司法解释）观念滞后所导致的犯罪定性问题。如对P2P非法吸收公众存款案当中对“资金池”的认定就存在着多种不同的理解，认定的偏差集中于构成非法吸收公众存款或集资诈骗的主要区分标准。两者在客观行为方面相似，量刑幅度却很大，关键在于是否有非法占有的主观故意，而对非法占有的认定是主观之于客观的过程，司法解释列举较为含糊，实践中更难以准确把握。二是当民刑问题交织，即经济纠纷与经济犯罪交织时，案件定性存在争议。如商业欺诈与合同诈骗的界限问题，传统理论并没有彻底厘清。在一起案件中，行为人赖某宣称可以帮助中小企业主或者个体经营老板开发手机专用APP应用程序并负责维护，与被害人签订合同后收取被害人一年至十年不等的维护费用，但其最后交付给被害人的手机APP，只是花一两千元找其他公司开发的简易APP，远远达不到当初向被害人宣传的实用、经济性效果。由于合同条款内容过于简单模糊，被害人亦难以通过合同维权。在这种情况下，行为人的行为到底是合同诈骗还是商业欺诈，甚至只是合同纠纷？其中的定性存在着严重的争议。三是犯罪主体的确定问题以及随之而产生的罪数问题。实践中，很多涉众型经济犯罪案件的主体范围难以准确界定，如有的涉案企业采用家族式管理，个人决策与集体决策交织，是单位犯罪还是自然人犯罪，二者难以厘清；有的非法集资类犯罪经历非法吸收公众存款到集资诈骗的漫长转变过程，是以单纯的一罪论处，还是以转化犯论处，抑或数罪论处，这都需要具体案情具体分析。在这一层面还包括更为复杂的边缘人员的界定问题。由于涉及众多犯罪参与人，对其中一些特殊人员是否确定为共犯不好把握，如公司聘请的培训业务员的讲师、前台文员、参与时间不长业绩不多的业务员、为获取提成介绍新客户入会的其他客户等，追责范围是按层级划分还是按业绩、入职时间划分？更有甚者，有些涉案人员具有犯罪人与受害人的双重身份，对其身份应该如何认定，其中存在着诸多法律疑难。[11]

（二）基层单位管辖权的局限问题

互联网涉众型经济犯罪案件在犯罪空间上表现出跨界性和广泛性特征。互联网涉众型经济犯罪案件中的实体犯罪空间涉及互联网金融公司注册地、公司经营地、利益损害人分布地等，实践中涉罪公司注册地和公司经营地（包括总公司经营地和分公司经营地）分离的情况十分常见，且融资活动借助互联网打破了地域限制，利益受损者分布在全国各地甚至境外国家或地区，这就对基层院管辖权带来了很大的冲击。2018 年 1 月 1 日起施行《关于公安机关办理经济犯罪案件的若干规定》规定由最初发现、受理的公安机关或者主要犯罪地的公安机关管辖。明确了管辖机关，能够一定程度上解决公安机关立案时的顾虑，也能遏制公安机关利用管辖权问题相互推诿，但在面对互联网涉众型经济犯罪案件时则显得捉襟见肘。互联网涉众型经济犯罪案件中的犯罪空间具有广泛性，大量取证工作需要跨行政区域方能完成。由于各地公安机关之间的协作机制运行不畅，加上警力缺乏等客观原因，很多地方公安机关畏惧侦办此类案件。司法实践中，互联网涉众型经济犯罪案件的案件管辖权冲突时常发生，如在批捕和审判环节中，检察院和法院经常就管辖权提出异议，犯罪空间与侦查管辖格局之间的矛盾可见一斑。

11　对于这类疑难问题，一般来说在理论层面解决并不是非常困难，但在实务层面解决却极其琐碎，逐个定性往往需要耗费大量的时间与精力。

（三）司法机关技术水平的落后问题

根据刑事侦查学与犯罪学的相关理论，当犯罪人的技术水平不断发展的时候，司法机关的技术水平也必须不断发展，才能够满足社会需要。然而在现实中，由于缺乏足够的技术设置与人力财力，导致基层检察院办案手段总体依然处于相对落后的局面，这与涉众型经济犯罪高智商化、多样化的犯罪趋势严重不适应，导致证据收集和固定难。涉众型经济犯罪案件往往历时较长，涉案人员众多且分布于各地，资金去向难以掌握，导致证据收集困难，如书证、被害人陈述。司法机关往往为核实一个案件的涉案金额及被害人人数即需要耗费大量的人力、物力和时间，甚至连如何取证、如何装卷等琐碎的细节性问题都不堪其累，长此以往很难保障办案质量。以邦家非法集资案为例，从案发到判决，历时长达四年，涉及 28 名被告人、88 家公司，卷宗材料超过 8000 余册，其间侦破与核查的难度可想而知。此外，此类犯罪往往多人共同犯罪，行为人之间经常订立攻守同盟，突破口供比较困难，甚至少数犯罪嫌疑人为了逃避打击，故意隐匿、销毁会计账簿和其他书证，导致证据缺失。除此之外，这类案件的爆发大都具有突然性，且往往伴随着群体性事件，司法机关时常会迫于形势而不得已将主要精力放在稳控犯罪嫌疑人和维护社会经济秩序上，导致在一定程度上忽视了罪证收集工作的质量，从而给下一个诉讼环节带来困难。实践中，一些案件由于前期工作质量不到位，检察机关经过严格审查认为证据不足，不批捕比例较高，不捕退查后，案件仍难以取得新的突破，重新报捕率较低。

（四）信访维稳风险大的问题

涉众型经济犯罪案件涉及人员众多，由于受害者有相同或相类似的诉求，容易形成共鸣，上访时往往成群结队。多数为退休职工，已年逾花甲，部分人还疾病缠身，也有部分是中青年或城市白领阶层。受害人来访的诉求大部分是要求司法机关帮助其挽回损失，并严惩犯罪嫌疑人。但也有部分受害人要求从轻处理犯罪嫌疑人，要求司法机关释放犯罪嫌疑人，如马超详非法吸存案中，大部分受害人就多次到天河区检察院集体访，请求司法机关释放犯罪嫌疑人，他们轻信犯罪嫌疑人的承诺，认为只要人一出来就能退钱。受害人遭受巨额经济损失，以致其求偿心态迫切，倾向于采取越级访、集体访、闹访等方式进行信访。案发后受害人往往会抱团维权，互相商量对策，组建维权微信群，一有情况就蜂拥而动，到政府或司法机关维权，给政府施加压力，由于人数众多，方式激烈，给维稳工作带来了很大压力。

（五）各方关注产生的办案压力问题

这类涉众型经济犯罪案件往往涉及大量的涉案人员与被害人的切身利益，从而引发了社会的强烈关注，导致办案压力大，难以及时结案。具体来说，首先是领导层面的压力问题。对于此类案件，各级领导都会密切关注，甚至还可能提出一些要求或建议，从而给办案带来很大压力，有的时候致使司法机关左右为难。尽管与过去相较这种现象已经明显减少，但还是会不时出现，从各个层面影响侦破与审查工作。其次是舆论产生的压力问题。当前社会自媒体发达，这类涉案人员众多的案件不时会引发某些媒体或舆论的炒作，从而诱发大众的种种质疑或不满，甚至对社会的稳定带来冲击。对此局面，司法机关极为困惑，却难有作为。最后是经办人办案压力。受上述两方面的影响，检察官一般不愿意办理涉众型经济犯罪案件，多数检察官反映此类案件难度大、耗时长，需承受巨大的身体、心理压力。在基层院的内设机构改革中，检察官对该部门避之不及，宁愿选择更多其他类型的案件，也不愿意办理一件涉众型经济犯罪案件，不利于该类案件的专业化办理。

四、互联网背景下涉众型经济犯罪的防治建议

当前面临的问题众多而且复杂，有的是法律规定层面，有的是法学理论层面，有的是制度设计层面，有的是社会人文层面，这些问题都绝非一朝一夕可以彻底解决，只能随着社会的整体进步而不断强化。就当前的局势而言，比较合理的措施是确定工作时的基本原则，强化工作的技术环节。本文站在检察院工作的角度，提出以下防治建议。

（一）明确处置涉众型经济犯罪的基本原则

一要坚持办案与挽损并重、办案与维稳兼顾的原则。[12] 在办案时，需要结合刑法和民商经济法等法律的规定，将不同性质的案件进行区分。首先要区分罪与非罪，解决哪些行为入罪，哪些行为不入罪的问题。主要是应判定案件中的行为到底是民事违法行为、行政违法行为，还是犯罪行为，在此基础上再确定具体的打击范围。区分时应慎重，从民宜于从刑，从轻宜于从重。如对于带有民事欺诈性质的经济合同纠纷，不宜作为犯罪处理，必须处理的只能是案件

12　从刑事诉讼法学的基本理论来说，司法本身是不适合兼顾维稳问题的，这实际上影响了司法的独立性。但在当前的具体形势下，完全不考虑维稳问题是不现实的。这就要求在法律与现实之间寻找一定的平衡点。

社会危害严重或存在其他恶劣情节；对于未经有关主管部门批准向不特定对象集资用于正常经营，情节轻微的，同样不宜作为犯罪处理。其次要根据罪名性质的不同，确定追究责任的范围。检察机关首先应当从维护被害人合法权益出发，重视被害人的合理诉求，协同其他部门，力求和社会其他部门形成稳控合力，尽力帮助其挽回损失，以便于维护社会稳定。同时，做好不捕不诉案件的释法说理工作。

二要坚持宽严相济的刑事司法政策，轻其所轻，重其所重，不搞扩大化。在司法实践中，力求实际处理的人数和范围在总体上与案件的社会危害程度相适应，既不能一味地追求打击的人数，也不能盲目地息事宁人、还款了事甚或以罚代刑。对于自然人犯罪，要区分主从。对负主要责任，起组织、领导、决策作用的，要从严打击；对起次要作用且积极退赃、认真悔罪的，可从宽处理；对于边缘性涉案人员，特别是主要体现为受害人而非犯罪人的，要本着教育挽救的原则予以处理，必要时可以考虑不予追究刑事责任。对于单位犯罪，则应根据案件的性质和人员在涉众型经济犯罪案件中起决策、组织、指挥作用或者其他主要作用的主犯和作用大小实行分类处置。在这一过程中，要注意区分公司的法定代表人、实际控制人、企业的高管、企业的财会人员以及直接实施经济犯罪的行为人、社会中介等几类人员的区别，要根据这些人的表现具体分析，如通过判别其主观能动性来考察其主观恶性以及是否因此特别受到重用或者获利来考察其实际作用，是否具有刑法上的期待可能性，再判断是否予以入罪。

三要坚持公开办案和保守侦查秘密相结合的原则。公开办案细节与保守侦查秘密，二者本身是一对矛盾体。但在现实情况下，需要找到矛盾的平衡点。这是因为涉众型经济犯罪涉及众多受害人的切身利益，不少受害人的集资款是其养老钱、买房钱甚至是本人全部家当，如果一味保密隐瞒有关侦破情节，可能诱发社会的恐慌情绪，导致流言四起。有鉴于此，司法机关在办案过程中，应当遵循依靠群众、积极侦查的工作方针，如建立新闻发言人制度，适时适度地向社会或者相关群众公布案情。在侦查的各个环节，要对被害人权益保护的具体方式、方法加以规范，帮助被害人准确理解法律的规定和相关程序，支持被害人正确行使权利。但这种案情公开建立在对侦查细节和关键证据的模糊处理的前提之下。但凡涉及核心案情和关键证据，一律以模糊化处理，甚至直接表明不得公开，以捍卫法律的权威。

（二）细化司法实践工作的技术环节

一是在侦查指导环节，做好提前介入的准备，以全面引导侦查。由于涉众型经济犯罪案件繁多、复杂，公安机关在取证时往往面对一些证据学上的技术性问题。有鉴于此，检察机关引导公安机关侦查取证就尤为必要，特别是要确保会计、账目、合同、第三方支付平台数据、银行交易记录等书证、电子证据等证据收集的合法性，以防证据缺失给后期的司法工作带来不必要的法律难题。天河区检察院在办理涉众型经济犯罪案件中，积极试行重大疑难案件公安机关听取检察机关意见建议制度，明确公安机关侦查方向、讯问重点，并且贯穿立案、审查批准逮捕、审查起诉等不同环节，取得了较好的效果，其中的一些宝贵经验值得向兄弟单位推广。

二是在跨区办案环节，建立并完善异地、异域的多发联动机制。涉众型经济犯罪的特点决定了其证据的收集、案件的审理工作时常会跨越多个省市。为了避免多头管理出现的推诿扯皮或争执不休的现象，有必要由省级司法机关牵头，建立异地、异域的多发联动机制，负责不同地域司法工作的组织与协调。对于重大涉众型经济案件，在必要的时候还可以考虑成立相关司法机关工作人员组成的专案组，专门负责协调案件的处理工作，实现案件处理的一致性。对于因少数地方保护主义原因而引起的部门协作不畅通的问题，应当通过加强监督机制和落实责任追究来尽可能减少协作不畅通现象的出现。

三是在队伍建设环节，完善专业化办案机制，建立具有高度责任感和丰富办案经验的专业队伍，以实现技术力量的强化和优势互补。如针对近年出现的网络金融犯罪，可以探索成立专业金融检察部门或金融检察专业办案组，形成专业办案机构；此外，还应当不断加强公诉专业化人才培训和专业交流，提高公诉人的知识水平和业务能力，逐步形成犯罪案件专人办理、系统研究、专业积累的良性循环，保证办理涉众型犯罪案件质量、提高办案效率。

四是在理论研究环节，应当加强对涉众型犯罪相关法律适用问题的研究工作。实践中，检察院往往受制于人力、时间，对一些具有共性的问题难以进行有效的分析与认定。此时，有必要会同法院、公安机关、金融监管部门等实务部门，以及高校、研究机构等理论部门针对重大、疑难、复杂的法律适用问题在保证时效性的前提下展开研究，进行专门研究，加强涉众型犯罪个案研究和类案分析，对涉及新产品和新业态的违法犯罪行为，加强法律适用和刑事政策把握，通过对新类型案件的准确指控定罪，发挥其对同类案件的参考指导作用。

五是在案件防控环节，突出风险防控意识，真正做到案结事了，使社会恢复正常状态。最高人民检察院检察长张军在大检察官研讨班结束时的讲话指出：要积极参与打击非法集资犯罪专项行动，把办理涉众型经济案件与化解风险、追赃挽损、维护稳定结合起来，坚决防范经济风险向政治安全领域传导。这一发言深刻阐明了风险防控工作的重要性。由于涉众型经济犯罪案件的处理结果往往关乎众多受害者的利益，应根据发案态势准确判断案件可能引发的群体性事件，对有重大社会影响的案件，由两级检察机关共同介入发表意见，并及时将案情汇报至省级检察院，突出风险管控重点，努力实现办案效益最大化、经济损失最小化。为了解决追赃难、退赔难等现实问题，还应建立相关退偿制度和程序，督促被害人有序地参与到诉讼及退赔程序中。对于无法全额退还的，应做好对被害人的释法说理与疏导工作。同时，及时采取查封、扣押等强制措施保全被告人财产或建立涉案公私财物托管制度，监督被告人履行承诺，实现对被害人损失的有效退赔或补偿。

结语

随着我国社会主义市场经济的不断深入，以及国家“一带一路”倡议的不断推进，社会发展对融资的需求必定是越来越强烈，而融资方式也必然变得越来越多元化，金融创新作为改革发展的一个重要部分，也必将展现出其强大的生命力。

涉众型经济犯罪是我国经济领域近年来出现的一个产物。其产生与存在有着复杂的经济因素和历史因素，涉众型经济犯罪问题不仅是中国，也是全世界都面临的一个难题。特别是在2018年以来，受经济下行压力加大、银行信贷收紧等影响，企业融资困难的情况越发严重，涉众型经济犯罪问题日益凸显，案件高发多发，对国家的金融安全、老百姓的生活都造成了巨大的负面影响。涉众型经济犯罪作为一个在短时间内快速爆发的新型犯罪类型，其司法实践在很大程度上走在了理论研究的前面。大量的问题来不及经过理论界充分研究就已经出现在司法工作者面前，如何从司法实践的角度来看待涉众型经济犯罪，解决涉众型经济犯罪出现的新问题成了每一个刑事司法工作者都必须面对的问题。笔者根据自身的司法实践经验，从实务的角度对涉众型经济犯罪的犯罪构成、犯罪特点、常见的疑点难点问题以及一些办理涉众型经济犯罪过程中的程序问题进行了分析和研究，这其中借鉴了不少学者和同行的研究成果与理论心得，同时也包含了笔者对此类犯罪的一些研究成果与经验总结。在现有的法律体系下，对于涉众型经济犯罪的预防与惩处，显然还存在一些不足与需要改进的地方，对此笔者也提出了自己的一些建议与看法。鉴于实践经验与理论水平的欠缺，这些建议难免存在不完善和值得斟酌的地方，也存在一些和其他学者意见不同的观点，但笔者认为，正是不同意见的碰撞与融合，最终促进了法律的进步以及理论与实践的结合。随着涉众型经济犯罪的关注度不断提高，以及互联网金融日新月异的发展，可以预见到的是，对该类犯罪的研究必将不断深化，谨希望本文能引起更多人关注涉众型经济犯罪，以期能为我国涉众型经济犯罪的理论研究与司法实践提供一些参考。

实务研究

软硬法兼施下船员权益多维度法治保障探究

郭　萍　　邵　帅*

【内容提要】 船员行业的健康发展对国家利益至关重要，是当前国家实施海洋强国、海运强国等战略的重要保证。本文在对我国船员队伍发展现状、存在问题及其原因剖析的基础上，指出我国目前船员群体已经呈现衰落之势，对海运强国战略实施会产生不利影响。现有硬法对船员权益保障尚存在一些问题和不足，而软法因为形式多样、操作灵活等特点，能够很好地发挥和补充硬法的不足。国际软法及部分国内实践已经证实了软法的作用。因此通过软硬法共同协作多维度保护船员权益，才是彻底缓解该群体衰落进程的必要手段。

【关键词】 软法　硬法　船员权益　公权力

引言

进入21世纪，海洋成为世界关注的焦点。2003年国务院发布的《全国海洋经济发展规划纲要》，首次在规范性文件中明确提出逐步把中国建设成为海洋强国的战略目标。此后交通运输部也相继提出交通强国战略、海运强国战略等。作为海上活动重要组成部分的航运业，承担了我国近93%的货物运量。[1] 而船员既是海上活动的直接参与者，也是支撑航运和海洋经济持续健康发展的重要

---

* 郭萍——中山大学法学院、南方海洋科学与工程广东省实验室（珠海）教授，博士生导师，最高人民法院国际海事法律研究基地（中山大学）执行主任；邵帅——西南医科大学法学院副教授，法学博士。本论文系国家社科基金项目“可持续发展视域下邮轮运输法制保障研究”（17BFX152）课题研究阶段性成果。

1　《我国拥有65万名海员，承担我国93%的外贸运输业务》，载中华人民共和国政府网站：http：//www. gov. cn/jrzg/2013 -06/24/content_ 2433227. htm，最后访问于2019年7月9日。

力量。对此，国际海事组织前秘书长米乔普勒斯曾经将海员的作用评价为“没有船员的贡献，世界上一半的人会受冻，另一半人会挨饿!”[2]

但是根据中国海事局《2017 年中国船员发展报告》中的数据统计，2011—2017 年，船员培训机构航海类专业招生人数逐年下降，2017 年共招生 13218 人，[3] 不及高峰期 2011 年招生 43913 人的三分之一。这种趋势已经从培训端传导到船员任职端，外派船员数量在 2016 年达到高峰后于 2017 年开始下降。尽管根据《2018 年中国船员发展报告》显示，培训机构航海类专业招生人数同比有所增长，外派人数也同比增长 5.1%，[4] 但是毋庸置疑，我国船员队伍发展形势仍然面临严峻考验。

目前船员群体已经呈现衰落之势，现有硬法对船员权益保障尚存在一些问题和不足，如何突破原有传统理念，通过“软硬法兼施”等多维度路径，有效采取措施以避免出现船员队伍断崖式下降，进而全方面探究船员权益保护问题，是本文试图尝试的新选择。

一、我国船员队伍发展现状、存在问题及其原因剖析

（一）我国船员队伍发展实然状况

改革开放以后，随着航海教育的逐渐恢复，我国每年培养了大量船员，不但服务于我国经济和社会发展，也为世界其他国家输送了相关航海人才。截至目前，全国招收航海类专业本科院校达 14 所，我国已经成为世界上船员培训数量最多的国家。作为支撑国家战略的重要举措之一，船员事业的发展也得到了国家重视，交通运输部不仅在“十三五”规划中明确提及，还编制了《中国船员发展规划（2016—2020 年)》，提出建设船员强国的目标，并自 2015 年起每年度发布船员发展报告，对外公开中国船员队伍的“家底”。

据《2017 年中国船员发展报告》公布数据分析可知：截至 2017 年 12 月 31 日，中国共有注册船员 148.3 万人，居世界第一位。根据《2018 年中国船员发展报告》中的数据显示，全国注册船员总数 1575234 人，同比 2017 年年底增长 6.2%，持有适任证书的国际航行海船船员、沿海航行海船船员和内河船舶船员

2 《2018 年世界海员日主题敲定》，载中国海事服务网，http：//www.cnss.com.cn/index.php?c = index&a = show&catid = 157&typeid = 25&id = 309049&remains = true，最后访问于 2019 年 7 月 9 日。

3 《2017 年中国船员发展报告》，载中国海事局官方网站，http：//www.msa.gov.cn/html/xinxichaxungongkai/gkml/sjzx/index.html，最后访问于 2019 年 7 月 9 日。

4 参见中国海事局发布的《2018 年中国船员发展报告》内容，载中国海事局官方网站，https：//www.msa.gov.cn/html/xinxichaxungongkai/gkml/cygl/tzggcygl/20190626/ACC90849 - A5AE - 49ED - B9ED - E7D96398B5B9.html，最后访问于 2019 年 7 月 4 日。

数量为 815366 人。[5]

从以上数据的统计分析可以看出，经过多年积累，中国注册船员群体总体呈现不断扩大的趋势，除传统的航海类船员外，从事海上邮轮工作的海乘人员、餐饮服务人员等其他成分也不断加入船员队伍，共同组成中国海洋强国建设的中坚力量。

（二）我国船员队伍发展存在的问题与不足

1. 实际从事船员职业人数呈现下降趋势

2017 年中国共有注册船员 148.3 万人，其中海船船员约 71 万人，这里面表征船员活跃度的持适任证书海船船员约 32.7 万人[6]。2018 年持有有效海员证船员数量略有增长，为 388372 人，其中持有国际航行海船适任证书的船员共计 25 万人，同比增长 3.9%。[7]但在船员群体繁荣表象的背后，却存在危机。

由于船员注册门槛低，一经注册除如死亡、超过 65 岁等特殊情况外，一般情况下并不会被注销，因此注册的数量与是否继续从事船员职业没有必然联系。而船员资质证书必须在 5 年内具备一定海上工作资历才能保持有效，所以持有有效资质证书的船员数量是考量从事船员职业实际数量的重要指标。尽管近年来我国注册名义船员数量还在增长，但是增长率逐年下降，2012 年比 2011 年增长了 13%，2017 年比 2016 年只增长了 6.5%，2018 年比 2017 年增长了 6.2%。[8]

（1）持资质证书海船船员数量开始下降

通过对交通运输部海事局公布的“2016—2017 年中国持有国际航行海船适任证书船员”的数据进行分析，[9]可以发现 2017 年持有效资质船员证书的船员为 240686 人，相比 2016 年的 263326 人减少了约 2.26 万人，流失率为 8.6%。

---

5 《2018 年中国船员发展报告》，载中国海事局官方网站，https：//www. msa. gov. cn/html/xinxichaxungongkai/gkml/cygl/tzggcygl/20190626/ACC90849 - A5AE - 49ED - B9ED - E7D96398B5B9. html，最后访问于 2019 年 7 月 4 日。

6 按现有规定，如果船员 5 年内没有上船经历，其所持有的资质证书将自动失效。

7 《2018 年中国船员发展报告》，载中国海事局官方网站，https：//www. msa. gov. cn/html/xinxichaxungongkai/gkml/cygl/tzggcygl/20190626/ACC90849 - A5AE - 49ED - B9ED - E7D96398B5B9. html，最后访问于 2019 年 7 月 4 日。

8 《2018 年中国船员发展报告》，载中国海事局官方网站，https：//www. msa. gov. cn/html/xinxichaxungongkai/gkml/cygl/tzggcygl/20190626/ACC90849 - A5AE - 49ED - B9ED - E7D96398B5B9. html，最后访问于 2019 年 7 月 4 日。

9 《2017 年中国船员发展报告》，载中国海事局官方网站，http：//www. msa. gov. cn/html/xinxichaxungongkai/gkml/sjzx/index. html，最后访问于 2019 年 7 月 9 日。

（2）船员外派数量开始下降

衡量船员发展的另一指标是外派到外籍及中国香港地区、台湾地区船籍船舶工作的船员数量。2016年以前人数一直呈攀升势态，2017年船员外派人数首次出现下降，为138854人次，较2016年的142738下降2.7%，[10]其中持适任证书船员数量为95292人次。虽然2018年中国外派海员共145922人次，相比2017年增长5.1%，并且高级船员外派数量稳中增长，[11]但是居世界第二位的我国外派船员数量，距第一名的菲律宾差距明显，约占其六成。

（3）航海类专业学生培训数量已经下降

根据交通运输部海事局提供的一份调查资料显示，航海类学生毕业时实际到远洋船舶工作的约为80%，5年后仍在船上工作的本科生不超过20%。[12]这一调查结论在航海专业的招生上也得到相应反映。根据图1可以看出，我国航海类招生呈现逐年下降的趋势，在2011年达到顶峰后，之后逐年下降延续到现在，其间除2016年有少许反弹外，2017年全国招生12803人，仅仅相当于2013年的58.5%，个别航海院校已面临无生可招的窘境。值得注意的是，2018年船员教育培训机构航海类专业共招生17358人，人数相比2017年增长31.3%，但是距离顶峰时期，仍存在差距。[13]从笔者对部分船公司的实地调查情况看，目前除了大副和船长职位以外，其他岗位的船员（包括水手和机工）都存在严重不足的现象。[14]2008年底以来，航运市场步入不景气的状况，一定程度上影响了航海类学生的招生和就业，但是任职的船员数量呈下降势态，甚至一些职位出现紧缺的现象，无疑对航运公司的正常经营甚至生存造成了威胁，而航运公司的经营状况又反作用到船员的就业和相关权益的实现。

---

10 相关数据均通过对中国海事局船员数据库数据及《2017年中国船员发展报告》公布数据进行统计分析所得。

11 《2018年中国船员发展报告》，载中国海事局官方网站，https://www.msa.gov.cn/html/xinxichaxungongkai/gkml/cygl/tzggcygl/20190626/ACC90849-A5AE-49ED-B9ED-E7D96398B5B9.html，最后访问于2019年7月4日。

12 交通运输部网站，http://www.gov.cn/xinwen/2014-06/25/content_2708107.htm，最后访问于2019年7月9日。

13 《2018年中国船员发展报告》，载中国海事局官方网站，https://www.msa.gov.cn/html/xinxichaxungongkai/gkml/cygl/tzggcygl/20190626/ACC90849-A5AE-49ED-B9ED-E7D96398B5B9.html，最后访问于2019年7月4日。

14 笔者自2017年以来曾对浙江永航海运有限公司、青岛诚润船务公司等8家公司专门就船员队伍情况作过专门调查与走访。

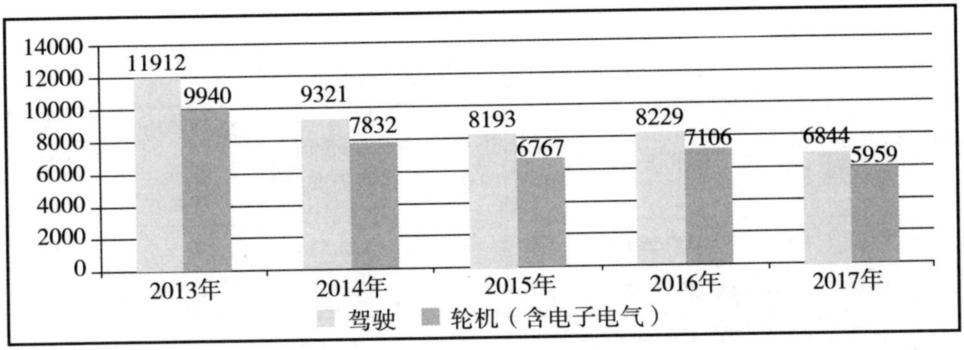

图 1　2013—2017 年中国航海类专业招生人数比较图

2. 船员整体素质不高

（1）部分船员责任心有待提高

由于国内船员市场不平衡，导致部分担任较为紧缺职务的船员容易滋生混日子思想。据部分船公司反映，部分船员只拿工资不干活，还通过频繁跳槽的方式骗取报酬，严重威胁海上运输安全。由于缺乏行业组织内部约束和信用评价机制，船员的职业信用观念不强，发生失信行为并非鲜见，因此船员群体素质有待提高。

（2）高质量具有外派能力船员的比例过低

自 2013 年以来我国船员外派规模稳定在世界排名第 2 位，[15] 成为重要的船员劳务输出国。2017 年中国外派数量约 13.8 万人，相当于菲律宾年外派船员的 60.6%，差距明显。其中服务员、厨工以及低级别职位的船员占大部分，而高级别职位的船员仅有约 5.5 万人，所占比例只有 40%

根据联合国贸易发展会议（UNCTAD）2017 年发布的统计数据（见表 1），中资方便旗船按载重吨算已占到了全部中资船的 53.97%，即很大比重的外派船员实际上是在中资方便旗船公司船舶上服务。根据 2016 年波罗的海国际航运公会（BIMCO）与国际航运协会（ICS）共同发布的人力资源调查报告称，菲律宾和俄罗斯被认为是高级船员的重要来源，紧随其后的是乌克兰和印度，[16] 由此看来，中国外派船员还无法得到国外船东的普遍认可。对技术和适任要求较高的船舶，如超大型油轮（VLCC）、液化天然气船舶（LNG）和豪华邮轮等，中国高级别职务的外派船员涉足很少，中国外派船员数量大而不强的矛盾仍然比

15　参见交通部《2017 年中国船员发展报告》。

16　《至 2025 年，世界海运业海员缺口将达到约 150000 人》，载船员网，http://www.cnss.com.cn/html/2016/cydt_0518/214618.html，最后访问于 2019 年 7 月 9 日。

较突出。

表1 联合国贸发会公布的航运力量排名[17]

排名	国家或地区	船舶艘数	总净吨	外国船旗占比	资产排名（美元）	总价值（百万美元）	单船平均价值（百万美元）	每净吨价值（美元）
1	希腊	4 199	308 836 933	78.76	3	72 538	17.3	235
2	日本	3 901	223 855 788	85.89	2	77 898	20.0	348
3	中国	5 206	165 429 859	53.97	4	65 044	12.5	393
4	德国	3 090	112 028 306	90.77	8	38 412	12.4	343
5	新加坡	2 599	104 414 424	39.02	7	39 193	15.1	375
6	香港（中国）	1 532	93 629 750	23.98	9	25 769	16.8	275
7	韩国	1 656	80 976 874	81.98	11	20 928	12.6	258
8	美国	2 104	67 100 538	85.73	1	96 182	45.7	1 433
9	挪威	1 842	51 824 489	64.62	5	58 445	31.7	1 128
10	英国	1 360	51 150 767	80.55	6	40 671	29.9	795
11	百慕大	440	48 059 392	98.93	13	19 691	44.8	410
12	台湾（中国）	926	46 864 949	90.62	17	10 857	11.7	232
13	丹麦	920	36 355 509	56.00	15	18 694	20.3	514
14	摩纳哥	338	31 629 834	100.00	23	7 903	23.4	250
15	土耳其	1 563	27 732 948	71.57	20	9 055	5.8	327
前35位船东总计		44 036	1 755 783 748	70.30		770 109	17.5	439
其他船东合计		6119	91847146	64.30		58 509	9.6	637
世界总计		50 155	1 847 630 894	70.01		828 618	16.5	448

17 该表摘自联合国贸易发展会议2017年年报，载 http：//unctad.org/en/PublicationsLibrary/rmt2017_ en：df，最后访问于2019年7月9日。

（三）我国船员队伍发展困境之原因分析

1. 海上工作固有的特点导致船员职业风险高

常言道“跑马行船三分险”，航海历来被视为冒险家的乐园。航海风险客观存在的事实不容争议。随着航海科技的进步和船舶配员及管理的有效监督，海上事故所造成的人员损失已经大幅度减小，但仍无法完全杜绝。恶劣海况、船舶碰撞、船员疲劳驾驶等因素引起的海上人员伤亡事故时有发生。2017 年船舶全损为 94 艘，同比下降 4%（98 艘），这相当于过去十年的 38%，2017 年持续这种下降趋势。恶劣天气，如亚洲的台风和美国的飓风，在 2017 年造成了超过 20 艘船舶全损，约占所有全损的四分之一。[18] 我国共发生水上交通事故 196 件，死亡失踪 190 人，沉船 80 艘。[19] 恶劣的自然环境和艰苦的工作环境，不仅要求船员具有坚实的理论基础、扎实的航海专业知识和丰富的海上工作经验，还要求船员有过硬的心理素质。因为远洋船员常年在海上漂泊，与社会高度隔绝，容易引发由心理导致的刑事犯罪，如 2011 年“鲁荣渔 2682”号远洋渔船上由于工作强度大和待遇等问题，引发了一场 33 个船员自相残杀的血案。[20] 由于我国对持有适任证书的船员培训、考试及发证有着较为规范和严格的要求，使船员职业门槛相对较高，对于那些畏惧艰苦工作环境，难以忍受海上枯燥、孤独生活的从业人员而言，是否选择船员职业应持谨慎态度。

2. 船员收入与付出不匹配导致社会认可度降低

在 20 世纪 70 年代，我国远洋船员的月收入平均为 115 美元，而当时国内人均收入不过 100 多元人民币，每年还有一定数量的免税购物指标，使船员作为高收入行业令人羡慕。[21] 改革开放 40 年以来，随着陆地上工资水平不断提高，船员待遇较高的优势被不断弱化。据国家统计局 2017 年公布数据显示[22]，城镇非私营单位就业人员年平均工资达到 74318 元，约每月 6193 元。而根据 2018 年 6 月海员工资行情参考，[23] 一名普通水手月工资约 8000 元人民币，按照一年在

---

18 数据引自安联保险集团 2018 年发布的《安全与航运报告》，载搜狐网，http://www.sohu.com/a/242186128_196705，最后访问于 2019 年 7 月 4 日。

19 交通运输部海事局：《2017 年我国水上交通安全形势分析》，载《中国海事》2018 年第 1 期。

20 《谁制造了“鲁荣渔 2682”惊天血案》，载腾讯网，https://news.qq.com/a/20180208/028674.htm，最后访问于 2019 年 7 月 9 日。

21 刘宇雄：《船员生存解读》，载《珠江水运》2014 年第 7 期。

22 国家统计局：《就业总量持续增长，就业结构调整优化》，载国家统计局网站，http://www.stats.gov.cn/ztjc/ztfx/ggkf40n/201809/t20180912_1622409.html，最后访问于 2019 年 7 月 13 日。

23 《2018 年 6 月船员工资行情参考》，载航运在线网，http://seafarer.sol.com.cn/SSPI_V_cdlci.html，最后访问于 2019 年 7 月 13 日。

船上工作 8 个月计算，[24] 普通船员的年收入约为 64000 元，不但少于陆地劳动者收入平均水平，还要忍受海上高风险和恶劣工作环境的现实。2001 年曾有调查数据显示，远洋船员职业声望排名第 58 位，[25] 排在农民、厨师之后。根据相关国际公约和国内法规定，船员在船工作一段时间之后需要强制到陆地休息，而在陆地休息期间，船员几乎无任何收入，这一工作特点也导致船员无法享受特殊的个人所得税优惠保护。综上原因，船员收入优势不明显、社会地位低下，也导致不少航海类院校的毕业生或者年轻船员，更愿意寻找更高职业声望和体面的其他陆上工作。

3. 现有法律和机制对船员权益保障不够充分

本文论及的船员权益是针对船员这一特定群体所涉及的权益，由现有法律法规所列明的船员权利和从应然角度船员拥有的各类合理利益所构成。根据《2006 年海事劳工公约》及我国国内法的相关规定，主要包括获得符合安全标准的工作场所的权利，获得体面工作和生活条件的权利，获得公平就业机会的权利，享受健康保护、福利等社会保障的权利以及其他延伸权益，如不受公权力侵犯、获得政府帮助或援助、拥有诉求表达的渠道等相关权益。

目前我国尚无专门性的船员立法，已有涉及船员方面的法律、法规，侧重于从行政管理大角度规制船员的资质、培训、发证等方面，与船员管理相关的部门存在职责交叉、职责不明的现象，已有调整劳动关系方面的法律法规未能充分考虑船员工作特点和职业风险，在个人所得税方面、陆上相关配套设施和方面尚存在很多提升空间。具体内容详见下文。

4. 航海科技进步可能带来的影响

科技对航海活动一直起着巨大推动作用，从早期人力船，到以煤为燃料的铁壳船，动辄需要几百名甚至上千名船员协作才能保证船舶航行，到今天以内燃机为主要动力的钢质巨轮只需要几十名甚至十几名船员就可以操作，航海活动早已经脱离了劳动密集型的产业模式。随着人工智能无人船技术的推广应用，可预见未来对船员的需求会进一步下降，船员队伍规模的减缩将是必然趋势。但这一趋势受制于客观条件，一是时间上，从智能驾驶到部分无人驾驶，再到完全自主的离岸远程控制无人船舶的实现，注定不会一朝一夕就能达到，有人驾驶的船舶在未来一段时间内仍然扮演着航运主角；二是在一些区域，如通航密集的港口、航道以及沿海、内河复杂航路上，有人驾驶船舶无法被完全替代；

---

24 据中国船员建设工会 2011 年《船员劳动关系现状》报告，中国船员平均在船每年 8.7 个月，载搜狐网，https：//www. sohu. com/a/155172961_ 606774，最后访问于 2018 年 9 月 9 日。

25 《高级船员弃船上岸为哪般》，载《中国水运报》2010 年第 9 期。

三是终极智能无人船也并不是真正无人化，仍然需要陆上岸基技术人员通过远程操控船舶实现“无人驾驶”，因此航海类人才仍将继续发挥作用。

二、现有硬法保障船员权益之不足

传统意义上的法律，即由有权机关制定，通过国家强制力直接保障的规范性文件可称作硬法。这些硬法当中，有的直接涉及船员权益，如《海商法》《海上交通安全法》《海洋环境保护法》等；有的并不直接规定船员事项，但与船员存在间接联系，包括法律层面的《劳动法》《劳动合同法》《社会保险法》《出境入境管理法》等，分别涉及船员劳动权益和进出境管理等事务；行政法规方面有《卫生检疫法实施细则》《对外劳务合作管理条例》，对船员进出境检疫和劳务外派活动进行规范；部门规章方面有公安部的《沿海船舶边防治安管理规定》等涉及包括船员在内水上工作人员的治安登记管理。

但是综合上述与船员权益直接或间接相关的硬法体系及其内容，可以看出存在如下方面的问题。

（一）专门立法空缺，已有法律法规侧重于行政管理方面

随着我国社会主义法治体系的基本构建，我国先后颁布与船员有关的法律、法规及其他规范性文件。从法律层面看，尚无专门的船员立法，《海商法》《海上交通安全法》《海洋环境保护法》等涉海法律中，涉及船员内容不多。其中《海商法》主要是对船员、船长资质及船长职责作出原则性规定。《海上交通安全法》和《海洋环境保护法》则分别从行政管理的角度，针对涉及海上安全和环境保护等事项对船员航行和作业操作作出规定。法规层面，2007 年生效的《船员条例》专门地、较为系统地对船员注册、任职、培训、职业保障以及提供船员服务等事项进行了规定。《内河交通安全管理条例》主要与《海上交通安全法》相配套，对内河水上交通安全进行规范。为配合《船员条例》实施，交通运输部还先后在船员注册、培训、考试发证、值班、服务、外派等方面制定了十余部部门规章，包括《船员服务管理规定》《外派船员管理规定》《海船船员船上培训管理办法》等。显然上述法规、规章仍然倾向于从行政角度规范船员管理问题，涉及船员权益保障的条文和规定不足。

此外，已有法律需求与立法资源不足矛盾突出。由国家立法资源的稀缺所导致的问题主要体现为：一是涉及船员的硬法大多集中在部门规章层面，目前尚没有法律层面的船员专门立法，最高位阶只有行政法规层面的《船员条例》，其余为交通运输部的规章；二是立法覆盖的船员领域不全面，如对船员专门的社会保障、相关主体信用管理等方面尚存在空缺；三是现有规范性文件无法及

时得到修订或废止以适应复杂社会的发展变化，硬法呈现出僵硬性。当前，中国社会和政府处于转型期，对硬法需求旺盛，这也造成了硬法在供给上严重不足的矛盾。

（二）已有法律法规的内容不能完全适应船员工作特点

我国现行硬法大多是按照陆上环境和情况进行设计，一般不会考虑海上工作的特殊情况，如将之套用于船员领域，不但无法适用，甚至会造成对船员权益的损害。比如，我国《刑法》中对交通肇事罪的入刑标准，以3人死亡和30万元财产损失为起刑点，而航运本身就带有高风险和船舶高价值的特点，海上的交通事故达到上述标准非常容易，实践中将上述标准应用于船员并不鲜见，对船员队伍的发展非常不利。

当前对船员权益保障方面的法律法规，仍然是适用陆上有关劳动关系方面的规范性文件。但是这些调整劳动关系的法律法规，没有考虑到船员的工作特点和工作环境的特殊性，缺乏对船员这种特殊职业的专门性条文规定。实践中，当船员遇到纠纷尤其是发生工伤时，依然会受到劳动仲裁和劳动实体法的规制。为逃避劳动合同法律相关强制性规定，船公司与船员签订劳务合同的现象并非鲜见。由于《劳动合同法》对劳动合同作出专门强制性规定，而劳务合同并非有名合同，也没有相关强制性规范予以规制，只能适用《合同法》中相关原则规定，使海事司法实践中因劳动合同、劳务合同性质之分所引起的法律适用不同，进而导致判决结果不一致的相关争议不断。虽然最高人民法院相关司法解释确定了海事法院对船员劳动争议的管辖权，但在实践中并未明确排除劳动仲裁的适用，因此涉及船员劳动或劳务合同的纠纷仍存在很多法律适用不明的障碍。

再如，我国《劳动合同法》规定了劳务派遣合同，而实际情况是催生了很多船员中介组织的产生，这些组织的营利性被合法化。而根据《2006年海事劳工公约》的规定，由于船员工作的特殊性，船员国应建立非营利性的中介组织。外派船员因为无法及时获得外派船公司的用工需求或者无法直接与外派船的船公司直接签署劳动合同，致使公平提供船员就业机会的目标落空。已有的营利性中介组织的存在不仅与公约规定相冲突，损害了船员权益，实践中一些非登记注册的“黑中介”组织的存在，更是给船员造成更大损害。

（三）涉及船员管理的行政部门之间职责不明

涉及船员管理方面的行政部门包括海事局、人力资源和社会保障部、商务部、海关、移民、卫生等多个机构，而这些部门之间存在一定程度的职责交叉和空白。即使在交通运输部内部，由于涉及船员的事项被分散到海事与交通管理两个部门，也存在一定程度的职责交叉和硬法规定上的冲突。如对引航员的归口管理在港航管理部门，但日常业务监督却在海事部门；内河船员的培训和发证也存在由地方交通部门和海事部门分别管理的情况。再如，船员劳动权益保障涉及海事部门以及人力资源和社会保障部两个部门，但由于人力资源和社会保障部门对海上情况不够熟悉和了解，而海事部门又没有劳动执法权，事实上形成船员劳动权益事权的灰色地带。为顺利履行《2006 年海事劳工公约》，人力资源与社会保障部和交通运输部多次进行部际间的协调，并于 2016 年 9 月共同发布《关于履行〈2006 年海事劳工公约〉的公告》对公约适用范围和社会保险类别进行了明确；2016 年 11 月，又联合印发《海事劳工条件检查办法》，就海事劳工条件检查界定了两部门的分工；2017 年 8 月，两部共同颁布《海事劳工符合声明——第 I 部分（国家声明部分）》。至此，已经通过部际间的分工协议初步建立起了由海事部门和人社部门双主管架构的履约模式，[26] 但由于上述协议没有在法律层面予以确认，也没有触及职责根本，效果有待观察。

在涉及船员健康体检发证方面，海事局与海关总署的出入境卫生检疫部门存在重复要求，主要体现在海事部门颁发的《海船船员健康证书》和卫生检疫部门颁发的《国际旅行健康检查证明书》（以下简称健康证明书）在内容上存在很大程度重叠，致使船员需要经历两次健康检查，支付两次费用，船员对此意见颇多。

（四）行政与刑事事务部门存在职责交叉现象

海事部门从海上以及内河交通安全事故调查的角度，发现危害船员人身和生产安全的违法及犯罪行为，由于存在移送对象和程序等方面的诸多困难，无法及时给予纠正，相关案件止步于各部门的推诿间，从而无法有效地规制违法犯罪行为，维护海上及内河交通安全。

（五）船员权益保障机制缺失的其他方面

目前对船员的特殊优待如减免个人所得税的呼声已经持续多年，尚未有实质性的改善和突破。此外，根据《2006 年海事劳工公约》，各个港口应当能够为船员提供陆上休闲活动及其他服务事项，船员俱乐部就是很好的例子。目前俱乐部主要提供互联网接入、交通服务、港口医疗、货币兑换、组织观光、汇

26　根据 2018 年国务院机构改革方案，人力资源和社会保障部的城镇职工和城镇居民基本医疗保险、生育保险职责整合，归属新组建的中华人民共和国国家医疗保障局。

款、岸上住宿、体育设施和服务、书籍电影等服务。[27] 我国船员俱乐部始建于20世纪50年代，最多曾达50余家。近年来，改制、船舶周转速度加快及俱乐部设施闲置等诸多原因，导致船员俱乐部不断萎缩，目前仍在运营的船员俱乐部全国只有16家。[28]

三、软法的兴起与船员权益保障

随着国家治理到社会治理观念的转变，以及虑及目前硬法在维护船员权益方面存在的不足和问题，多维度软法法治保障研究路径引起人们的关注。在国内法语境下，主流观点倾向于“软法亦法”，如罗豪才先生认为软法是指“不能运用国家强制力保障实施的法规范体系……其实施不依赖国家强制力保障，而主要依靠成员自觉、共同体制度约束、社会舆论、利益驱动等机制，”[29] 软法属于一种法律效力结构未必完整，无须依靠国家强制保障实施，但能够产生社会实效的法律规范。[30]

虽然学者大多认同软法具备法律属性，但如何准确界定软法，认识却并不统一。有两种现象需要克服，一个是泛软法主义，即只要具有约束力，无论显性的或隐性的，都是软法。[31] 由于该观点将软法外延无限扩展，会对软法研究造成根本性损害。另一个是不可定论，认为软法是一个只能意会不可言传的概念。[32] 该观点由于无法确定软法与硬法的边界，最终走向虚无主义。

一般来说，传统概念上由有权机关制定，通过国家强制力保障实施的规范性文件称作硬法，而与之相对，那些能起到一定规制作用，但并非属于硬法范

---

27 Jason Zuidema，Michael Skaggs：《全球港口船员福利中心历史与现状》，单德赛译，载《世界海运》2018年第7期。

28 参见“卡拉OK、兑换外币……羡慕！中国船员岸上福利竟然如此丰富”，载中工网，http://acftu.workercn.cn/816/201806/22/180622140341576.shtml，最后访问于2019年7月20日。

29 罗豪才、宋功德：《认真对待软法——公域软法的一般理论及其中国实践》，载《软法与公共治理》2006年第1期。

30 罗豪才、宋功德著：《软法亦法——公共治理呼唤软法之治》，法律出版社2009年版，第268页。

31 如代表人物梁剑兵将软法分为12类，包括国际法、不确定的规则和原则、作为硬法半成品的某些法律渊源、法律意识与文化、道德规范、民间法、国家机关政策性文件、程序法、宣告性质的法条、可裁量性条款、法律责任难以追究的法律、党的政策等。参见梁剑兵：《软法律论纲——对中国法治本土资源的一种界分》，载罗豪才等著：《软法与公共治理》，北京大学出版社2006年版，第152页。

32 如学者王申认为，软法深刻反映西方后现代主义思潮的影响，后现代主义本身的不可言说与不可表达等模糊性特征，使得对软法描述也显得特别困难。参见王申：《软法产生的社会文化根源及其启示》，载《法商研究》2006年第6期。

畴的成文规范，可以归到国内软法范畴。

综上，我们认为软法规范是不直接依赖国家强制力保障实施，而主要依靠成员自觉、共同体制度约束、社会舆论、利益驱动等机制实现的法规范体系。之所以强调不直接依赖国家强制力保障，是因为在现实社会生活中，人们还无法得出社会公权力更具理性的判断。尽管目前国家公权力一般并不直接介入社会公权力领域，但从应然角度，仍需要国家公权力作为社会公正的最后底线，否则如船员无端被公司投诉上黑名单、学生受不合理处分、职工受不公正对待等问题将由于没有救济渠道而无法实现个体与社会的公平和公正。

由于软法表现形式多样，其称谓也不统一，通常包括纲要、章程、标准、规程、指南、建议、规定、宣言、备忘录、通函、规划、手册等以及各类的示范法、指导法、扶持法等，[33]所以判断某种规范是否是软法，不但要看其名称，还应从其特征进行考察即是否直接依靠国家强制力保障，以及综合考虑法规范的性质和效力的程度。

（一）软法的类型化

总体而言，软法包括国内软法和国际软法。前者又包括国家软法、社会软法。

1. 国家软法

国家软法的制定主体是国家机关，在国家软法中起主导作用的是国家公权力。与硬法制定主体有严格的法律要求不同，国家软法的制定主体更加宽泛，不限于《立法法》中所规定的有权机关和部门，其范围将扩大为能对外发布文件的大部分国家机关，像司法机关发布的案例指导意见，行政部门的行政行为的裁量标准和要求，以及各党政机关对外公开发布的公共政策等，这些“国家法”[34]之外的规则，常以如方案、指南、意见、办法、标准等形式对外发布。同时由于软法与硬法并非完全割裂，部分软法则以硬法的配套规定存在，或通过软法进行前期探索引导，而在条件时机成熟时通过硬法予以确认。

2. 社会软法

社会软法中的主导力量是社会公权力，社会公权力与社会软法具有天然的内在联系，但国家公权力和国际公权力也会在社会软法中起到保障引导的作用。主要包括信用类软法、标准类软法和程序类软法。

---

33 罗豪才、宋功德：《认真对待软法》，载《中国法学》2006年第12期。

34 国家法与硬法一样，被一些学者用来作为软法参照物，从这点上说，国家法与硬法有相同内涵，即由享有立法权的国家机关制定，作为人们的共同行为准则，以国家强制力保证其实施。参见翟小波：《“软法”及其概念之证成——以公共治理为背景》，载《法律科学》2007年第2期。

（1）信用类软法

将文明社会发展为信用社会是法治的重要目标。[35]近年来在中国经济建设取得巨大成就的同时，社会诚信的状况却面临巨大挑战。“三鹿奶粉”“苏丹红事件”等信用事件层出不穷，信用缺失已经成为危及社会根本的“公害”。船员领域，部分船员持伪造适任证书任职，伪造船上工作资历或违反合同约定不认真履职等失信问题屡见不鲜。

（2）标准类软法

随着全球一体化不断深入，没有哪个国家可以闭门获得发展，而标准则是企业间、国际行业发展的通用“语言”。根据国际组织化组织（ISO）的规定，标准是指为满足一定目的，经协调一致并由公认机构批准，涉及材料、产品、流程、服务，并包含要求、细节、指南或特性，可供反复使用的一系列文件。[36]在海上人命安全、船员权益保障等方面也存在类似的标准和规定。

（3）程序类软法

与硬法一样，软法不仅包括具体的实体规范，还包括明显有别于硬法的程序规范，主要体现为纠纷解决。纠纷解决机制是指争议当事人用以化解和处理纠纷的手段和方法。传统纠纷解决机制分为公力救济、社会救济和私力救济三种，其中公力救济分为司法救济和行政救济，社会救济包括调解和仲裁，自力救济包括交涉、协商等其他方式。随着国外ADR（Alternative Dispute Resolution，即替代性争议解决机制）[37]理念的引入，这种在法庭审理之外通过仲裁和调停等形式由第三人参加自主解决纠纷的方法，[38]具有当事人高度自主、程序灵活、开放包容、不具直接法律约束力等特点。[39]我国ADR的方式主要包括仲裁、调解、协商、和解等方式。[40]1958年联合国通过的《关于承认和执行外国仲裁裁决公约》（以下简称《纽约公约》）为国际社会提供了一个普遍接受的承认及执

---

35 张力：《信用社会的软法治理——以赔礼道歉的法制化为视角》，载《河北法学》2013年第1期。

36 参见ISO官方网站定义，https：//www. iso. org/standards. html，最后访问于2019年7月17日。

37 国内对ADR理解并不一致，广义理解包括诉讼在内，狭义理解不包括诉讼在内，本文取狭义理解。

38 陈攀、贾连杰：《从美国的ADR看我国诉讼调解的困境与出路》，载《河南省政法干部管理学院学报》2000年第1期。

39 杜闻：《论ADR对重塑我国非诉讼纠纷解决体系的意义》，载《政法论坛（中国政法大学学报）》2003年第3期。

40 李小萍：《浅论ADR在我国的本土化》，载《法制与经济》2010年第236期。

行外国仲裁裁决的体系。缔约国的仲裁裁决能在 159 个[41] 国家的法院得以申请有效执行。《纽约公约》对各国立法和国际软法理论与实践均产生了非常重要的影响，也使得通过海事仲裁手段在全球范围保障中国船员权益成为可能。

3. 国际软法

软法研究最早发端于国际法的环境、人权、商贸等领域，国际软法属于国际法范畴，其中起到主导力量的是国际公权力。[42] 国际软法在理论和实践的进步是国内软法研究逐渐受到关注的重要因素。

船员领域的国际软法主要表现为，一是国际法主体制定的缺少法律约束力的条约文件，如《世界人权宣言》《亚太地区港口国监督谅解备忘录》等；二是国际组织或国际会议的决议、决定、通函、声明等；三是国际非政府组织制定的跨国协议，如《跟单信用证统一惯例》和国际标准委员会制定的各类标准化协议等；四是广泛存在于国际条约中的软法规则，如《2006 年海事劳工公约》中的非强制性的 B 类导则等。

（二）软法与船员权益保障

1. 符合时代发展需要

为应对政府管理成本高企，效率低下所导致的“政府失灵”挑战，包括中国在内，在世界范围内兴起了社会治理改革，而社会治理的高级阶段为公共治理模式。[43] 该模式的主要特征为：一是公共治理实现了主体多元化。包括政府，市民社会组织、私人部门、国际组织等都可以成为公共治理主体。二是权力的网络化运行。政府不再是唯一的权力中心，权力运作由单一的自上而下转向网络式的多互动模式。三是公共治理手段方法多样性。除了法律，还包括运用政策、市场、文化等手段。改革开放以来，我国船员队伍建设也逐步走向市场化，船员流动程度加大，自由船员比重越来越大并逐渐形成独特的社会群体，随之社会软法和国家软法比例也逐渐增加，并逐步发挥一定的规制和调解作用。作为社会领域的重要组成部分的船员，概莫能外。

2. 弥补硬法保障船员权益之不足

（1）一定程度缓解硬法立法资源紧缺

由于目前中国社会和政府都处于转型期，国家法律供给与实际需要之间的

41　统计至 2018 年 6 月，参见联合国国际贸易法委员会网站，http：//www. uncitral. org/uncitral/en/uncitral_ texts/ arbitration/NYConvention_ status. html，最后访问于 2019 年 7 月 20 日。

42　国际软法也会涉及国际社会公权力，但国际公权力并不占主导，所以不是本文主要论述内容，但在下文涉及的部分会相应提及。

43　张存强：《公共治理视域中的软法——西方语境与中国问题》，吉林大学 2011 年硕士学位论文。

矛盾明显，对船员领域出现的很多新动向，如劳工公约的履约、权益保障、科技进步对船员群体的影响等情况难以在短时间内通过硬法予以供给和调整，而软法耗费资源少、创制方式多样，可以有效弥补硬法供给数量不足的现状。

（2）充分发挥软法柔性特征

鉴于目前国内针对船员管理的规范性法律文件侧重于纵向行政管理方面，对违法的行为结果设定各类行政处罚、行政强制和取消行政许可等硬手段，但涉及船员权益保障内容偏少，尤其是涉及群体发展以及协调对话机制等方面存在不足，而后者恰好可以采用各种类型的软法规定予以规制，因此软法的柔性特征可以弥补硬法的刚性过强缺陷。另外通过组织自治及其柔性特质，可以深入社会生活的诸多领域，弥补硬法适用领域上的空白。

（3）调整内容更加细腻并具有可操作性

《海事行政处罚规定》等硬法仅仅规定了各类违法行为处罚的原则问题，在个案中难以有效做到同案同判，而软法性质的《海事行政处罚裁量基准》（海政法〔2017〕691号）和《海事行政许可裁量基准》（海政法〔2017〕7号）等软法文件可以有效弥补硬法规定过于笼统、可操作性不强等问题，明确了过罚相当的比例原则。此外通过社会内部自治软法也可以在一定程度达到船员自治管理的目的。

（4）有助于船员自治组织成长

受长期传统硬法管理模式影响，船员作为被管理对象，自治程度较低。目前中国船员群体尚未形成统一的共同体意识，基本处于分散被动状态。近期由于船员职业高流失率形成职业生命短期化，共同体意识更难培育。引入软法保障措施，突出平等协商和群体自治，有效发挥海员工会等船员自治组织的作用，能使船员更加主动地参与社会生活和涉及船员群体权益的政策制定，既有助于船员意识共同体的形成，也利于船员自治组织的成长，并形成良性发展环境。

3. 有利于船员领域公权力的制衡

法治的核心在于权力监督与制衡。在我国，行政部门在权力行使上大多缺乏足够的外来制约，如在立法活动中，利益方声音缺失导致闭门立法；在执法过程中自由裁量权过大，船员权益易受侵害。通过引入软法规制，并发挥软法硬法的各自作用，使得“硬法侧重于通用的、定性的、静态的、反向的禁止性规制，而软法侧重于针对性的、定量的、动态的、正向的引导性规制，”[44] 协调合作对公权力予以制衡。例如，交通运输部海事局自2014—2018年先后制定五

---

44 马千里：《公共治理视域下“软法”实施的困境及消解》，载《沈阳大学学报》2009年第6期。

批便利船员的服务清单，[45]就是国家公权力由管理规制向公益服务角色转换的很好例证。

四、船员权益保障之软法、硬法协调与衔接

在船员权益保障方面，不能简单认定硬法或软法的主次关系，因为软法占有数量上的绝对优势，而硬法在执行程度上的优势无法动摇，只有软法与硬法相互融合，充分发挥二者之间各自分工又相互支持的关联关系，从而在船员权益问题上，确保软法为硬法提供正当性支持，硬法为软法设定制度框架基础。

鉴于软法与硬法的融合共生关系，在处理船员权益保障问题上，应当确保如下方面的内容。

首先，分别构建科学合理的软法和硬法创制与完善机制，这是实现船员权益保障软法和硬法有机衔接的必要前提。能够由行业成员自行决定，以及可由行业组织胜任的事务需要制定规则时，在硬法保持适当克制的前提下尽可能交由软法调整，同时在国家公权力的行使方式上也可采用具有限制裁量的软法，以减少硬法管理刚性弊端。对于超出自治范畴的事项，如船员犯罪和行政违法行为、劳动保障和有关权责归属等问题，都属于硬法调整的对象。另外，随着船员群体意识不断增强，他们对群体权益的关注度与诉求参与度也会不断提高，那时许多船员公共事务会逐渐通过自治组织公共决议的方式来处理，软法便有了相应的施展空间。

其次，软法在创制时应遵守有关硬法规范，而硬法在创制时也要考虑有关软法规范，并可结合具体的船员事项建立相应的互动衔接机制。目前硬法显然具有更高的法律效力，但是软法的正当性也不容忽视，从而达到共同维护法治的目标。这就要求创制船员软法时，有关软法规范的内容不应违反硬法既有的规定。例如，当前普遍存在的船公司收缴船员海员证以保证船员不离职的做法，与交通运输部规章《海员证管理办法》第二十二条“任何组织和个人不得伪造、变造、转让、故意损毁或者非法扣押海员证”的规定相违背。因此软法应当在符合硬法规范和满足正当性的前提下，尽可能地反映船员的利益需求和规则主张。

最后，船员群体共同体意识的培养与增强，是实现船员权益保障软法与硬

45　参见海事局网站，http：//www. msa. gov. cn/html/xinxichaxungongkai/gkml/cygl/tzggcygl/20180621/F3234C6A－4B63－484C－81FC－CB576BAA55FD. htmlhttp：//www. msa. gov. cn/html/xinxichaxungongkai/gkml/cygl/tzggcygl/20170620/2AE9E205－7212－4E90－AF78－1D324F0055B8. html，最后访问于2019 年 7 月 20 日。

法有机衔接的根本因素。通过参与船员社会组织各项事务的管理与自治，组织成员将逐渐意识到共同体意识的重要意义，以及积极参与共同体生活的重要价值。同时在不断地参与组织自治的过程中，群体成员才会逐渐意识到所享有的权利与应该承担的责任。船员社会治理的目标也是船员的自我治理，与目前我国正构建公民型社会的努力是同质的。软法的创制与运行受制于群体成员的集体协商行为或合作行为，而协商与合作精神又是公民意识的基本体现。[46] 在硬法的制定和实施过程中，共同体意识同样不可或缺，因为硬法创制及其创制过程中对公众参与的强调，体现了对共同体意识的尊重。总之，群体共同体意识贯穿于软法与硬法两种规范的创制与实施过程中，若要实现船员权益保障中软法与硬法的有机衔接，从根本上离不开船员群体共同意识的培养增强。

结语

随着经济和科技发展，未来船员群体的衰落恐无法避免，但由于船员队伍对国家利益，尤其是经济建设和交通运输有重要影响，对船员权益进行法治保障，也是缓解该群体衰落进程的必要手段。以软法和硬法为表，公权力为里的船员社会治理理论架构，多维度保障船员权益，不仅是法学理论与船员管理实践相结合的有益尝试，也是我国履行《2006 年海事劳工公约》应有的本分，更是实施海洋强国战略以及海运强国战略的应有之义。

46 陈光：《论社区治理中软法与硬法的关系及衔接》，载《甘肃政法学院学报》2013 年第 7 期。

P2P 网络借贷纠纷法律适用疑难问题探讨

邓咏诗*

【内容提要】 P2P 网络借贷是新时代背景下应运而生的一种民间借贷方式。P2P 网络借贷快捷、准入门槛低的特点，解决了微小用户融资或投资的问题，即使是互不相识的双方亦能通过平台订立借款合同。但随着借款人的逾期还款或近年来平台的相继“爆雷”，有关 P2P 网络借贷纠纷的案件日益增长。笔者选取 227 份广东省 2016 年至今有关 P2P 网络借贷案件的裁判文书为研究样本，结合审判实践，对 P2P 网络借贷纠纷法律适用中的程序性和实体性问题进行分析和探讨，主要涉及诉讼主体、电子证据、刑民交叉等程序问题，以及按 P2P 网络借贷案件所涉及法律关系的性质进行分类，研究合同的效力、构成要件及费用认定等实体问题，进而提出审理各类 P2P 网络借贷案件的裁判规则。

【关键词】 P2P　网络借贷纠纷　法律适用　疑难问题

P2P 网络借贷纠纷，是“互联网 +”时代背景下新类型的民间借贷纠纷，与传统的民间借贷或金融借款合同纠纷相比，既有共性亦有差异，在司法实践中遇到不少程序与实体上的困惑与挑战，亟须构建统一的裁判规则予以解决。笔者以中国裁判文书网上公布的广东省 2016 年 1 月 1 日至 2019 年 5 月 3 日有关 P2P 网络借贷的生效裁判文书为视角，选取 227 份裁判文书[1] 作为研究样本。

---

* 邓咏诗——广州市荔湾区人民法院民二庭法官。

1 在中国裁判文书网中输入“网络借贷”，案件类型选择“民事案件”，裁判日期选择“2016 年 1 月 1 日至 2019 年 5 月 3 日”，地域选择“广东省”，得出 299 份裁判文书。将与 P2P 网络借贷无关、重复或未生效的一审判决予以排除，得出 227 份符合条件的裁判文书。

一、P2P网络借贷案件法律适用中的程序性问题

（一）诉讼主体

对样本库统计得知，P2P网络借贷案件的诉讼主体主要包括出借人、借款人、P2P网络借贷平台、保证人、P2P网络借贷平台的股东等，案件类型分为七大类。

表1　案件类型统计表

序号	原告	被告	案件类型	数量
类型一	出借人	借款人（和保证人）	民间借贷纠纷	93
类型二	出借人	保证人	保证合同纠纷	3
类型三	出借人	网络借贷平台	居间合同纠纷（用人单位责任纠纷或委托合同纠纷）	42
类型四	受让人	借款人	债权转让纠纷	19
类型五	网络借贷平台	借款人	追偿权纠纷	45
类型六	出借人	网络借贷平台股东	股东损害债权人利益责任纠纷	22（已包含在用人单位责任纠纷中）
类型七	网络借贷平台	借款人	民间借贷纠纷	25

诉讼主体审查最突出的是应否追加共同被告和第三人的问题。部分案件中，当事人基于各种考虑，明确拒绝追加被告或第三人，为避免因遗漏主体可能导致事实不清或错误及损害他人利益，法院仍需主动审查、依法追加当事人。

1. 是否追加P2P网络借贷平台为第三人

由于整个交易所涉合同、收付款流水均是电子证据，如主张法律关系存在的一方所提交的打印件等证据经质证仍无法确认其真实性，但能显示交易与网络借贷平台有关，法院应主动向平台调查取证。平台若不配合，除应承担相应法律后果外，法院可主动追加其作为无独立请求权的第三人参与诉讼，以便查明事实。一方面，借款合同、出借记录、还款记录等数据由平台保存，出借人难以获取智能终端的原始数据，简单机械地根据“谁主张，谁举证”原则驳回

出借人的诉请明显对出借人不公。[2]另一方面，数据电文易被修改，如借款人或保证人缺席而无法组织质证，亦不宜直接采信出借人提供的打印件证据，最有效可行的解决办法是由平台确认该打印件的真实性，或提供其终端中的原始数据；若平台不到庭确认，也无法从平台取得电子证据的原始数据，则应根据优势证据原则采信该打印件证据。

2. 出借人仅起诉保证人，是否追加借款人为被告或第三人

根据《最高人民法院关于审理民间借贷案件适用法律若干问题的规定》（以下简称《民间借贷司法解释》）第四条的规定，[3]在保证人承担一般责任保证的情况下，因保证人只有在债务人不能履行债务时才需承担保证责任，且连带保证人和债务人处于承担责任的同一顺位，均在一般保证人之前，故法院应主动追加借款人及其他连带保证人为共同被告。在保证人承担连带责任保证的情况下，虽借款人有权选择要求债务人履行债务或要求保证人在其保证范围内承担保证责任，但为查明主债权情况，且案件处理结果与借款人有利害关系，即便不追加借款人为共同被告，亦应追加借款人作为第三人参与诉讼。当然，出借人是否要求借款人承担还款责任则属于出借人自主处分的权利，法院不予干预。

3. 受让人起诉借款人债权转让纠纷中，是否追加让与人为第三人

首先，需审查原始债权是否成立及债务的履行情况，若债务人对此提出抗辩，追加让与人为第三人更利于查清事实。其次，即便债务人没有异议，但债权转让协议是否为让与人的真实意思表示亦是需要查明的事实之一，法院需认定该协议是否成立并生效，是否与作为协议主体的让与人有利害关系，故让与人应作为第三人参与诉讼。

4. 借贷平台或其他保证人承担保证责任后起诉借款人追偿权纠纷，是否追加出借人为第三人

若保证人承担保证责任证据充分、可信，如有转账凭证或出借人出具的证明等，则出借人没有必要参与诉讼。但若保证人通过现金方式承担保证责任，或其提供的证据证明力不足，则有必要追加出借人作为第三人，以查明保证人

2 例如，(2018) 粤 0303 民初 1514 号案中，法院认为：原告提交了“今借到”平台上签订的借款协议、《身份证号的说明》的打印件，上述证据无原件予以比对，不能确认其真实性。根据原告提交的招商银行账户历史交易明细表，只能确认原告分七次转账 6000 元。原告提交的现有证据不能形成完整的证据链条证明与被告之间存在借款的法律关系。对于原告提出的要求被告返还借款本息的诉讼请求无事实和法律依据，法院不予支持。

3 该条规定：保证人为借款人提供连带责任保证，出借人仅起诉借款人的，人民法院可以不追加保证人为共同被告；出借人仅起诉保证人的，人民法院可以追加借款人为共同被告。保证人为借款人提供一般保证，出借人仅起诉保证人的，人民法院应当追加借款人为共同被告；出借人仅起诉借款人的，人民法院可以不追加保证人为共同被告。

是否享有追偿权。

5. 借贷平台基于与出借人的委托关系以自己的名义起诉借款人，是否追加出借人为第三人

由于需查明借贷平台与出借人之间委托合同的真实性，确认平台是否有权以自己的名义代出借人起诉，应追加出借人作为第三人参与诉讼。

（二）电子证据

由于P2P网络借贷案件中的关键证据如借款合同、收付款记录等均为电子证据，电子证据本身具有易修改、难固定、难取证的缺陷。我国《电子签名法》第五条规定了数据电文原件形式的条件要求。[4]然而，如何判断电子证据是否有效表现所载内容？如何鉴别是否可靠地保证内容完整、未被修改？司法实践中屡遭诸多现实的挑战和困惑，电子证据的审查认定成为亟待解决的难题。

1. 电子证据经可信时间认证

可信时间戳是由权威可信时间戳服务中心签发的一个能证明数据电文（电子文件）在一个时间点是已经存在的、完整的、可验证的，具备法律效力的电子凭证，可信时间戳主要用于电子文件防篡改和事后抵赖，确定电子文件产生的准确时间。[5]在（2017）粤0106民初24414号案中，涉案电子证据的打印件中虽无各方当事人签名，但盖有“可信时间戳认证”，表明在该时间点已经存在电子证据所载的信息、内容，故该证据的证明力较大，法院采信了这些打印件证据。

2. 电子证据经公证

在（2015）深南法西民初字第939号案中，原告作为资金所有人在起诉时已就其与借贷平台签订的协议办理公证，根据《最高人民法院关于适用〈中华人民共和国民事诉讼法〉的解释》（以下简称《民诉法司法解释》）第九十三条第一款第七项的规定，已为有效公证文书所证明的事实当事人无须举证证明，故法院将该公证书作为认定案件事实的根据。虽然电子证据的公证只能证明公证之时电子证据的状态，但由于公证内容一般包含当事人打开网址、登录平台、获取相关电子证据的整个过程，除平台以外的当事人能够修改该电子证据的机

---

4 该条规定：符合下列条件的数据电文，视为满足法律、法规规定的原件形式要求：（一）能够有效地表现所载内容并可供随时调取查用；（二）能够可靠地保证自最终形成时起，内容保持完整、未被更改。但是，在数据电文上增加背书以及数据交换、储存和显示过程中发生的形式变化不影响数据电文的完整性。

5 丁春梅：《网络电子证据保全公证与可信时间戳的对比分析》，载渭南市中级人民法院官网，http：//wnzy. chinacourt. gov. cn/public/detail. php？ id =11564，最后访问于2019年4月20日。

会甚微，由此获得的证据较为可信。

3. 电子证据经当庭与终端上的数据比对

与公证的电子证据一样，当事人当庭打开相关网页、登录借贷平台的账号，打开相关借款协议、收付款记录与打印件证据比对，若比对结果一致，该打印件证据亦可予采信。如（2017）粤0605民初19744号案中，原告当庭登录借贷平台的网站核对该网站的简介及原告的账户资料，法院对这些证据予以确认。

4. 电子证据经公安、检察机关认定

在（2016）粤1402民初981号等盛某公司及其股东、员工等人作为被告的侵权纠纷系列案中，由于相关人员非法吸收公众存款罪一案已经法院作出判决，故法院根据刑事案卷卷宗材料中检察机关认定的数据对资金所有人的损失作出认定。

5. 电子证据由借贷平台提供或盖章确认

由于电子证据均保存于借贷平台的终端设备中，若平台并非案件当事人，其提供的电子证据可予采信；若平台是案件当事人或与其中一方当事人有利害关系，其提供的证据证明力是否受到影响值得商榷。笔者认为，在无相反证据予以反驳的情况下，可采信平台提供或确认的电子证据。

此外，司法实践中有将电子证据打印件与当事人提供的其他证据相结合的方式，得出这些证据足以形成完整的证据链的结论；也有基于对方当事人缺席，把到庭当事人的证据作为定案依据。笔者认为，这两种做法均有不妥之处。第一，据《民事诉讼法》第七十条规定，[6]在能够提供存储终端数据供核对的情况下，不应直接将电子证据打印件作为定案依据，该做法不符合《民诉法司法解释》第一百一十一条列举的提交书证原件确有困难的情形。第二，当事人特别是被告经法院依法传唤，无正当理由没有到庭应诉，视为其放弃答辩的权利自无争议，但当事人在经邮寄送达等方式无法送达而被采取公告方式送达诉讼材料，与当事人经直接送达而缺席庭审，这两种情形中当事人对对方证据的态度是不同的，不宜简单地因当事人缺席即得出对方当事人提交的所有证据均可作为定案依据的结论。在一方或多方当事人缺席的情况下，法院仍应按照法定程序，全面、客观地审核证据，依照法律规定，运用逻辑推理和日常生活经验法则，对证据有无证明力和证明力大小进行判断，并公开判断的理由和结果。[7]

6　该条规定：书证应当提交原件。物证应当提交原物。提交原件或者原物确有困难的，可以提交复制品、照片、副本、节录本……

7　《最高人民法院关于适用〈中华人民共和国民事诉讼法〉的解释》第一百零五条。

（三）刑民交叉

在样本库案例中，涉及刑民交叉的案例有51起，分别涉及“国惠金融”网站、“和诚德在线”平台、“盛世汇盈”平台、融资城网络平台、“金汇丰”平台和“三分贷”平台，当事人主张或法院认定涉及非法集资罪2起、非法吸收公众存款罪39起和诈骗罪10起。其中，涉及融资城网络平台案件中，一审认为借贷及债权转让合法有效，遂支持了原告的诉请，借款人以案件涉嫌非法吸收公众存款为由提起再审，后被裁定驳回再审申请；涉及“盛世汇盈”平台的案件中，法院已判决除平台以外的众被告人犯非法吸收公众存款罪，出借人后以平台及众被告侵权为由提起损害赔偿诉讼；至于其他案件，法院均根据《最高人民法院关于在审理经济纠纷案件中涉及经济犯罪嫌疑若干问题的规定》第十一条的规定[8]或根据《民间借贷司法解释》第五条第一款的规定[9]，裁定驳回原告的起诉。

综观上述案件，均是P2P网络借贷平台集结公众资金，甚至虚构假标将资金转至平台控制人的私人账号挪作他用，故这些平台涉嫌非法吸收公众存款罪和集资诈骗罪。两罪的共性均是非法开展金融业务，扰乱金融秩序。两罪的区别在于是否以非法占有为目的、是否使用诈骗方法非法集资。若只是非法开展金融业务，并无非法占有投资者资金的目的，则只构成非法吸收公众存款罪；但如通过虚构假标、保本付息等方法吸收不特定公众的资金后，将资金挪作他用，则涉嫌集资诈骗。

二、P2P网络借贷案件法律适用中的实体性问题

（一）P2P网络借贷主要模式

根据经营模式进行分类，样本案例中所涉P2P网络借贷平台的经营模式主要有纯中介模式、债权转让模式、担保模式、平台出借模式和平台借款模式。

8　该条规定：人民法院作为经济纠纷受理的案件，经审理认为不属经济纠纷案件而有经济犯罪嫌疑的，应当裁定驳回起诉，将有关材料移送公安机关或检察机关。

9　该条规定：人民法院立案后，发现民间借贷行为本身涉嫌非法集资犯罪的，应当裁定驳回起诉，并将涉嫌非法集资犯罪的线索、材料移送公安或者检察机关。

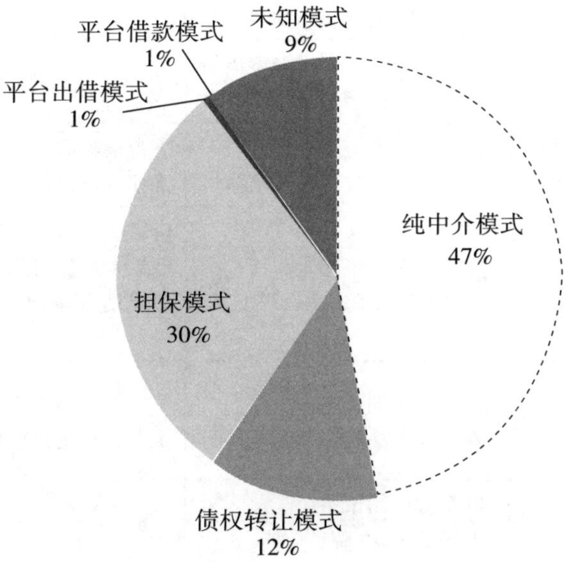

图 1　P2P 网络借贷平台经营模式统计图

根据担保模式进行分类，样本案例中 P2P 网络借贷案件中担保模式主要可分为平台担保模式和第三方担保模式。

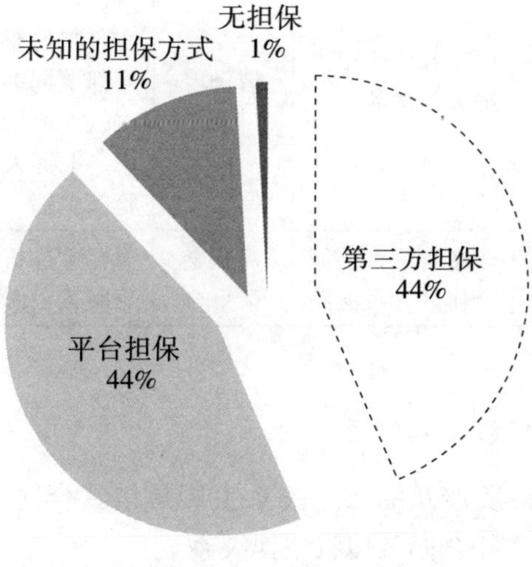

图 2　P2P 网络借贷案件担保模式统计图

根据征信主体进行分类，由于本文实证分析的对象是中国裁判文书网中的生效裁判文书，而案件实体审理往往不涉及征信审查的内容，故能反映是否对借款人的偿债能力或身份信息进行审核的案例只有 16 起。

表2　P2P网络借贷案件征信模式统计表

案号	法院	涉案借贷平台	征信模式
(2018)粤0303民初11063、10656、10657号	广东省深圳市罗湖区人民法院	中广核富盈	平台根据自身的风控策略对原告推荐客户进行审核
(2017)粤0491民初873号	广东省珠海横琴新区人民法院	新e贷	借款人向平台出具《收入证明》《借款资金用途说明》等资料予以申请办理海控金融平台"新e贷"产品
(2017)粤0306民初7964、12900、12899、12895、12785、12783号	广东省深圳市宝安区人民法院	借贷宝	平台根据自身的风控策略对原告推荐客户进行审核
(2017)粤0113民初6008号，(2017)粤0106民初21854、10678号，(2017)粤0103民初2824号	广东省广州市番禺区人民法院、广东省广州市天河区人民法院、广东省广州市荔湾区人民法院	借贷宝	平台根据自身的风控策略对原告推荐客户进行审核
(2018)粤01民终4524号	广东省广州市中级人民法院	借贷宝	借贷宝的开户手续是要本人手持身份证，对脸部拍照才能开通，实名制的银行卡及实名制的手机号都要同时绑定。借贷宝的大额取款需要脸部识别才能把钱取出来，上诉人取出借款也是通过了脸部识别
(2016)粤0391民初911号	广东省深圳前海合作区人民法院	社交金某平台	对乙方进行资信审查和资料核实等服务工作

(二)法律适用实体疑难问题

P2P网络借贷案件所涉及的法律关系主要是借款合同、担保合同、债权转让合同、居间合同、委托合同及侵权法律关系。

1. 借款合同关系

P2P网络借贷案件最基础的法律关系是借款合同关系，即借款人向贷款人借款，到期返还借款并支付利息的合同。[10] 在案件类型上主要表现为借款人逾

10　《合同法》第一百九十六条。

期还款，出借人起诉借款人清偿借款本息、违约金或其他费用，属违约之债。

（1）合同成立与生效

根据《合同法》第二百一十条的规定，[11]自然人之间的借款合同属于实践性合同，即借贷双方即便达成借款的合意也不足以使合同成立，贷款人必须将出借的款项交付给借款人，合同自借款交付时成立并生效。《民间借贷司法解释》第九条规定进一步细化了自然人借款合同的生效条件，[12]借款交付事实的认定是判断借款合同是否生效的关键。

P2P网络借贷案件中，借贷双方多是基于P2P网络借贷平台的媒介服务而达成借款合意，借贷双方多数情况下是陌生人，缺少直接交付款项的渠道，往往通过各自在平台注册的账号或绑定的第三方账号完成借款交付，而非直接通过现金或转账等方式出借款项，故借款交付事实的认定成为审判实践中的重点和难点之一。

有观点认为，“根据网络借贷的特征和操作程序，应认定出资人（贷方）把钱款按照借款项目的要求转入有关账户，即视为借款已交付”。[13]主要依据是，在贷方完成网络支付操作后，钱款已脱离贷方支配，只要贷方完成转账操作，无论钱款如何中转，最终均流入指定的借方账户，故贷方按网贷平台的操作流程完成转账操作即可认定借款已完成交付。

笔者对此持否定意见。理由如下：首先，借款合同的目的在于借款人能够获得对借款的支配权而非出借人丧失对款项的控制权，虽然在现金交付情况下，两者几乎同时发生，但在银行转账、网上汇款或通过网络贷款平台等形式交付时，两者之间存在时间差，必须加以区分。从《民间借贷司法解释》第九条的规定可知，借款合同作为要物合同应以借款人取得所借款项的控制权作为借款合同生效的要件，故只有当贷款人出借的款项到达借款人账户时，方能视为借款已交付。其次，实践中不乏贷款平台挪用贷款人出借资金的情况，若贷款人完成转账操作则视为借款合同已生效，但资金并未实际到达借款人或借款人指定账户，而于中转时被平台挪作他用，却认定借款合同已生效并要求借款人按照借款合同承担本息清偿义务，有违公平原则。综上，只有当出借资金到达借

---

11 该条规定：自然人之间的借款合同，自贷款人提供借款时生效。

12 该条规定：具有下列情形之一，可以视为具备合同法第二百一十条关于自然人之间借款合同的生效要件：（一）以现金交付的，自借款人收到借款时；（二）以银行转账、网上电子汇款或者通过网络贷款平台等形式支付的，自资金到达借款人账户时；（三）以票据交付的，自借款人依法取得票据权利时；（四）出借人将特定资金账户支配权授权给借款人的，自借款人取得对该账户实际支配权时；（五）出借人以与借款人约定的其他方式提供借款并实际履行完成时。

13 赵茉：《浅议网络借贷案件审理中的事实查明问题》，载《浦东审判》2014年第4期。

款人在平台上开设的账户或在平台上绑定或指定的第三方账户时，才能视为借款已交付，借款合同方始成立并生效。

样本案例显示，很多网贷平台为出借人提供充值服务，但出借人的充值操作不能视为出借款项的交付，因为出借人充值后仍可通过提现、转账等方式将款项提出至出借人的银行账户，该款项事实上仍在出借人的控制之下。

还有观点认为，现行法律虽然规定了自然人之间的借款合同是实践性合同，但并不妨碍当事人按照契约自由原则自愿在本金提供之前订立诺成性的借款合同，“本金的提供”便不再成为要物性合同的成立要件，而是基于当事人的意思，一变而为诺成性合同项下的义务。[14] 笔者认为，现行法律已明确规定了借款合同的实践性合同性质，当事人的意思自治亦不能改变法律的明文规定，借贷双方可自由决定借款交付的方式，却不能约定改变借款合同的法定性质，无论借贷双方约定以何种方式交付借款，借款合同应当以借款人取得款项支配权的时间作为合同生效要件。

部分网贷平台还将借款人的借款需求塑造成一个投资“项目”，可由多个出借人共同投资，从而形成多个出借人与一个借款人之间的借款合同关系。但究其实质，仍然是每一个出借人与同一个借款人之间独立的民间借贷关系，各个借款合同具体的成立生效时间仍然应根据各出借人出借资金到达借款人账户的时间分别予以认定。还有一种情况是借款“项目”需通过竞标的方式由各出借人进行投标，若在募集期内总投标金额超过借款人的融资金额，则由利率最低的投资人中标；若总投标金额未达到借款人的融资金额，则流标。此时，借款人发布的借款信息实际上是要约邀请，出借人投标则属要约，出借人中标方属借款人的承诺，中标的出借人将资金交付给借款人，则借款合同成立并生效。如果流标，则合同不成立，并且因合同不成立并非借贷双方或平台的过错，不会产生缔约过失责任。

(2) 合同的效力

样本案例中不乏 P2P 网络借贷平台筹集出借人资金后，以自己的名义将款项出借给借款人的情形。[15] 对于这类案例中借款合同的效力问题，司法实践中有不同的认定。笔者认为，根据《网络借贷信息中介机构业务活动管理暂行办

14 张谷：《借款合同：诺成契约还是要物契约?》，载龙翼飞主编：《民商法理论与实践：祝贺赵中孚教授从教五十五周年文集》，中国法制出版社 2006 年版。

15 如（2018）粤 01 民终 7346 号案中，广州鹏誉商务服务有限公司自有网贷平台“恒信易贷”，如有人需要借款，可以在“恒信易贷”平台上发布借款信息，提交借款申请，匹配到出借人后，该公司以自己的名义与借款人签订借款合同，并用平台上其他投资人的资金作为出借款项。借款人逾期还款，该公司以自己的名义提起诉讼进行追偿。

法》（以下简称《网贷中介管理暂行办法》）第十条的规定[16]，P2P网络借贷平台的经营范围基本上均不包括从事发放贷款等金融业务，即未依法取得经营放贷业务的资质。如网贷平台开展根据借款人的需求以自己的名义出借款项的业务，由于网络覆盖范围广、市场资金融通需求旺，所涉及的借款人通常是不特定公众，且平台该行为本身亦具有营利性、经常性的特征，故平台构成向不特定的社会公众发放贷款。根据《合同法》第五十二条、[17]《最高人民法院关于如何确认公民与企业之间借贷行为效力问题的批复》、[18]《最高人民法院关于适用〈中华人民共和国合同法〉若干问题的解释（一）》（以下简称《合同法司法解释一》）第十条、[19]《民间借贷司法解释》第十四条、[20]《非法金融机构和非法金融业务活动取缔办法》第五条第一款[21]的相关规定，平台与借款人之间的借款合同应属无效。

至于合同无效后，原来约定的利息计算标准能否适用，可参照最高人民法

16 该条规定：网络借贷信息中介机构不得从事或接受委托从事发放贷款的活动，但法律另有规定的除外。

17 《合同法》第五十二条规定，有下列情形之一的，合同无效：（一）一方以欺诈、胁迫的手段订立合同，损害国家利益；（二）恶意串通，损害国家、集体或者第三人利益；（三）以合法形式掩盖非法目的；（四）损害社会公共利益；（五）违反法律、行政法规的强制性规定。

18 《最高人民法院关于如何确认公民与企业之间借贷行为效力问题的批复》列明，公民与非金融企业（以下简称企业）之间的借贷属于民间借贷。只要双方当事人意思表示真实即可认定有效。但是有下列情形之一的，应当认定无效：（一）企业以借贷名义向职工非法集资；（二）企业以借贷名义非法向社会集资；（三）企业以借贷名义向社会公众发放贷款；（四）其他违反法律、行政法规的行为。

19 《合同法司法解释一》第十条规定，当事人超越经营范围订立合同，人民法院不因此认定合同无效。但违反国家限制经营、特许经营以及法律、行政法规禁止经营规定的除外。

20 《民间借贷司法解释》第十四条规定，具有下列情形之一，人民法院应当认定民间借贷合同无效：（一）套取金融机构信贷资金又高利转贷给借款人，且借款人事先知道或者应当知道的；（二）以向其他企业借贷或者向本单位职工集资取得的资金又转贷给借款人牟利，且借款人事先知道或者应当知道的；（三）出借人事先知道或者应当知道借款人借款用于违法犯罪活动仍然提供借款的；（四）违背社会公序良俗的；（五）其他违反法律、行政法规效力性强制性规定的。

21 《非法金融机构和非法金融业务活动取缔办法》第五条第一款规定，未经中国人民银行依法批准，任何单位和个人不得擅自设立金融机构或者擅自从事金融业务活动。

院在（2017）最高法民终647号企业借贷纠纷一案中的处理意见，[22]即合同无效是自始无效，若借款人已偿还部分利息，双方约定的利息计算标准又过高，可适当调整已履行部分的利率标准；而对于未履行部分的利息，则按中国人民银行同期同类贷款利息计算。

（3）利息、违约金或其他费用

P2P网络借贷之所以发展迅速，一方面，对借款人而言，借款门槛低，不需像金融借款一样提供各类抵押担保或资产证明，不需经历漫长的审批过程，即便需负担高额利息等借款成本，借款人为达到尽快融资的目的亦在所不计。另一方面，对出借人而言，银行存款的利息较低，为追求高额利润愿意通过网贷平台向陌生人出借资金。因此P2P网络借贷一般存在高额利息、违约金或其他费用的约定。

关于利息，根据《民间借贷司法解释》第二十六条规定，[23]无论P2P网络借贷双方约定了如何高额的利息，只有年利率24%（含）以下的利息才受到法律强制力之保障，约定超过年利率36%的部分无效，借款人可以要求返还，而在年利率24%至年利率36%之间的利息应认定为自然之债，拥有债权的保持力但无执行力。

---

22 最高人民法院在该案中认为，出借人通过向社会不特定对象提供资金以赚取高额利息，出借行为具有反复性、经常性，借款目的也具有营业性，未经批准，擅自从事经常性的贷款业务，属于从事非法金融业务活动。《银行业监督管理法》第十九条规定："未经国务院银行业监督管理机构批准，任何单位或者个人不得设立银行业金融机构或者从事银行业金融机构的业务活动"，该强制性规定直接关系国家金融管理秩序和社会资金安全，事关社会公共利益，属于效力性强制性规定。根据《合同法》第五十二条关于"有下列情形之一的，合同无效：……（五）违反法律、行政法规的强制性规定"的规定，以及《最高人民法院关于适用〈中华人民共和国合同法〉若干问题的解释（二）》第十四条关于"合同法第五十二条第（五）项规定的'强制性规定'，是指效力性强制性规定"的规定，应认定案涉《借款合同》无效。出借人的经营范围为项目投资（不含专项审批）、财务咨询、企业管理咨询，出借人所从事的经常性放贷业务，已经超出其经营范围。"《合同法司法解释一》第十条规定："当事人超越经营范围订立合同，人民法院不因此认定合同无效。但违反国家限制经营、特许经营以及法律、行政法规禁止经营规定的除外"。金融业务活动系国家特许经营业务，故依照上述规定也应认定案涉《借款合同》无效……案涉《借款合同》应认定无效，仍按《借款合同》约定的日千分之四计算利息过高，不符合法律关于无效合同的处理原则。一审认定"德享公司所支付的逾期利息2147.5万元，尽管高于人民银行规定的同期贷款利率的四倍，但已经实际履行，且属自愿，当事人对高出的部分也未请求返还，故本院不予调整"，适用法律不当，本院予以纠正。鉴于高金公司与德享公司之间为民间借贷关系，有别于向金融机构借款，本院酌定将已经履行部分的利率调整为按中国人民银行同期中长期5年期以上贷款利率的两倍，未履行部分按中国人民银行同期同类贷款利率计算。

23 该条规定：借贷双方约定的利率未超过年利率24%，出借人请求借款人按照约定的利率支付利息的，人民法院应予支持。借贷双方约定的利率超过年利率36%，超过部分的利息约定无效。借款人请求出借人返还已支付的超过年利率36%部分的利息的，人民法院应予支持。

实践中，对于已经给付的超过年利率36%部分的利息如何处理存在若干争议。

争议一，法院是依职权还是依当事人的主张进行处理？根据《民间借贷司法解释》第二十六条第二款的规定，对于超过年利率36%部分的利息，借款人请求返还的，法院应予支持，故当事人主张返还是前提条件，在当事人没有主张的情况下，根据私法自治的原则，法院不应依职权对超过部分的利息主动进行处理，但可以对借款人行使释明权，询问借款人对于已经给付且超过年利率36%部分的利息是否要求处理。

争议二，需要借款人另行提起反诉主张返还，还是根据借款人的答辩进行抵扣？笔者认为，此处存在答辩和反诉的区分，可参照《最高人民法院关于审理买卖合同纠纷案件适用法律问题的解释》第四十四条的规定进行处理，[24] 借款人既可提出应当抵扣的抗辩主张，亦可提起反诉要求出借人返还，无论如何选择均是借款人对自身权利的合法处分，法院应尊重当事人的意思自治。

争议三，超过部分的利息应直接在剩余未付本息中进行抵扣，正是按还款情况逐笔冲抵本金进行计算？在借款人提出抵扣主张时，由于超过年利率36%部分的利息约定无效，即自始没有法律约束力，而已给付的利息未超过年利率36%部分属于自然之债，故应根据借款人的还款情况分段冲抵本金，具体是按照借款人的还款时间进行分段计算，以年利率36%作为标准计算自利息起算日起至借款人首次还款之日止的应付利息，首次还款金额与应付利息之差大于零则用以抵扣借款本金，小于零即将其绝对值记作该期间的未付利息，然后以此类推，计算从首次还款次日起至第二次还款时止的本息情况，并在当事人没有约定本息清偿顺序时坚持先息后本的冲抵顺序，一直分段计算至所还款项不足以抵充按年利率36%计算的利息时止，并从不足以抵充的当日起按年利率24%计算未付利息（未作抵充的剩余款项在未付利息中予以扣减），具体可参考最高人民法院（2018）民终677号民事判决书中的计算方法。

关于逾期利息、违约金或其他费用，P2P网络借贷案中，借贷双方的借款协议特别是平台作为出借人的借款协议往往会约定服务费、咨询费、管理费或居间费等其他费用，虽然名目不同，但实质均是借款人为获得借款支付的成本，

24 《最高人民法院关于审理买卖合同纠纷案件适用法律问题的解释》第四十四条规定，出卖人履行交付义务后诉请买受人支付价款，买受人以出卖人违约在先为由提出异议的，人民法院应当按照下列情况分别处理：（一）买受人拒绝支付违约金、拒绝赔偿损失或者主张出卖人应当采取减少价款等补救措施的，属于提出抗辩；（二）买受人主张出卖人应支付违约金、赔偿损失或者要求解除合同的，应当提起反诉。

故根据《民间借贷司法解释》第三十条的规定，[25] 这些费用与逾期利息、违约金折算所得总计不得超过年利率24%，超过部分应不予支持。

2. 担保合同关系

从表2可知，P2P网络借贷中由平台或第三方为借款人提供担保的情况不在少数，且一般是连带责任保证，由此形成了出借人与平台或第三方之间的担保合同关系。借款人没有履行还款义务时，出借人有权要求保证人承担连带清偿责任；保证人承担保证责任后，则有权依据《担保法》第三十一条的规定向借款人行使追偿权。

（1）P2P网络借贷平台提供担保的合同效力

据《网络借贷信息中介机构业务活动管理暂行办法》第十条规定，[26] P2P网络借贷平台不得为出借人提供担保或变相提供担保。伴随着P2P网络借贷的迅速发展，我国金融监管部门已出台相关金融监管政策以作应对，而平台不得提供担保一直都是监管政策之一。金融监管政策的目的是对金融市场作出调控，禁止平台提供担保是因为平台以自有资金为借款人的债务提供保证担保容易引发系统性的金融风险，导致平台经营困难甚至倒闭，从而使得出借人的资金更难追回。实践中，部分平台以其不得提供担保或不具备担保经营资质为由拒绝承担保证责任。笔者认为，相关保证合同的效力问题应根据《合同法》《担保法》及司法解释作出认定。

首先，根据《合同法》第五十二条第五项的规定，违反法律、行政法规强制性规定的合同无效。现行禁止P2P网络借贷平台提供担保的规定只属部门规章，全国人大及其常委会或国务院尚未制定法律或行政法规禁止平台提供担保，根据《合同法司法解释一》第四条规定，[27] 平台提供担保应属有效。值得注意的是，即便将来法律、行政法规作出了强制性规定，根据《最高人民法院关于适用〈中华人民共和国合同法〉若干问题的解释（二）》第十四条的规定，只有违反法律、行政法规的效力性强制性规定才会导致合同无效。

其次，即便P2P网贷平台不具备担保经营资质，根据《合同法司法解释一》

---

25 该条规定：出借人与借款人既约定了逾期利率，又约定了违约金或者其他费用，出借人可以选择主张逾期利息、违约金或者其他费用，也可以一并主张，但总计超过年利率24%的部分，人民法院不予支持。

26 该条规定：网络借贷信息中介机构不得从事或者接受委托从事直接或变相向出借人提供担保或者承诺保本保息的活动。

27 该条规定：《合同法》实施以后，人民法院确认合同无效，应当以全国人大及其常委会制定的法律和国务院制定的行政法规为依据，不得以地方性法规、行政规章为依据。

第十条的规定，[28]亦不足以导致担保合同无效，平台仍应依约履行担保责任。

最后，据《担保法》第五条的规定，[29]在借贷双方的借款合同被认定为无效的情况下，担保合同无效，出借人主张保证人承担保证责任的，法院不予支持。但保证人存在过错的，出借人有权要求保证人就其过错承担损害赔偿责任。

（2）P2P 网络借贷平台提供担保的形式

平台为借款人提供担保最常见的模式是平台与借贷双方签订借款及担保协议，即直接在借款合同中约定担保条款。在此情况下，平台作出担保的意思表示通常是明确的、具体的，即便对保证方式、担保范围等约定不明，出借人仍可根据《担保法》第十九条[30]、第二十一条[31]的规定要求平台就借款人的全部债务承担连带责任保证。

亦有部分平台为了吸引出借人加入、减少出借人的顾虑，在其平台的网页、宣传资料、广告等媒介上载明“全额本息赔付”等内容，但未与出借人订立保证合同或约定保证条款，此时，平台是否需要对借款人的债务承担保证责任？笔者认为，广告、宣传资料虽然在性质上属于要约邀请，但是，若该广告、宣传资料的内容对出借人的决策特别是涉案合同的订立有重大影响，足以使出借人认为平台为其债权提供保证的情况下，这些内容应当视为要约。出借人在平台上与借款人订立借款合同，则为承诺，故平台与出借人之间的担保协议成立并生效，出借人有权要求平台承担保证责任，[32]《民间借贷司法解释》第二十二条第二款亦有类似规定。[33]

3. 债权转让合同关系

部分 P2P 网络借贷平台为出借人提供债权转让的服务，出借人可以将其全

28 该条规定：当事人超越经营范围订立合同，人民法院不因此认定合同无效。但违反国家限制经营、特许经营以及法律、行政法规禁止经营规定的除外。

29 该条规定：担保合同是主合同的从合同，主合同无效，担保合同无效。担保合同另有约定的，按照约定。担保合同被确认无效后，债务人、担保人、债权人有过错的，应当根据其过错各自承担相应的民事责任。

30 该条规定：当事人对保证方式没有约定或者约定不明确的，按照连带责任保证承担保证责任。

31 该条规定：保证担保的范围包括主债权及利息、违约金、损害赔偿金和实现债权的费用。保证合同另有约定的，按照约定。当事人对保证担保的范围没有约定或者约定不明确的，保证人应当对全部债务承担责任。

32 例如，（2017）粤 0604 民初 13032 号案中，法院认定虽然平台并非借款人，但平台在其网站以广告的形式承诺“本息代偿”，根据《民间借贷司法解释》第二十二条第二款的规定，平台应对出借人的借款及利息承担保证责任，因当事人未约定保证责任的承担形式，根据《担保法》第十九条的规定，平台应按连带责任保证承担保证责任。

33 该条规定：网络贷款平台的提供者通过网页、广告或者其他媒介明示或者有其他证据证明其为借贷提供担保，出借人请求网络贷款平台的提供者承担担保责任的，人民法院应予支持。

部或部分债权全价或折价出让，或是在借款人逾期还款时约定出借人将债权转让给平台，由平台代偿并由平台自行向借款人追偿。

（1）债权转让合同性质的认定

P2P 网络借贷案件中，债权转让合同并不鲜见，但名为债权转让的合同是否确实为债权转让协议，应依据合同的内容作出判断，即是否有债权转让的意思表示，是否记载了转让债权的具体情况以及债务人的信息等。[34]

（2）债权转让合同的效力认定

《合同法》对债权转让合同的生效要件并未作特别规定，如无特别约定，债权转让合同应自受让人与让与人签字或盖章时成立并生效，对债权转让双方发生法律效力。根据《合同法》第八十条的规定，债权人转让权利应当通知债务人，未经通知，对债务人不发生效力。但在审理债权转让合同的过程中，除要审查债权转让合同是否生效、是否已通知债务人外，还需要审查债权的真实性。《合同法》第八十二条规定，债务人接到债权转让通知后，债务人对让与人的抗辩，可以向受让人主张。《民诉法司法解释》第九十一条规定，主张法律关系存在的当事人，应当对产生该法律关系的基本事实承担举证证明责任。因此，债权受让人对债务人提起债权转让合同纠纷时，应由债权受让人对债权的真实性以及债权转让的基本事实承担举证责任，举证不能将承担败诉的风险。[35]

4. 居间合同关系

根据现行法律和相关金融监管政策规定，P2P 网络借贷平台应当只担任中

34 例如，（2016）粤 0604 民初 6544 号案中，原告主张其作为债权受让人依据《个人债权转让协议》起诉债权让与人，但经法院审理查明，该《个人债权转让协议》未约定所谓“债权”的标的及债务人等重要信息，反而约定债权利率、转让期限、到期赎回、债权转让人偿还对债权受让人的债权本金和利息的内容，从上述内容可见该协议实为借贷合同，故债权受让人与让与人之间应为借款合同关系，该案应按民间借贷纠纷进行审理。

35 例如，（2018）粤 01 民终 22682 号案中，借贷平台以受让债权为由起诉借款人，但一审法院认为平台未合理受让涉案债权，并非适格主体。首先，平台未提交充分证据证明其所受让债权的真实性，其提交的《服务合同》仅证明平台为第三方出借人与借款人之间的借款提供信息中介服务，借款人、平台签订该合同，但出借人栏并无相关出借人的签名或盖章，平台亦未向法院披露出借人的真实信息，故无法确认该出借人是否真实存在；其次，平台提交的《会员注册协议》，载明会员作为投资人在法律关系中作为债权人的各项债权权利与诉讼权利不可撤销地委托平台代为行使，但在无法确定出借人真实存在的情况下，平台再次主张该出借人具有“会员身份”，继而根据会员协议中“不可撤销授权”主张其合法受让涉案债权，缺乏事实及证据的支持；最后，平台未提交代偿证明、债权转让协议等相关证据证明其已受让涉案债权。综上，一审法院依法认定平台并非涉案款项的债权人，裁定驳回平台起诉。平台不服提起上诉，二审法院认为：平台向借款人提供借贷中介服务，涉案《服务合同》出借人栏为空白，并无相关出借人的签名或盖章，平台补充提供出借人的信息仅是其网络平台上的打印件，不足以证明出借人的真实情况。而且，平台未提交债权转让协议等相关证据证明其已受让涉案债权，也没有充分证据证明其有代为诉讼的权利，故一审法院认定平台并非涉案款项的债权人，并非本案适格原告，裁定驳回平台起诉并无不当。

介的角色，其与借贷双方形成的是居间合同关系。

（1）居间合同的成立与生效

有观点认为，“在P2P平台与借方之间的居间合同关系中，借方通过平台成功筹集到借款时起，居间合同成立并生效，‘流标’情况视为居间合同不成立。P2P平台与贷方之间的居间合同关系中，成立与生效时间应与借方的居间合同一致”。笔者对此持不同意见，理由如下：其一，与债权转让合同一样，合同法并未规定居间合同成立与生效的特殊要件，故居间合同亦是自承诺到达要约人时成立并生效。其二，借贷双方只要打开平台的网页，则可浏览投资信息，成为平台会员后即可发布借款信息、开立或绑定账户、选择出借款项，故只要注册成为平台的会员，平台已经事实上为出借人或借款人报告订立合同的机会或提供订立合同的媒介服务，亦即借贷双方各自与平台的居间合同关系已成立。其三，居间合同关系与借款合同关系是两个独立的法律关系，借款合同不成立，并不导致居间合同不成立，借款合同只是居间人意欲促成借贷双方订立或提供媒介服务的合同，借款合同成立是居间人收取报酬的条件，但并非居间合同成立并生效的要件。

（2）居间费、服务费、中介费等费用的认定

根据《合同法》第四百二十六条规定，居间人促成合同成立后，委托人应当按照约定支付报酬。但实践中，存在与出借人有关联的第三方，如平台作为出借人时其关联公司以服务费、咨询费、居间费、保证金、中介费等名目收取借款人款项的情形，此时，应严格审查该第三方是否提供了实际服务，如是则借款人应支付对价，如否则这些费用实际上仍属于借款人为获得借款支出的成本，是借贷双方为了规避利率上限而巧立名目，仍应受到《民间借贷司法解释》第三十条的限制。[36]

此外，这些费用亦有可能在出借人交付借款本金时由平台直接扣除后再将余款支付给借款人，因此应审查该费用是否为出借人变相扣除“头息”，如查明第三方确实已提供了相关服务，则该费用仍应认定为借款本金；[37] 反之，则会

36 例如，（2017）粤0303民初22046号案中法院认定，原告及其所在公司经营管理的网贷平台，以收取高额居间费的形式，规避司法解释关于民间借贷利率上限的限制性规定，变相从事高利放贷。尤其是原告约定收取的居间费，居然高于贷款人收取的利息，这无疑是以费用的形式变相收取高息。据此，法院根据司法解释关于民间借贷利率上限为年利率24%的规定，将被告应当支付的利息与居间费等息费调整为年利率24%，对超过部分则不予支持。

37 例如，（2018）粤18民终572号民事判决认定，根据《借款及担保协议》约定，借款人接受该协议中关于服务费、信用保证金及履约保证金的条款，且上述费用不属于预先扣除利息的情形，不违反法律规定，故尽管借款人实际收到135000元，但其余15000元系出借人自愿承担的相关费用，涉案借款本金仍应认定为150000元，原审法院认定涉案借款本金是135000元不当，本院予以纠正。

使借款人不能完全支配和使用所借款项，形成变相的“高利贷”，对借款人显失公平，故应当按照借款人实际收到的借款金额认定借款本金并以此计付利息。

5. 委托合同关系

《合同法》第三百九十六条规定，委托合同是委托人和受托人约定，由受托人处理委托人事务的合同。P2P网络借贷中，涉及委托合同关系的主要有两种情形：一是借贷双方委托借贷平台代为收付款，二是借款合同或居间合同约定出借人全权委托平台代为追收款项等。

在第一种情形中，借贷双方委托平台收付款，但款项事实上仍属于借贷双方，如果平台完成委托事项，则委托人应向平台支付报酬，该报酬有可能通过款项存放在平台时产生孳息的方法支付，[38]亦有可能在借贷双方与平台签订的合同中以服务费的形式进行约定；如果平台作为受托人没有依约交付款项给出借人或取得借款人还款后没有支付给委托人，则构成对委托人的违约，委托人可以诉请平台返还款项并赔偿损失。[39]

在第二种情形中，出借人与借贷平台的委托关系存在两种情形。一是借款协议等合同中约定平台有权代理出借人对借款人提起诉讼。平台与出借人之间的关系是委托合同中的诉讼代理合同关系。但平台的身份并不符合《民事诉讼法》第五十八条的规定。[40]退一步而言，即便平台可以担任出借人的委托诉讼代理人，诉讼主体仍然是出借人，故作为原告对借款人提起诉讼的应当是出借人而非平台。二是出借人与平台订立的《会员注册协议》，[41]约定出借人作为债权人的各项债权权利与诉讼权利不可撤销地委托平台代为行使，即出借人将其作为债权人的权利概括委托平台进行处理。此时，平台根据该委托合同关系有权以自己的名义即受托人的名义向借款人追偿欠款，追偿的方式包括提起诉讼，故平台可以作为原告诉请借款人清偿借款本息。但正如前文所述，为查清该委托合同关系是否真实、合法，平台是否享有诉权，应追加出借人作为第三人参

38 这时，平台实际上形成了资金池，存在非法吸收公众存款之嫌，也违反了《网络借贷信息中介机构业务活动暂行管理办法》的规定。

39 例如，（2015）穗天法金民初字第4384号案中，出借人在网站平台注册会员，对账户进行充值，委托该公司为其资金寻找借贷机会并代为支付借款、收取还款。出借人已依约履行资金出借义务，其中借款人已还清三笔借款，但平台未将借款人已支付的借款本息予以返还，违反合同约定，遂应向出借人返还三笔借款的本息；对于第四笔借款的本息，平台未提供证据证明其已代为支付给借款人，同样应承担违约责任，应向出借人返还本金并对利息损失予以赔偿。

40 该条规定：律师、基层法律服务工作者、当事人的近亲属或工作人员、当事人所在社区、单位以及有关社会团体推荐的公民才可以担任委托诉讼代理人。

41 例如，（2017）粤0106民初25647号案中，广州知商互联网科技有限公司作为P2P网络借贷平台与出借人订立的《会员注册协议》。

与诉讼。另外，出借人只是将权利委托平台行使，在诉讼过程中不排除借款人对出借人是否履行出借等合同义务进行抗辩，故追加出借人参与诉讼亦有利于查明平台的诉请能否支持。

6. 侵权责任关系

（1）用人单位责任纠纷

用人单位责任纠纷属于特殊主体责任，是指用人单位的工作人员因执行职务行为造成他人损害，由用人单位承担侵权责任。用人单位责任纠纷适用无过错责任原则，不论该工作人员主观上是否存在过错，也不论用人单位对其工作人员的选任、监督和管理是否存在过错，只要工作人员在执行工作任务过程中给他人造成损失，均应由用人单位承担侵权责任。[42]

（2）股东损害公司债权人利益责任纠纷

股东损害公司债权人利益责任纠纷，是当公司股东滥用公司法人人格及有限责任，损害债权人利益时，揭开公司面纱运用《公司法》人格否定制度追究股东的责任，实际上也属于侵权责任。此类纠纷要件主要包括：一是主体要件，即实施侵权行为及承担责任的是股东，其相对人是公司的债权人；二是行为要件，即股东滥用公司法人独立地位和股东有限责任逃避债务，而逃避债务的行为包括欺骗债权人、抽逃出资等，由此可见股东在主观上应为故意；三是结果要件，即股东滥用公司法人人格的行为严重损害了公司债权人的利益。[43]

---

42 例如，前文提及的“盛世汇盈”P2P网络借贷平台的多起案件，法院经审理查明原告作为出借人在听信被告盛某公司网络宣传的情况下，开始在“盛世汇盈”P2P网络借贷平台投入资金。一开始，平台还本付息均正常，出借人遂逐步加大投资钱额。但直到出借人发现投资的本金和利息还未到账户上，提现异常，才发觉受骗并报警。后经生效判决认定，盛某公司的工作人员犯非法吸收公众存款罪，但出借人催收未果，故以盛某公司及其工作人员共同侵权为由提起诉讼。在该批案例中，法院认定盛某公司的工作人员实施非法吸收公众存款的活动是以盛某公司的名义进行，该公司应对出借人的损失承担民事责任，至于该公司除股东以外的其他工作人员，实施辅助“吸存”的行为属于履行职务，不应承担侵权责任。

43 同样以前述“盛世汇盈”P2P网络借贷平台的案件为例，法院查明盛某公司的股东黄某设立公司及建立公司P2P网贷平台，目的就是通过设立假标等形式向社会公众吸收存款，并做“过桥”等业务从中牟利，应认定其主观存在过错，具有损害行为，并导致了出借人的财产损失，其损害行为与出借人的损失之间存在因果关系。据此，黄某的行为符合侵权“四要素”，应对出借人的损失承担民事责任。

大数据时代背景下
公民个人信息安全的刑法保护

——基于犯罪链视角的实证分析

钟　慧*

【内容提要】 通信技术进入长足发展的时代，使公民个人数据成为新时代背景下的核心资产。围绕着公民个人信息而引发的关联案件层出不穷，近年来电信网络诈骗案件引尤其起了全国人民的高度关注。本文通过大数据的分析方法，对比电信诈骗案件与侵犯公民个人信息案件的相关数据情况，发现这两类案件存在案件增长数量相同、引起的原因类似、造成的结果严重等情况，亟须高度关注。但现实情况反映的是我国在立法层面、司法实践领域都存在诸多问题，需要共同解决。针对当前的诸多问题，笔者提出了相应的解决思路，以期为该类案件献出绵薄之力。

【关键词】 公民个人信息　大数据　电信诈骗

引言

因应于发达的网络技术支撑，当下社会的运作模式正快速向以海量社会数据为核心蜕变。通过汇集社会数据形成的数据库，各类组织能够实现对个体甚至于对不同的社会群体的行为、需求等分析预测，从而获得更多的利益。在法

---

*　钟慧——广州市黄埔区法院刑事审判庭法官助理。

规范视野中，社会数据便是数据化了的个人信息，[1]而作为大数据时代的软黄金，公民个人信息日益成为社会角逐的对象，在此过程中造成的侵犯公民个人信息的犯罪层出不穷。全国各级法院对此非常重视，最高人民法院专门出台侵犯公民个人信息罪的相关通知与司法解释。[2]理论界对公民个人信息刑法保护的问题同样关注颇多。[3]但从总体上看，既有研究大多停留在相关理论层面，未能从经验层面把握侵犯公民个人信息案件司法实践的特点与难点，并提出针对性建议。有鉴于此，笔者拟从侵犯公民个人信息案的实践出发，充分利用无讼网和中国裁判文书网的数据及 G 市 H 法院 2017 年受理的 4 起跨国电信诈骗案数据，[4]真切地把握问题，剖析成因，提出可操作性的建议。

需要指出的是，本文将主要基于犯罪链的视角展开分析。这是因为，侵犯公民个人信息犯罪一般都伴随着其他类型的犯罪，特别是电信诈骗类犯罪，侵犯公民个人信息的犯罪往往属于整个电信诈骗犯罪链的上游犯罪。换言之，现实生活中犯罪分子对公民个人信息的侵犯往往呈现出一条犯罪链的样态。正因如此，我们只有从源头上打击侵犯公民个人信息的行为才能有效打击整个犯罪链，从而真正切实地保护公民个人信息。

一、犯罪链条下的公民个人信息案件现状

（一）有关公民个人信息的犯罪链条

二十年来，通信技术和金融业获得长足发展。我国电信诈骗案案件数量与日俱增的同时，犯罪手段也从传统的单人作案向集团化管理、精准化诈骗、精

1　Vgl. Hilgendorf/Valerius，Computer – und Internetstrafrecht，2 Aufl.，Verlag Springer，2012，S. 243. 转引自敬力嘉：《大数据环境下侵犯公民个人信息罪法益的应然转向》，载《法学评论》2018 年第 2 期。

2　包括 2013 年 4 月 23 日发布的《最高人民法院、最高人民检察院、公安部关于依法惩处侵害公民个人信息犯罪活动的通知》，2017 年 5 月 8 日公布的《最高人民法院、最高人民检察院关于办理侵犯公民个人信息刑事案件适用法律若干问题的解释》等。

3　代表性的文献如石聚航：《侵犯公民个人信息罪“情节严重”的法理重述》，载《法学研究》2018 年第 2 期；敬力嘉：《大数据环境下侵犯公民个人信息罪法益的应然转向》，载《法学评论》2018 年第 2 期；赵秉志：《公民个人信息刑法保护问题研究》，载《华东政法大学学报》2014 年第 1 期；于志刚：《“大数据”时代计算机数据的财产化与刑法保护》，载《青海社会科学》2013 年第 3 期，等等。

4　笔者认为，两个网站公布的裁判文书很大程度上可以涵盖目前国内法院可公开的裁判文书，因而具有相当程度的代表性和可信度。笔者搜索 2015—2017 年的侵犯公民个人信息罪及电信诈骗案的裁判文书作为数据基底，从中随机抽取了 2015—2017 年的电信诈骗案刑事判决书 300 篇；2016—2017 年的侵犯公民个人信息案刑事判决书 300 篇，共计 600 篇。2017 年 G 市 H 法院受理的 4 起跨国电信诈骗案中，被害人达 193 人，其年龄分布具有一定代表性。

细化分工方向发展。由电信诈骗衍生出一系列黑色产业群，黑色产业群群体与电信诈骗分子形成稳定的合作关系，编织出一个完整的犯罪网络。其中以非法提供公民个人信息的黑色产业群体与电信诈骗犯罪分子联系最为紧密。根据司法统计数据显示，86% 的诈骗分子都通过网络渠道非法获取公民个人信息（含网上购买、网上搜索和网上下载），可以说非法获取公民个人信息的行为是电信诈骗犯罪链过程中必不可少的环节。(见图 1) 侵犯公民个人信息与电信诈骗之间自然也形成了上下游犯罪的关系。(见图 2)

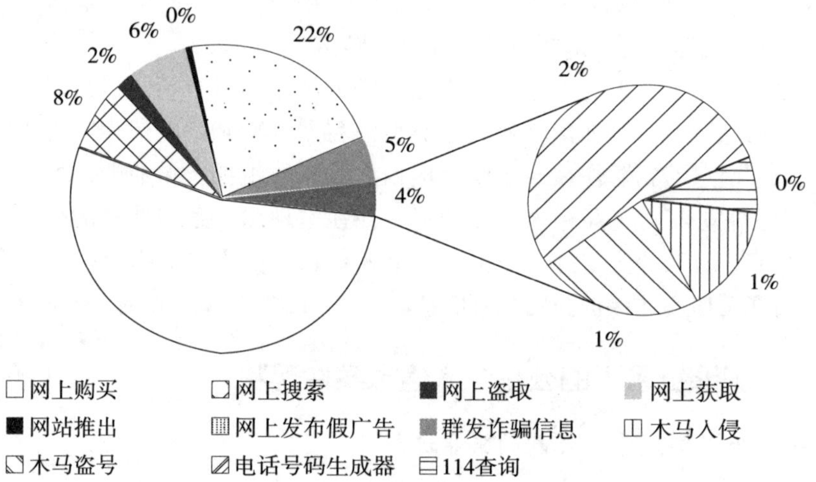

图 1　电信诈骗案获取公民个人信息方式图

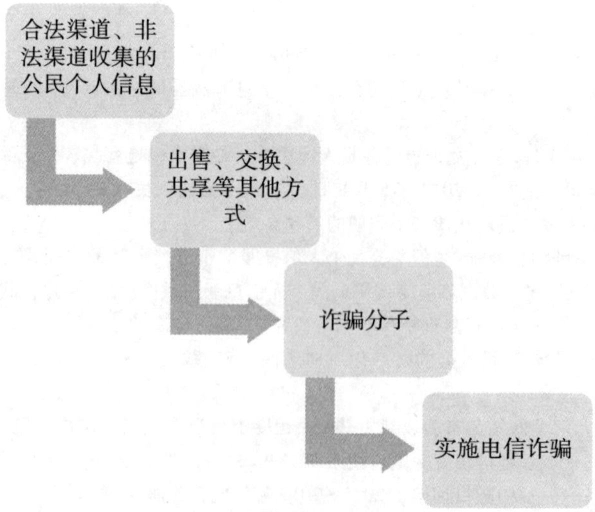

图 2　两案犯罪链条图

（二）公民个人信息犯罪的实践特点

1. 愈演愈烈："双案"数量爆发式增长

数据显示，电信诈骗案和侵犯公民个人信息案的案件量都在2015—2017年爆发式增长，且呈现逐年正相关递增趋势。（见图3）

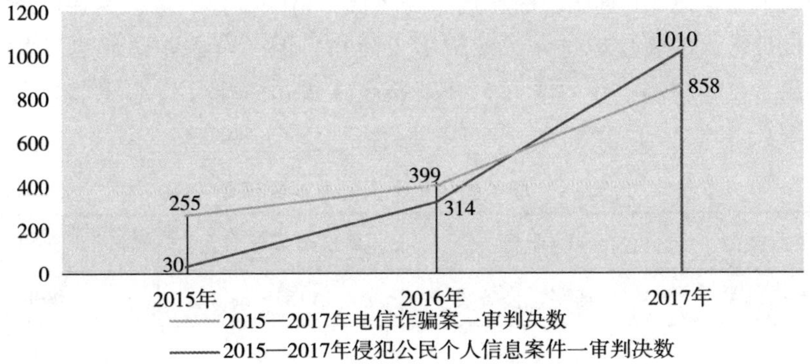

图3 2015—2017年双案一审判决量趋势图

进一步看，2017年侵犯公民个人信息案件量同比增长222%，2017年电信诈骗案案件量同比增长115%，侵犯公民个人信息的案件量的增幅高于同年电信诈骗案的增幅。

2. 无所不在：网络及"内鬼"型泄露比重大，泄露领域广

数据显示，首先网上出售、购买是公民个人信息泄露的主要途径，占样本总数的54%，其次为职务型公民个人信息泄露，占总数的27.72%。（见图4）

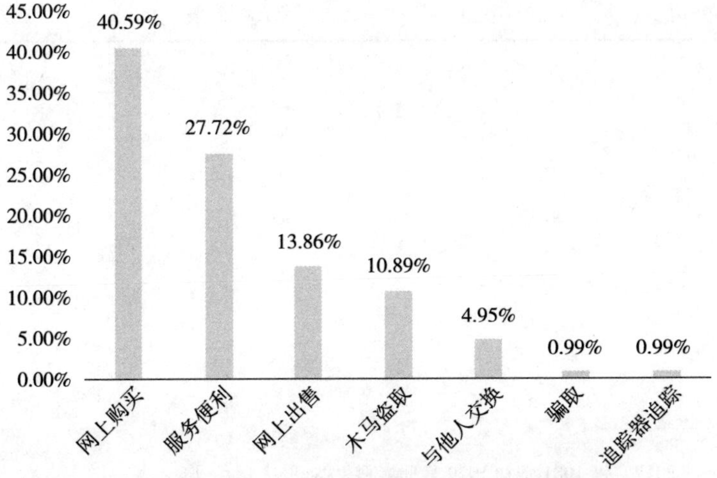

图4 侵犯公民个人信息案泄露公民个人信息方式图

从泄露领域分析（见表1），国家机关、银行、电信公司、快递公司以及私营企业都存在不同程度的公民个人信息泄露，单次泄露公民信息量高达300万条，说明合法形成的公民个人信息数据库存在监管漏洞。承担刑事责任主体以自然人为主，对公职人员的处罚偏轻。本次司法样本中，仅有余某等侵犯公民个人信息案[5]是将互联网公司作为被告并判决该互联网公司承担刑事责任；詹某侵犯公民个人信息案[6]查明，罪犯詹某身为国家机关工作人员，利用职务便利为他人提供被害人的暂住地址，致使被害人死亡，但一审法院最终判处其有期徒刑一年三个月，缓刑一年六个月，并处罚金人民币一千元，罪犯詹某受到的刑事处罚偏轻。

表1　职务型公民个人信息泄露清单

企业类型	职务	单次泄露信息量	刑罚
国家机关	辅警、公务员	211575条	缓刑
银行	职工	683条	缓刑
通信公司	职工	13400条	缓刑
快递公司	快递员	1600余条	缓刑
知识产权公司	员工	99542条	缓刑
互联网公司	员工	400000条	有期徒刑
房地产公司	员工	3000000条	有期徒刑
征信管理公司	员工	9846条	缓刑
教育公司	员工	876427条	缓刑

5　详见（2017）浙1081刑初1979号刑事判决书。

6　详见（2017）浙0211刑初482号刑事判决书。

3. 无孔不入：侵犯公民个人信息的种类和内容多样

表2　公民个人信息泄露内容

电信诈骗案获取的公民个人信息	侵犯公民个人信息案泄露的信息
公民姓名、年龄、电话号码、身份证号码、家庭住址、微信号码、QQ号码、网络账户及密码、法人资料、商业需求、银行卡号码、个人征信信息、车牌号码	户籍信息、姓名、住址、手机号码、考生信息、身份证号码、驾驶员信息、本地犯罪嫌疑人信息、吸毒人员查询信息、暂住证信息、照片、健康疾病状况、全球通信息、新生婴儿信息、门牌号、公民前科、劣迹信息、存款信息、银行卡卡号及密码、个人征信报告、股票信息、房产信息、车辆信息、购买收藏品的信息、财产抵押情况、电话定位信息、车辆轨迹信息、车辆违章信息、宾馆住宿信息、民航机票信息、网吧上网记录、出入境信息、铁路售票信息、债券信息、股票信息、申请信用卡额度信息、贷款信息、淘宝账户及密码、支付宝账户及密码、亚马逊账户及密码、京东账户及密码、快递信息、微信号码及密码、QQ号及密码、电子邮箱及密码

由样本数据（表2）可知，一方面电信诈骗案犯罪分子主要收集的资料为姓名、身份证号码、电话号码、家庭住址、QQ号码等可直接识别特定个人身份的信息；另一方面侵犯公民个人信息泄露的信息内容要更加广泛，涉及公民个人生活、工作、学习等各个方面的内容。在理论研究领域，目前我国刑法学界对公民个人信息的研究达到一定高度，对公民个人信息的概念各执一词。理论界对公民个人信息的分类主要有以下几种：（1）关联型。这种观点认为只要是与公民个人相关联的个人信息，都可以认定为公民个人信息。主要包括静态信息和动态信息，个人隐私及隐私以外的信息。（2）隐私型。该观点认为公民个人信息与公民个人隐私有关，具有一定的私密性，不能被他人使用非法手段窥视和获取。[7]（3）识别型。赵秉志认为："具有影响公民财产权利、人身安全的特征，同时能够凸显公民生理性与社会性的信息是公民个人信息。"[8]该观点表明公民个人信息具有识别性的特点，说明公民个人信息具有身份属性。笔者认为，"关联型"和"隐私型"的观点存在过犹不及的两种极端情况，都不能很好地在司法实践中指导法官对公民个人信息进行认定。相反，结合本次司法统计（表2和表3）以及理论上对公民个人信息的争议，笔者认为，公民个人信息

7　赵岑：《论侵犯公民个人信息犯罪之"个人信息"的界定》，载《法制与社会》2016年第10期。

8　赵秉志：《公民个人信息刑法保护问题研究》，载《华东政法大学学报》2014年第1期。

以识别性为基础，客观上具有法律保护的价值，该信息一旦被侵害将会导致个人生活陷入极其不稳定状态。[9]

近年来，电信诈骗的手段已经从单纯的打电话或者发送短信转变为更为复杂、严密分工的犯罪集团三线诈骗模式。以G市H区法院已公开开庭审理的以崔某等7名台湾籍被告人为首的22人跨国电信诈骗案件为例，笔者通过案卷材料和庭审可知，崔某等人在亚美尼亚设立犯罪窝点，对诈骗集团成员进行公司化管理，犯罪团伙分工明确：内设信息组负责非法收集公民个人信息提供给三线诈骗人员使用；设立一、二、三线诈骗人员，分别冒充检察官、公安人员和电信公司话务员。本案犯罪分子基于对公民个人信息的掌握，精确地识别出被害人身份，实施诈骗，成功骗取被害人财物。与上述的识别型公民个人信息理论相对应。

已有司法样本显示（见表3），公民个人信息泄露的内容可以划分为五大类型：身份信息、财产信息、行踪信息、交易信息和网络通信信息。

表3　公民个人信息泄露种类表

信息类型	具体的信息类别
身份信息	户籍信息、姓名、住址、手机号码、考生信息、身份证号码、驾驶员信息、本地犯罪嫌疑人信息、吸毒人员查询信息、暂住证信息、照片、健康疾病状况、全球通信息、新生婴儿信息、门牌号、公民前科、劣迹信息
财产信息	存款信息、银行卡卡号及密码、个人征信报告、股票信息、房产信息、车辆信息、购买收藏品的信息、财产抵押情况
行踪信息	电话定位信息、车辆轨迹信息、车辆违章信息、宾馆住宿信息、民航机票信息、网吧上网记录、出入境信息、铁路售票信息
交易信息	债券信息、股票信息、申请信用卡额度信息、贷款信息、淘宝账户及密码、支付宝账户及密码、亚马逊账户及密码、京东账户及密码、快递信息
通信信息	微信号码及密码、QQ号及密码、电子邮箱及密码

4. 恶果重重：被害人年龄呈两极分化分布，心灵创伤大

已统计的G市H区法院受理的4起电信诈骗案被害人情况表明，4起电信诈骗的被害人的年龄主要集中在51岁及以上区间和19—30岁，分别占总数的42%和30%。《2017年中国网民网络安全意识调研报告》显示，“90后”“80

9　朱璐：《侵犯公民个人信息罪的司法认定——基于200份刑事判决书的分析》，南京师范大学2017年硕士学位论文。

后”及“60后”是最容易被网络诈骗的群体，[10] 与本次4起电信诈骗案的受害人年龄特征吻合。

笔者通过电话回访被害人情况得知，由电信诈骗引起的危害结果十分严重：其中一位72岁高龄的被害人被诈骗金额人民币7万余元，是其养老金。老人被诈骗后生活十分艰难，内心十分痛苦，每日都在忧虑中度日，诈骗分子的行径给其内心造成严重的创伤。另有一位贵州大学的在校生谭某，2016年其被骗取全年的学费和生活费，案发至今仍对该起被骗事件耿耿于怀。据谭某回忆，其被骗之初内心愧疚，不敢告诉家人，为了重新凑学费四处借钱及兼职打工，现在内心仍对被诈骗一事心有余悸。

二、打击公民个人信息犯罪链的立法与司法问题

整体而言，自2015年11月1日正式实施的《刑法修正案（九）》增设侵犯公民个人信息罪[11] 以来，侵犯公民个人信息罪的案件量呈爆发式增长。从案件量走势分析，侵犯公民个人信息罪的案件有增无减。从司法实践的角度来分析，刑事相关立法和司法存在不足。

（一）立法层面的问题

1. 公民个人信息效力层级缺乏法律效力划分

根据2017年《最高人民法院、最高人民检察院关于办理侵犯公民个人信息刑事案件适用法律若干问题的解释》（以下简称《解释》）第一条规定，《刑法》第二百五十三条之一规定的“公民个人信息”，是指以电子或者其他方式记录的能够单独或者与其他信息结合识别特定自然人身份或者反映特定自然人活动情况的各种信息，包括姓名、身份证件号码、通信联系方式、住址、账号密码、财产状况、行踪轨迹等。[12] 本次解释强调可识别性是个人信息最关键的内核，进而作为刑法中的认定要素。通过对200份裁判文书的整理，本次侵犯公民个人信息罪的司法样本显示，司法实践中认定的公民个人信息的有五种类型分为五大种类：身份信息、财产信息、行踪信息、交易信息、通信信息，基本将现有犯罪中出现的公民个人信息纳入刑法的保护范围。但是不同的信息内容，重

---

10 360互联网安全中心：《2017年中国网民网络安全意识调研报告》，载 http：//www.useit.com.cn/thread－16882－1－1.html，最后访问于2019年7月15日。

11 《中华人民共和国刑法修正案（九）》第十七条。

12 《最高人民法院、最高人民检察院关于办理侵犯公民个人信息刑事案件适用法律若干问题的解释》第一条。

要性不尽相同，造成的侵害也具有明显的差异性。尽管《解释》第五条对侵犯公民个人信息的种类和数量进行了情节规定，但是并未根据公民个人信息的重要程度进行一个明确的法律效力划分，只是将符合一定范围、数量的公民个人信息作为情节轻重的划分，并不能凸显涉及公民人身安全信息等敏感信息的重要性。显然公民的一般信息与敏感信息造成的侵害明显不尽相同，因此需要对公民的信息进行效力等级划分，按照信息级别划定不同的量刑幅度、附加刑和限制适用缓刑。

（二）司法实践中的问题

1. 对责任主体相关监管不足

综观刑事审判案例，主要的责任主体为以下几种：（1）国家机关、公共服务部门及工作人员。（2）银行、通信、民航等大型国有服务机构及工作人员。（3）民营企业及自然人。

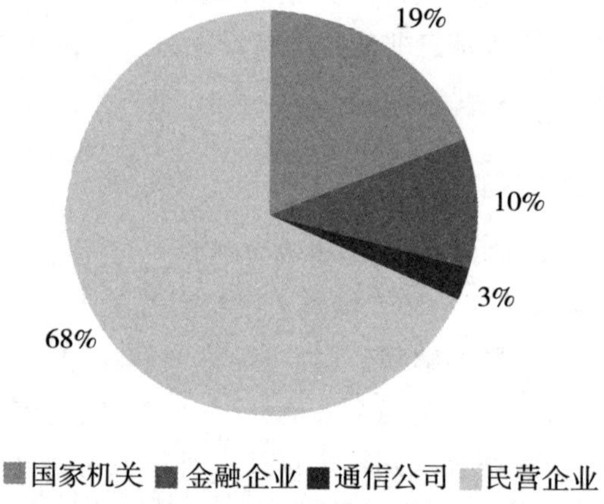

图5 国家机关、企业及职工泄露的比例图

通过司法统计（见图5），大部分单位及职工型泄露（排除自然人犯罪）都源于民营企业，如互联网公司、知识产权公司、教育机构等，占总数的68%。位于其次的泄露源来自国家机关，占总数的19%。金融企业型泄露占总数的10%。通信公司型泄露占总数的3%。其中单位发生的泄露往往是职工监守自盗造成的。笔者通过查阅司法样本得知，单位及职工型的泄露往往追究“内鬼”的刑事责任，对相关单位的处罚寥寥无几。这表明，司法实践中，司法机关对单位侵犯公民个人信息的犯罪行为的打击力度低，司法机关应该重视单位在公民个人信息泄露中承担的监管责任和相应的刑事责任。只有提高单位泄露公民个人信息的违法成本，相关单位才能重视对内部职工使用公民个人信息的监管，从内部杜绝公民个人信息泄露的情况。

2. 量刑差异大

《解释》的第五条对“情节特别严重”的情形作出了相关规定。[13] 通过查阅司法样本，发现分别被认定为“情节特别严重”和“情节严重”的蓝某某、李某某等侵犯公民个人信息案[14] 和王某、马某侵犯公民个人信息案[15]，前案判处罪犯蓝某某有期徒刑三年，缓刑三年；后案判处罪犯王某有期徒刑十个月。对比两份判决书，蓝某某侵犯公民个人信息案中查明的是蓝某某等人侵犯的是公民的个人征信信息，且蓝某某在网上购买后，又将该类信息于公司内部进行分享，虽然蓝某某被认定“情节特别严重”，但是法院最终对其判处缓刑。王某、马某侵犯公民个人信息案反映罪犯王某侵犯了公民的支付宝账户信息，出售数量较少，但被判处有期徒刑且没有适用缓刑，这表明实践中侵犯公民个人信息罪的量刑差异较大。

3. 对公司起诉追责率低

公诉机关鲜有对公司进行起诉，致使对犯罪打击力度低。根据本次侵犯公民个人信息案的司法统计可知，在公司法定代表人出售、交换、购买公民个人信息的案件中，仅有一起侵犯公民个人信息案，公诉机关将公司作为被告进行起诉的；对比其他同类案件，公诉机关仅将法定代表人或者实际控制人作为起诉主体，实际对单位犯罪的打击力度并不大。就目前而言，中国并未出台《个人信息保护法》，对公民个人信息的概念和内涵都没有明确的界定，导致刑法内对公民个人信息的界定存在不断扩大保护外延的情况。且在刑法领域，并未对我国的公民个人信息的权利属性进行定义，这给刑事司法裁判带来一定的困难，总体的司法打击力度低，实现的法律效果及社会效果并不理想。

三、完善公民个人信息保护的刑事法路径

（一）实体法：对公民个人信息进行效力划分

2017 年颁布的《解释》虽然对公民个人信息进行了识别性定义，但缺乏对公民个人信息进行明确的法律效力划分。因此，建议将公民个人信息进行效力等级划分，具体划分为一般性信息、秘密性信息和保密性信息。一般性信息主要指公民的姓名、联系方式、家庭住址等基本信息。此类信息具有基本的可识

---

13 《最高人民法院、最高人民检察院关于办理侵犯公民个人信息刑事案件适用法律若干问题的解释》第五条。

14 详见（2018）苏 0312 刑初 110 号刑事判决书。

15 详见（2018）浙 1023 刑初 96 号刑事判决书。

别性和一定程度的共享性，允许在正常的商业往来中进行合法、有条件的使用提高商业效率。秘密性信息是指具有一定隐私属性的公民信息，主要包括公民的健康状况信息、通信信息等。该类信息为公民不愿意透露给公众，具有一定的公民隐私属性，不能被利用于正常的商业往来或者用于合法的共享渠道。一旦发现泄露此类信息，除了追究行为人的刑事责任，还应追究泄露单位的行政责任。或者由司法部门进行司法监管，将其纳入泄露企业黑名单予以公布。保密性信息是指具有高度人身属性及财产属性的信息，一般包括公民的行踪轨迹信息、财产信息和交易往来信息。该类信息的泄露会容易造成公民的人身损害或者财产损失，需要进行严格保密，不能轻易泄露于外部。若相关单位及相关罪犯泄露了该类信息，应该认定为“情节特别严重”，且限制适用缓刑及单处罚金。此类属于高度保密性质的信息一般都来源于银行、大型国家企业、大型互联网企业、国家政府部门。如该类信息对外泄露，极易造成被害人的重大损失，社会影响非常恶劣。具体的公民个人信息效力划分及对应的量刑幅度见表4。

表4　公民个人信息效力划分及对应量刑建议表

类型	内容	量刑建议
一般性信息	姓名、年龄、手机号码、微信号等	在现有的《解释》的基础上，造成严重后果的，限制适用缓刑
秘密性信息	健康状况信息、通信信息（电子邮箱、内部通信信息等）	涉及此类信息的泄露，应限制适用缓刑，且从重处罚
保密性信息	行踪轨迹信息、财产信息和交易往来信息	涉及此类信息泄露，不可适用缓刑，且应追究相关单位的行政责任。造成严重后果的应追究相关单位的刑事责任
国家机关及其公职人员、银行、电信运营商、互联网企业、知识产权企业等相关企业单位、组织的职工泄露公民个人信息的，从重处罚，不得适用缓刑		

（二）程序法

1. 增设公民对单位侵犯公民个人行为的自诉救济途径

刑事自诉权，是指遭受犯罪行为侵害的被害人及其法定代理人、近亲属等依法享有的对法定的自诉范围内的案件直接向人民法院提起刑事诉讼，请求追究被告人刑事责任的权利。司法实践中，很多互联网公司、教育公司、中介公司，通过提供服务合法获取公民的个人信息，但其法定代表人或者实际控制人将收集到的公民个人信息进行出售或者提供给他人以进行牟利。这种情况下，公诉机关也仅起诉该公司的法定代表人或者实际控制人，将公司排除在司法惩处之外。此时，尽管对实际控制人或者法定代表人进行了处罚，但公司的运作并不会受到影响，公司很可能还会继续由其他经营者将公民个人信息进行出售或者对外分享。一旦对犯罪主体提起公诉，意味着公民也不能通过自诉途径对该公司进行自诉。为充分保障公民个人信息的安全权，提高对该类犯罪的打击力度，建议刑事诉讼法增设侵害公民个人信息罪在侦查机关、公诉机关不起诉单位的情况下，公民提起自诉的法律条文。具体为：被害人向公诉机关提出追究相关企业侵犯公民个人信息罪的申请材料后，公诉机关在收到材料后的 15 日内不予书面答复或者明确答复不起诉相关企业侵犯公民个人信息罪的，被害人有证据证明相关企业实施了侵犯其个人信息的，且公诉机关仅起诉法定代表人或相关责任人的，人民法院以自诉案件立案审理，追究相关企业的侵犯公民个人信息罪的刑事责任。具体流程如图 6 所示。

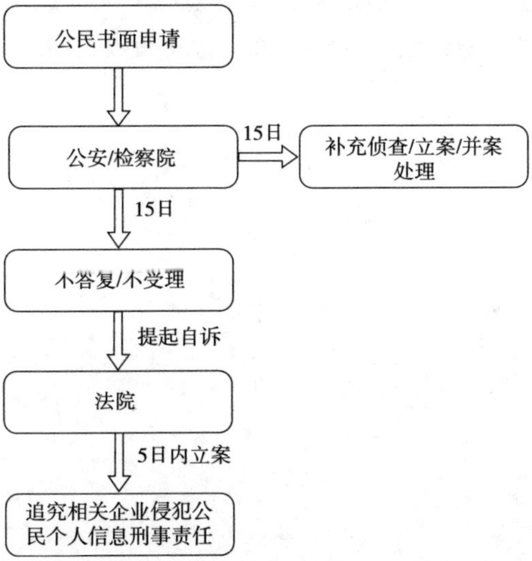

图 6　公民自诉救济流程图

只有追究侵犯公民个人信息单位的刑事责任，才能在司法层面让公司承担相应的刑事责任，使其日常的经营行为受到限制，提高其违法成本。

2. 重视公民个人信息下游犯罪的统一管辖，提高审判效率与质量

全国对侵犯公民个人信息的上下游犯罪链进行重点打击，尤其针对跨国电信诈骗类案件呈高压打击态势。但是审理跨国电信诈骗案时必然要面临管辖的问题，根据现有的司法统计，审理的法院过于分散，主要分布在广东省、北京市、陕西省、浙江省、江苏省、福建省等地，依据为《最高人民法院关于执行〈中华人民共和国刑事诉讼法〉若干问题的解释》第八条。该条规定，中国公民

在中华人民共和国领域外的犯罪，由其入境地或者离境前居住地的人民法院管辖。一般电信诈骗的犯罪分子被公安机关在国外押解回国，入境地分散，必然造成管辖法院分散。这既不利于审判工作的整体把控，也不利于裁判文书的裁判效果的统一，容易造成司法资源浪费。因此，建议公安机关、检察院、法院共同建立统一的管辖机制。公安机关将国外的犯罪分子引渡回国时，统一于一个关口入境，并对诈骗分子进行统一关押。同时由最高人民检察院和最高人民法院共同指定该地的检察院及法院进行统一的管辖，形成统一的案件审理机制和上报机制，节约司法资源，提高裁判效率，提高裁判文书质量，保证法律效果、社会效果、政治效果的统一。

3. 夯实"行刑联结"高效监管的地基工作

法律是社会秩序和正义的最后一道防线，依靠国家强制力守护着社会生活的底线，是事后打击犯罪的一道屏障，保护公民个人信息不应只由司法机关来承担，应建立完善的行政网络监管和刑事监督及衔接工作。(见图7)

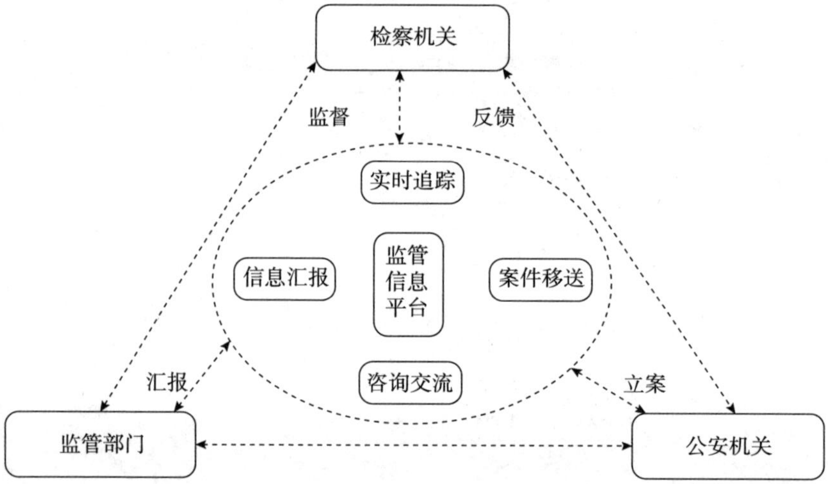

图7 "行刑"监管流程图

首先，应由公安机关会同工信部设立专门的公民个人信息监管部门，对公民个人信息收集的重点企业和相关单位的公民个人信息保管情况、泄露情况进行实时跟踪监管，在侵犯公民个人信息案件"行刑联结"机制的构架下，搭建共享信息平台。将公民个人信息监管动向实时在监管部门、公安机关、检察机关之间互相报送、跟踪监督、案件移交、咨询交流。

其次，通过该监督机制，重点追踪监管各相关单位履职中调用公民个人信息的行为。对"内鬼"泄露公民个人信息频发的相关企业或单位进行行政处罚，若该单位存在重大公民个人信息泄露的过失，应连带单位和相关责任人一并立案侦查起诉，追究单位的侵犯公民个人信息刑事责任，对单位进行惩处。同时监管部门应将监管数据提取制作成电子证据移交司法机关，提高司法机关刑事办案效率。

最后，强化检察机关的监督反馈作用，一旦发现监管部门不移交案件或公安机关有案不立的情况，立即行使监督权，通过信息平台发出检察建议，要求移送案件或立案，提高监督效率，充分发挥法律监督作用。

结语

大数据时代下的公民个人信息引发的犯罪层出不穷，已经发展出一条成熟的黑色产业链，需要引起我们的高度重视。在保护公民个人信息的同时，要随着时代的要求，完善公民个人信息保护的立法、司法方面的举措，重视现有法律的不足，通过司法实践发现问题，并寻找解决问题的出路。所以本文在分析现有司法实践和立法、司法不足的前提下，以行政监管、刑事立法及司法打击力度方面为突破口，建议建立合理高效的监督信息平台，提高司法打击公民个人信息相关犯罪的效率和力度，有效遏制该类犯罪的发生，保护每一位公民的个人信息安全，让人民群众在每一件刑事裁判文书中感受到公平正义，保障人民群众的生命安全和财产安全。

从被动适用到主动适用：基于大数据应用的电子送达制度完善与路径重塑

陈珊彬　任永乐*

【内容提要】法院信息化建设须正面回应司法体制改革的最新要求，最高人民法院在《关于深化人民法院司法体制综合配套改革的意见——人民法院第五个五年改革纲要（2019—2023）》中提出搭建全国统一的电子送达平台，正是破解"送达难"问题、提升司法效能的重要举措。电子送达作为一种新兴的送达方式具有高效、便捷等优点，但实证考察发现，法院对电子送达的实际适用率低，当事人使用的主动性也不强，导致电子送达功能弱化。究其原因，送达难，难在被告难找。现行电子送达制度系建立在"受送达人同意"的前提条件下，由当事人触发启动，这种被动适用的模式无法真正解决送达难问题，大大制约电子送达的运行质效。随着大数据技术等科技手段的深入运用，电子送达从被动适用模式向主动适用模式转变已具备社会基础与技术基础。在主动适用模式下，法院通过大数据应用查询定位当事人信息，从而解决司法送达要求"核实身份"的前提要件，既能提升送达效能，又可保障当事人的诉讼知情权。为了匹配主动适用模式下电子送达的要求，须对电子送达规范进行完善。首先，要转变电子送达的诉讼模式，适当强化受送达人的义务属性。其次，重新界定"受送达人同意"的内涵与外延，从默示适用与推定适用两方面对电子送达的适用条件进行拓宽。最后，对主动模式下当事人有效地址的确认予以探讨，明确电子文书送达的收悉标准。回到实践，进一步提出基于大数据应用的电子送达综合体系的构建方案，从应

* 陈珊彬——广州市中级人民法院商事庭四级高级法官；任永乐——广州市中级人民法院商事庭法官助理。

用系统层面和基础数据层面出发，阐述当事人信息定位的实现机理以及通过不同电子媒介进行送达的方法。

【关键词】 电子送达 大数据应用 制度完善 路径重塑

前言

全面深化司法改革和推进信息化建设，是人民司法事业发展的“车之两轮、鸟之双翼”[1]。2019年初发布的《最高人民法院关于深化人民法院司法体制综合配套改革的意见——人民法院第五个五年改革纲要（2019—2023）》明确提出要构建中国特色社会主义现代化智慧法院应用体系，提升司法效能，推动搭建全国统一的电子送达平台是其中一项新的举措。虽然电子送达在我国已实践十多年，但现行电子送达制度系建立在“受送达人同意”的前提条件下，由当事人触发启动，这样被动适用的模式大大制约电子送达的运行质效，使电子送达无法真正解决“送达难”问题。[2]随着信息技术的发展特别是大数据的应用，有必要对被动适用模式下的电子送达制度进行重新审视。有鉴于此，本文尝试以当事人身份信息定位为基础，建构主动适用模式下的电子送达规范，并就具体的实现路径提出电子送达综合体系的设计方案。

一、实证考察：被动适用模式下电子送达的现实困境

为何称目前的电子送达为被动适用模式？电子送达的流程一般分为三阶段：当事人确认电子送达地址、诉讼文书的电子发送、文书送达收悉情况的确认。电子送达的适用是以“受送达人同意”为前提的，这决定了电子送达是被动式触发的，法院只能积极引导当事人适用，而不能主动地直接适用。这种被动适用电子送达的方式，随着实践的深入，却无法在实践中发挥其应有的价值。本文以G市法院实践为例，尝试展现电子送达目前的运行状况。G市中院曾统计过2015—2017年的电子送达情况，笔者把G市的11个基层法院编号为1—11号法院，表1是其电子送达的相关数据。G市法院是我国最早推行电子送达的法院之一，而且地处沿海发达地区，具备较好的软硬件基础，其电子送达的司法实践具有一定的代表性。

---

1 罗书臻：《牢固树立五大发展理念，大力弘扬改革创新精神，为实现“十三五”规划营造良好法治环境》，载《人民法院报》2016年1月24日。

2 胡昌明：《建设“智慧法院”配套司法体制改革的实践与展望》，载《中国应用法学》2019年第1期。

表1 G 市法院 2015—2017 年电子送达情况统计表

法院名称	确认电子送达案件数（件）	确认电子送达当事人数	已发送案件数（件）	发送邮件数	发送邮件成功数	当事人查阅数	发送邮件失败数
G 市中院	499	528	127	133	126	74	7
1 号法院	1492	1703	168	314	308	54	6
2 号法院	2764	2800	1297	1391	1316	575	71
3 号法院	1073	1090	202	217	215	36	0
4 号法院	8285	8298	1813	1851	1810	1347	24
5 号法院	2265	2345	592	612	596	298	1
6 号法院	3709	3812	247	264	259	236	5
7 号法院	1684	1737	3	3	3	1	0
8 号法院	1875	1918	962	1009	999	638	8
9 号法院	6071	6606	38	94	93	50	0
10 号法院	16382	16623	47	60	59	28	0
11 号法院	1521	1655	546	676	567	280	74
合计	47620	49115	6042	6624	6351	3617	196

（一）电子送达的适用率低

统计数据显示，G 市两级法院共确认电子送达的案件数达到 47620 件，确认电子送达的当事人数有 49115 人，可见经过法院大力宣传推进和积极应用，电子送达的确认阶段取得一定成效。然而，法院实际适用电子送达的比例低。从图 1 可以明显看出，虽然立案部门的地址确认量高，但审判业务部门实际适用的数量少，占比仅为 12%。

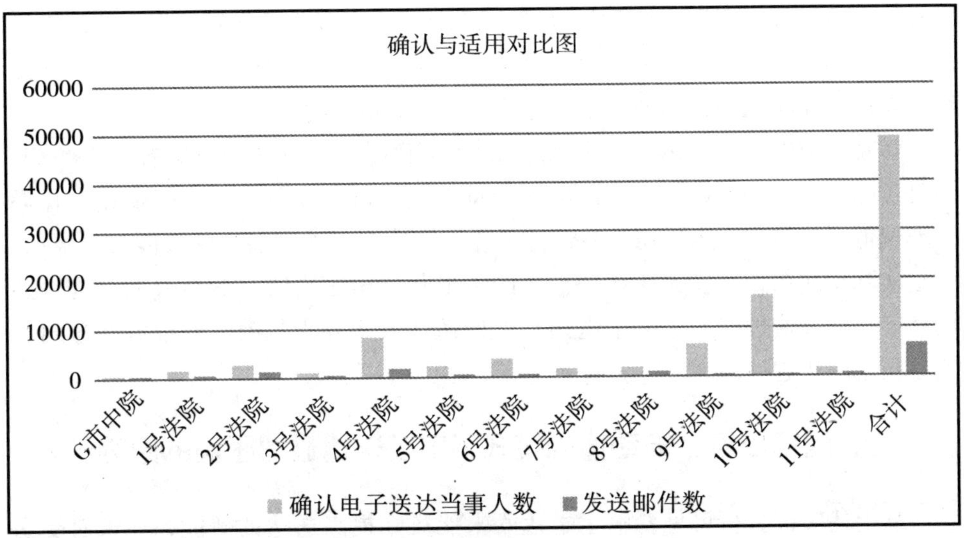

图1　确认与适用的数量对比图

（二）电子文书的查阅率低

按照常理，当事人既然确认了电子送达的方式，理应通过电子媒介查阅诉讼文书。但实践数据显示却并非如此，当事人实际通过电子方式查阅文书的比例不高，仅有一半的当事人实际查阅了电子文书。如果定义实际送达效能＝当事人成功查阅数/确认电子送达当事人数，则实际送达效能仅为7.3%，远远低于人们设想的效果。

（三）发送失败数占一定比例

电子送达是根据当事人确认的通信方式进行传送信息，理论上能够比传统送达手段更加便捷、安全。但从发送数据看，虽然绝大部分文书被成功发送，但仍有一定比例发送失败的案例。由此可见，虽然相关信息技术已经比较成熟，但由于信息系统可能受到硬件设备、电脑病毒等因素影响，仍存在不能准确及时接受信息的可能性。

上述样本数据分析有三个方面需要说明：一是数据虽然只是统计到2017年，但从笔者了解的情况看，2018年适用率有所提升，但与预期数据仍有较大差距。二是上述样本没有包含新型互联网法院的适用情况，根据调查的情况，互联网法院基本上都适用电子送达，这一方面因为互联网法院受理案件类型更易于适用电子送达；另一方面因为互联网法院受理的案件若不能适用电子送达，一般将会转为线下审理。[3] 三是该法院只统计了电子邮件的适用情况，原因在于电子邮件仍是目前最常用的一种电子送达方式，最有代表性，由此也可以从侧面反映法院在实践中适用的电子送达途径是比较单一的。

综观目前电子送达的运行状况，被动适用模式下的电子送达有几大弊病。一是实际适用率低。即使在法院的大力推动下，审判业务部门实际适用的比率仍然偏低。二是当事人适用的主动性不强，导致电子送达的实际效能大大降低。三是实际功能弱化。在无法找到被告的情形下，司法实践一般会遵循公告送达的路径。处理这种问题，电子送达与一般送达方式并无二致，并没有凸显出其信息技术的优越性。

二、问题反思：被动适用模式下电子送达遭遇困境的原因剖析

从上述实证分析可见，电子送达既未能实际提高送达的效能，亦未对受送达人有所增益。造成目前电子送达困境的原因，既有制度层面上的限制，又有信息技术应用的延后。

（一）电子送达的适用条件狭窄

《民事诉讼法》规定，法院适用电子送达的前提是当事人明示同意，且必须填写确认电子送达的地址。然而，“送达难”难在被告难找，在能够获得当事人准确送达地址的情况下，就不存在真正“送达难”的问题。现实审判工作中，经常会遇到受送达人不愿提供送达地址、恶意逃避送达的情况，或者原告方出于某种目的故意提供不准确的被告地址，被告根本不知晓诉讼事宜，也没机会去表示同意电子送达的方式。即使在当事人确认了电子送达地址的情形下，电子送达最终被实际应用的比率仍未如人们预想的高。究其原因，电子送达的功能有先天性的局限性，仅限于有准确送达地址、不存在送达障碍的当事人，而电子送达系统操作繁琐、稳定可靠性不高等原因导致法院的送达人员倾向于邮政专递等传统送达方式，或者为了完成上级指定的电子送达任务，不得不采取电子送达与纸质送达的双轨模式。[4] 此种情况下，电子送达形同虚设。在现有法律规制下，电子送达是被动式触发的，对于被告不配合或下落不明的情形，电子送达无用武之地。

---

3 例如，《杭州互联网法院诉讼平台审理规程》规定当事人下落不明，或在诉讼平台系统上无回应，通过其他方式亦无法送达的，进行公告送达，案件转线下开庭审理。

4 罗恬漩：《司法改革背景下送达困境与出路——以G省基层法院的送达实践为例》，载《当代法学》2017年第3期。

（二）电子送达的功能错位

长期以来，送达问题一直困扰着各级法院，"案多人少"的问题也一直存在[5]，尤其是近年来案件数量呈递增态势，2018 年全国法院受理案件已突破 2800 万件，人案矛盾更显突出[6]。传统的送达手段依靠法官助理、书记员等执行，繁重的事务性工作要耗费大量时间，挤占了宝贵的司法资源，送达的效果也难令人满意。在此背景下，有必要通过信息技术来更新送达的模式。[7]电子送达在我国最早于 2003 年以司法解释的形式出现并进行实践，[8]2012 年新《民事诉讼法》对电子送达作出正式的规定。经过十来年的实践，电子送达在提高司法效率、降低诉讼成本等方面发挥了一定的积极作用。但电子送达只是一种提高送达效率的方式，或是电子司法的其中一块拼图[9]，并不具备解决"送达难"的功能。这一功能局限反过来会抑制电子送达的效能。由于电子送达需要受送达人的积极配合，否则无法实施，其只能作为一种辅助的送达方式。对法院与当事人两方面来说，都缺乏适用的不可代替性。

（三）信息技术整合不足

在司法领域，也正由上至下地探索建设"智慧法院"，司法电子化、智能化的趋势日趋明显。[10]在此改革背景下，电子送达与信息技术未能深度融合。一方面，体系构建不完整。从系统理论角度看，电子送达是一个完整的独立系统，但同时又是智慧法院的一个子模块。目前大部分法院的电子送达还是孤立系统，即使在进行智慧法院建设的地区，区域间也有差异，电子送达模块与智慧法院中枢的接口标准不一。各类基础数据资源的整合不足，未能实现电子送达信息的数据集成、流程联动。另一方面，送达方式不够丰富。虽然法律规定并没有限定电子送达的具体方式，但实践中传统法院应用最多的只是电子邮件、电话短信等，对于微博、微信、支付宝等新型媒介鲜有采用。上述新媒体对人们日常生活的影响越来越大，完全可以作为电子送达的一个重要方式，这也会是一个趋势。

5　山东省高级人民法院研究室：《关于民事案件送达问题的调研报告》，载《山东审判》2016 年第 4 期。

6　张晨：《人民法院五五改革纲要亮点解读》，载《法制日报》2019 年 2 月 28 日。

7　肖建华、柴芳墨：《网络信息技术对司法程序的影响》，载《北航法律评论》2014 年第 1 辑。

8　2003 年实行的《关于适用简易程序审理民事案件的若干规定》第六条规定原告起诉后，人民法院可以采取捎口信、电话、传真、电子邮件等简便方式随时传唤双方当事人、证人。

9　宋朝武：《电子司法的实践运用与制度碰撞》，载《中国政法大学学报》2011 年第 6 期。

10　周翠：《中国民事电子诉讼年度观察报告（2016）》，载《当代法学》2017 年第 4 期。

杭州互联网法院就尝试通过与天猫等电商平台合作，创新电子送达路径。[11]

三、规范重构：主动适用模式下电子送达的理论分析

考虑到社会经济发展水平的制约，为了确切保障当事人的诉讼参与权，[12]以及降低电子送达的不确定性，现行电子送达制度采用被动适用的模式，即只有在当事人能够并愿意接受和使用电子送达方式时，人民法院才可以采用这一新途径。但随着信息技术的发展，法院可以通过大数据的应用查询定位当事人信息，从而解决司法送达要求“核实身份”的前提要件，法院主动适用电子送达成为可能。本文以此为契机，对电子送达的规则进行完善，为主动适用电子送达提供理论基础。

（一）主动适用模式的可行性分析

现行电子送达制度明确规定电子送达适用须符合当事人同意的主观要件，这主要考虑两个因素。一是社会经济科技发展受限，人们接受并使用电子送达这一新技术需要一个过程。二是为保障当事人的诉讼权利，要充分尊重当事人的选择权，必须得经当事人同意才能适用。[13]随着社会经济的向前发展，法院主动适用电子送达已有现实基础。

第一，社会生活形态发生重大改变。我国已进入“互联网+”时代，社会形态及个人生活习惯都发生了极大变化。根据工信部发布的《中国无线电管理年度报告（2018年）》，2018年我国移动电话用户总数达到15.7亿户，可谓人手一部。加上手机号码实名认证的规定严格实施，个人身份与手机号码已紧密捆绑起来，为个体的信息定位提供了社会基础。

第二，大数据技术应用日渐成熟。来自公安信息系统、社交网络、电子商务网站等各个层面的数据汇集成庞大的数据组，随着云计算技术的发展，对海量数据的挖掘及处理已取得很大成果。例如，可通过人脸识别技术，在各类公共场所监控、识别个体身份，快速定位目标信息。

第三，主动适用电子送达更能保障当事人的诉讼权利。在被告有意逃避送达或无法找到其确切地址的情况下，被动模式的电子送达无法启动。按照一般

---

11 参见《送达不再难！杭州互联网法院电子送达平台上线》，载 http://sh.qihoo.com/pc/90dbeb23597ba8c2e?cota=4&tj_url=so_rec&sign=360_e39369d1&refer_scene=so_1，最后访问于2019年5月10日。

12 宋春龙：《电子送达的理论反思及其制度完善》，载《河南财经政法大学学报》2016年第6期。

13 沈德咏主编：《最高人民法院民事诉讼法司法解释理解与适用（上）》，人民法院出版社2015年版，第419页。

的审理程序，法院会对被告进行公告送达。然而，公告送达是民事送达制度的一种技术性处理，只能保证审理程序的正常进行，而不能真正保障当事人的诉讼权利。而且，作为兜底方式的公告送达实践中还存在启动随意和公告期太长等问题。[14]在主动适用电子送达的模式下，法院可以通过大数据技术查询定位被告的身份信息，准确向其送达诉讼文书，保证了审理程序的完整性，更好地保护当事人的程序权利与实体权益。

（二）主动适用模式下电子送达制度的完善

实行主动适用模式的电子送达机制，须对电子送达经“受送达人同意”的前提条件、确认文书收悉等规范进行理论完善。

1. 当事人主义诉讼模式下的电子送达

我国民事诉讼的送达是指法院依照法律规定的程序，将诉讼文书送交当事人或其他诉讼参加人的行为。[15]按此定义，送达是被定性为法院的一项职权行为，是法院单方面的义务。随着时代的发展，我国民事诉讼的模式有从职权主义转向当事人主义的趋势，但职权主义仍占主导地位。完全的职权主义是导致“送达难”的一个深层因素，我们亟须重新定位当事人在送达中的角色。[16]在信息时代，当事人掌控资源的主动性、可行性越来越高。在此背景下，受送达既是当事人的权利，也是当事人的一项义务。[17]电子送达的诉讼模式应适当强化受送达人的义务属性，将当事人纳入整个电子送达进程。在现今网络时代，所有资讯行为都会留有痕迹，个人应对其行为承担相应法律责任。法院可以与电信运营商、公安部门、银行系统等相关部门建立一套联动机制，通过“网络行为—实名认证—个人准确地址信息”的路径来定位当事人。具体来说，法院系统可以与上述部门对接，检索、调取当事人的手机号码、电子邮箱地址、即时通信账号等常用电子地址作为备用的电子送达地址。针对具体个案，法院结合当事人送达情况以及备用电子地址的有效性等因素，综合认定是否可应用备用地址。司法实践也证明这是可行的，2015 年 11 月浙江省高级人民法院通过淘宝平台的大数据锁定了当事人常用电话和地址，把诉讼文书寄往其淘宝收货地址。[18]

---

14 冉崇高、赵克：《理论厘清与制度重构：关于民事送达难的实证分析》，载《法律适用》2017 年第 9 期。

15 江伟主编：《民事诉讼法学》，北京大学出版社 2015 年版，第 235 页。

16 陈杭平：《“职权主义”与“当事人主义”再考察：以“送达难”为中心》，载《中国法学》2014 年第 4 期。

17 陈莉：《民事诉讼中受送达的义务属性及其制度建构》，载《法律适用》2017 年第 21 期。

18 郑旭江：《互联网法院建设对民事诉讼制度的挑战及应对》，载《法律适用》2018 年第 3 期。

2. 拓宽电子送达适用条件

前面论述过"受送达人同意"这一前提条件的局限性，该条件如何完善是电子送达适用化被动为主动的核心问题。有观点提出，应该增强约束性，规定受送达人原则上应同意电子送达，不同意的应说明理由。[19]笔者认为，可从以下两方面对其适用条件进行补充。

（1）默示同意适用。实践中经常遇到这样的情形，虽然当事人出于某种原因没有填写电子送达确认地址，但法院会通过电话、短信等方式通知当事人诉讼过程中的相关事宜。虽然上述做法违背了电子送达的适用前提条件，但其本质上就是一种电子送达方式。实际应用默示同意适用条件时，应把握两个要件。首先，法院要有足够证据证明其电子信息准确送达给受送达人。其次，受送达人收到电子信息后，没有明示拒绝这种送达方式。

（2）推定同意适用。在某些特定情形下，法院能够确保把诉讼信息通知到受送达人，而且如果不采取电子送达的方式将会损害受送达人的诉讼利益，即使受送达人没有填写电子送达地址确认书，法院也可推定该当事人同意适用电子送达。有人可能质疑上述适用条件不够严谨，但传统送达方式本身实践中就非常"粗疏"，[20]上述两种适用条件，某种程度上比传统送达更精准，也更有利于保障当事人的合法权益，而且在特定条件下突破了电子送达适用前提的局限性，真正助力解决"送达难"问题。

3. 明定电子文书收悉标准

按照民事诉讼法的规定，法院电子送达相关文书的，文书发送到受送达系统的时间为送达时间。对于被动适用模式下，当事人明确留下电子地址的送达，法院只需关注系统接收的情况。但主动适用模式下，没有当事人确认的电子地址，如何确认当事人收悉送达文书？法院必须基于大数据对受送达人的不确认地址信息进行有效性、相关性的分析评估，以确定实际适用的有效地址。法院通过大数据查询到当事人的手机号、电子邮件、社交媒体账号、网络平台账号等身份信息，可从两方面进行筛选认定。一是基于司法大数据的检测。通过对全国的司法数据进行检索，如发现受送达人在一年内进行其他诉讼、仲裁案件中提供的电子地址，或进行民事活动中经常使用的电子地址（如在合同中留下的联系方式），可以视为受送达人的有效地址。二是网络数据时效性的检测。在没有发现受送达人司法信息的情况下，可以聚焦受送达人日常生活的身份信息。

---

19 杨秀清：《以克服"送达难"优化民事诉讼审前准备程序》，载《山东社会科学》2018年第12期。

20 陈杭平：《粗疏送达：透视中国民事司法缺陷的一个样本》，载《法制与社会发展》2016年第6期。

通过与公安部门、电信运营部门、网络服务商等协作，监控受送达人一周内的动态，确定受送达人实际使用的联系方式。

四、进路探索：基于大数据应用的电子送达综合体系的构建

诉讼文书的电子送达本质上是电子诉讼信息的共享与交换，[21] 如何克服电子送达的"瓶颈"问题，在完善制度规范的基础上需要借力信息技术来实现。前述电子送达的两种拓宽的适用条件，其实内含一个前提，即法院能够核实当事人身份，确认当事人收到电子文书。在当事人没有填写电子地址或下落不明的情况下要实现这一目的，必须依靠大数据查询当事人的联系信息。下文基于大数据的应用提出构建电子送达综合体系的设想。

（一）体系的总体构想

电子送达综合体系的整体架构如图 2 所示，总体分为应用系统层与基础数据层，两者之间通过大数据接口进行联通。包括电子送达地址、诉讼文书等信息均需要转换成统一的传输格式，上传至数据中心系统，进而打通各级法院系统之间的数据接口，完成电子送达信息的互联互通，真正实现数据集成、流程联动的统一的电子送达平台。

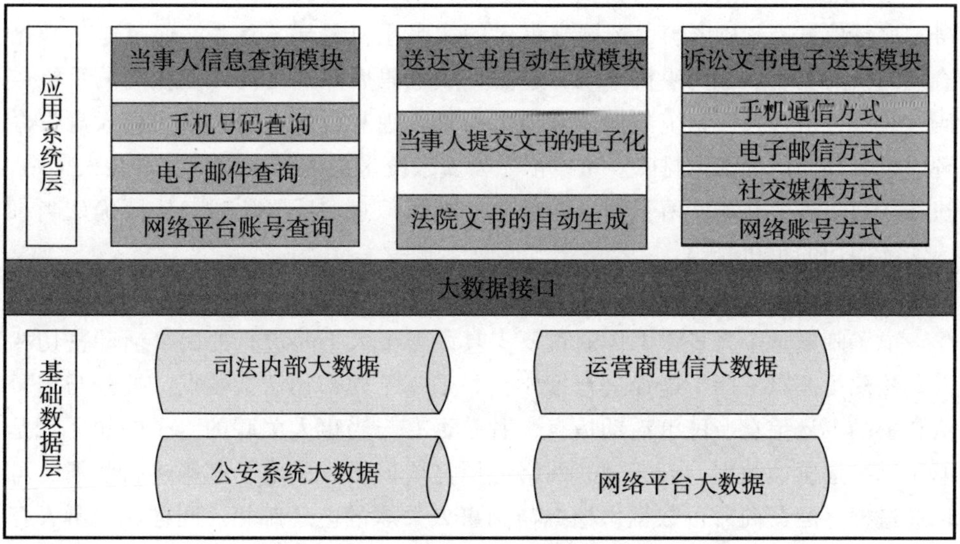

图 2　电子送达综合体系的整体架构

21　王福华：《电子法院：由内部到外部的构建》，载《当代法学》2016 年第 5 期。

应用系统层由当事人信息查询模块、送达文书自动生成模块、诉讼文书电子送达模块组成。当事人信息查询模块主要通过对手机号码、电子邮件、社交媒体、网络平台等媒介进行检测，挖掘当事人的身份联系信息。送达文书自动生成模块主要完成当事人诉讼材料电子化、法院程序性文书自动生成等工作。至于诉讼文书电子送达模块则具体实现诉讼文书的电子送达。

基础数据层集成各类数据资源，系电子送达综合体系的基础。基础数据包括四大类：一是内部司法大数据，里面存有社会团体、个人各种参见诉讼、仲裁、调解的信息。二是公安系统大数据，可用于个人户籍信息、企业登记备案信息的查询，以及个人身份信息的识别。三是运营商电信大数据，包含了移动、电信、联通各运营商个人用户的实名认证信息。四是网络平台大数据，能与微信、微博等社交媒体以及各银行网络端进行关联。

（二）当事人信息定位

在原告无法提供被告的准确联系方式，或者被告有意逃避诉讼的情况下，法院无法正常适用电子方式送达诉讼文书，必须充分应用大数据技术，通过当事人信息查询模块定位受送达人的有效地址信息。

1. 手机号码查询

基于运营商电信数据与公安系统数据，根据原告提供的被告姓名、身份证号、户籍信息等基础资料，挖掘当事人的实名手机号码。首先，通过电信数据查询当事人实名认证的手机号码，过滤无效号码后筛选出活跃度较高的手机号码。其次，结合公安系统数据，对当事人为了逃避诉讼可能会借用他人身份办理手机号码的情况加以排除。可以依靠公安系统采集的当事人出行时在火车站、机场、酒店等公共场所留下的身份信息、视频信息，反复比对，从而确认当事人实际使用的手机号码。

2. 电子邮箱搜索

电子邮箱是个人日常工作的重要工具，与个人平时进行的民事活动密切相关，法院可循以下两个途径进行搜索：一是基于内部司法大数据。搜索与当事人相关的诉讼信息、民事活动信息，看是否有与当事人关联的电子邮箱。二是基于网络运营商数据。大部分的网络应用需要以个人的电子邮箱进行注册，可以通过搜寻运营商后台数据，挖掘与当事人关联的电子邮箱。同样，当事人存在多个电子邮箱的，需要进行有效性分析，筛选出活跃度较高的电子邮箱作为有效地址。

3. 网络平台账号定位

网络平台账号包括社交媒体、电商平台、网上金融应用等账号信息，均需要实名认证。法院可以基于网络运营商数据，对当事人在互联网活动的痕迹进行追踪，对其网络身份信息进行定位。

（三）具体的送达方式

通过当事人信息查询模块定位受送达人的有效联系方式后，法院可以针对不同的当事人信息，灵活地采取多种电子送达途径，不同送达媒介的具体送达方式如图 3 所示。

1. 手机通信方式

手机通讯包括电话直接通知和短信通知两种形式。与电话直接通知相比，短信通知更安全、可靠、简便。[22] 实施短信送达，送达人员可以通过审判执行系统编辑通知类文书，经由电子送达系统，发送给三大电讯运营商，运营商服务平台自动把该信息通过弹屏短信的方式发送给受送达人。通过技术设计，弹屏短信无法被手机的安全软件拦截，短信以对话框的形式出现在受送达人的手机桌面，受送达人必须关闭对话框，阅读短信信息才能继续使用手机，确保文书信息的有效送达。受送达人阅读短信后，自动反馈短信的发送时间、受送达人成功接收时间、阅读信息时间等信息。

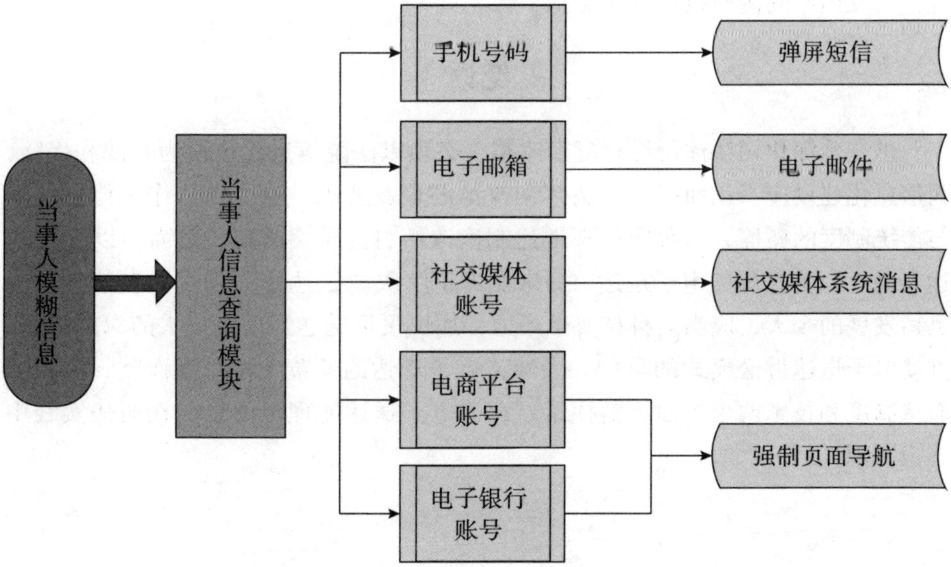

图 3　文书电子送达流程

22　徐振华等：《以手机短信为载体的电子送达方式研究》，载《人民司法（应用）》2019 年第 1 期。

2. 电子邮件方式

当事人同意以电子邮件方式送达，可以选择个人的电子邮箱或法院电子送达平台定制的诉讼电子邮箱。为保证诉讼文书及时准确送达当事人，要为电子邮件发送设定提醒及记录发送状态的功能。一是通过诉讼短信平台向当事人发送提醒短信。二是通过与网络运营商的合作，实时记录电子邮件发送的成功或失败的状态、成功发送的时间、相对方阅读电子邮件的时间。

3. 社交媒介方式

对于当事人的微信、微博等社交媒体账号，电子送达平台通过与相关软件的数据接口，以该软件系统通知的形式向受送达人推送诉讼文书信息。受送达人点开通知，即视为已阅读相关的诉讼文书，系统自动反馈已阅读回执至电子送达平台。

4. 网络账号方式

定位到当事人有效的淘宝、京东等电商账号，或电子银行账号后，电子送达平台通过与上述软件的数据接口，向该软件的手机 APP 端进行强制页面导航。受送达人只有点击导航页面，转入法院诉讼网络阅读系统推送的文书信息，才能继续使用该 APP。受送达人点开页面后，即视为已阅读相关的诉讼文书，系统自动反馈已阅读回执至电子送达平台。

结语

进一步深化司法体制综合配套改革，必须以法院信息化建设为基础和保障，而信息化建设应当正面回应司法体制改革的最新要求。电子送达作为信息技术与传统制度的碰撞，为我国民事送达制度改革打开了突破口。然而，以“受送达人同意”为前提的电子送达，并未能真正解决“送达难”问题。在信息技术迅猛发展的今天，应当向科技要生产力，加快民事送达与信息技术的深度融合，推动电子送达诉讼模式的重构。当然，电子送达的变革无法一蹴而就，需要我们从制度和技术两个层面不懈探索，期待电子送达的理想图景能在司法实践中真正实现！

长江经济带生态环境保护检察院体系论

王凤涛*

【内容提要】长江经济带在经济高速发展的同时，长江沿线区域也面临着生态环境污染和自然资源破坏的问题。保护长江经济带生态环境，需要检察机关构建一套由最高人民检察院长江经济带生态环境保护巡回检察厅，长江上游、中游和下游生态环境保护检察院和基层生态环境保护检察院组成的各司其职的组织体系、科学高效的管理体系和层次分明的管辖体系，形成生态环境保护专门检察院与行政区划检察院生态环境保护检察部门和跨行政区划检察院各行其道而又互为补充的“三位一体”的生态环境保护法律监督体系，构筑长江经济带生态环境保护的绿色检察屏障。

【关键词】长江经济带　生态环境保护巡回检察厅　生态环境保护检察院　行政区划检察院　跨行政区划检察院

引言：“长江病了，而且病得还不轻”[1]

长江是中华民族的母亲河，也是中华民族发展的重要支撑。沿江附近的经济圈被称为长江经济带。2016年9月，《长江经济带发展规划纲要》正式印发至沿江11个省市，确立了长江经济带“一轴、两翼、三极、多点”的发展新格局。“一轴”是以长江黄金水道为依托，发挥上海、武汉、重庆的核心作用，“两翼”分别指沪瑞和沪蓉南北两大运输通道，“三极”指的是长江三角洲、长江中游和成渝三个城市群，“多点”是指发挥三大城市群以外地级城市的支撑作

---

* 王凤涛——最高人民检察院政治部研究人员，法学博士，研究方向：检察制度、检察改革、法律经济学。

1 习近平著：《在深入推动长江经济带发展座谈会上的讲话》，人民出版社2018年版，第9页。

用。[2]长江经济带覆盖上海、江苏、浙江、安徽、江西、湖北、湖南、重庆、四川、云南、贵州11省市，人口和生产总值均超过全国的40%，在国民经济中的分量举足轻重。长江经济带的生态环境资源同样大为可观。11省市面积约205万平方公里，其中森林、湖泊湿地分别为96.7万平方公里和14.8万平方公里，共设立自然保护区、风景名胜区等自然保护地3065处，面积38.7万平方公里；有中国40%的可利用淡水资源，还是中国生物多样性的重点地区。[3]如何在实现经济转型升级的同时保护好生态环境，已成为长江经济带发展的必答题。

推动长江经济带发展必须从中华民族长远利益出发，把修复长江生态环境摆在压倒性位置，实现生态优先、绿色发展。[4]长江经济带在改善生态环境、促进转型发展、探索体制机制改革等方面都取得了积极进展，但生态环境形势依然严峻。流域生态功能退化依然严重，长江“双肾”洞庭湖、鄱阳湖频频干旱见底，接近30%的重要湖库仍处于富营养化状态，长江生物完整性指数到了最差的“无鱼”等级。沿江产业发展惯性较大，污染物排放基数大，废水、化学需氧量、氨氮排放量分别占全国的43%、37%、43%。长江岸线、港口乱占滥用、占而不用、多占少用、粗放利用的问题仍然突出。流域环境风险隐患突出，长江经济带内30%的环境风险企业位于饮用水源地周边5公里范围内，生产储运区交替分布。干线港口危险化学品年吞吐量达1.7亿吨，超过250种，运输量仍以年均近10%的速度增长。同时，一些新问题出现，如固体危废品跨区域违法倾倒呈多发态势，污染产业向中上游转移风险隐患加剧，等等。[5]长江经济带生态环境保护任重道远。

作为国家的法律监督机关，服务长江经济带发展和保护长江经济带生态环境，检察机关义不容辞。长江经济带各省市检察机关从各自开展检察工作，到省际、城市群合作，再到11省市协同联动，[6]积极加强长江流域生态环境检察保护，着力解决破坏长江生态环境的突出问题。[7]但检察机关在保护长江生态环境过程中，遭遇跨区域案件管辖、司法办案协作和工作沟通交流三大难题。这些体制和机制性问题的解决与检察组织体系建设密不可分。如何通过构建体系

---

2 2016年3月25日，中共中央政治局召开会议，审议通过《长江经济带发展规划纲要》。

3 长江经济带湿地面积1154万公顷，超过全国湿地总面积的五分之一；2017年水资源总量1.34万亿立方米，用水总量2475.87亿立方米；淡水渔业产量约占全国的60%。参见国家审计署：《长江经济带生态环境保护审计结果》（2018年第3号公告）；王南：《长江经济带要算生态大账》，载《中国经济时报》2018年8月17日。

4 参见习近平2016年1月5日在重庆主持召开推动长江经济带发展座谈会上的讲话。

5 习近平著：《在深入推动长江经济带发展座谈会上的讲话》，人民出版社2018年版，第4-5页。

6 张昊：《长江经济带检察机关把脉跨域污染防治难》，载《法制日报》2018年7月12日。

7 彭波：《保护长江，检察机关在行动》，载《人民日报》2018年8月22日。

化的生态环境保护检察机构，维护个人和组织的环境权益，维护国家利益和社会公共利益，保障法律正确实施，维护国家法制统一、尊严和权威，实现对生态环境案件从立案、侦查到审判、执行的全程监督，成为长江经济带生态环境检察保护的首要任务和基础性工作。

一、何须构建长江经济带生态环境保护检察院

长江经济带生态环境保护检察机关的设立，是深化司法体制改革的重要一环，是生态环境保护法治建设的深刻变革，是生态文明建设的重大举措，也是建设美丽中国、实现中华民族伟大复兴中国梦的必然要求。设立长江经济带生态环境保护检察院的意义，体现在四个逐渐递进的层次。

一是检察职能发挥层面，有利于形成生态环境保护的检察合力。长江沿线各省市检察机关办理跨区域生态环境案件，面临调查取证、司法鉴定、异地执行等诸多难题。各省市检察院通过会签区域合作协议，明确长江沿线各省级检察院的配合义务、责任主体、协作方式等，推动建立信息共享、线索移送、委托调查取证等检察协作机制，对解决这些问题起到一定作用。[8]但高昂的谈判费用和沟通协调成本，使各省市检察院难以就所有生态环境检察区域协作达成合作协议，已达成协议的履行也存在道德风险。生态环境保护专门检察院，恰恰可以为这些问题提供低成本的解决方案。设立长江经济带生态环境保护检察院，有助于将各省市检察院之间的区域合作内化为检察系统的内部职能分工，彻底消解各地检察院办理跨区域案件的信息互通、文件交流、办案协作、信息数据共享难题，进而形成生态环境保护的检察合力和集聚效应，强化长江经济带生态环境保护的法律监督效果，更好地发挥检察机关保护生态环境的职能。

二是生态环境保护层面，有利于形成生态环境保护的职能向心力。近年来，长江沿线检察机关在强化刑事、民事、行政诉讼监督和公益诉讼，着力解决人民群众反映强烈的破坏长江生态环境问题方面做了大量工作。[9]但长江流域管理涉及部门多，条块分割、部门分割现象严重，职能交叉重叠、责任划分不明、

8　在地域协作方面，2008 年以来，长三角省级检察院先后签订了 15 项合作协议，建立形成信息互通、文件交流、办案协作、信息数据共享等多层次、多途径、多方位的区域合作，发挥了积极作用。参见张昊：《长江经济带检察机关把脉跨域污染防治难》，载《法制日报》2018 年 7 月 12 日。

9　2015 年 1 月 1 日至 2018 年 6 月 20 日，长江经济带 11 个省市检察机关办理的破坏环境资源保护类案件，共批捕 8555 件 13013 人，起诉 28858 件 47350 人。2017 年 7 月至 2018 年 5 月，11 个省市办理的公益诉讼案件，共受理公益诉讼案件线索 16467 件，立案 12315 件，其中民事公益诉讼立案 727 件，行政公益诉讼立案 11588 件。参见史兆琨、徐盈雁、戴佳：《11 省市“检察方案”护航长江经济带发展》，载《检察日报》2018 年 7 月 10 日。

工作衔接不畅、管辖权存在真空，难以形成保护生态环境的向心力。[10] 设立长江生态环境保护检察院，为生态环境保护提供更加有力的检察组织保障，更加合理的检察体制保障，更加有效的检察机制保障，有助于检察机关通过提前介入案件、引导侦查取证、实行挂牌督办、全程跟踪指导，不断加大对重大、典型生态环境案件的监督力度和监督频率，提高生态环境法律监督的质量，进一步厘清各生态环境保护职能部门的职责分工，督促各有关部门依法尽职履职，不断消弭分歧和凝聚共识，助推生态环境保护职能部门的条块联合和部门整合，[11] 通过强化合作实现长江经济带生态环境保护的全方位、常态化和精准化。

三是国家战略实施层面，有利于国家生态环境战略的深入实施。“生态环境保护和经济发展不是矛盾对立的关系，而是辩证统一的关系。生态环境保护的成败归根到底取决于经济结构和经济发展方式。”[12] 党的十八大以来，党中央把生态文明建设作为统筹推进“五位一体”总体布局和协调推进“四个全面”战略布局的重要内容，谋划开展了一系列根本性、长远性、开创性工作，推动生态文明建设和生态环境保护从实践到认识发生了历史性、转折性、全局性变化。[13] 推动国家生态环境战略的深入实施，是检察机关的重要使命。设立生态环境保护检察院，有助于更加深入地贯彻绿色发展理念，防范化解长江经济带生态环境保护领域的“黑天鹅”事件、“灰犀牛”事件，把绿水青山转变成金山银山；有助于打好“防范化解重大风险、精准脱贫、污染防治”三大攻坚战，实现生态优先和绿色发展探索协同推进，推动中国经济转型升级；有助于为我国实施长江经济带发展战略和“一带一路”建设提供有力的检察保障，营造良好的环境氛围。

四是全球环境治理层面，有利于增强中国生态环境国际话语权。从世界范围来看，世界大国均为环保大国，世界强国均为环保强国。我国从世界大国到建成富强民主文明和谐美丽的社会主义现代化强国，掌握国际生态环境保护话

10　参见崔洁、雒呈瑞：《长江生态环境保护：一个基层检察院的公益担当》，载《江苏法制报》2018年3月29日。

11　从俄罗斯自然保护检察院的运行情况看，与地方检察院不同的是，首先，自然保护检察院可以保证更经常地、更有针对性地对生态领域的活动进行监督；其次，自然保护检察院可以同生态保护机关在保障执行生态法律方面有更紧密的相互影响；最后，由于自然保护检察院配备了自然保护方面专门技能的法律工作者，从而比地方检察院更进一步提高了监督生态法律执行情况的质量。参见王树义、颜士鹏：《论俄罗斯联邦检察院在俄罗斯生态法实施中的监督功能》，载《河北法学》2006年第2期，第129页。

12　习近平著：《在深入推动长江经济带发展座谈会上的讲话》，人民出版社2018年版，第10页。

13　《中共中央、国务院关于全面加强生态环境保护　坚决打好污染防治攻坚战的意见》（2018年6月16日）。

语权至关重要。健全的生态环境保护法治体系是其坚实制度保障，加强涉生态环境保护检察力量建设则是题中应有之义。与中国检察制度一脉相承的俄罗斯、哈萨克斯坦、乌克兰等较大的独联体国家，都建立了专门的生态环境保护检察体系。[14]设立生态环境保护检察院，建立完善中国特色社会主义生态环境保护检察制度，有利于中国与国际环境保护司法体系的职能对接，提高中国在国际生态环境保护规则制定过程中的地位和作用，使我国成为全球生态文明建设的重要参与者、贡献者、引领者，[15]为全球生态环境治理贡献中国智慧和中国方案；有利于彰显我国负责任大国形象，以崭新的面貌走向国际环保舞台，从全球视野加快推进生态文明建设，提升中国生态环境保护的国际话语权和国际交流绩效，[16]推动和引导建立公平合理、合作共赢的全球环境治理体系。

二、长江经济带生态环境保护检察院的组织体系

检察组织体系是检察职能赖以发挥的基础，很大程度上决定着检察权的行使效能。[17]在综合考虑各级检察机关职能定位和生态环境保护需要的基础上，结合生态环境保护案件的性质、类型、社会影响以及是否便于当事人诉讼等因素，比较而言，在长江经济带构建三级检察机构，对生态环境保护较为有利。

（一）最高人民检察院长江经济带生态环境保护巡回检察厅

最高人民检察院设立长江经济带生态环境保护巡回检察厅，作为最高人民检察院的派出机构。鉴于长江经济带沿线城市中，湖北省武汉市位于长江中游，连接长江上游和下游，在长江经济带生态环境保护中的战略地位至关重要，这也是中央深入推动长江经济带发展座谈会、长江经济带检察工作座谈会等会议均选择在湖北省武汉市召开的重要原因。长江经济带生态环境保护巡回检察厅可以设立在湖北省武汉市。管辖长江上游、中游和下游三个市级生态环境保护检察院的上诉案件和决定由其办理的下级生态环境保护检察院管辖的案件。

---

14 这些国家的法律采用两种模式予以规定：一种是明示式。在法律上规定设立生态环境检察院。俄罗斯和哈萨克斯坦检察机关法规定，设立环境（自然）保护检察院。另一种是默示式。在法律上未明确规定设立生态环境检察院，但并不禁止设立此种类型的专门检察院。如乌克兰检察机关法对军事检察院以外其他类型专门检察院的职能并没有规定，但设有自然保护检察院。参见耿玉娟著：《独联体国家检察制度比较研究》，法律出版社 2017 年版，第 89 页。

15 《中共中央、国务院关于全面加强生态环境保护 坚决打好污染防治攻坚战的意见》（2018 年 6 月 16 日）。

16 参见中共中央宣传部：《习近平总书记系列重要讲话读本》，学习出版社、人民出版社 2016 年版，第 239 页。

17 参见尹吉、倪培兴著：《当代中国检察监督体制研究》，中国检察出版社 2008 年版，第 45 页。

（二）长江上游、中游和下游生态环境保护检察院

长江经济带涵盖的成渝、长江中游和长江三角洲三个城市群，分别位于长江上游、中游和下游。根据长江流经的省市和长江上游、中游、下游城市群分布情况，在长江上游、中游和下游各设立一个市级生态环境保护检察院，分别管辖3—4个省市的跨行政区划生态环境案件。

图1　长江经济带涵盖省份示意图[18]

长江上游生态环境保护检察院，设立在重庆市，管辖云南、贵州、四川、重庆四省市的跨省级行政区划或者本省市内应由市级人民检察院管辖的跨市级行政区划的生态环境民事、刑事、行政和公益诉讼案件，管辖案件由最高人民检察院确定。四省市与长江中游省份之间的跨行政区划生态环境案件，由长江中游生态环境保护检察院管辖；与长江流域其他相邻省份之间的跨行政区划生态环境案件，由长江上游生态环境保护检察院管辖。

长江中游生态环境保护检察院，设在湖北省武汉市，管辖湖北、湖南、江西三省市的跨省级行政区划或者本省市内应由市级人民检察院管辖的跨市级行政区划的生态环境民事、刑事、行政和公益诉讼案件，管辖案件由最高人民检察院确定。三省市与长江上游省份发生的生态环境案件，由长江中游生态环境保护检察院管辖；与长江下游省份发生的生态环境案件，由长江下游生态环境

18　“长江经济带涵盖省份示意图”，载360图片库，http：//image. so. com/v？q = % E9% 95% BF% E6% B1% 9F% E7% BB% 8F% E6% B5% 8E% E5% B8% A6&src = srp&correct = % E9% 95% BF% E6% B1% 9F% E7% BB% 8F% E6% B5% 8E% E5% B8% A6&cmsid = dab93d9c0e42e2bb176d025bdb6f07da&cmran =0&cmras =0&cn = 0&gn = 0&kn = 16#multiple = 0&gsrc = 1&dataindex = 7&id = bfc42574428f3282d56f39ae4722bede&currsn =0&jdx =7&fsn =76，最后访问于2019年8月18日。

保护检察院管辖；与其他相邻省份发生的跨行政区划生态环境案件，由长江中游生态环境保护检察院管辖。

长江下游生态环境保护检察院，设在上海市，管辖安徽、江苏、浙江、上海四省市的跨省级行政区划或者本省市内应由市级人民检察院管辖的跨市级行政区划的生态环境民事、刑事、行政和公益诉讼案件，管辖案件由最高人民检察院确定。四省市与长江中游、上游省份或其他相邻省份发生的跨行政区划生态环境案件，由长江下游生态环境保护检察院管辖。

（三）长江经济带基层生态环境保护检察院

长江流域生态环境保护巡回检察厅以及长江上游、中游和下游生态环境保护检察院的设置，明确了管辖跨省级行政区划或者本省市内应由市级以上人民检察院管辖的跨市级行政区划的生态环境案件的检察院。长江经济带 11 个省市内的地市内部各县市区之间以及不同地市之间发生的应由基层检察院管辖的案件，是仍由行政区划检察院管辖，还是设置专门的生态环境检察院管辖，就成为接下来需要考量的问题。由此可以形成三种可供选择的方案。

第一种方案：生态环境保护检察院管辖模式。即在长江经济带设立专门的基层生态环境保护检察院，管辖所有生态环境案件。长江经济带 11 个省市设区的市所辖各县市区内部、各县市区之间以及不同地市之间发生的一审生态环境案件，均由生态环境保护专门检察院管辖。这种模式充分突出了生态环境案件的专业性，通过基层生态环境保护检察院将一审案件的外部沟通费用内部化，大幅降低了跨行政区划生态环境案件的协调成本，可以有效防范地方对生态环境案件的干预。但这种模式是以当事人诉讼成本的大幅上升为代价的。而生态环境案件的数量约束，决定了没有必要在每一个县级甚至市级行政区划都设置生态环境保护专门检察院，只能是少量设置。这就意味着大量的行政区划案件的当事人要跨行政区划长途跋涉参加诉讼，将会产生更大的诉讼成本，在一定程度上会限制当事人维护自身合法权益和参与生态环境保护的能力和积极性。所以，这种模式是划不来的。

第二种方案：行政区划检察院管辖模式。即在长江经济带不再单独设立基层生态环境保护检察院，由行政区划检察院管辖所有生态环境案件。长江经济带 11 个省市设区的市所辖各县市区内部、各县市区之间以及不同地市之间发生的一审生态环境案件，仍由相应行政区划检察院管辖。这种模式极大地方便了当事人诉讼，但它忽视了生态环境案件的专业性和特殊性，仅将其视为普通案件来对待，不利于生态环境案件的精准办理。同时，行政区划检察院管辖生态环境案件的做法，无法克服跨行政区划生态环境案件的协调难度和沟通成本，不利于建立公正权威高效的生态环境保护检察组织体系，也不利于生态环境保护检察的正规化专业化职业化建设，必然会影响生态环境保护检察产品产出和质量。所以，这种模式同样也可以排除。

第三种方案：生态环境保护检察院与行政区划检察院复合管辖模式。即在长江经济带设立基层生态环境保护检察院，与行政区划检察院分工办理生态环境案件。[19] 采用这种模式的前提是合理划分两类检察机关的生态环境案件管辖权。[20] 假如生态环境保护检察院与行政区划检察院的生态环境案件管辖权全同或交叉，就会导致职能重复。因此，如果将两者的职能用圆表示，那么它们应当是外切关系。行政区划内的生态环境案件由行政区划检察院管辖，以节省当事人的诉讼成本，方便当事人诉讼。跨行政区划的生态环境案件由跨生态环境保护检察院管辖，以避免可能的行政干预，降低跨行政区划案件的协调费用，同时凸显生态环境案件的专业性，强化生态环境检察的正规化、专业化、职业化建设，形成高效完备的生态环境保护检察组织体系。如此一来，当事人的诉讼成本和长江经济带生态环境保护得以兼顾，因此较为可取。

在生态环境保护检察院与行政区划检察院复合管辖模式胜出的情况下，还有一个问题需要解决，即基层生态环境保护检察院如何跨行政区划设置。县级行政区划受地域面积限制，人员联系较为密切，交通往来较为便捷，行政权力延伸方便，同一设区市的不同县市区检察机关之间沟通协调难度较小，设置跨县级行政区划的生态环境保护检察院对防范行政干预和降低沟通协调成本的作用有限，[21] 跨地市设置基层生态环境保护检察院较为适宜。

从长江经济带 11 个省市检察机关办理的破坏环境资源保护类案件和公益诉讼案件数量来看，每年起诉的破坏环境资源保护类案件约 11672 件，每年立案的公益诉讼案件约 26076 件，两类案件合计 37748 件，平均每个省市检察机关办理生态环境案件 3432 件，[22] 具体到每个地市级检察机关大约数百件，这还没有

---

19 在俄罗斯联邦，除伏尔加河跨地区自然保护检察院及其所属的 15 个跨区自然保护检察院外，其他 36 个俄罗斯联邦主体内也分别设有 1—2 个跨区自然保护检察院。参见刘向文、王圭宇：《俄罗斯自然保护检察制度及其对我国的启示》，载《国外社会科学》2014 年第 2 期。

20 俄罗邦主体检察院也享有自然保护监督职能，所以它们和伏尔加河跨地区自然保护检察院之间的关系，是一种协调和合作关系。参见刘向文、王圭宇：《俄罗斯联邦伏尔加河跨地区自然保护检察院的改革及其启示》，载《俄罗斯东欧中亚研究》2013 年第 2 期。

21 参见王凤涛：《跨行政区划检察院的组织结构》，载《时代法学》2018 年第 4 期。

22 长江经济带 11 个省市检察机关办理的破坏环境资源保护类案件的统计区间为 2015 年 1 月 1 日至 2018 年 6 月 20 日，长江经济带 11 个省市办理的公益诉讼案件的统计区间为 2017 年 7 月至 2018 年 5 月。参见史兆琨、徐盈雁、戴佳：《11 省市"检察方案"护航长江经济带发展》，载《检察日报》2018 年 7 月 10 日。

刨除县级行政区划内的生态环境案件。尽管这只是生态环境保护检察院管辖案件的一部分，但由于这些案件是常见案件，对把握案件数量具有一定的指导意义。在这种情况下，设置过多的跨行政区划的生态环境保护检察院是不必要的。

比较合理的方案是，在每个省（市）的省会城市设置一个基层生态环境保护检察院。即在长江上游设置昆明生态环境保护检察院、贵阳生态环境保护检察院、重庆生态环境保护检察院和成都生态环境保护检察院 4 个基层院，在长江中游设置武汉生态环境保护检察院、长沙生态环境保护检察院和南昌生态环境保护检察院 3 个基层院，在长江下游设置合肥生态环境保护检察院、杭州生态环境保护检察院、南京生态环境保护检察院和上海生态环境保护检察院 4 个基层院。在整个长江经济带共设置 11 个基层生态环境保护检察院，管辖长江经济带本省市内跨地市级行政区划的一审生态环境案件。

三、长江经济带生态环境保护检察院的管理体系

高效系统的管理体系是长江经济带生态环境保护检察院良性运转的制度保障。这就需要通过构建顺畅明晰的领导体制、科学合理的内设机构和精干配备的编制人员，实现检察资源高效配置，确保生态环境保护检察院最大限度地发挥法律监督效能。

（一）领导体制

检察机关领导体制是由上下级检察机关之间，以及检察机关与对检察机关有法律职务任免、业务指挥及工作监督权限的其他国家机关之间形成的组织关系。[23] 长江经济带生态环境保护检察院上下级之间为领导关系，上级生态环境保护检察院领导下级生态环境保护检察机关，最高人民检察院领导全国生态环境保护检察院。具体而言，生态环境保护巡回检察厅监督和指导长江上游、中游和下游生态环境保护检察院。长江上游、中游和下游生态环境保护检察院领导长江经济带基层人民检察院。

最高人民检察院生态环境保护巡回检察厅设立分党组，由最高人民检察院党组统一领导，检察工作受最高人民检察院本部领导和监督。生态环境保护巡回检察厅设厅长 1 名、副厅长 3 名。厅长由二级大检察官担任，副厅长由一级或二级大检察官担任。最高人民检察院长江经济带生态环境保护巡回检察厅的分党组、厅长、副厅长和长江上游、中游和下游生态环境保护检察院的检察长、副检察长、检察委员会委员和其他检察官等法律职务，由最高人民检察院提请

23　参见孙谦主编：《中国检察制度论纲》，人民出版社 2004 年版，第 102 页。

全国人民代表大会常务委员会任免。基层生态环境保护检察院是在省级行政区划内设立的专门检察院，其检察长、副检察长、检察委员会委员和其他检察官等法律职务，由长江经济带省级人民检察院提请本省（市）人民代表大会常委会任免。

长江经济带生态环境保护巡回检察厅依法定程序设立后，作为最高人民检察院的派出机构，由最高人民检察院统一对全国人民代表大会及其常委会负责并接受监督。长江上游、中游、下游生态环境保护检察院依法定程序设立后，对全国人民代表大会及其常务委员会负责并接受监督。长江经济带基层生态环境保护检察院依法定程序设立后，对所在省市的省级人民代表大会及其常务委员会负责并接受监督。

（二）内设机构

检察机关内设机构的设置与人民检察院的任务、职责、权限相适应。[24] 生态环境保护检察机关根据长江经济带检察院的任务、职责和权限，设置相应的检察业务机构、检察辅助机构和行政管理机构，确保生态环境检察保护职能的实现。

一是检察业务机构设置。长江经济带生态环境案件类型多样，既有刑事案件，又有民事、行政和公益诉讼案件。长江沿线发生的破坏生态环境刑事案件，主要集中在有毒有害污染物倾倒、工业废水偷排、危险化学品泄漏和非法捕捞、挖沙、占用破坏沿江滩涂等案件。生态环境民事行政申诉案件突出表现在因资源权属和利用、环境污染责任等引发的民事行政申诉案件。公益诉讼案件则主要反映在长江水资源保护、岸线资源保护、森林保护、草场保护和湿地保护等领域发生的侵害公共利益的案件。根据生态环境案件的这些性质、类型和特点，长江经济带生态环境保护检察院设置相应的刑事检察部门、民事检察部门、行政检察部门和公益诉讼检察部门。

二是检察辅助机构设置。生态环境检察业务具有较强的专业性、技术性和复杂性，不仅需要精通法律知识，还需要生态环境保护的专业知识。为弥补检察官在环境保护专业领域的知识短板，可设立“特约检察官助理办公室”作为检察辅助机构。“特约检察官助理办公室”除了配备检察技术人员，还要聘请大专院校、科研机构、检测机构以及环保、国土、农业、水利、海洋等政府部门

24　参见张思卿主编：《中华人民共和国检察业务全书》，吉林人民出版社1991年版，第35－36页。

及其下属的检测、科研单位的专家，[25] 作为特约检察官助理。同时，加挂“专业技术人员工作室”牌子，搭建生态环境保护专家咨询、参与和研究平台，通过“检校共建”“专家咨询委员会”“技术专家库”“检测机构名录”“鉴定机构名录”等机制，加强与生态环境保护专家学者的联系与合作。借助生态环境保护专业人士的力量，为生态环境案件办理中涉及的专业问题提供咨询意见、技术帮助（检验鉴定、勘验取证、技术性证据审查等）或协助检察官出庭质证，确保生态环境案件的办案质量和效果。

三是行政管理机构设置。长江经济带生态环境保护检察院根据工作需要，设置综合办公室、检务督察室等内设机构，配备专职党务干部。行政管理机构实行扁平化管理，统一行使长江经济带生态环境保护检察院的行政管理职能。

（三）人员编制

生态环境保护巡回检察厅可暂定检察官 12 人、检察官助理 12 人、司法行政人员 6 人，根据案件受理范围和具体数量动态调整，所需编制可先从最高人民检察院现有编制中调剂，根据运行情况逐步从长江经济带各省市检察院选。检察官通过从最高人民检察院选派、从长江经济带省级检察院择优选拔、从地市级以上人民检察院遴选和从律师、法学专家中招录产生。检察官助理和司法行政人员从最高人民检察院选派，以及从长江经济带地方检察院遴选或借调，由最高人民检察院统一调配，一般不占用编制。“特约检察官助理”“专业技术人员工作室”的人员从生态环境资源保护等相关专业技术人员中聘任，书记员主要采用编外聘用或采用政府购买服务解决，不占用编制。长江上游、中游和下游生态环境保护检察院，以及长江经济带基层生态环境保护检察院的人员编制，由最高人民检察院根据生态环境案件的性质、类型、数量以及机构编制部门的意见具体规定。

四、长江经济带生态环境保护检察院的管辖体系

长江经济带生态环境保护检察院案件管辖权的确定，主要基于长江经济带生态环境保护的需要、检察机关的法律监督职能、检察权运行的客观规律等因素，明确生态环境保护检察院的专门职责、维护生态环境法律统一和保护生态

25　2018 年 9 月 17 日，河北省检察院出台《在办理生态环境保护领域案件中加强技术支持保障的意见（试行）》，利用检察技术手段支持保障生态环境保护案件的办理。参见张岩、曹娟、赵欢欢：《河北：以检察技术支持生态环境保护领域案件办理》，载大众网，http：//www. dzwww. com/xinwen/guoneixinwen/201809/t20180925_ 17880757. htm，最后访问于 2019 年 7 月 22 日。

环境资源。管辖案件由最高人民检察院确定，具体可以包括下列案件：

一是长江经济带破坏生态环境资源的重大刑事案件。

二是长江经济带生态环境资源民事、行政诉讼案件。

三是长江经济带因侵权人实施的污染环境、破坏资源等行为造成的生态遭受损害或者其他社会公共利益遭受损害或者有重大损害危险的民事公益诉讼案件。

四是生态环境负有监管职责的行政机关对污染环境的事实违法行使职权或者不作为，致使国家利益或者社会公共利益受到侵害的行政公益诉讼案件。

五是对有关刑事、民事、行政判决、裁定等生效法律文书的执行工作实行法律监督的案件。

六是长江经济带因环境责任承担产生的民事行政申诉案件。

七是对长江经济带行政机关违法行使职权或者不行使职权的行为实行法律监督的案件。[26]

八是法律规定的其他案件。

这是长江经济带生态环境保护检察院管辖案件的范围和类型。具体到三级生态环境保护检察机构，它们在案件级别管辖和地域管辖上又各有不同。

（一）长江经济带基层生态环境保护检察院的职权

在长江经济带 11 个省市的省会城市设置的基层生态环境保护检察院，管辖本省市的跨地市行政区划生态环境案件。鉴于基层生态环境保护检察院跨地级市设置，管辖跨地市行政区划的一审生态环境案件，这类案件若由基层法院管辖，上诉审将由设置在地市级行政区划的中级法院管辖，而案件本身是跨地市的生态环境案件，由中级法院负责跨地市案件的二审，不利于平等保护外地当事人合法权益、保障法院独立审判、监督政府依法行政、维护法律公正实施。[27]因此，这类案件的一审不宜由设置在县级行政区划的基层法院管辖，而应当采取提级管辖的方式，由基层生态环境保护检察院所在省会城市的中级法院集中管辖。此时，上诉审将由跨越地市级行政区划的高级法院管辖，基层法院管辖生态环境案件一审遇到的问题迎刃而解。

具体而言，长江上游的昆明生态环境保护检察院、贵阳生态环境保护检察

---

26 自然环境的状况，在很大程度上取决于如何执行生态立法。因此，对生态立法执行情况的检察监督、预防生态违法行为，在近些年成为俄罗斯检察机关活动的优先方向。参见［俄］Ю. Е. 维诺库罗夫主编：《检察监督》，刘向文译，中国检察出版社 2009 年版，第 145－146 页。

27 参见《中国共产党第十八届中央委员会第四次全体会议文件汇编》，人民出版社 2014 年版，第 91 页。

院、重庆生态环境保护检察院和成都生态环境保护检察院 4 个基层专门检察院的案件，分别由昆明市中级法院、贵阳市中级法院、重庆市中级法院（从中级法院中择其一）和成都市中级法院管辖；长江中游的武汉生态环境保护检察院、长沙生态环境保护检察院和南昌生态环境保护检察院 3 个基层专门检察院的案件，分别由武汉市中级法院、长沙市中级法院和南昌市中级法院管辖；长江下游的合肥生态环境保护检察院、杭州生态环境保护检察院、南京生态环境保护检察院和上海生态环境保护检察院 4 个基层专门检察院的案件，分别由合肥中级法院、杭州中级法院、南京中级法院和管辖跨行政区划案件的上海市第三中级法院管辖。

（二）长江上游、中游和下游生态环境保护检察院的职权

长江上游、中游和下游生态环境保护检察院分别跨 3—4 个省市设置，管辖跨省级行政区划生态环境案件和长江经济带 11 个基层生态环境保护检察院的上诉案件。由于长江上游、中游和下游生态环境保护检察院跨省级行政区划设置，3 个市级生态环境保护检察院的案件若由某个省份的中级法院管辖，此时上诉案件仍由本省市的高级法院管辖，在案件审理上能否秉承客观公正的立场和防范诉讼的“主客场”不得而知，其公正性和权威性也容易受到质疑。因此，长江上游、中游和下游生态环境保护检察院办理的案件，不宜由设置在地市级行政区划的中级法院管辖，而应由其所在省市的高级法院管辖。此时，即便高级法院审理由长江上游、中游和下游生态环境保护检察院办理的涉及本省市的跨行政区划案件时可能受到行政干预，还可从最高人民检察院（生态环境保护巡回检察厅）和最高人民法院（巡回法庭）获得救济。具体而言，长江上游生态环境保护检察院的案件由重庆市高级法院管辖，长江中游生态环境保护检察院的案件由湖北省高级法院管辖，长江下游生态环境保护检察院的案件由上海市高级法院管辖。

（三）长江经济带生态环境保护巡回检察厅的职权

最高人民检察院长江经济带生态环境保护巡回检察厅管辖长江上游、中游和下游三个市级生态环境保护检察院的上诉案件和决定由其办理的下级生态环境保护检察院管辖的案件。最高人民检察院（生态环境保护巡回检察厅）的这种案件管辖范围，意味着长江上游、中游和下游三个市级检察院的上诉案件要由最高人民法院（巡回法庭）审理，并根据管辖长江上游、中游和下游生态环境检察院案件的高级法院所在省份，确定管辖长江经济带生态环境保护检察厅

案件的最高人民法院巡回法庭。[28]也就是说，设在广东省深圳市的第一巡回法庭管辖湖南省的有关生态环境案件；设在江苏省南京市的第三巡回法庭管辖江苏、上海、浙江、江西四省市的有关生态环境案件；设在河南省郑州市的第四巡回法庭管辖湖北、安徽两省的有关生态环境案件；设在重庆市的第五巡回法庭管辖重庆、四川、贵州、云南四省市的有关生态环境案件。如此一来，长江经济带生态环境保护检察院案件管辖体系，便与最高人民法院巡回法庭的案件管辖体系衔接起来。

如此确定生态环境保护检察院的案件管辖体制，从审判体制上看，既不违反“四级两审终审制”也不影响审级独立。因为中级法院本身就具有一审案件的管辖权，提级管辖和集中管辖在跨行政区划生态环境案件的司法管辖中广泛采用，[29]由中级法院管辖长江经济带跨行政区划生态环境案件的一审，只是调整了有关案件一审管辖法院的级别和分工，这种案件管辖方式对整个审判体制没有实质性影响，更没有改变审判体制。对检察体制而言，由最高人民检察院直接管辖地市级检察院的上诉案件，是否具有法律依据？是否影响地方检察院的独立性？是否有先例可循？这些问题都需要一一回应。分析表明，由最高人民检察院管辖长江上游、中游和下游三个市级生态环境保护检察院的上诉案件，具有充分的法律依据、理论依据和实践依据。

一是法律依据。《人民检察院组织法》第二十四条规定，上级人民检察院对下级人民检察院行使下列职权：（1）认为下级人民检察院的决定错误的，指令下级人民检察院纠正，或者依法撤销、变更；（2）可以对下级人民检察院管辖的案件指定管辖；（3）可以办理下级人民检察院管辖的案件；（4）可以统一调用辖区的检察人员办理案件。下级检察院包含专门检察院，最高人民检察院作为最高检察机关，可以办理任何下级专门检察院管辖的案件，最高人民检察院生态环境保护巡回检察厅管辖市级专门检察院上诉案件具有充分的法律依据。

28　最高人民法院六个巡回法庭的设立地点和受理案件的分工为：第一巡回法庭设在广东省深圳市，巡回区为广东、广西、海南、湖南四省区。第二巡回法庭设在辽宁省沈阳市，巡回区为辽宁、吉林、黑龙江三省。第三巡回法庭设在江苏省南京市，巡回区为江苏、上海、浙江、福建、江西五省市。第四巡回法庭设在河南省郑州市，巡回区为河南、山西、湖北、安徽四省区。第五巡回法庭设在重庆市，巡回区为重庆、四川、贵州、云南、西藏五省区。第六巡回法庭设在陕西省西安市，巡回区为陕西、甘肃、青海、宁夏、新疆五省区。最高人民法院本部直接受理北京、天津、河北、山东、内蒙古五省区市有关案件。参见《最高人民法院关于修改〈最高人民法院关于巡回法庭审理案件若干问题的规定〉的决定》（法释〔2016〕30号）。

29　参见任洪涛、余德厚：《论跨行政区域环境资源案件的司法管辖制度》，载《甘肃政法学院学报》2017年第4期；徐胜萍、曾佳：《论环境资源案件跨区域集中管辖制度的完善》，载《华东师范大学学报（哲学社会科学版）》2017年第1期。

二是理论依据。在检察组织体系中，上下级检察院之间是领导关系。最高人民检察院可以办理一审、二审和再审案件，将原由市级生态环境保护检察院的上诉案件集中到长江经济带生态环境保护巡回检察厅办理，只是对部分生态环境保护上诉案件[30]的管辖检察院层级所作的细微调整。本质上属于检察机关办案机制的灵活变通，“两审终审制”和检察院组织体系均未发生改变。只要能保证当事人的上诉权和申请抗诉、再审的诉讼权利，由更高层级的检察机关办理其上诉案件，对当事人而言也是有利的。在对生态环境保护巡回检察厅办理的案件启动再审程序的情况下，为维护当事人寻求救济的权利，也为防止再审程序的随意启动和维护司法裁判的稳定性，对长江经济带生态环境保护巡回检察厅办理的案件进行再审的，宜由最高人民检察院本部办理，从而避免再审程序流于形式。

三是实践依据。最高人民检察院管辖市级生态环境保护检察院的上诉案件并非平地起高楼的“空前”制度创新，而是已有相应的制度实践，即最高人民法院知识产权上诉案件的管辖机制。最高人民法院推动完善的知识产权案件上诉审理机制，由最高人民法院直接审理知识产权法院和其他中级法院审理的发明专利、实用新型专利、植物新品种、集成电路布图设计、技术秘密、计算机软件、垄断等专业技术性较强的知识产权民事案件和专利、植物新品种、集成电路布图设计、技术秘密、计算机软件、垄断等专业技术性较强的知识产权行政案件的上诉案件，[31]最高人民法院成立知识产权法庭，由知识产权法庭统一受理这类上诉案件。[32]最高人民法院直接管辖原由高级法院管辖的知识产权法院和中级人民法院审理的专利等知识产权上诉案件的实践探索殷鉴不远。两者一个发生在知识产权领域，一个发生在生态环境保护领域，均具有较强的专业技术性，都涉及上诉案件的提级管辖，因此有着很强的可比性。由最高人民检察院管辖长江经济带市级生态环境保护检察院上诉案件的做法，有最高人民法院的实践先例可循。而且由于最高人民检察院与地方各级人民检察院和专门检察院之间是领导关系，而最高人民法院与地方各级人民法院和专门法院之间是监督关系，最高人民检察院生态环境保护巡回检察厅管辖市级生态环境保护检察院上诉案件，与由最高人民法院知识产权法庭管辖知识产权法院和其他中级

30 由基层生态环境保护检察院办理的一审案件的上诉案件，仍由长江上游、中游和下游 3 个市级生态环境保护检察院办理。

31 参见《全国人民代表大会常务委员会关于专利等知识产权案件诉讼程序若干问题的决定》（2018 年 10 月 26 日第十三届全国人民代表大会常务委员会第六次会议通过）。

32 参见《全国人大常委会办公厅 2018 年 10 月 26 日新闻发布会》，载全国人大网，http://www.npc.gov.cn/npc/zhibo/zzzb30/node_29874.htm，最后访问于 2019 年 7 月 28 日。

法院的上诉案件相比，面临的制度障碍要少得多，无论是理论上还是实践中都是完全可行的。

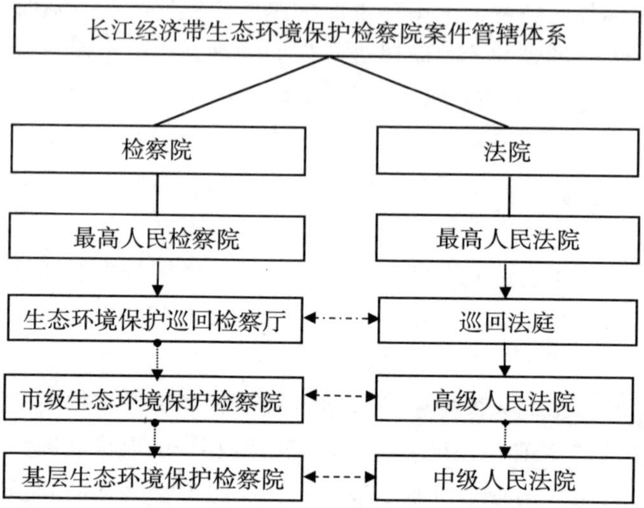

注：●·······▶ 代表领导关系；●·······▶ 代表监督关系；———▶ 代表派出关系；
——— 代表隶属关系；◀----▶ 代表案件管辖对应关系。

图2　长江经济带生态环境保护检察院案件管辖体系

五、生态环境保护专门检察院与普通检察院的关系

生态环境保护检察院作为一种专门检察院，与行政区划检察院和跨行政区划检察院两种普通检察院承担着各自不同的职能，同时又有一定的相似之处，能否协调生态环境保护专门检察院与其他类型检察院之间的关系，准确界定长江经济带两种类型检察院之间的职责，[33]防止职能交叉重合，实现同一类案件原则上由同一类型的检察机关办理，关系到能否最大限度地发挥不同检察机关的法律监督职能，以及生态环境检察保护的目标能否以及在多大程度上实现。

（一）与行政区划检察院的关系

生态环境保护检察院与行政区划检察院的关系，是指生态环境保护检察院

33　依照俄罗斯联邦总检察长2008年5月7日第84号命令的规定，弗拉基米尔州检察院检察长B. M. 切塔列夫于2008年7月31日签发了《关于弗拉基米尔跨区自然保护检察院监督客体和监督方向的第82号命令》。该命令对弗拉基米尔跨区自然保护检察院和与之平级的区域性检察院、其他专门检察院之间的相互关系作了规定。参见刘向文、王圭宇：《俄罗斯自然保护检察制度及其对我国的启示》，载《国外社会科学》2014年第2期。

与长江经济带各省、市的省级、市级和县级行政区划检察院之间的关系。生态环境保护检察院与行政区划检察院均具有生态环境保护检察职能。在生态环境检察院成立之前，生态环境保护检察职能实际上就是由行政区划检察院行使的。只是承担这项职能的内设机构不尽相同，有的设置了专门的环境保护检察部门，有的设置了环境保护检察办案组，有的由民事、行政检察部门承担相应职责。长江经济带的生态环境保护检察院成立后，跨地市级行政区划的生态环境案件由生态环境保护检察院管辖，行政区划检察院对这类案件不再行使管辖权，但大量的地市级行政区划内（含跨县级行政区划）的生态环境案件仍然由行政区划检察院管辖。[34] 也就是说，生态环境保护检察院不管辖的生态环境案件由行政区划检察院管辖，而生态环境保护检察院管辖的生态环境案件行政区划检察院不再管辖。因此，在生态环境案件的管辖上，生态环境保护检察院与行政区划检察院之间是一种互补关系。两者各有分工而又相互补充，共同构成了长江经济带生态环境保护的绿色检察屏障。

（二）与跨行政区划检察院的关系

生态环境保护检察院与跨行政区划检察院的关系，是指生态环境保护检察院与长江经济带各省、市的跨地市级行政区划设置的基层跨行政区划检察院，跨省级行政区划设置的市级跨行政区划检察院以及管辖范围涉及长江经济带的省级跨行政区划检察机构“最高人民检察院驻第×巡回检察厅跨行政区划检察部（处）”之间的关系。[35] 生态环境保护检察院与跨行政区划检察院均管辖跨行政区划案件，但两者管辖的案件范围并不相同。长江经济带生态环境保护检察院专门管辖长江经济带跨地市级以上行政区划的生态环境案件，不管辖长江经济带的跨县级行政区划的生态环境案件、长江经济带其他类型跨地市级行政区划案件，以及长江经济带之外其他区域的跨行政区划案件。长江经济带其他类型的跨地市级行政区划案件和长江经济带以外其他区域的跨行政区划案件，均由跨行政区划检察院等进行管辖。因此，在跨行政区划案件的管辖上，生态环境保护检察院与跨行政区划检察院之间是一种互补关系。两者各司其职而又无缝衔接，共同构筑起长江经济带跨行政区划案件的严密法律监督体系。

34　自然保护检察机关属于俄罗斯联邦检察机关体系的混合分支体系，该分支体系还包括区域性检察机关在生态领域的活动。自然保护检察院机关不在全国各地设立，而是在区域性检察机关由于客观原因无法保证生态领域履行检察职能的地方设立。参见王建国等著：《中俄检察制度比较研究》，法律出版社 2017 年版，第 111－112 页。

35　参见王凤涛：《跨行政区划检察院的组织结构》，载《时代法学》2018 年第 4 期。

生态文明建设要纳入制度化、法治化轨道，着力解决生态环境方面突出问题，让人民群众不断感受到生态环境的改善。[36] 在现有生态环境保护体制基础上，探索构建长江经济带生态环境保护检察院，将其作为长江经济带生态环境保护制度化、法治化的突破口，更好发挥检察机关的生态环境保护法律监督职能，是新时代检察机关加强生态环境保护的新课题。

36 参见习近平著：《习近平谈治国理政》（第二卷），外文出版社2017年版，第393页。

“捕诉一体化”谱系构建

康 沛*

【内容提要】 受监察体制改革产生的多米诺效应波及，检察院“捕诉一体化”改革应时而现，一年来，各方围绕“捕诉一体化”的该当性展开论辩，但这并不能揭示“捕诉一体化”肇现的根本原因。为此，需从现象诘问、理论基础及谱系构建三方面展开追问，即该现象的产生是对检察权、批捕权的新认识，是监察体制改革下的自我完善举措；同时此举还是对检察权内部整合理论、司法效率法定化及检察官职权主义理论上的优化；在未来谱系构建上，应注意与监察权的边界，突出其司法权属性，落实检察官负责制，同时还应与刑事审前程序的诉讼化改造同步。

【关键词】 捕诉一体化 检察院 检察权 监察体制改革

2018年7月25日，最高人民检察院检察长张军在最高人民检察院组织的“大检察官研讨班”指出，目前检察机关存在刑事检察与民事、行政、公益诉讼检察发展不平衡等问题，将以内设机构改革为切入点，设立专门的民事检察、行政检察和公益诉讼检察机构或办案组，以办案组的形式实现检察院内部权力的集中统一。2019年1月3日，张军检察长明确指出，实践证明，实行“捕诉一体”办案机制，质量与效率都能够得到进一步提高，将会改变过去存在的批捕的时候是熟悉的案件，到了起诉的时候又变成一个新的案件之境况。除了官方的肯定，从实践方面来看也有其必要性，在检察院反贪职能转隶以后，《人民检察院组织法》仍规定有14个罪名的侦查权由检察机关行使，在职务犯罪侦查

---

* 康沛——西南政法大学博士研究生，珠海市人民检察院四级高级检察官，主要研究领域：法律史，检察理论。本文系2018年度重庆市社科规划基金“监察体制改革下职务犯罪公诉衔接机制研究”（项目编号：2018QNFX14）的阶段性成果。

权划出后，单设一个部门去行使剩余侦查权显得务实高效，毋庸讳言，未来实行“捕诉一体”，质量、效率都能够得到进一步保障与提高。

此后学界对这一问题进行了激烈的讨论，虽然学者们起初多是以“捕诉合一”的称呼讨论之，但这并不影响在“捕诉一体”化的语境下对其讨论、审视并发现其价值。叶青指出，“捕诉合一”超越了审查逮捕和审查起诉两个程序、两项职能的简单叠加，成为一场牵一发而动全身的整体性变革，对检察工作体制机制产生多方面积极影响，推动“捕诉合一”，关键在于坚持正确的改革方向，整合检察职能资源，同步推进检察机关内设机构改革、业务专业化建设和刑事审前程序的诉讼化改造。[1]张建伟指出，“捕诉合一”是检察机关进行内设机构调整和具体职能整合而采取的措施，在诉讼法理上并无障碍，“捕诉合一”与“捕诉分离”各有利弊，无论哪一种模式，都属于检察权内部的权限分工，在诉讼法上的效力并无二致。[2]洪浩指出，从司法实践层面看，“捕诉合一”模式在实现诉讼目的和提高效率、强化监督和两法衔接等方面具有重要作用。[3]郭烁指出，通过员额制、办案质量终身负责制及逮捕程序诉讼化的相关改革，尤其是在新设国家监察机关使检察机关权责发生很大变化的情况下，逐渐探索完善，使“捕诉合一”，或者说“捕诉调整”趋于常态化、科学化，是检察制度自身完善进而提高中国人权保障水平的重要契机。[4]沈海平指出，审查批捕和审查起诉究竟应当分离还是合一，这不只是检察机关的内设机构、职权配置之争，更关乎检察制度的发展和法治正义的实现，需要加以认真思考和抉择，“捕诉合一”确实具有超越于捕诉分离的一些功利性价值，但是更为重要的是，需要通过合理的制度设计，使其获得法理上的正当性基础。[5]

总体来看，学者们普遍认为，将批捕与公诉职能设置在同一部门，交由同一职能部门内的同一检察官或检察官办案组负责，实行“谁批捕谁起诉”的“捕诉合一”办案机制，已成为检察机关内部改革的重要内容之一，“捕诉合一”办案机制的适用，不但可以缓解因捕诉分离带来的“案多人少”的压力，而且在强化侦查监督、提高诉讼质量、保障人权等方面有着制度设计层面的天然优势，值得加以探讨研究。

---

1 叶青：《关于“捕诉合一”办案模式的理论反思与实践价值》，载《中国刑事法杂志》2018年第4期。

2 张建伟：《“捕诉合一”的改革是一项危险的抉择？——检察机关“捕诉合一”之利弊分析》，载《中国刑事法杂志》2018年第4期。

3 洪浩：《我国“捕诉合一”模式的正当性及其限度》载《中国刑事法杂志》2018年第4期。

4 郭烁：《捕诉调整：“世易时移”的检察机制再选择》，载《东方法学》2018年第4期。

5 沈海平：《捕诉关系的辩证思考》，载《国家检察官学院学报》2018年第4期。

一、现象诘问："捕诉一体化"肇现之必然性

（一）"捕诉一体化"解决了检察权双重属性的逻辑悖逆

本质而言，我国检察权具有司法权和行政权的双重属性，其中，具有司法属性的审查逮捕权和兼有行政属性的公诉权是当下检察机关的主要权能。就现实而言，我国长期将检察院的权能属性定性为司法属性，认为其包括诉讼监督职能、公诉职能以及司法监督职能，诉讼监督职能的意见认为，我国检察机关的法律监督范围主要限于诉讼监督领域，包括对刑事、民事、行政诉讼的监督，对此应该以现行法律规定的检察机关的职权为论证依据，因为检察机关的所有职权尚未超出诉讼监督的范围。公诉职能与司法监督职能的意见认为，根据《人民检察院组织法》与《刑事诉讼法》的规定，检察机关的主要职能包括侦查、公诉和监督，与西方国家检察机关仅是公诉机关不同，除此之外，我国的检察机关还具有侦查权与诉讼监督权。

不难看出，无论是理论界还是实务界均忽视了检察机关公诉权的行政属性的认知，检察机关作为宪法框架之下"一府一委两院"的国家权力机构，其在国家机构体系中履行国家机构依据国家治权所赋予的职责，各个不同的国家机关由于行使具体治权的不同，其职能也会不同，作为国家机关的检察院也具有行政属性，而检察院公诉权又最能彰显检察院行政属性，因为，公诉权是检察人员代表国家追诉犯罪并维护国家治权的一项权力，公诉权行使的结果将映射到国家治权的视域并体现着治权的需要。

（二）"捕诉一体化"是对批捕权的新认知

一般来说，检察院行使批捕权会有以下几个方面的考量，一是对逮捕的理由与必要性进行审查，二是对行政机关的追诉权进行制约，三是透过批捕权的行使对侦查活动或调查活动的合法性进行审查并寻找漏洞，四是对证据获取的合法性进行审查，但是对于最终批捕与否仍缺乏具体的参考标准，办案检察官多是依靠经验而为之。根据我国刑事诉讼法律的规定，检察官要行使批捕权需要同时具备三个条件才可，分别是有确切证据证明有犯罪事实、对方可能被判处徒刑以上刑罚、有逮捕的现实必要，按照逻辑推理来看，这三个条件之间是"且"的关系，三者缺一将会导致逮捕权出现"木桶效应"，因而消解逮捕权正当性。"捕诉一体化"将会改变实践中基于有确切证据证明有犯罪事实、对方可能被判处徒刑以上刑罚之两个条件就对犯罪嫌疑人采取逮捕措施的现状，检察院对犯罪嫌疑人行使审查起诉权昭示着犯罪嫌疑人有逮捕的必要，也意味着案件的严重程度较深，将有利于促使逮捕必要性长效审查机制的形成，最终改变

盛行已久的"以羁押为原则、以取保为例外"的审前模式，有利于保障犯罪嫌疑人的人权。

（三）"捕诉一体化"改革亦是对监察权力外溢的"条件反射"

根据先前改革试点方案及修改后的宪法内容来看，新成立的监察委员会将实现对所有国家公职人员监察的全覆盖。同时，当前的监察委员会以调查权的形式行使从检察院转来的职务犯罪案件侦查权，这对检察院的权能发挥是一个弱化。当前的监察委员会逐渐形成了以调查权为核心的行权体系，监察法赋予监察委员会能够履行监督、调查、处置三项职权和可以采取的十二项执行措施，且享有预防腐败的调查权、审计权、警示权、建议权、对涉及违法违规行为的调查权、处分权以及对腐败犯罪的侦查权、预审权等，这一规定类似香港廉政公署的调查权、搜查权、扣押权、拘捕权、获取资料权等规定，[6]监察委员会被赋予的权力很大，然而仔细看来主要体现在调查权行使上，主要是围绕便利行使调查权而设计。作为与监察委员会业务关联最紧密的检察院需要有"紧迫感"，适时调整自己的状态，发挥对监察委员会的制约监督作用。

由于监察委员会与检察院行权依据分属于《监察法》与《刑事诉讼法》，二者的程序运用上分别是监察程序与刑事诉讼程序，完成调查的职务犯罪案件在移交检察院之后，检察院只有很短的时间进行立案审查并决定是否批捕，决定批捕与否显示了检察院对案件整体情况的深刻认知，但是由于批捕权与审查起诉权分属不同部门行使，从决定批捕到决定审查起诉亦需要经过一定程序，"捕诉一体化"的行权模式将会改变这一现状，其会将分属于检察院两个部门的权力整合为一个部门统一行使，以利于检察院对监察委员会调查权予以及时回应与监督。

二、理论诉说："捕诉一体化"的理论伸张

（一）"捕诉一体化"是对司法效率追求的法定化

就形式上来看，"捕诉一体化"契合中国传统上对于司法中实体正义的追求，也是具体落实"谁办案谁负责、谁决定谁负责"的检察官办案司法责任制的有效举措。毋庸讳言，实体正义是与程序正义相对应的，程序正义具体外化为法律的正当程序，英国的丹宁勋爵将正当法律程序描述为"法律为了保持日常司法工作的纯洁性而认可的各种方法，促使审判和调查公正地进行，逮捕和

6 赵增彦：《香港特区廉政建设的基本经验》，载《理论探索》2011年第1期。

搜查适当地使用，法律援助顺利地取得，以消除不必要的延误等”，[7]虽然如此，但其毕竟只是一种程序上的追求，且此处我们所强调的是被追诉者的一种程序性权利。程序正义虽然为英美法系所推崇，但也应该看到其不及实体正义的一些表现。比如，程序正义会拖曳案件的应有进程，贻误对案件证据的及时求证，不利于对犯罪嫌疑人及时采取强制措施，甚至由于法律正当程序的限制，对一些明知的案件事实与证据也不能适用。实体正义则表现得更接地气，其更多的是对案件本身是非曲直的关注，对案件当事人权利义务分配的关注，其不会因为程序的限制而让犯罪嫌疑人逍遥法外，至少会为了保证既有实体结果的兑现，对犯罪嫌疑人采取必要的措施，对证据的获取与认定持更加积极与开放态度，力求达到惩治犯罪、保障人权的目的。

就内容来看，“捕诉一体化”迎合了当前与司法体制改革的双重需要，“捕诉合一”在之前的司法体制改革时期虽有提起，但并不像当前监察体制改革背景下声音那么大，监察体制改革可谓是检察院“捕诉合一”办案模式改革的“催化剂”，如果要找寻监察体制改革与司法体制改革的关系，监察体制改革与司法体制改革的交集体现为及时化解社会矛盾，让每一位公民在具体案件中感受到司法正义。就监察体制改革而言，改革试点方案确立的对所有公职人员监察全覆盖的规定体现了对监察范围涵盖，《监察法》第一章总则内容有关监察委员会的政治定位体现了以高强度反腐促进社会公平正义实现之诉求，这亦可看作对实体正义的追求。《监察法》第四章有关监察权限的条款规定也凸显了对实体正义的追求。司法体制改革也彰显了对实体正义的追求，如最高人民法院在全国推行的破解“执行难”专项整治活动就是明证，最高人民检察院检察长张军指出，决定在全国推行“捕诉一体化”办案模式，最高人民检察院是为了平衡刑事案件与民事案件、行政案件在案件处理上的权限落差，补齐检察官在办理刑事案件所需的必要的权力资源。

（二）“捕诉一体化”是对检察权的内部整合

孟德斯鸠认为，“每一个拥有权力的人都容易滥用它，并且会一直用尽他的权限为止”。换言之，由于制度本身附随着权力，权力自身有导致腐败的基因，对于任何具有行使正当性的权力，都不能排除其会诱发腐败的可能。权力最大的特征在于具有公共利益代表性，权力是一种被赋予的、代表公共利益的名分、主体资格和行为的正当性条件。对权力来讲，由于是他人或公共的事务，属于

---

7 ［英］丹宁勋爵著：《法律的正当程序》，李克强、杨百揆、刘庸安译，法律出版社 1999 年版，第 1 - 2 页。

他人或者公共的利益，当事人在取得授权的同时，就具有了运用该权力的资格，鉴于公共利益边界的相对模糊性，处理涉及公共利益的事务必须具有相对强势的权力，以获得处理事务的支配权，以求能够提高效率。检察权对检察院而言是最重要的，对其观察与检视应该放在整个国家权力监督体系中并以辩证的视角来审视之，即检察机关在实施法律监督的同时也应该接受其他权力机关的制约，检察院工作人员在进行检察工作时也应该按照程序为之，在程序之下进行权力的实践。检察机关，并不具有实体上的处分权，法律规定公、检、法三个机关是分工负责、相互配合与相互制约的关系，也为我们展示了它们之间的特殊的诉讼监督关系。[8]可以说，正是由于检察权具有程序性，使得分权制衡原理得到了很好的运用，使其在我国当前“议行合一”的政权结构中得到了最优的发挥。

其实，从另外一个层面看，“捕诉一体化”的改革也符合办案检察官自我进行权力约束，是倒逼检察官自我克制权力的新的权力制约机制与设想。任何一个国家的政治或者法律制度都有其极其深厚的本土性，其他国家不可临摹复制，我国几千年来的传统就是以政治主导社会运转，在“捕诉一体化”的模式之下，作为践行该模式的检察官可谓“压力巨大”，毕竟权力的整合一定程度上是权力的集中，集中后的权力更有利于检察官提高办案效率，少了一些掣肘，但会因为权力集中而导致权力腐败的发生概率更大。

在改革之前，批捕权与审查起诉权由隶属于检察院内的批捕部门与公诉部门分别行使，一般流程是检察院案件管理部门在收到案件作出简单的形式审查后，即将案件移交批捕部门审查逮捕，待批捕部门决定批捕并由侦查机关再侦查后，公诉部门才会着手进行审查起诉的相关工作，也就是说，对一个案件批捕与否，公诉部门的检察官是无法直接预知的，需要批捕部门行使批捕权的检察官来作出决定，公诉部门的检察官无权干涉，其只能待前面程序完成并移交到公诉部门后才能对案件是否公诉提出自己的意见。改革之后的批捕权与审查起诉权被合并到检察院一个部门统一行使，一些试点检察院将该部门统称为刑事检察部，由该部门统一协调刑事案件的刑事流程。以广州市南沙区为例，去年刚出台《广州市南沙区人民检察院捕诉合一办案规程（试行）》，开始试行“捕诉一体化”案件办理模式，将原公诉部门、侦查监督部门重新整合，设立刑事检察部，实行一件案件由一个办案组或一名员额检察官负责到底，统一履行介入侦查、审查逮捕、补充侦查、审查起诉、提起公诉和立案监督、侦查活动

---

8 朱秋卫著：《我国检察权的定位及职权配置研究》，中国政法大学出版社2012年版，第71页。

监督、刑事审判监督职责的办案模式。为确保“捕诉一体化”试点工作顺利进行，特别对需要制作“捕诉一体化”审查报告及不需要制作审查报告的情形进行明确，以期既保证办案质量，又提高办案效率，最终实现检察官办案“放权”与“控权”的平衡。

（三）“捕诉一体化”是对检察官职权主义的中国化运用

一般来说，检察官客观义务理论是以实体的真实主义和职权审理主义为基本原理的德国法学产物，检察官为了发现真实情况不应该站在当事人立场上，而应该站在客观的立场上进行活动。检察官的客观义务细致来分有三个层面的含义，一是检察官应该尽力追求实质真实，二是在追诉犯罪的同时要兼顾维护被追诉人的诉讼权利，三是应通过客观公正手段对案件事实作出评价以追求法律的公正实施。其实，检察官的客观义务就是指检察官在刑事诉讼中应当超越当事人立场，担当起法律守护人的角色，以追求法律的正确实施与案件的公平正义为归旨。检察院推行“捕诉一体化”模式，是对检察官的权力与权利作出新的分配，目的是让检察官在权力与权利之间保持一个平衡，不能为了权力行使而忽视权利的保障，也不能为了权利的保障而“压抑”权力的行使。将检察院批捕部门与审查起诉部门合二为一以后形成刑事检察部，在刑事检察部内每一个具体的刑事案件都由具体负责的检察官全程负责，有利于刑事案件的“客观性”彰显，有利于办案检察官对案件作连续性、整体性把握，让检察官客观义务不再是静态的书面规定，而是逐渐变为体系化的多维度客观义务的实践。

深层次看，检察官客观义务理论也暗含了检察权的独立性要求，“捕诉一体化”映射到检察体制改革的向度之一就是使检察权的独立性由有名向有实转变。检察院独立行使职权已经被世界上很多国家确定为一项宪法原则，葡萄牙宪法第二百二十四条第二款规定，“检察署享有独立地位”；西班牙宪法第一百二十四条第二款规定，“检察机关通过自己的机构，根据行动统一、下级服从上级、在任何情况下均服从法制和公正的原则，行使其职权”。美国学者琼雅比认为，传统上检察官的任务不如这个制度的某些别的组成部分那么明确，人们曾经倾向于认为检察官是警察或者法院的助手而不把它看成一个拥有自由裁量权的独立官员，然而明显的是他有他本身的任务和独立的目标，美国地方检察官的一个最大特点是由当地选举产生，因而其有独立的权力来源，他享有不受审查的自由决定起诉的权力。[9]国内理论基于检察官客观义务所延伸的检察权独立性论述较为宽泛，一般认为，出于保障检察权独立的要求，检察官的客观义务贯穿

---

9 张建伟著：《刑事司法体制原理》，中国人民公安大学出版社2002年版，第203页。

于从侦查到裁判终结的整个诉讼过程，要求办案检察官全面搜集与保全证据，在审查起诉阶段不得违背证据和公平原则进行差别追诉。

"捕诉一体化"也让我们从实质意义上看到国家对检察一体化原则的尝试性落实。检察一体化原则要求检察机关作为一个统一的整体独立于其他国家权力主体和一般非权力主体。检察一体化主要体现在人员的可替代性、行动的协调性和命令的服从性等特征上，这些特征集中反映到检察官的整体性上，在制度构建上体现为检察制度改革中的主办检察官制度，该制度试图在检察机关的领导体制内赋予一定数量的、经过精心挑选的、综合素质特别是业务素质较好的检察官以一定的独立处理分给他们的案件的权力，这项改革能否取得成功主要取决于检察机关在多大程度上赋予检察官权力。可以说，在监察体制改革下，检察院的权力已经有所缩小，"捕诉一体化"办案模式的提倡就是为了应对目前检察官办案权力过小的局面，造成办案检察官在处理具体案件时多有掣肘。根据检察官客观义务理论，检察官办理案件只服从法律与证据，办案检察官只需要对当事人负责，而不必考虑过多的外在因素。

三、"捕诉一体化"的谱系构建

毫无疑问，作为当前检察体制改革的重要组成部分，"捕诉一体化"模式的出现将为监察体制改革背景下检察院权能发挥产生实质性影响，将有利于检察院对监察委员会形成有效制约。从司法实践层面看，"捕诉一体化"模式在实现诉讼目的和提高效率、强化监督和两法衔接等方面具有重要作用。鉴于改革处于起步阶段，应更多地注重从理论角度进行可行性论证，对其未来在实践中可能会遇到的问题善尽节点提示与规范塑造义务，以期改革能够带来良法善治之效果。

（一）"捕诉一体化"应以监察权为改革参照系

"捕诉一体化"作为检察权的组成部分，自然无法逃逸出当前监察体制改革的背景，况且"捕诉一体化"改革的提出一定程度上也受到监察体制改革的影响。"捕诉一体化"改革模式的实践必须与监察权互相照应，毕竟检察院面临与监察委员会的工作协调问题。监察权与检察院密切关联的具体权限就是职务犯罪案件调查权，新成立的监察委员会与纪委合署办公，形成"两块牌子、一班人马"的格局，就机构设置而言，纪委设置属于党的领导性质的机构，如办公室（厅）、组织部、宣传部、纪检办公室等主要部门，监察委员会则设置反贪污贿赂、职务犯罪案件、预防腐败、信息情报以及政策指导等相关职能，体现其职能特色的部门，这些部门都在履行一般意义上的监察权。而检察院的刑事检察、民事行政监督、案件侦查、执行监督、政策指导、公益诉讼等职能则是在履行检察权。二者共同关注与履职的焦点在于职务犯罪案件的办理，有鉴于此，职务犯罪案件在完成调查后必然会进入检察院展开刑事司法程序，在检察院推行"捕诉一体化"办案模式情况下，有必要将履行批捕权与审查起诉权的刑事检察部与监察委员会履行调查权的职务犯罪调查部进行职能上的对照比较，使二者之间能够做到自恰衔接。

在当代社会，法治控权的现状决定了一个法治国家法治秩序的总体面貌，[10]"捕诉一体化"所属的检察权与调查权所属的监察权必须坚持法治控权的原则。检察权与监察权作为法治秩序形成的必备要素，是法治秩序运作效能良好与否的重要参考因素，二者之间除了要做好职能上的自恰衔接，还需要做好程序上的具体衔接，即二者要从微观着手，对它们互相之间的具体行为进行协调，其中主要的就是职务犯罪案件调查完成以后，相关证据将被移送到检察院，检察院刑事检察部门对移送而来的案件材料应明确接收与审查流程，对发现存在问题的证据材料应建立快速沟通机制，对业已完成调查的案件在正式进入刑事司法程序之前再次经过审慎检查，这样的考虑是检察院刑事检察部的批捕权与审查起诉权的集中行使将涉及被调查人的实体权利保障问题，在"捕诉一体化"办案模式下，可能会发生不可逆转的刑事结果，对此需要格外谨慎以防出现冤假错案。

（二）"捕诉一体化"应以司法权属性为行权边界

无论检察权是否兼具行政权与司法权属性，但就"捕诉一体化"模式来说，其若得到良好的适用就必须坚持扩张其司法权属性，而对其所兼具的行政权属性作出一定程度的限缩。就传统而言，检察权的本质是追诉，检察机关与警察机构一样履行的是控诉职能，检察机关在司法活动中要对犯罪嫌疑人、被告人的行为性质和应否追究刑事责任作出判断，审查起诉中还要基于自己的判断作出起诉与不起诉的决定，一般认为检察官为此行使的权力是迫于国家追诉权所致，即使被害人一方收到犯罪侵害后不愿意起诉，由于国家公权力的介入，检察院也必须主动介入，故而被视为对行政权的妥协，带有一定的行政权属性。这种理解显然是过度解读，根本上是由于司法与行政之间的界限模糊，当司法一词的特定含义被置换之后，司法或司法机关的外延也会随之发生变化，造成一些原来在行政机关范围内的机关被纳入司法机关的范畴，结果是司法的特点被湮没并造成司法权的贬抑，司法权似乎可以被视为行政权的一种，如关于强

---

10 蒋德海著：《控权型法律制度研究》，人民出版社 2012 年版，第 134 页。

制戒毒的决定权被视为具有司法权的特性，按照某些设定性定义来看，警察机关就是司法机关，警察权力就是司法权力，这种概念的混同是导致当下警察权扩张的直接动因。

“捕诉一体化”作为检察体制改革的成果，是为了厘清检察院针对刑事案件办理程序不畅、解决案件办理时因权力不集中所导致的效率低下问题。同时，“捕诉一体化”回归单一司法权属性有利于排除行政权力的干扰，如关于逮捕措施的运用，通常会带来长期羁押的法律效果，会严重影响个人的基本生活，为了防止逮捕措施的滥用，加强对公民人权的保护，新《刑事诉讼法》对逮捕条件予以细化，使逮捕的适用具体化，明定了逮捕应同时具备的三个条件，明确了七种应该逮捕的情形和一种可以逮捕的情形。殊不知这些规定是为避免司法擅断而来，其关注更多的是在司法运行中的姿态。因此，批捕权实际上是一种判断权，而判断权是司法权的基本属性，因此在审查批捕问题上应该尽量采用司法化的审查方式。[11]

（三）“捕诉一体化”应以检察官个人负责制为行为依附

应该看到，“捕诉一体化”办案模式已镶嵌在检察官客观义务之中，检察官实现司法公正是其要达到的目标，它要求检察官作为国家的执法者，在诉讼中要促进和确保司法公正的实现，既要维护诉讼程序公正，又要确保实体公正的实现。检察官作为“护法使者”和公平正义的促进者，要求其在诉讼中应当具有中立的立场和独立的地位。[12]当前我国正全面推行检察官办案责任制，主要以员额制检察官的组织形式予以实践，加之“捕诉一体化”办案模式被纳入检察体制改革任务之中，权力即责任，办案检察官所承受的压力不容忽视，为此需要保持办案检察官的行权独立性，使其在最少的干扰之下求得案件办理的最大正义值。具体来说，检察官对案件作出处理的决定，包括是否起诉的决定、是否逮捕的决定，应由检察官基于专业独立判断；检察官提起公诉以后，案件的裁判由法官作出，根据检察官的客观义务，即使案件已经宣判，如果检察官发现裁判有错误或瑕疵，都可以提出抗诉或者上诉，或者对已经生效的错误裁判提请再审，以追求实体公正；当然检察官的独立性还体现在维护整个诉讼程序的公正，在现代刑事诉讼中，检察官的产生就是为了维护程序的公正，抑制警察的恣意侦查、防止法官兼具控诉职能而成为“全能法官”，检察官作为刑事诉讼的“程序之子”，为此肩负天然使命。

---

11 韩旭著：《检察官客观义务论》，法律出版社2013年版，第161页。

12 朱孝青著：《检察官相对独立性研究》，中国检察出版社2017年版，第142页。

“捕诉一体化”办案模式之下，除了作理论上的证成，还应在保持改革稳步推进的前提下，注重寻求保证检察官相对独立性的多元化借鉴方案。美国检察官制度的突出特点是个人负责制，如其独立检察官制度，起始于美国1978年制定的《独立检察官法》由特别法庭任命，该独立检察官直接向国会及特别法庭负责，虽然理论上司法部长保留解除独立检察官职务的权限，但在实践中已很少看到此种情形的出现，这使美国独立检察官在办理案件时甚少受到阻碍。此外，如德国检察官制度作为大陆法系的代表性检察官制度因其良好的运转机制为其他国家所效仿。一般来说，德国检察机关属于刑事诉讼法上的司法机关，按照其刑事诉讼法典的规定，检察官并非单纯的追诉者，也非一方当事人，而是承担着“国家权力双重控制”功能与民权保障功能的法律守护人，被誉为世界上最客观的官署。[13]其职务行为受到法定义务与客观义务的严格约束，其目的不只是追诉犯罪，而是致力于全面查清事实真相，公正地展开追诉和审判，并保证法院判决的公正性。据此看到，这正是“捕诉一体化”办案模式中检察官的相对独立性之精髓，也是检察官在“捕诉一体化”办案模式下基本的角色担当与要求，深层次看，不妨学习德国实践经验，将检察院定位为自主的、必要的、自成一体的刑事司法机关，以保证其业务判断的独立性。

（四）“捕诉一体化”应与刑事审前程序的诉讼化改造同步

实行“捕诉一体化”办案模式后，审查批捕阶段将会成为庭前程序中检察审查案件最重要的一个阶段，同时也必将成为辩护权行使最为重要的阶段。由于批捕权与公诉权合并到一个部门行使，刑事案件的审前程序也就被压缩，检察院将大概率地决定案件的走向，换言之，实行“捕诉一体化”后，审查起诉将会变得颇具程式化，因为在侦查和审查逮捕过程中，检察官对案件事实都已经有了系统的了解与把握，自己的认识也已经形成，因此，“捕诉一体化”情况下检察机关对案件审查的重心必然会发生前移，同时，检察官会把审查起诉的标准，甚至法庭审判定罪的标准提前到逮捕审查阶段，对案件作整体的考虑，而不是过去侦监、起诉各司其职。因此，应将“捕诉一体化”置于刑事审前程序中来考量，使“捕诉一体化”与刑事审前程序的诉讼化改造同步进行，唯有如此，“捕诉一体化”才不至于在审判阶段产生不适。

结语

捕诉一体或分离并不涉及合法性的问题，法律把批捕权和起诉权交给检察

13 林钰雄著：《刑事诉讼法（上）》，中国人民大学出版社2005年版，第102页。

机关，它没有限定检察机关行使权力的方式，即无论合或分都是合法的，不用对其进行合法性的质疑。1996 年《刑事诉讼法》修改后不久，最高人民检察院就开始着手推进捕诉分离的改革，此后这两项权力的配置一直处于分离的状态，直到本轮改革重新合一。捕诉关系的改革涉及权力的优化配置问题，涉及程序的合理性和正当性的问题，也涉及权力的属性问题——不同性质的权力应当采用不同的行使模式——批捕权如果是司法权，就不能用行政化的方式去行使。同时，我国公诉实行法定主义，公诉不仅有法律条件上的限制，更应当遵循客观义务原则，即公诉应当坚持中立立场，检察官应当不偏不倚地对待犯罪嫌疑人和被告人，因而由负责公诉的检察官行使批捕权，不会影响批捕权行使的中立性，更不会影响对人权的保障。相反，会更有利于犯罪嫌疑人的权利保障，因为实行“捕诉一体”化后，检察官以起诉的预期来把握批捕，会更加全面地把握批捕的证明标准，这就意味着犯罪嫌疑人不批捕的可能性更大，逮捕率会有所下降，从而更有利于保障人权。

物流法当下疑难问题与未来法下之出路研究

张　敏*

【内容提要】当下我国物流法在理论和实践上存在着立法的需求与理论上的困境。对物流法的研究目前沿袭了概念法学的逻辑，多数是对物流法律体系内容的归纳和物流法性质的认识。本文从概念法学的概念分析法对物流法律体系的本质特征以及物流法作为独立部门法的学术背景和理论缺陷进行分析。同时着眼于物联网、大数据、人工智能等新技术给未来法学带来的变革，代码的规制对物流法发展的引领作用，以及其对物流行业定位为物流法发展的契机。

【关键词】物流部门法　物流行业法　未来法

物流法治尤疑是个面临问题较多的领域，物流业在我国有着基础性的战略地位，但物流法治的进程却与这一地位不相符：在理论研究方面存在对物流法律体系的属性认识不到位的问题，物流法体系下各物流环节法律适用不统一的问题；在立法方面存在物流立法进程受到阻碍等问题，这是我国物流法当下存在的困境。从物流未来的发展看，未来已来，大数据、人工智能、物联网等新兴科技已经抢先和物流业拥抱，这必然会使物流法面临重大的变革，正如互联网法律革命对未来法学产生的巨大影响一样。

引言：我国物流法的现状：规范基础、事实基础概述

作为支撑国民经济发展的基础性、战略性行业，物流业无疑需要良好的法治环境。我国物流法的研究经历了二十多年的积累，学界目前形成以下较为统

* 张敏——广州航海学院海商法研究中心主任、副教授，黄埔区法学会副会长，法学博士。

一的认识：所谓的物流法律，是由物流行业所涉及的各个领域和环节中与物流直接或间接相关的法律法规组成，包括散见于国内法律、法规、规章和国际条约、国际惯例以及各种技术规范中对物流相关环节的规定，此乃学界目前所称的物流法律体系[1]。

而该法律体系存在着一些问题。例如，缺乏系统性和专门性，法出多门，冲突较多，效力层次较低，价值目标难以协调，等等，实质上是一个法律综合群体。对这个法律综合群体进行立法的规划或深入研究存在诸多制约。就物流法律的私法规范而言，物流各环节的民事法律关系，除一部分可以适用民法基本制度外，还有一部分法律关系需要适用民法特别法规范，甚至国际法规范，如国际海上货物运输法，与我国民法规范的制度基础差异较大。而且，就国内民事法律规范而言，由于物流业跨度大，其中各种法律法规之间缺乏有机联系，且立法成熟情况不一致，导致私法领域对现行法律整合的难度较大。就物流法律的公法规范而言，整个物流行业的构成类型多样，对各个类型的物流企业的设立条件和法律规制不同，采取何种立法模式促进物流产业发展也是建立我国物流法公法规范的难题。

我国当前对物流法律研究的现状，令人对物流法的属性进行深层追问。例如，物流法律体系是否是一个真命题？物流法律体系性建构具有怎样的意义？物流法律体系是否具有系统的、统一的属性？物流法律规范之间是否包括共同的法价值和基本原则？等等。因此，物流法研究的突破，不仅需要从物流法的法理基础入手，从物流法的事实基础、规范基础和科学基础探讨物流法律体系的本质属性，而且需要着眼于未来物流业的发展和未来法学的发展来进行系统的分析。

在物流理念产生之前，物流活动中运输、仓储、包装等各个环节已经存在相关立法，主要散见于各种法律、法规和规章中。据初步的不完全的统计，物流法律法规有1万多件，其中国家级法律（全国人大及其常委会通过的法律）100件；地方省级人大通过的法律3000件；国务院法规600件；各部委和地方政府制定的临时法律文件7000件。[2]无法否认，这些物流法律的规范性文件的综合体可谓物流法律体系的规范基础。

在传统物流实践中，已表现出物流行业需要法治完善，而司法审判中不得不采用分割的物流各环节法律规范，致使司法判决出现不统一的矛盾。[3]一方

---

1 王芸主编：《物流法律法规与实务》，电子工业大学出版社2007年版，第1－4页；李玉峰主编：《物流法理论与实务》，电子工业出版社2006年版，第1－5页。

2 何茂春：《中国物流业有关法律及改革》，载《国际经贸消息》2001年10月27日，第3版。

3 张敏：《司法视角下物流行业法适用统一研究》，载《中国海商法研究》2015年第3期。

面，在物流理念产生和成熟之前已经存在于物流各环节的法律满足不了物流业对法治统一的需求；另一方面，从学理上如何立法来建构统一的物流法有许多难以突破的难题，这是物流法律体系建构的事实基础。

从物流未来的发展看，未来已来，大数据、人工智能、物联网等新兴科技已经抢先和物流业拥抱，物流产业逐渐向电子商务端发展，如京东、天猫与顺丰等企业，甚至中远海运都已开展数字化供应链服务；电子商务逐渐向物流端发展，从信息流到线上交易，到线上线下融合；物流的基础设施运行，汽车、船舶甚至航空器已出现无人驾驶等智能模式，快递运送都将实现智能化。新科技的发展无可避免地影响到物流行业的发展和模式，未来法所涉及的物流法也将有着丰富的规范形式和制度，这也是物流法律体系建构无法回避的事实基础。

一、物流法的科学基础：概念法学下的物流法律体系

我国通常将法律体系界定为“由一国现行的全部法律规范按照不同的法律部门分类组合而成的一个呈现体系化的有机整体”，强调的是整个国家法律的整体性和系统性。[4]物流法律体系与法理学中法律分类的范畴不同，本文认为，物流法律体系是指作为一个行业或领域的法学称谓，取法理意义上法律体系的逻辑性和整体性之意，通过多种逻辑关联方式把现行物流各环节的法律法规构建成一个体系。所谓物流法律体系，绝非与物流相关的法律法规的汇总，而是认识论上法律法规体系化的整体性和逻辑性。[5]这不仅是物流法律体系的科学基础，而且是构建物流法律体系的意义所在。

（一）物流法的属性范畴

我国目前并无一部实在的物流法规范呈现在人们面前，所谓的物流法给人的印象是由一系列庞杂甚至混乱的法律法规。从内容上，一般认为，物流法就是与物流相关各环节的法律，从多数物流法律教科书的体例看，多按照物流法概述、货物运输法律规范、货物仓储法律规范、货物包装法律规范、货物搬运与装卸法律规范、流通加工法律规范、物流配送法律规范等体例和内容为脉络。从形式上，构成物流法各相关环节的法律制度，包括国内法律、行政法规、部门规章、司法解释、行业规范、法律学说等，以及相关国际公约、国际惯例都构成物流法的外部体系。

从法律规范的属性上看，物流法律规范的性质属于契约性规范，因此，研

4　黄文艺：《法律体系形象之解构与重构》，载《法学》2008 年第 5 期。

5　张敏：《司法视角下物流行业法适用统一研究》，载《中国海商法研究》2015 年第 3 期。

究物流法律规范基本上立足于物流合同的领域。我国《合同法》没有物流合同的概念和相关规定，在《合同法》分则规定的15类有名合同中，如运输合同、保管合同、仓储合同、委托合同、承揽合同等，当物流活动中只存在单一的运输或保管或仓储或委托或承揽等物流服务时，物流合同的性质就分别是上述各种有名合同的性质，那么物流合同的属性并不明显。

当物流活动综合各种物流服务时，则从法律上产生集多种合同于一身的混合合同关系，可能包括运输合同关系、委托合同关系、仓储合同关系、加工承揽合同关系等，物流合同的性质则体现为非典型合同或称为无名合同，所谓无名合同就是法律没有赋予专门的名称和调整规则，适用法律的规则学理上有三种观点：吸收主义、结合主义和类推主义。对于综合性物流合同，宜采取结合主义，即分别适用货物运输合同、保管合同、仓储合同、加工承揽合同等的规定。因此，物流合同的性质具有多种合同属性，即具有多样性与综合性，但多种合同属性有多种特点，需要进一步抽象、提升为一种专属于物流合同的属性。在目前物流法律体系范畴内，进行这种对物流法合同性质的抽象或提升尚缺乏理论支撑，需要从物流法律体系建构的内涵去寻找解决方法。

（二）物流法体系特性分析

本文认为，物流法律体系所具备的逻辑结构按照效力逻辑原则和功能逻辑原则结构来构造具有如下特征：物流法律范畴的大跨度性、物流法律规范的多元性、物流法律体系的各组成部分独立性、物流法律体系的开放性。[6]

根据法体系的双重体系结构理论，物流法的体系也具有统一的内部体系和完善的外部体系之分。所谓法的外部体系与内部体系，最初由德国法学家卡尔·拉伦茨提出，[7]德国学者赫克也提出了民法内在体系和外在体系的划分。[8]物流法律体系的上述特征表现为以一定的逻辑方式的建构体系，即外部体系，与之相对应有内部体系之称谓。物流法律外部体系是一种形式体系，表现为以一定的逻辑方式的建构体系，对从物流生活事实层面抽象所得的物流法的概念、物流法的制度以及制度之间关系加以建构的体系。外部体系还需处理规范的特殊性，类型建构的脉络以及特定的目的性。内部体系是一种实质体系，体现物流法律的价值原则，以及各种制度基本价值内在的联系，内部体系的逻辑顺位体现为该部门法的基本原则，下位部门法中的次原则，以及具体制度中的价值取

6　张敏：《司法视角下物流行业法适用统一研究》，载《中国海商法研究》2015年第3期。

7　［英］拉兹著：《法律体系的概念》，吴玉章译，中国法制出版社2003年版，第239页。

8　朱岩：《社会基础变迁与民法双重体系建构》，载《中国社会科学》2010年第6期。

向。这些内在价值不仅是立法者在制定法律时所需要牢记的基本价值和理念，而且是法的实施过程中适用和解释法律所必须遵守的准则。内部体系指反映物流法的内在秩序关联的根本价值取向体系。[9]

二、传统部门法理论下的物流法部门法化分析

基于物流法律体系的双重结构，物流法的系统性和独立性呼之欲出，不仅需要把物流相关的法律法规置于体系的共同学术背景之下，而且需要对这个体系内在价值的深度探析。当触及物流法律体系的属性时，自然会让人联系到法理学中部门法的概念，我国的部门法又称法律部门，借鉴了苏联和其他一些东欧国家对部门法划分的标准，是在法律体系的论题下进行的。[10] 在法律体系中，这些法律规范并非杂乱无章地组合而成，而是通过有规律地划分，构成一个个法律部门，如宪法、民法、刑法等传统部门法。我国学者对部门法的概念有不同表述，共同之处都有“同类法律规范”，体现出部门法的整体性和逻辑性的内涵特征。

物流法律体系是否具有一个部门法的属性，物流法是否具有部门法的品格，本文将进行以下分析。

（ ）物流法部门法化的合理性基础

物流法律体系存在的事实基础、规范基础和科学基础与物流实践面临的现代化、国际化进程，物流法律规范的不统一性、物流法学的系统性存在张力。

1. 物流法部门符合物流经济生活发展的要求，物流法具有成为一个独立法律部门的经济基础。自 2009 年《国务院关于印发物流业调整和振兴规划的通知》以来，2011 年又发布《国务院办公厅关于促进物流业健康发展政策措施的意见》，可见我国对物流业发展的高度重视，物流业发展所需要的法律保障毋庸置疑，可见物流法成为部门法具备社会经济基础。

2. 物流法的发展需要一个彰显物流法律精神的载体，与物流法律体系的观念相比，物流部门法的观念显然更有利于物流法的体系化，更利于物流法的结构和内在关联紧密化。物流法律体系化中，同类法律规范体现出部门法的整体性和逻辑性，以某种固定性的原则，即部门法的精神作为整合法律规范的方法，实现了物流法体系部门法化，物流法律规范就更加具备内在的整体性。

3. 物流法作为一个独立部门法更利于物流立法技术的完善。在物流部门法

9　张敏：《我国物流法律私法体系之建构》，大连海事大学 2012 年博士学位论文。

10　沈宗灵著：《法理学》，高等教育出版社 1994 年版，第 24 页。

的框架下，原先分散的相关的物流法律规范，在物流部门法的框架下更便于结合物流法的原则、概念、规则和程序，从而从立法技术上对物流法的创制、完善进行指导，便于打破目前物流相关法律制度之间的隔绝，推动物流法学学科整合和创新。

（二）物流法部门法化的质疑因素

物流法律系统内涵的多样性和综合性导致了对其重组的需求。这种重组如果建立在物流部门法假定成立的基础上，可以说是一个划分部门法的过程。划分部门法的过程对物流法而言，需要判断物流法原来是否是无归属的法律体系，上文所分析的物流法律体系既具有物流业准入和法律规制的公法性规范，又具有各类物流合同的私法性规范，换言之，物流法既可归属于行政法部门法，又可归属于民法部门法，物流法对几种主要的部门法具有依附性，这种依附性使物流法很难独立为部门法。[11] 如果对其进行重新分类、重组使之回归到一个新的部门法，目前很难寻找到一个现有部门法理论原理、学科体系对物流法进行吸纳，并对归入该部门法的物流法律规范产生同化作用。

那么接下来需要考虑的是，是否有可能建构一个新的部门法的问题？作为一个独立的法律部门，需要有其特殊的理念、本位、调整对象，调整方式以及基本原则等实质内容。这个过程需要突出三个标准：部门法的实质标准、参考标准、法律逻辑学的划分规则。[12] 首先，物流部门法的实质标准不明晰，无论从物流私法规范中，还是从物流公法规范中，均难以找到作为一个部门法所特有的功能、作用、立法宗旨。因为这两类规范从调整的范围、调整方法上，都超越不了民法和行政法这两大部门法，因此缺乏作为划分物流部门法的实质标准。其次，从形成部门法的参考标准看，能作为物流部门法参考标准的各类相关实体法、对应的程序法等尚未成熟，尽管随着新的社会关系不断涌现，设立新型的部门法来突破传统部门法疆界的呼声日益强烈。此外，物流部门法的划分还要遵循法律逻辑学中的有关规则，如相应相称、子项外延互相排斥、划分的层次清楚等，目前在物流部门法成立尚缺乏科学论证，尤其缺乏建立法律逻辑学中相应比对的基础。

综上，部门法理论的发展日益呈现出开放特点，突破了传统部门法划分的标准和种类的限制，虽然经济法、环境保护法、劳动与社会保障法等一批新兴部门法应运而生，但是，一个新的部门法形成必要遵循严格的条件和限制。如

---

11 何文杰：《部门法理论革新论》，载《兰州大学学报（社会科学版）》2007 年第 4 期。

12 邱本：《再论部门法哲学》，载《法制与社会发展》2010 年第 3 期。

果某一法律体系因为具有一定的综合性就独立成一个新的部门法，那么会出现很多的部门法，最后导致部门法划分失去其本意和作用。

三、信息时代物流业及法律需求的变革

（一）物流信息化面临的法治理念变化

物流产业在受到经济全球化与信息化时代的挑战时，传统物流业与移动互联网、云计算、大数据、物联网等相结合的趋势不可阻挡，信息化、智能化、自动化是未来物流的发展趋势。物流原本与信息技术流密不可分，未来社会物流与信息流融合发展，信息流在物流中起到至关重要的作用。从信息流到线上交易，再到线上与线下，多个物流主体间的数据互联互通，使物流本质上实现人、货、场的数字化及其建构。以物流大数据为核心，通过信息技术系统解决方案，通过物流业的数字化转型在货主、船东、车队、堆场、货代、船代、口岸、银行、船管、码头等一系列业务主体之间实现业务的链式数字化协同。传统的公路、铁路、航空运输发展成为云计算模式，甚至快递配送都将由机器人完成，未来物流业以大数据为核心的信息技术系统解决方案将占据很大份额。例如，马士基船务公司于2015年将数字化转型设定为企业发展战略，希望通过数字化技术更好地利用现有的船舶为客户提供更好的服务；我国上海港丁2016年宣布与埃森哲、华为合作推进数字化转型；法国达飞海运集团宣布与Infosys合作进行IT应用系统简化与转型；鹿特丹港于2018年宣布与IBM进行数字化合作，用云端物联网技术改变港口的运营环境。

物流法的传统私法理论和概念明显不能应对智能物流所面临的法律问题，物流+信息空间将产生新的法律现象，新型物流交易，如大数据供应链、可视化供应链的应用将产生新生的法律现象；信息时代法律保护的对象将从传统的法律保护对象，增加到物流信息及数据的保护，数据权利的法律保护将体现在物流环节与大数据的应用上；物流环节中增加了信息空间，物流法律问题与事实问题也将实现数据化与标准化，法律适用的领域极大扩展。信息技术迅速更新而传统法律的滞后性将给物流业带来很大冲击，将提出新的法律原则和纠纷解决思路。这种新的法律是由互联网运用产生相关的法律问题，相对于现实领域传统的法律被称为未来法。

（二）未来法学自身的变革对物流法理念的影响

法典是以往信息成本高昂年代的立法优先选择，未来法学建立在以大数据为新生产资料，以云计算、人工智能为新生产力的基础上，如扎克伯格所述“我们即将进入算法而不是法律统治人的时代”，而所谓未来法多指以互联网法

律为架构的法律世界，在未来法下法典的优势所剩无几，法律规则的定制化更在法典之外滋生种种特别法。

Lawrence Lessig 教授所著 *The Law of the Horse*：*What Cyberspace Might Teach* 认为，现实世界与网络世界存在四种共性的规制手段：法律、社会规范、市场与“架构”，所谓架构即现实世界已经被设计成的样子。网络世界中同样存在四种规制手段，分别是法律、社会规范、市场、代码。网络社会中的架构就是“代码”，即决定网络空间的软件与硬件。现实社会中法律的手段被放大，而互联网法律或未来法下，法律与所谓代码的关系将面临以下几种对决：第一种关系是法律驯服代码，见诸增强网络的可规制性；第二种关系是代码替代法律，扎克伯格所称算法的统治取代法律的统治即为此意，即使制定法可能保持不变，但通过代码的改变，实际的法律也可能改变了；第三种关系是法律规制代码，包括法律规制代码的权力限度、法律如何规制代码的问题、透明度的问题，法律与代码具有相互竞争性，如果说法律可以规制代码，代码的书写者也可以通过改变代码来改变法律。

未来法的上述特征反映在物流法中，一方面，当下困扰物流法发展的主要问题，是物流法律体系庞大，各种物流方式的法律责任基础不统一，导致法律适用不统一及立法统一的困难，在未来法下随着法典化的削弱及代码规则的有效作用，当下物流法的困境将随之解决；另一方面，对于物流领域的合规性要求或常见风险，监管机构的指令或规避风险的规则将被内化到物流企业的业务流程之中，并通过人工智能在具体场景下形成微指令，甚至物流法律评估将嵌入决策层面，人工智能将首先筛选并禁止物流违规活动的开展。例如，运用区块链、物联网等技术，使除提单以外的物流单证物权性得到解决，多式联运隐蔽损失的确定等法律疑难问题也得到解决，原来存在的若干物流法律理论和实践问题在未来法下得到突破。

四、物流法在未来法学趋势下的定位突破

传统部门法的划分给新兴的行业法治带来困扰，如围绕某一领域的法律体系建构缺乏系统性内涵，不能适应该行业法治的发展要求。

（一）行业法的概念及推行

近年来产生了行业法的概念，孙笑侠教授在国家211重点学科建设项目“转型期法治的理论、制度与实验”课题研究的基础上，提出行业法是专门调整

某一个行业领域的各类法律规范的总称。[13] 所谓行业法是随着行业分工日益细化和成熟而产生的，行业法治丰富的实践促进了立法。我国近年来在行业领域立法成就斐然，如交通运输法、教育法、新闻与传媒法、体育法、能源法、农业法等。[14] 实践中在我国几乎每个行业都有相关的法律或法规，但是过去没有从学理上对行业法进行界定，因为理论的研究往往侧重于法学学科体系，传统法学学科体系往往又导向传统部门法理论的研究，而忽视了以行业为标准进行理论的深化。

部门法的概念常用于传统法学学科划分理论，行业法的概念则从社会生活中提出，因此行业法被称为侧重于实践的法，[15] 而行业法从以下方面更适合转型期法治的需求：第一，法律渊源的形式上，通常行业法都会包括法律、行政法规、地方性法规、政府规章、行业自治规范、行业标准和技术规范等多元复合形式。[16] 第二，在行业法的规范性质上，行业法规范通常既有公法规范又有私法规范；还包括政策性法规、行业规范和技术规范等"软法"。但是，行业法不同于行会法行业协会制定的约束行业协会成员的规范，[17] 是制定法之外法律多元化的体现。第三，知识的交叉与复合性，行业法内部不仅有法律的规律，更重要的是它具有行业的规律性，行业不仅会把法律专业知识与行业业务知识结合成一体，还会面临一般性质的法律与特殊性质的法律统一适用的问题。第四，行业法也是未来法治重要的属性，未来社会治理工具的多样性特点，不仅要认识到国家法律的弱点，而且要深刻地认识到技术本身具有同样的行为激励和社会治理作用。未来法下讨论涉及技术和网络的问题时，要像认真对待国家立法一样去对待技术，积极主动地探索和发挥技术的治理作用，关注技术治理工具与国家立法治理工具等各种工具之间的相互影响关系，以便对各种工具进行更有效的组合与利用。

（二）物流行业法定位对促进物流法发展的意义

综上，对物流法律体系这个综合法律体性质的研究，放到转型期法治的层面上，似乎出现了柳暗花明的态势，物流法作为一个独立的法律部门确实存在诸多令人不信服的理由，但物流法律体系的属性符合行业法的概念和特征将获

---

13 孙笑侠：《论行业法》，载《中国法学》2013 年第 1 期。

14 孙笑侠：《论行业法》，载《中国法学》2013 年第 1 期。

15 邱本：《再论部门法哲学》，载《法制与社会发展》2010 年第 3 期。

16 张晓笑、杨桦：《探寻转型期法治的具体建设路径——"转型期法治与行业法制"全国研讨会综述》，载《浙江社会科学》2012 年第 1 期。

17 季秀臻：《行业规范与制定法之互动关系探析》，载《市场周刊》2005 年第 3 期。

得新的定位。

明确物流法的性质与定位对物流立法和物流法律体系的完善显然具有重要意义，至少可以解决是否必须对物流立法、立法的内容以及怎样立法等原问题。本文认为，我国物流法研究及立法在过去十多年没有取得突破的根本原因，很大程度是由于缺乏对我国物流立法的清晰的定位，以2005年商务部提出的《建立健全我国流通法律体系框架》为例，作为一个指导物流法立法的初步方案，提出所谓“一个基石四条主线”，实质上是以行政规则的方式建立物流法体系，包括对市场流通、市场主体、市场行为、市场秩序的规制等内容。而物流法的理论研究和司法实践对物流法的法律原则及价值追求等根本问题没能得到解决。

本文认为，运用行业法的理念可以回答物流法的基本问题。

第一，物流法作为一个法学概念是成立的，是物流行业领域的所有法律规范的总称，既包括私法性质的规范，即属于民法部门法范畴的法律，又包含公法性质的规范，即属于行政法部门法范畴的法律，如有关物流主体准入问题、物流市场规制问题的法律以及物流产业促进法和政策法。

第二，关于物流法完善的必要性，物流法作为一种客观存在的法的现象，作为一个在国民经济中发挥着重要作用的行业，虽然不能成立一个独立的法律部门，但这并不妨碍将物流法律现象作为行业法去丰富和完善。我国物流法不仅存在大量立法空白，更重要的是缺乏一个法律系统综合体所应当抽象出来的行业法基本原则，来整合现行相关可以适用于物流活动的规则，来解决物流实践中的难题。据统计物流法律纠纷案件数量总体呈上升趋势，适用法律的统一性成为困扰物流法律适用的难题。[18] 从行业法的立法角度，在部门法所提供一般性的、概括性的、抽象性的规则的框架下，将物流法律专业知识与物流行业业务知识结合成一体才能满足完备的物流行业法的需求。

第三，物流行业法定位对未来法下物流法律发展提供有力支持。物流法的行业法属性突破了部门法划分的桎梏，物流行业法的内容既包括促进和规制物流行业的纵向的公法性内容，又包括物流活动中平等主体间活动的私法性内容，还将容纳不断出现的新技术革命下未来物流行业的新规则及软法性质的内容，给物流法治的发展提供了很大空间。

五、未来法下物流行业法的发展及样态

在国家已经从事实层面上重视和加强行业法建设的基础上，从理论上明晰

18 《上海海事法院关于货运代理合同纠纷的调研报告》，载 http：//www.66law.cn/domainblog/25986.aspx，最后访问于2019年5月18日。

物流行业法的地位，对促进物流法治建设、推进物流法体系完善和引领未来物流法发展均具有积极作用。

从行业法的价值原则上看，物流行业法是一个与物流业对应的法律制度和规范的体系。物流的范畴决定了物流法的含义和基本范畴，物流不仅仅是将传统的运输、仓储等部门做简单加法，物流活动根本的特征是系统性。尤其在未来法下，新兴信息技术把物流系统性演绎到更高层次，在利益格局、利益主体多元化的形势下，私法与公法相交汇、相结合的状况下，构建物流法时无论是运用物流系统论还是系统法学的方法，抽象出的物流行业法的价值都应当是物流法律所具备的基本价值。物流法系统内的命题存在多元的价值评判标准，而物流法系统内部多个环节的法律各有价值取向同时存在共性关联和融通。

从行业法的调整手段看，现行物流行业立法体系应注意到行业标准，如物流相关的行业规范、体现物流基础技术的标准术语，如 GB/T1992－1982 集装箱名词术语、GB/T4122. 1－1996 包装术语基础、GB/T17271－1998 集装箱运输术语和 GB/T18354－2001 物流术语等，以及更进一步的物流交易规则，如 2013 年 12 月 31 日国家标准委批准、2014 年 7 月 1 日开始实施的《物流服务合同准则》（GB/T30333－2013），属于典型的物流行业标准。

随着新兴信息技术发展，以区块链技术的成熟为例，物流活动各个经营主体、监管部门、法律服务机构的信息可实现数据化，物流行为无论是运输合同、承揽合同还是物流单证流转等也都可实现数据化，传统的物流相关法律规范以及物流法律在诉讼和仲裁中的适用也可以数据化。这些物流数据在区块链技术下可以进行数据拆分，进行技术存档、数据计算，信息、数据的匹配和自主对接，也许在物流活动及法律高精度的智能化过程中，传统的物流法律不统一的围墙将被拆除，大数据下传统的物流法律的阻隔不是以立法统一的形式来解决，而是通过对信息的拆分和精度计算完成科学的数据的匹配来解决物流法律的适用和争议的一键式解决。在物流行业的云平台上，物流交易数据包括采购、物流同步上线，从物流经营主体识别、物流行为的验证开始，便进入物流法律服务的过程。以下流程图简要说明物流法律运行机制：

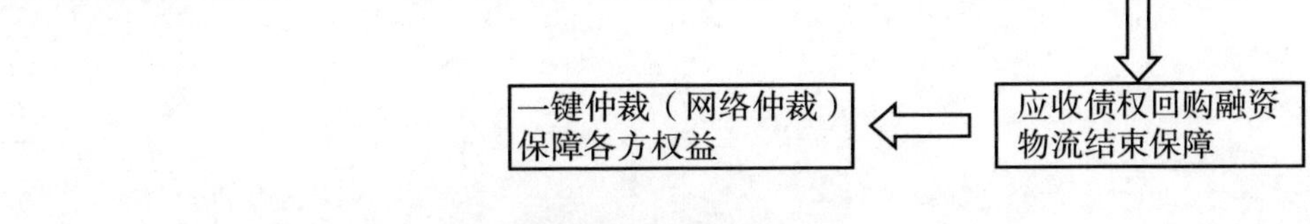

物流法律运行机制流程图

结论

目前，我国正处于一个物流高速发展的时期，物流业在“一带一路”建设中发挥着支撑基础设施建设的重要作用。物流法治建设也处于一个关键的转型时期，无论是理论还是实务都存在建构和完善物流法的迫切需求。新的部门法兴起抑或行业法迅速发展的过程中所遇到的学理问题、制度问题与方法问题，也是完善我国社会主义法律体系所需解决的问题。研究行业法形成和发展的思维需要与部门法学、法理学和法哲学的思维趋于同步，行业法需要提升学理化甚至哲学化，部门法理论革新的宗旨更在于回应未来社会经济和生活的潮流，引领社会经济与生活的方向。

预防刑视域下的资格刑审视：价值、困境与出路

陈　伟　　郑自飞*

【内容提要】我国刑法预防观念的转向及其确立，必然要求对刑罚规范结构进行综合调整以彰显刑罚的积极预防功能。作为现代刑罚规范结构核心组成部分的资格刑，以犯罪预防为价值取向，承载着刑罚多样化和有效性的价值追求，有利于推动我国刑罚结构的优化。然而我国资格刑体系存在地位缺失、内容设置不科学、配套制度不完善等现实问题，这必然成为资格刑价值发挥的现实屏障。为发挥资格刑的积极预防功能和优化我国刑罚结构，应当进行资格刑实体规范和行刑程序的一体化构建。在实体规范层面，应当从自然人和单位两个维度，将现行刑法中的资格刑内容进行类型化区别规定以强化资格刑适用的针对性，并分解我国的剥夺政治权利，仅保留其剥夺选举权和被选举权以及担任公职的权利；在行刑程序层面，应当创设资格刑复权制度，通过程序规则的良好运行保障资格刑功能的正当发挥。

【关键词】预防刑法　资格刑　犯罪预防　复权

德国学者汉斯·约格·阿尔布莱希特曾明言：“尽管刑法面对的依然是预防和保护法益，但在过去几十年中，刑法已经变成了一个工具，该工具是安全性的一个全新和综合性架构的一部分。因此，应对风险和维护安全已经成为刑法

* 陈伟——西南政法大学法学院教授，西南政法大学青少年犯罪研究中心主任，博士生导师，法学博士；郑自飞——西南政法大学法学院博士研究生。本文系作者主持的2017年度国家社科基金项目“刑罚退出机制的价值确立与实践运行研究”（项目编号：17XFX009）的阶段性研究成果。

要实现的一个重要目标。”[1]不可否认，这种论断亦是中国刑法现实命运的真实写照。在社会急剧转型时期的中国，公民对安全保护的需求和国家对社会管理的重视齐头并进，作为社会治理重要手段之一的刑法，在应对风险和维护安全层面肩负着前所未有的重任。近年来，我国“频繁的刑法立法活动表明，刑法的自由保障机能开始逐步转向全面介入社会管控的刑法保护机能，刑法的干预性、工具性特征更加突出”，[2]刑法预防观念在刑法规范中逐步得以确立。而刑法以刑罚制裁为实体呈现，刑法预防观念的转向及其确立必然要求刑罚预防功能的积极回应。因此，如何综合调整我国刑罚规范结构以彰显预防刑法观念下刑罚的积极预防功能，将是我国刑法理论研究必须面对的重点课题。

近年来，在我国刑事立法不断强化对犯罪预防需求回应的过程中，犯罪圈的划定和刑罚结构的调整是我国刑事立法两大鲜明特色。随着人们对刑罚功能和刑罚效益认识的日益深化，刑罚结构调整成为刑事立法实践的重要任务。而该任务成败的关键则取决于刑罚结构调整是否能够顺应中国的刑事立法走向和司法实践需求。当前，资格刑在我国的刑事立法中规范化趋势显著，在司法实践中需求层次逐步提升。[3]而与此形成鲜明反差的是，刑法学界对我国刑法中的资格刑却缺乏基础知识的体系性考量。资格刑教义学体系性知识的匮乏，必将导致资格刑在我国刑法中的根基不稳，必然会阻滞资格刑在我国刑法中的长远发展。因此，本文将在阐述资格刑对我国刑法发展基本价值的基础上，结合我国刑法规范和司法需求对我国刑法中的资格刑进行实体和程序层面的重新架构，以期从优化资格刑的视角推动我国刑罚结构的合理化发展。

一、资格刑的价值：犯罪预防和刑罚结构优化双重视角的展开

当前，资格刑成为世界主要国家的刑罚体系的重要组成部分，并以其鲜明的价值取向、丰富的内容、完善的体系在司法实践中大放异彩。近年来，随着社会风险日益突出和社会控制的强调，我国刑事立法开始重视并逐步推动资格

1 ［德］汉斯·约格·阿尔布莱希特：《安全、犯罪预防与刑法》，赵书鸿译，载《人民检察》2014年第16期。

2 周光权：《转型时期刑法立法的思路与方法》，载《中国社会科学》2016年第3期。

3 在刑事立法层面，《刑法修正案（八）》增设了管制和缓刑的禁止令，《刑法修正案（九）》增设了从业禁止；在司法实践层面，2018年1月中共中央、国务院发出《关于开展扫黑除恶专项斗争的通知》，要求综合运用各种手段预防和解决黑恶势力违法犯罪突出问题，其后，最高人民法院、最高人民检察院、司法部发布《关于办理黑恶势力犯罪案件若干问题的指导意见》指出，要充分运用《刑法》总则关于共同犯罪和犯罪集团的规定加大惩处力度，充分利用资格刑、财产刑降低再犯的可能性。

刑的规范完善，司法实践亦强调资格刑的有效运用。那么为何资格刑会受到我国刑事立法和司法的如此青睐？笔者认为，这从根本上取决于资格刑自身的积极价值。

（一）资格刑是推动刑罚多样化和有效性以强化犯罪预防的有效手段

“目的是全部法律的创造者。每条法律规则的产生都源于一种目的，即一种实际的动机。”[4]刑罚的目的是预防犯罪，有效实现刑罚目的是所有刑罚创制和运行的终极目标。在刑罚制定过程中配置多样化的刑罚制度，是对预防犯罪的合理性追求的体现，寄托着对刑罚有效性的预期目标。刑罚的有效性是刑罚制度推陈出新的驱动力所在，刑罚有效性也孕育着多样性的刑罚制度。

刑罚是犯罪的法律后果，从犯罪与刑罚的关系层面看，犯罪原因的复杂性和犯罪行为方式的多样性，要求刑罚配置必须与之相对应，并且刑罚的适用也应当考虑犯罪的特殊性。“刑法在对犯罪规定刑罚的时候，总是根据犯罪的多样性对犯罪规定出不同程度的刑罚，并授权适用者根据犯罪的情况选择具体的刑罚。”[5]虽然我国《刑法》规定了五种主刑和四种附加刑，但是从犯罪行为的多样性和应对性来看，我国刑罚的多样性并非足够充分，从刑罚适用的有效性来看，现有刑罚也绝非至臻完美。我国刑罚制度以自由刑为主体，在有限地保留生命刑的基础上兼容了财产刑的优势，但是，“理性的呼声和自由刑本身的缺陷，决定了自由刑改革的必然。”[6]同时，财产刑存在着不平等性、执行难等诸多现实问题，而生命刑更是穷途末路。从我国刑罚制度及其运行现状看，刑罚多样化色彩淡薄和刑罚有效性功能有限的事实非常明显。

“在中外刑法理论中，虽然就资格刑的利弊优劣，是存是废，争论颇为激烈。但撇开这个争论不谈，仅从‘争论’本身已足见资格刑是一个十分重要的刑法概念，应在刑罚体系中占据一席之地。”[7]在我国刑法中构建资格刑体系并完善资格刑制度，对推动我国刑罚制度的多样化而言，其价值不言而喻。正如有学者所指出：“刑法立法关于禁止令、职业禁止之规定，是对犯罪人制裁措施多元化的具体表现，在完善刑罚制裁多元化方面的积极作用值得肯定。”[8]在现

4　转引自［美］E. 博登海默著：《法理学：法律哲学与法律方法》，邓正来译，中国政法大学出版社1999年版，第109页。

5　张智辉著：《刑法理性论》，北京大学出版社2006年版，第34页。

6　房清侠著：《刑罚变革探索》，法律出版社2013年版，第100页。

7　参见王洪青著：《附加刑研究——经济刑法视角下的刑罚适用与改革路径》，上海社会科学出版社2009年版，第221页。

8　单奕铭：《犯罪化趋向下的罪刑关系》，载《河南财经政法大学学报》2018年第3期。

代市场经济发展过程中，由于资格利益内容丰富、运用范围宽广、承载价值重大，因而科学构建资格刑体系，合理配置资格刑内容，是顺应我国刑法积极预防功能的基本要求。同时，在当前我国轻罪大量入刑的背景下，构建完善的资格刑体系有助于避免轻罪重判而导致的刑罚投入过剩问题，对犯罪预防目标的实现将起到不可估量的现实作用。概言之，资格刑的体系化构建是刑罚多样化和有效性追求的反应，是实现犯罪预防目标的有效举措。

（二）资格刑是借鉴域外刑罚制度推动我国刑罚结构优化的必然选择

“从宏观历史演变角度观察，刑罚结构变化遵循一条明显的轨迹向前行进：刑罚趋轻与合理化是刑罚变化的必然趋势，尽管犯罪现象并不减轻甚至存在趋多走向。在刑罚趋轻过程中相伴出现刑罚结构合理化，由此在相当程度上弥补了因刑罚轻宽可能带来的刑罚乏力的缺憾。‘趋轻’与‘合理’是相伴相生、相辅相成的关系，共同构成刑罚发展的必然趋势，也是刑罚现代化的根本主题。”[9] 当前轻刑化理念和刑罚结构优化在世界各国基本已成共识，在刑事立法层面，轻刑化的刑罚结构得以全面构建和完善；在刑事司法层面，轻刑和非刑事处遇措施得到广泛适用。资格刑作为资格利益的剥夺或限制方法，摒弃了生命刑、长期自由刑的重刑弊端，与轻刑化理念不谋而合，成为各国刑罚体系中不可或缺的重要组成部分。虽然各国关于资格刑的立法模式各异，但是总体而言，资格刑的法律地位、种类、适用等相关内容形成了体系化的合理建制。

近年来，在我国刑事立法不断强化对犯罪预防需求回应的过程中，犯罪圈的划定和刑罚结构的调整是我国刑事立法的两大鲜明特色。就刑罚结构调整而言，刑事立法采取逐步限缩死刑适用范围、增加罚金刑适用、相对加重生刑（如终身监禁制度）等措施，有效地推动了我国刑罚结构的完善，但是我国刑罚结构并非无可挑剔。当前，我国刑罚结构仍然存在着整体趋重的倾向和刑罚单一化的弊病，这和世界刑罚发展的主流趋势存在较大差距。就资格刑的域外刑罚制度而言，资格刑的体系化构建是域外国家推动刑罚轻缓化历程的最重要手段，资格刑刑罚结构设置的立法思维也是域外刑法立法体系化思维和方法的现实表现。刑法文化的长期历史演进表明，刑罚制度的移植和文化的融合是刑罚制度发展不可逆转的整体趋势。因此，从我国刑事立法现状和司法实践需求出发，对域外资格刑体系及其内容进行辨别、吸收和整合，构建独具中国特色的资格刑体系，是对域外刑罚制度积极价值的合理借鉴。

具体而言，首先，资格刑作为对犯罪人资格利益的剥夺或限制方法，是现

9　储槐植：《刑罚现代化：刑法修改的价值定向》，载《法学研究》1997年第1期。

代各国轻刑化刑罚结构的重要构成元素。资格刑的体系化构建将是推动我国刑罚结构整体趋轻的必然选择，是对“整体趋轻、单极发展”的刑罚结构改革思路的贯彻。其次，刑罚结构的要素包括刑罚种类、刑罚比例和刑罚幅度，刑罚结构的要素的设计直接关系着刑罚的整体规模和强度，故而刑罚结构的优化仍然要立足于刑罚结构的要素的调整和设置。在资格刑体系化构建过程中，通过对资格刑的种类范围、配置比例、适用期限、复权等内容进行科学规划，架构资格刑自身的合理结构，使其与现行刑罚体系融为一体，既能够调整和优化我国的刑罚种类，推动我国刑罚多样化的历史进程，也将促进我国刑罚结构的合理化，规范我国刑法中资格刑的司法适用。

二、资格刑的困境：从地位、内容到执行的多维度规范分析

资格刑的价值发挥首要取决于我国《刑法》中资格刑制度的完备程度。因为刑事立法与刑事司法之间存在着辅车相依的互动关联，刑事立法对资格刑内容、结构以及执行制度的科学设置，是资格刑在司法实践中展现自身优势的规范基础和制度保障。因此，对我国刑法中的资格刑规范进行全面分析，充分了解我国刑法中的资格刑内容及其现状，是把握资格刑立法缺陷的关键所在，也是完善资格刑体系的基本前提。

（一）资格刑的刑罚体系性地位缺失

资格刑以剥夺犯罪人的权利或者资格为内容，在我国《刑法》中也存在着相当的规范基础。例如，我国《刑法》第五十四条至第五十八条规定的剥夺政治权利和第三十五条规定的驱逐出境，以及我国《刑法》规定的从业禁止、禁止令和前科制度都是资格刑的规范呈现。不过，虽然“‘从业禁止’与‘禁止令’、‘前科制度’在预防犯罪、防卫社会层面存在诸多相通之处，在体系化的预防犯罪人再次犯罪的机制之中，它们共同构成了一个三位一体双轨制并行的职业资格限制体系”，[10]但是包括禁止令和从业禁止在内的上述规定究竟法律属性如何，尚需进一步分析。资格刑在本质上是以剥夺或者限制犯罪人一定条件或资格为内容的刑罚方法。[11]首先，虽然驱逐出境从形式层面来讲不能归属于资格刑，但是实质上也是一种具体的资格刑。其次，剥夺政治权利虽无资格刑之名，却是最为典型的资格刑。最后，禁止令和从业禁止作为资格限制或剥夺

10　于志刚：《从业禁止制度的定位与资格限制、剥夺制度的体系化——以〈刑法修正案（九）〉从业禁止制度的规范解读为切入点》，载《法学评论》2016年第1期。

11　参见高铭暄、赵秉志著：《刑罚总论比较研究》，北京大学出版社2008年版，第356页。

的制裁措施，在我《刑法》一元制裁体系中，倘若不承认其资格刑地位，必然导致其面临性质和适用等诸多质疑。

刑罚体系是指刑法规定的，按照一定次序、原则进行系统科学排列的各种刑罚方法的总和。[12]根据这一定义，刑罚体系至少包含着三大特征：第一，刑罚体系由法定的刑种组成；第二，刑罚体系是法定刑种的总和，而非单一刑种或几种刑种；第三，刑罚体系是由法定刑种组成的有机整体。从资格刑的刑罚体系角度来看，虽然我国《刑法》中存在资格刑的内容，却没有明文规定的资格刑刑种，更没有按照科学的规则将现有的资格刑排列成规律性的有机整体，所以我国刑法中并未形成资格刑的刑罚体系。从我国的刑罚体系整体角度来看，驱逐出境、从业禁止、禁止令未被列为刑种，剥夺政治权利虽然是刑种却缺乏资格刑之名，这些实质性的资格刑尚未完全融入我国现有的刑罚体系之中。这实质上反映出我国的资格刑面临着刑罚体系性地位缺失的现实困境。刑罚体系是刑罚的本质内容，也是刑罚裁量和执行的基础。[13]我国资格刑刑罚体系地位的缺失必然动摇资格刑司法裁量和适用的基础。

（二）资格刑的内容设置不科学

1. 剥夺政治权利内容设置不科学

根据我国《刑法》第五十四条的规定，剥夺政治权利的内容十分宽泛，既包含对犯罪人选举权和被选举权等基本政治权利的剥夺，也包含对犯罪人言论、出版、集会、结社、游行、示威这些宪法基本权利的剥夺。剥夺政治权利的内容不仅涵盖了犯罪人的政治生活，也涉及其他生活的诸多方面。其内容设置超出了许多国家和地区关于剥夺政治权利的范围，[14]是极为不合理的。例如，对于判处有期徒刑的贪污犯罪人只需要剥夺其选举权和被选举权以及担任公职等政治性权利，即可实现对其特殊预防的作用，而根据我国刑法剥夺政治权利的规定，却要同时剥夺其言论、出版、集会、结社、游行、示威这些宪法基本权利。由于这些权利很多都是非政治性的，而且其行使在现实中受到国家严格管控（如游行示威），那么这些资格利益的剥夺实属多余，必然导致刑罚过剩

---

12 参见高铭暄著：《刑法学原理》（第3卷），中国人民大学出版社1994年版，第76页；马克昌著：《刑法学全书》，上海科学技术文献出版社1993年版，第178页。

13 参见陈兴良著：《本体刑法学》，商务印书馆2001年版，第654页。

14 例如，《韩国刑法典》第四十三条第一款规定的剥夺政治权利包含：担任公务员的资格；公法上的选举权和被选举权；从事依法应具备特定条件的公法上业务的权利。我国台湾地区“刑法”第三十六条规定，褫夺公权者，褫夺下列资格：公务员之资格；公职候选人之资格；行使选举权、罢免、创制、复决四权之资格。

问题。

2. 从业禁止、禁止令性质规定不明

资格刑是以剥夺或限制犯罪人一定条件或资格为内容，它在本质上具有惩罚性，在目的上以预防犯罪为导向。从这个角度而言，我国的从业禁止、禁止令的规定[15]虽无资格刑之名，却有资格刑之实。这从域外立法规定中也可以得到印证。例如，根据《意大利刑法典》第三十一条的规定，一切针对非法从事某一职业、技艺、产业、贸易或行业而实施的犯罪的处罚，就意味着暂时禁止从事某一职业、技艺、产业、贸易或行业；[16]《西班牙刑法典》第三十九条的剥夺权利刑就规定了：剥夺在某地居住或者去往某地的权利，禁止接触被害人、其家属、法院或者法官认定的其他人，禁止与以上人员交往。[17]然而，我国《刑法》并未将上述内容明确规定为刑种，也未对其适用标准、适用范围进行明确的规定，这就使从业禁止和禁止令这些具有刑罚性质的措施游离于刑名之外，这不仅使禁止令和从业禁止在司法适用中受到正当性质疑，也使其存在被滥用的风险。

（三）资格刑缺乏行刑减缓制度

从我国目前的刑罚体系对刑罚执行的具体规定及其实践来看，刑罚执行方式不均衡问题突出，其中监禁刑执行地位突出，而非监禁刑执行发展不足。[18]综观我国《刑法》，除死刑立即执行和没收财产因性质特殊不能减缓外，管制、拘役、有期徒刑、无期徒刑、罚金甚至死缓都可以进行减刑，只有剥夺政治权利和驱逐出境没有规定执行减缓制度。[19]这就反映出立法者对资格刑减缓制度的忽视，也折射出我国《刑法》中资格刑执行体制的静态性。资格刑减缓制度[20]

15 例如，《刑法》第三十七条之一规定：因利用职业便利实施犯罪，或者实施违背职业要求的特定义务的犯罪被判处刑罚的，人民法院可以根据犯罪情况和预防再犯罪的需要，禁止其自刑罚执行完毕之日或者假释之日起从事相关职业，期限为三年至五年。《刑法》第三十八条规定：判处管制，可以根据犯罪情况，同时禁止犯罪分子在执行期间从事特定活动，进入特定区域、场所，接触特定的人。《刑法》第七十二条规定：宣告缓刑，可以根据犯罪情况，同时禁止犯罪分子在缓刑考验期限内从事特定活动，进入特定区域、场所，接触特定的人。

16 参见高铭暄、赵秉志著：《刑罚总论比较研究》，北京大学出版社2008年版，第366页。

17 美娜著：《西班牙刑法典》，潘灯译，张明楷、[厄瓜多尔]美娜审定，中国政法大学出版社2004年版，第17页。

18 参见吴宗宪著：《中国刑罚改革论》（上册），北京师范大学出版社2011年版，第281页。

19 从业禁止和禁止令自然也面临着同样的现实问题。

20 在此作出特别说明，一般而言，复权制度具有广义和狭义的概念。前者包括了前课消灭制度的内容。本文对复权采取狭义的理解，由于后文所述资格刑复权制度和减刑制度在程序运作及其功能上没有实质区别，因此本文是在同一意义上理解和使用这两个概念。

的缺失既表现出资格刑立法的不足，也致使资格刑行刑忽视人身危险性的考察。然而，无论是从资格刑本身的特殊预防的功能定位，还是从资格刑执行阶段的刑罚正当性侧重点来看，资格刑行刑任务都应当始终围绕着犯罪人的人身危险性来展开。资格刑减缓制度缺失必将使资格刑行刑呈现出一种静态化的模式。

总之，资格刑是以剥夺或限制犯罪人的资格利益为内容，以犯罪特殊预防为价值取向，但是我国《刑法》规定的资格刑与其价值目标的实现相去甚远。资格刑刑罚体系性地位的缺失，剥夺政治权利内容设置不科学，以及资格刑配套行刑减缓制度不完善等现实问题，不仅会导致相关资格刑面临正当性质疑，更会阻碍资格刑犯罪特殊预防目标的实现。因而，从我国资格刑刑事立法的现状和司法实践的实际需要出发，对我国的资格刑进行体系化构建势在必行。

三、资格刑的出路：基于实体和程序衔接的一体化考量

资格刑内容的完善和配套行刑制度的确立，是资格刑刑罚体系构建的两大核心任务。科学设置资格刑是利用资格刑预防犯罪的基本前提，合理构建资格刑行刑制度是资格刑在司法实践中良性运作的制度保障。二者相辅相成，缺一不可。

（一）我国资格刑实体内容的规范化进路

要想充分发挥资格刑的预防犯罪功能，就必须在我国确立资格刑的分立制。“所谓资格刑的分立制，就是把资格刑所要剥夺的各种权利内容分别规定，单独适用，彼此之间不发生连带关系。”[21] 当然，这既要求根据资格刑适用主体的差异性进行资格刑的类型划分，也要求对现行不科学的资格刑内容进行重新架构。

1. 从自然人和单位两个维度区别设置具有针对性的资格刑

如前所述，我国《刑法》中的剥夺政治权利、驱逐出境、从业禁止、禁止令等都有资格刑之实而无资格刑之名。从业禁止、禁止令等大量的资格刑内容被搁置于刑罚体系之外，既不利于实现刑罚内容设置的科学性和刑罚体系的协调性，也导致这些资格刑存在被滥用的风险。从自然人和单位两个维度，将现行《刑法》中的资格刑内容进行类型化分别规定，有助于我国资格刑体系的构建完善。

首先，完善自然人的资格刑体系。从我国现行《刑法》的规定来看，我国关于自然人主体的资格刑内容越来越丰富，包含了剥夺政治权利、驱逐出境、从业禁止、禁止令等诸多内容，但是这些规定尚未系统化。因此，笔者认为可

21　马克昌著：《刑罚通论》，武汉大学出版社1999年版，第244页。

以借鉴域外立法对我国自然人的资格刑进行体系化完善。从当前各国资格刑立法来看，关于自然人的资格刑主要包括剥夺政治权利，从业禁止，剥夺民事权利，剥夺荣誉称号、军衔、学位、国家奖励等，限制出入特定场所，禁止驾驶，吊销驾驶执照或禁止办理驾驶执照，驱逐出境或禁止进入本国领域，禁止或剥夺其他资格等。我国刑法在保持剥夺政治权利和驱逐出境的基础上，可以专门针对自然人增设以下资格刑：剥夺民事权利（如亲权和教养权、信誉权等，但是从犯罪人再社会化的角度看，剥夺范围不宜过广，应当受到比例原则的严格限制），从业禁止，剥夺荣誉称号、军衔、学位等，限制出入特定场所，限制驾驶。

其次，增设单位资格刑。单位作为我国刑法明确规定的犯罪主体，对其仅规定和适用罚金刑，难以承载预防单位犯罪的重任。相反，一定资格的具备是单位成立和运作的基本要求，对实施犯罪的单位剥夺或限制一定的资格，比罚金刑更具有威慑性和预防意义，这也符合刑罚预防犯罪的目的和国际刑罚发展的潮流。具体而言，对实施犯罪的单位可配置以下资格刑：限制从事业务活动，停业整顿，强制解散。[22]

不过值得注意的是，在完善资格刑体系的过程中，必须保持资格刑设置与犯罪的直接关联。因为资格刑在本质上就是以剥夺或限制犯罪人的一定条件或资格来惩罚和预防犯罪的，如果不当剥夺或限制犯罪人的资格，则有违刑罚的正当性。有学者曾就职业禁止问题指出："《刑法》应统一就职业禁止或者限制的资格刑作出明确的规定，至少就职业禁止或者限制与犯罪性质、犯罪危害程度、犯罪人人身危险性之间的关系作出规定，防止不当限制或者剥夺受过刑事处罚之人的职业权利。"[23]资格刑的设置亦应严格遵循这一思路。

2. 对自然人的剥夺政治权利型资格刑进行重新架构

我国《刑法》规定的剥夺政治权利，其适用具有整体性和不可分性的特点，因而剥夺制政治权利一经判处就意味着四项权利全部被剥夺，这很可能导致惩罚的多余。[24]如果将剥夺政治权利进行分立，则既可以强化剥夺政治权利预防犯罪的针对性和有效性，也能够避免刑罚过剩问题。那么究竟应当如何对剥夺政治权利进行分立呢？对此，学界主要存在以下几种观点：第一种观点认为，应将剥夺政治权利改为"剥夺一定权利"，具体内容包括剥夺从事特定职业的权

22　参见房金玲：《资格刑改革论要》，载《北京政法职业技术学院学报》2009年第2期；参见王洪青著：《附加刑研究——经济刑法视角下的刑罚适用与改革路径》，上海社会科学出版社2009年版，第237页。

23　吴宗宪著：《中国刑罚改革论》（上册），北京师范大学出版社2011年版，第175页。

24　参见房清侠著：《刑罚变革探究》，法律出版社2013年版，第175页。

利，剥夺担任特定职务的权利，剥夺选举权和被选举权，剥夺言论、出版、集会、结社、游行、示威的基本权利。[25]第二种观点认为，应将剥夺政治权利这一政治性极强的刑种改为“剥夺资格刑”，具体内容包括剥夺选举权和被选举权、剥夺担任特定职务的资格、剥夺从事特定职业的资格、剥夺一定荣誉、剥夺军衔、驱逐出境。[26]第三种观点认为，应取消剥夺政治权利这一刑种，将其内容分解为剥夺选举权和被选举权、禁止担任公职这两个刑种。[27]

上述第一种观点扩大了我国的资格刑范围，却维持了剥夺言论、出版、集会、游行、示威这些公民的自由。这些自由属于《宪法》明文规定的基本自由，当我们将这些基本自由作为刑事制裁的种类时，我们必须反思该种制裁在《宪法》上是否能够获得正当性。在笔者看来，由于《宪法》规定的基本自由事关个人的保全与发展，它们应当受到严格的保护而非恣意的限制，不应当成为刑事制裁的种类。第二种观点将剥夺政治权利分解为剥夺选举权和被选举权以及剥夺担任公职的权利，并将从业禁止、剥夺荣誉等性质不同的内容纳入资格刑之中，虽然有利于丰富我国的资格刑内容，但是采用了混合式思路，不利于不同性质的资格刑的区分和适用。第三种观点否定了剥夺政治权利，将其分解为剥夺选举权和被选举权、禁止担任公职这两个刑种，忽略了二者在本质上相同的政治否定性。

毋庸置疑，分解我国的剥夺政治权利，是完善我国资格刑内容的必由之路，符合资格刑的发展方向。不过值得注意的是，对剥夺政治权利进行分解在本质上是为了提升其科学性，以提高其预防犯罪的针对性，避免剥夺政治权利行刑过剩，而非彻底否定其鲜明的政治否定性。因此，对我国剥夺政治权利的改造不能舍弃其反映政治否定评价的本质属性。就剥夺政治权利的内容来看，实质上只有选举权和被选举权以及担任公职的权利属于政治权利，而言论、出版、集会、游行、示威则是国际公约和我国《宪法》明确规定的公民的基本权利。[28]因此，应当在维持剥夺政治权利的基础上，将其剥夺的内容限定为剥夺选举权、被选举权以及剥夺担任公职的权利。

---

25 参见陈兴良：《资格刑比较研究》，载《法学研究》1990年第6期。

26 参见张瑞幸、管应时：《重建我国刑法中资格刑体系的构想》，载《宁夏社会科学》1993年第4期。

27 参见梁根林、黄伯胜：《论刑罚结构改革》，载《中外法学》1996年第6期。

28 例如，《法制日报》在2003年9月17日曾刊登了《被剥夺政治权利的人享有著作权吗?》一文，有人咨询因犯罪被剥夺政治权利的徐某编写了书籍后，被其同事以其不享有著作权为由而以自己的名义出版，该同事是否侵犯了徐某著作权。后该报编辑撰文指出，徐某虽然被剥夺政治权利，但其同事在未经徐某同意的情况下擅自出版其作品，侵犯了徐某著作权中的署名权和发表权。那么被剥夺政治权利的犯罪人是否享有著作权呢？这实质就涉及我国《刑法》剥夺政治权利内容的合理性问题。

（二）资格刑行刑程序的科学化设置

资格刑内容的完善为资格刑的科学适用提供了规范基础，但是资格刑的司法适用建立在对犯罪人报应正义性和预防合理性的假设的前提之下，而犯罪预防的现实需要则是根据罪犯的改造程度呈现出动态性，这就需要为资格刑辅之以科学的执行制度——复权制度，调节资格刑的执行以顺应犯罪预防的实际需求，避免资格刑行刑过度剥夺或限制犯罪人的资格。

1. 资格刑复权制度创设的必要性分析

复权是指对被判处资格刑的犯罪人，当其具备法律规定的条件时，审判机关提前恢复其被剥夺的权利或者资格的制度。[29]资格刑的复权制度是调节资格刑行刑尺度的必要制度，但是我国《刑法》并未规定资格刑的复权制度。

与复权密切相关的是，目前在我国刑法学理论上，对剥夺政治权利是否适用减刑存在着较大的争论。一种观点认为减刑制度不适用于剥夺政治权利。[30]另一种观点认为减刑制度可以适用于剥夺政治权利。[31]也有观点认为，减刑制度适用于剥夺政治权利，但是作为附加刑的剥夺政治权利，只有在附加于主刑适用时才存在减刑问题；而独立适用剥夺政治权利的，减刑的法律依据不足。[32]对此，笔者认为根据我国《刑法》第七十八条的规定，减刑制度只适用于管制、拘役、有期徒刑和无期徒刑，并不适用于剥夺政治权利。虽然当剥夺政治权利附加适用于死缓或者无期徒刑时，随着主刑的减刑，剥夺政治权利也会产生附随减刑的效果，但是这仍然是主刑的减刑而不是剥夺政治权利的减刑。剥夺政治权利独立适用时，对其减刑更缺乏法律依据。因此，创设资格刑复权制度是完善我国资格刑体系的重要内容。

首先，资格刑复权在我国具有历史传统，也符合国际资格刑立法发展潮流。从我国的历史来看，在抗日战争时期，陕甘宁、晋察冀等边区的单行刑事法规规定了剥夺公权，同时也规定了资格刑的复权问题。[33]域外不少国家的刑法立

---

29 参见马克昌著：《刑罚通论》，武汉大学出版社1999年版，第716页。

30 参见陈兴良：《减刑适用论（一）》，载《黑龙江省政法管理干部学院学报》1999年第1期。

31 参见李海滢：《论减刑制度的范围》，载《行政与法》2004年第4期。

32 参见王洪青著：《附加刑研究——经济刑法视角下的刑罚适用与改革路径》，上海社会科学出版社2009年版，第206页。

33 例如，1944年《苏中区处理诉讼案件暂行办法》第八十一条规定：死刑案件，剥夺公权终身；判处有期徒刑者，因其犯罪性质，得宣告褫夺公权1年以上10年以下，期间届满得请政府宣告复权。其在剥夺公权期间，确经改造，对社会有贡献者，政府可提前宣告复权。1947年，山东省胶东区行政公署司法处《关于褫夺公权的几个问题》规定了剥夺公权的内容、适用对象、期限和复权的条件。

法中都有资格刑的复权制度。[34]司法实践证明复权制度是调节资格刑行刑量度，保持资格刑行刑动态化的重要手段。设立资格刑的复权制度既是对我国传统的优秀法律文化的传承，也有助于推动我国刑事立法和国际刑事立法发展潮流相一致。

其次，设置资格刑的复权制度有助于化解资格刑行刑过剩问题，推动刑罚效益实现。刑罚的目的是预防犯罪，在资格刑的行刑过程中，资格刑的强度应当根据犯罪特殊预防目的的实现程度适当调节。即在资格刑执行过程中，随着犯罪人的人身危险性降低或消除，对犯罪人的特殊预防的必要性就相应地降低或丧失，此时则应当根据犯罪人的人身危险性的降低或消除情况适当复权，这是阻止资格刑行刑过剩的最有效方法。[35]然而我国《刑法》并未规定资格刑的复权制度，这对资格刑服刑人的生存发展非常不利，甚至可能断绝犯罪人出狱后的生存道路，最终将他们重新推向犯罪。[36]此外，“刑罚是一种重要的犯罪控制手段，同时也是一种有限的社会资源，其运行也需要核算效益和成本。”[37]当犯罪人的人身危险性降低甚至消除时，仍然过度施加资格刑，就会浪费刑罚资源，提升刑罚成本，阻碍刑罚效益的实现。

最后，创设资格刑的复权制度有利于资格刑行刑过程中对人身危险性的考察。正如意大利刑法学者帕多瓦尼所言：“在宣判后执行刑罚同样具有一般预防的作用（因为只有这样才能显示法定刑的可信性与严肃性），然而，从整体上说，这一阶段应着重发挥刑罚的特殊预防功能。”[38]而犯罪特殊预防功能的实现有赖于对犯罪人人身危险性的消除。正是行刑功能、犯罪特殊预防和人身危险性三者之间关联性的存在，使得行刑过程必须注重对犯罪人人身危险性的考察。

---

34 例如，《德国刑法典》第四十五条b（资格和权利的恢复）规定：具备下列条件时，法院可恢复依第四十五条第一款和第二款丧失的资格，依第四十五条第五款丧失的权利：①资格或权利丧失的期间已经经过一半的；②可望受审判人将来不再故意犯罪的……再如，《瑞士刑法典》第七十七条规定：行为人被宣告失去担任当局成员或官员职务的，如其刑罚已执行完毕两年以上，经其申请，法官可宣告其重新具有选举权，但以其表现良好且法院规定的或通过调解所确定的得到赔偿者为限。

35 当然，行刑过程中的人身危险性并非绝对朝着弱化的方向发展，也可能由于刑罚教育功能发挥失败而呈现出增强的趋势。但是，即便行刑过程中的人身危险性在不断增强，已生效判决所确定的刑罚不能满足特殊预防的需求，行刑中也不能以犯罪人的特殊预防必要性增加为借口而任意增加刑罚的规模或强度。换言之，行刑过程只能根据人身危险性降低或消除的事实而削减既定刑罚的规模或强度，而不能增加既定刑罚的规模或强度。否则，责任主义可能会在行刑过程中被彻底架空，刑法的人权保障机能亦可能受到犯罪特殊预防的严重侵蚀。

36 参见于志刚著：《刑罚消灭制度研究》，法律出版社2002年版，第398页。

37 廖劲敏：《刑罚的非监禁化及其在中国的实现》，载《南京社会科学》2008年第7期。

38 ［意］杜里奥·帕多瓦尼著：《意大利刑法学原理》，陈忠林译，法律出版社1998年版，第346页。

资格刑作为剥夺犯罪人一定的条件或资格为内容的刑罚，是通过对犯罪人犯罪能力的剥夺来实现特殊预防，但是资格刑对犯罪人能力的剥夺并非是毫无节制的，它必须以犯罪人的人身危险性情况为现实的衡量标准。在行刑过程中，对资格刑的服刑人实施适当的复权反映了行刑过程对服刑人的人身危险性的动态化考察。

2. 资格刑复权制度的具体架构

复权是资格刑刑罚目的实现的确认，它的可操作性直接关系着它的价值功能发挥。因此，必须合理设置资格刑复权制度的具体内容。这主要涉及复权制度的立法模式、复权的对象、复权的内容、复权的条件、复权的程序。

第一，应当在《刑法》第四章之后第五章之前设立“刑罚消灭制度”，并在其下专门规定复权制度。当然也有学者主张，在《刑法》第三章“刑罚”第七节资格刑之下设若干条规定复权制度，并认为这样可以与资格刑的相关规定配套，并使资格刑的相关制度衔接，又不会破坏《刑法》总则结构的逻辑平衡与协调。[39]但是，从复权制度和刑罚消灭制度的关系以及域外立法先进经验[40]来看，笔者认为应当专设“刑罚消灭制度”，并在其中规定复权制度。这种立法模式是对域外先进立法经验的借鉴。更重要的是，复权具有消灭刑罚的功效，复权制度本身就是刑罚消灭制度的内在组成部分，在刑罚消灭制度中规定复权制度有助于保持我国刑罚体系的协调与平衡。

第二，复权的对象必须是被判处资格刑的犯罪人。综观国外的刑事立法，对复权制度的称呼并不一致，主要存在复权、刑罚的消灭、注销记录、前科消灭等多种称呼。笔者认为，应当区分复权制度和前科消灭制度（刑罚消灭、注销记录具有同样的意义）。前科消灭是指当曾受到有罪宣告或者被判处刑罚的人具备法定条件时，注销其有罪宣告或罪及刑记录的制度。前科消灭是消除犯罪记录，使犯罪及刑罚记录呈现出绝对无的状态，使犯罪人不利益状态彻底抹除。而复权专指恢复资格刑服刑人被剥夺或限制的资格利益的制度，它并非彻底消除犯罪记录，主要是对资格刑服刑人被剥夺或限制的利益产生影响，其权利恢复也存在程度大小的问题。在完善我国资格刑内容及其体系后，应当区分复权制度和前科消灭制度，独立构建复权制度并将其独立适用于被判处资格刑的犯罪人。一则，这是对复权制度和前科消灭制度本质区别的把握。二则，为资格刑创设配套的复权制度，有利于我们正确认识复权制度，也有利于推动资格刑

39 参见彭新林：《略论刑法中的复权制度》，载《中国青年政治学院学报》2006 年第 3 期。

40 例如，韩国、瑞士、德国等规定复权制度的国家，一般都将其规定在“刑罚的消灭”一章中。

的体系化发展和规范运用。

第三，复权的内容是犯罪人被剥夺的条件和资格。正如有学者指出："资格恢复的内容与资格刑的内容应是相同的，即判决剥夺了什么资格，就恢复什么资格，二者的内容相同。"[41]但是，有一点值得特别注意，即犯罪人因判处资格刑而丧失的一定职务、法律地位或者权利不是复权的内容。例如，某市长因贪污而被判处剥夺担任公职的权利，后其在行刑中因表现良好而被复权时，其之前所担任的公职则不是复权的内容。

第四，复权的条件分为复权的实质条件和时间条件。关于复权的实质条件，可以借鉴减刑、假释制度的条件，主要考虑犯罪人的人身危险性变动情况。即根据行刑过程中对资格刑服刑人的人身危险性的动态考察和评估，将其人身危险性降低的程度予以量化，进而和复权程度直接挂钩：当人身危险性降低程度越大，复权的程度越高；当人身危险性降低程度越小，复权的程度越低。关于复权的时间条件，一般存在比例制和定期制两种。[42]相比之下，比例制更具有灵活性，能够根据资格刑行刑具体情况区别对待，更为合理。那么在确定采取比例制之后，如何确定具体的比例呢？笔者认为，可以借鉴德国和韩国刑法的做法，采取1/2的比例，这样既能够保持资格刑的严肃性，也能保持应有的灵活性，激励犯罪人积极接受改造，充分发挥复权制度的积极作用。

第五，复权的程序宜采取申请制复权方式。首先，复权申请的主体应当是服刑人。由于资格刑的执行方式是非监禁式的，相关执行监督单位难以准确把握服刑人复权的实际需要，而资格的剥夺和恢复与行为人的利益密切相关，由其自行申请复权有利于及时恢复其资格利益，避免执行机关怠于行使复权申请而侵害服刑人利益。其次，犯罪人必须提供相关的证明材料（相关证明材料应当是服刑人服刑期间能够反映服刑人人身危险性降低或消除的材料），以供裁判者确信其恢复资格后不会再次实施相关犯罪。

第六，复权申请应当由人民法院裁定。一方面是因为人民法院是刑事诉讼程序中居中独立的裁判者，有利于保证复权裁定的公正性。另一方面是因为人民法院是资格刑的剥夺和宣告者，对资格刑剥夺的内容及其程序运行更为熟悉，有利于提升司法效率。

---

41 张明楷著：《外国刑法刚要》，清华大学出版社2007年版，第403页。

42 前者如《德国1976年刑法》第四十五条b规定的时间条件："资格或权利丧失的期间已经经过一半"；《韩国1975年刑法》第八十二条规定时间条件是：经过停止资格刑期间的1/2。后者如1971年《瑞士刑法典》第七十七条至第七十九条规定的时间是：行为人受褫夺公权之宣告，经过2年以上执行；行为人受褫夺亲权行使、丧失监护人或财产管理人之资格，受执行已2年以上；犯人经法官判决禁止执行职业、营业或商业行为，已逾2年。

创设资格刑复权制度有利于鼓励犯罪人积极地接受教育改造，早日实现再社会化，同时也彰显了我国宽严相济的刑事政策。但是为了避免不当或者错误复权而有损刑罚的威严，有必要在确立资格刑复权制度的同时，相应地创设复权撤销制度作为救济措施。即如果复权之后发现行为人有利用资格或者权利实施的漏罪或者再次实施新的犯罪或严重违法行为，法院有权撤销复权。[43]这能够体现宽严相济刑事政策“严”的一面，也能够强化刑罚执行制度的有效性和科学性。

结语

人类刑罚的发展史表明，刑罚越来越趋向于人道化和轻缓化，但是在刑罚的这种发展趋势下，更需要具有针对性和有效性的手段来预防日益复杂化和多样化的犯罪现象。由于资格利益在现代社会中的地位越发重要，加上资格利益的剥夺或者限制，既能够针对性地有效满足预防犯罪的现实需要，又能够弥补短期自由刑的弊端，[44]故而资格刑受到了各国刑法的重视。从我国近年来的刑事立法同样可以看出，我国《刑法》中资格刑的规范化趋势明显，但是资格刑立法缺乏精细化和体系化，暗藏其中的诸多现实问题必然会成为资格刑未来发展的阻碍。因此，通过对资格刑实体内容及其行刑制度进行一体化思考，为资格刑在我国体系化的发展扫除基本障碍，其也必将超越单一刑罚适用层面而具有更多的法治化意义。

43　参见房金玲：《资格刑改革论要》，载《北京政法职业学院学报》2009 年第 2 期。

44　关于短期自由刑的弊端，一般认为包含以下内容：其一，因服刑时间短，造成罪犯改造的不完整，难以实现刑罚的特殊预防目的。而且罪犯的短期服刑容易在监狱亚文化中形成交叉感染，不仅不能降低人身危险性，反而更容易提升其人身危险性。其二，以短期自由刑给犯罪人贴上“犯罪人”标签，不利于其再社会化。其三，因时间有限性会增加改造的难度，造成监狱改造经费的浪费和改造成本的增加。上述内容可参见张德军著：《中国自由刑制度改革研究》，中国政法大学出版社 2014 年版，第 142 页；房清侠著：《刑罚变革探究》，法律出版社 2013 年版，第 164 页。

互联网金融风险防控的法制化研究

方　颂　　李　群*

【内容提要】防范化解重大风险是三大攻坚战之首，做好互联网金融风险防控是防范化解重大风险攻坚战的重要一环，事关人民群众切身利益，事关金融安全和社会稳定。互联网金融频发的风险体现了当前存在的监管问题、法律问题和行政执法问题。在此情形下，建立互联网金融风险防控一盘棋理念，不仅要依靠金融监管机构的“及时雨”，更要在法律层面加以明确和规范，健全法律法规、确保监管有法可依；完善监管体制，弥补监管漏洞，构建监管长效机制。

【关键词】互联网金融　风险防控　法制化

近年来，在信息技术蓬勃发展与金融创新的双重驱动下，我国互联网金融快速发展，并深入百姓生活中。《中国金融稳定报告（2018）》指出，互联网金融作为居民负债的补充渠道，呈现“井喷式”发展。互联网金融在给金融业带来新活力的同时，也带来了新挑战。过去几年，互联网金融风险事件频发，不法分子借互联网金融和金融创新之名，行非法集资、非法融资、非法吸收存款、乱设机构、乱办金融业务等之实，不仅给百姓带来巨大的财产损失，也给区域金融带来重大风险隐患，个别事件甚至已经影响了当地的经济发展和社会稳定。

中共中央政治局2018年12月召开会议，明确2019年要继续打好三大攻坚战。排在首位的就是防范化解重大风险，尤其是金融风险。防控互联网金融风险是防控金融风险的重点领域之一。

---

* 方颂——广州互联网金融协会会长、广州市政协委员、中国民主建国会广州市常委、广州市高层次金融人才；李群——广州互联网金融协会副秘书长。

为防范互联网金融风险，促进互联网金融规范发展，中央政府2016年在全国范围内开展互联网金融风险专项整治活动。经过三年专项整治，我国互联网金融领域整体风险水平大幅下降，案件高发频发势头得到遏制，增量风险有效管控，存量中的风险业务有序化解，从业机构优胜劣汰加速，规范发展态势正在形成，监管自律有机协调配合的行业治理机制逐步完善，行业发展环境明显净化。

但同时我们也应该清醒地看到，我国互联网金融风险形势依然错综复杂。存量风险尚未完全消化，增量风险时有发生，单点风险爆发可能性较大，防止乱办金融、乱搞创新的监管体制机制尚未健全，违法违规活动反弹压力较大，监管合力尚待进一步形成。在此情形下，互联网金融建立互联网金融风险防控一盘棋理念，不仅要依靠金融监管机构的“及时雨”，更要在法律层面加以统一规范，建立预防和惩治体系，充分发挥法律惩罚犯罪、维护社会秩序的功能。

一、互联网金融行业乱象及问题

（一）互联网非法集资

在国家连续多年严打非法集资的情况下，传统非法集资的伎俩逐渐被百姓熟知和警惕，但随着互联网应用的日益广泛，非法集资也随之网络化，手法翻新。例如，借助互联网的外衣，以理财、众筹、私募、期权等“资本运作”为名，打着金融创新、网络借贷、“虚拟货币”、“金融互动”、“爱心慈善”等幌子的非法集资活动持续高发，并随着互联网和金融支付手段的完善快速融合发展。这类互联网非法集资案件往往打着金融创新旗号，利用新型经济领域的热门概念进行炒作宣传，非法集资的形式越来越隐蔽，虚实交织地渗透到老百姓衣食住行、投资理财等日常生活中，欺骗性也越来越强。2018年，广东公安破获的“云联惠”案件，便是打着“一带一路”“精准扶贫”等旗号，以“网上开店”“消费全返”等形式诱惑老百姓的。其噱头新颖，迷惑性强，老百姓难以识别。互联网运营需要高额推广成本，不法分子将非法集资款用于支付运营费用、还本付息等，造成群众巨大损失无法挽回。与此同时，互联网本身不受时空和地域限制，风险蔓延更快，涉众更广，案件处置难，社会危害大。特别是一些跨区域/跨国作案，资金转移迅速，查处难。

（二）网络借贷

网络借贷是互联网金融发展最为迅猛的业态，也是金融乱象和风险最为突出的领域。截至2019年5月，全国P2P网贷行业累计平台数量6617家，累计停业及问题平台数量5703家，占比86%。其行业乱象和风险主要表现在以下几个方面。

1. 机构实力弱，抗风险能力差。由于在发展前期无门槛无监管，网贷平台多为个人创业的草根平台，股东实力较弱，平台更容易受到行业或者负面消息冲击，一旦出现流动性危机，实际控制人往往没有足够的风险自担能力，易跑路或无法兑付，进而演化为社会群体事件。

2. 合规意愿不足，自融现象屡禁不止。P2P网贷中介机构大量存在信息披露不完整或虚假披露、借款人风控措施不足、投资人侥幸心理较多和教育不足等现象，资金池和机构自融现象屡禁不止。专项整治期间，在监管三令五申降规模的要求下，部分网贷中介机构借贷余额仍在增长。更有甚者揣摩地方政府“稳定压倒一切”的心态，抱着“大而不倒”的想法，不断增大规模试图“绑架监管”。囿于大型网贷平台涉众更广，且易引发连锁反应，出于稳定考虑，有关部门往往顾虑一旦爆雷引发群体性事件而有所忌惮，过度让步，甚至变形为支持和背书，变相助长此类平台逆监管、一味做大规模的决心。

3. 更有不法分子通过上市公司或者成立空壳公司隐秘操纵网贷平台，套取出借人资金，恶意欺诈。

（三）现金贷

尽管监管部门针对现金贷乱象进行了多轮整治，但并没有让乱象得到改善，部分地区反而愈演愈烈，“不堪现金贷催债压力自杀”“遭遇套路贷裸照威胁”等新闻不绝于耳。这类非法现金贷平台借款无门槛、利率畸高、暴力催收、涉众广，如2019年央视3·15晚会曝光的“714高炮”超利贷案例显示，最初借的7000多元，3个月竟滚成了50万元的债务。广州互联网金融协会在现金贷平台情况摸查中发现，广州某融公司的现金贷APP下载量高达1.39亿次，极易影响社会稳定，风险也易蔓延至传统金融体系。更为严重的是，这类无放贷资质或牌照的现金贷平台隐藏公司名，APP商城难以查找或确定其在哪个省/市，每三个月注销一次，不断变更马甲逃避监管。

（四）互联网支付

1. 一些互联网支付机构突破限制规定，延伸支付功能，变相开展融资、理财、保险、基金等金融业务，加剧了金融风险跨市场、跨行业传导。

2. 部分机构在支付限额和账户分类管理上不执行规定，以弱认证方式为客户开立全功能账户，突破小额支付范畴。

3. 部分机构或挪用客户备付金，或设立所谓“理财计划”，进行高风险投资，通过“钱生钱”快速“造富”。

4. 部分机构为巨额利益所诱，顶风为黄赌毒、洗钱等违法活动提供支付服务，还有不法分子私自建立网络支付平台，为赌博、私彩、境外ICO等非法经营提供了资金支付结算通道。

（五）互联网理财

一些机构在未取得中国证券监督管理委员会或者中国银行保险监督管理委员会批准的情况下，从事互联网期货、互联网理财销售、互联网保险销售等活动。

二、互联网金融风险特点

金融的本质是经营风险。风险是无处不在的，防范风险是金融业的永恒主题。互联网金融虽有互联网的加持，但金融风险隐蔽性、突发性、传染性和负外部性的特征并没有改变，反而因现代网络空间的多维开放性和多向互动性，使互联网金融风险的波及面、扩散速度、外溢效应等影响都远超传统金融。其风险特征主要有以下几点。

（一）涉众广，涉案金额大

无论是互联网非法集资，还是P2P网络借贷、互联网理财，均是通过互联网进行宣传和交易，不受地域限制，涉众面广。例如，2019年3月被公安部门以“非法吸收公众存款”立案的P2P网贷中介平台“团贷网”，媒体报道其借贷余额达396亿元，待偿人数超32万，遍及全国各地。

（二）作案手段花样翻新，犯罪模式呈现多层级、集团化、网络化和专业化发展趋势

不少互联网金融犯罪集团为追求利益的最大化，重金聘请专业的技术人员打造供犯罪用的交易系统和网站，技术水平高，有专人负责系统的维护和不断升级。从广东省检察系统的实践来看，互联网金融案件审查难度不断增加，新兴案件不断增多，犯罪分子不断调整犯罪模式和手段，犯罪模式呈现多层级、集团化、网络化和专业化发展趋势，手法不断更新，危害性跟病毒变异一样，变一次危害性就增加一点。例如，广东省检察院2019年受理的一个案件，犯罪分子根据法律法规及政策的调整和检察院打击的力度而不断转型升级，在5年内进行了3次转型。

（三）维稳压力大，追赃挽损难

互联网的跨地域性，使得受害人群跨区域特征明显，且受害人数量多，一旦风险爆发，极易导致大面积上访等群体事件。同时，互联网金融交易均在线上完成，大都以电子数据的形式存在，案发后证据提取和证据固定难度大。另外，犯罪分子非法所得的赃款往往已经用于偿付高额利息、运营支出以及个人挥霍，追赃挽损难度大。

三、行业乱象及风险出现的原因

（一）金融创新带来监管难度提高

金融创新在推动金融发展的同时，也给金融监管带来了挑战。随着金融科技的应用，业务模式、金融产品不断创新，金融混业经营越来越广泛，提供的金融服务越来越复杂、多样。我国分业、分级的金融监管模式已不再适合这一发展趋势。另外，大量打着创新旗号，游走于监管灰色地带的“伪创新”，也大大增强了监管的迫切性和难度。

（二）金融监管未能形成有效约束

1. 缺乏有效的事前监管手段。大部分互联网非法集资企业在工商部门注册的经营范围含有“投资、理财、贷款”，但并未取得金融监管部门许可，大量机构直接开发APP就在网上非法开展业务，游离于监管之外。这类非法金融机构非法集资或非法放贷的手段花样繁多，屡禁不止，传播范围广，影响恶劣。

2. 行政监管缺失，刑事监管疲于奔命的监管困境。按现行的行政执法流程，若无受害人报案，公安部门就算知道某机构严重涉嫌非法集资也难以立案；等到资金链断裂后立案，社会损失已然巨大。这也造就了“行政监管缺失，刑事监管疲于奔命”的监管困境。2019年全国两会上，全国人大代表、上海市检察院副检察长王光贤在接受记者采访时表示，上海检察机关近两年受理的涉互联网金融非法集资案件，少有被先行行政处罚的，也少有由行政机关移送的，基本都是案发后直接进入刑事程序。这暴露出对非法交易场所的金融活动存在监管盲区。几年来，网贷行业出现问题的平台数以千计，基本都是“网贷平台资金链断裂—出借人报案—经侦介入”模式，由监管部门主动关停的只有e租宝等少数几家，1%都不利，主动监管缺失也是互联网金融行业风险不断扩大的主要原因之一。

3. 监管分工不明确，监管部门缺乏有效联动。一是一行两会监管部门派出机构与各地金融监管局同时负责辖区内互联网金融监管工作，但分属不同上级直属部门，容易产生监管空白和模糊地带，监管协调难度较大。比如，银保监会负责 P2P 网贷中介机构的行为监管，地方金融监管局负责 P2P 网贷中介机构的机构监管，两者的界限从未明确过。特别是省会城市没有银保监分局，省银保监局往往只管省一级事务，存在监管空白。二是互联网金融具有全国展业的特点，但是按照属地监管原则，导致分支机构往往未纳入监管。一些互联网理财或投资公司跨区域设立分公司、营业部，租赁豪华办公楼，以“高收益”宣传吸揽资金。按照属地监管原则，应由其总公司工商注册所在地金融部门负责监管，因此各地分公司所在地金融部门通常不会率先干预，尤其是发达地区公司在欠发达地区设立分支机构，欠发达地区金融部门倾向认为发达地区的监管水平更高，更能识别复杂创新的金融活动是否合规，而且一旦出险也是由总公司所在地金融部门承担主要责任和牵头处置，因此往往怠于行使监管责任，造成监管空白。这种全国设立分支机构的企业，其投资人往往遍及全国各地，后期处置难度和维稳压力非常大。三是不同监管部门之间缺乏顺畅、有效的沟通。例如，在处理突发暴雷的 P2P 网贷案件时，公安部门、金融监管局因缺乏统一的指引，导致部门之间信息不对称，面对出借人的不断上访，行动缺乏协调，容易给出借人“政府推诿”的印象，进一步加剧维稳压力。

（三）滞后的司法体系

近年来，P2P 网贷纠纷案件数量上升趋势明显。中国裁判文书网显示，网贷纠纷裁判案件已由 2017 年的 2488 件上升到 2018 年的 10857 件，案件具有争议金额小、涉及人数多、争议双方距离远且分散等特点。传统法院因对互联网上的操作难以识别而产生“立案难”，在线仲裁愿意接受，但仲裁后又面临“执行难”，有能力受理的互联网法院却拒绝受理（不在受理范围）。由于缺乏有效的法律解决手段，借款人或恶意逃废债，出借机构或各种暴力催收，既影响了 P2P 领域的整治效果，也影响了社会稳定。

四、互联网金融风险防范法制化建设的建议

坚持全面依法治国，运用法治思维加强执政能力，提高社会治理效能，进而深化改革，推动发展，是我国社会经济取得重大发展的根本保障。互联网金融作为一种新的金融业态，更加离不开有效的法治环境。为此笔者建议：

（一）健全法律法规，确保监管有法可依

一是监管部门结合目前互联网金融发展的特点、风险乱象及未来发展趋势，抓紧制定互联网金融法律法规的顶层设计和相应的实施细则，明确界定互联网

金融的范畴、准入门槛、业务范围、退出机制、监管主体及职责、当事人各方权利义务关系及违反相关规定所应承担的责任等问题，明确底线规则。特别是对互联网金融在第三方支付、P2P 网络借贷、股权众筹融资中可能出现的非法集资、非法证券交易等行为，及时出台司法解释，对犯罪行为的认定标准及电子证据采集标准作出规定；发布包括电子合同签订规范在内的互联网金融行为指引和国家标准等规范性文件，规范互联网金融市场资本运作保障金融秩序。[1]

二是从金融消费者权益保护、社会信用体系构建、信息网络安全维护等方面逐步搭建和完善与互联网金融发展相关的法律体系，促进互联网金融发展。

（二）完善监管体制，弥补监管漏洞

金融行业的逐利性决定了对金融监管必须始终坚持强监管、严监管，任何时候都不能放松。

1. 扎紧“前门”，推行“先核准后展业”。金融业是一个与财富打交道的特殊行业，同时也是一个充满诱惑的行业。金融从业者须具备较高专业素养和道德底线，机构股东须具备较强的经济实力，以此管理和抵御经营过程中的风险。建议加强事前监管，对各种类金融机构实行“先核准后展业”的制度，凡从事金融活动的企业，均需取得金融主管部门的核准/备案后方能开展业务。要先对机构实际控制人、管理人员的素质、专业知识、履历、信用和金融机构的资质、股东情况、业务模式等进行综合审查。

2. 明确地方金融监管局职责。2018 年以来，各地进行机构改革，陆续成立了地方金融监督管理局，建议尽快明确其职责，对各类金融违法行为在资金链断裂之前及早介入，穿透式监管，主动监管，敢于作为，该整顿的整顿、该关闭网站的关闭网站、该吊销执照的吊销执照，“打早、打小”，改变“刑事监管疲于奔命、行政监管一片空白”的不合理状况。同时，对基层主动打击非法金融活动、关闭非法金融机构的行为，上级政府要坚决支持，对由此而产生的投资人非理性上访维权要理性看待，弄清前因后果，不能一有投资人上访就问责基层政府，避免因此造成基层部门缩手缩脚不敢作为而让非法金融活动愈演愈烈。

3. 完善监管协调机制，加强对地方的指导。一是完善监管协调机制，加强各部门联动，人民银行、银保监局等相关部门建立联席会议机制，对层出不穷的金融创新产品，到底是“真创新”还是“伪创新”，按照“实质重于形式”原则，联合定性、早定性，加强对各地指导，改变资金链断裂后再“被动监管”

---

1 沈雪中、吴露萍、王挺：《互联网金融刑事法律风险及防控》，载《人民检察》2017 年第 9 期。

的模式。二是对在全国设立分支机构的，要建立总公司所在地监管部门和各分支机构所在地监管部门的信息互通和工作联动机制。三是加强与工信部门（通信管理局）、市场监管部门的联动，改变网站关闭难、执照吊销难的现状。

（三）加强对涉众型金融犯罪的打击力度

一是建议成立打击涉众型互联网金融犯罪专项小组，重点严打涉及面广、涉案金额大的互联网金融犯罪，营造“做生意是要有本钱的，借钱是要还的，投资是有风险的，做坏事是要付出代价的”社会氛围。二是充分运用大数据等金融科技手段和建立群众举报平台，提高预测、预警、预防能力，准确定性、及时处罚，降低危害性，缩小危害范围。

（四）加强金融科技监管

对于利用科技手段开展非法金融活动的乱象，如通过大数据精准营销推荐非法金融产品、机器人电话不间断催收等乱象，建议如下：一是加强大数据、人工智能、云计算等金融科技监管技术手段的运用；二是与大流量、数据公司联动，建立金融风险监测防控系统，通过信息流和资金流的监控和掌握，实现非法金融活动的监测预警、及时防范金融风险；三是设立全国非法金融活动举报平台（可以和投诉平台合二为一）和举报奖励制度，广泛宣传，发挥人民群众的力量。

（五）将 P2P 网贷纠纷纳入互联网法院受理范围

P2P 网贷交易具有互联网纯线上运作模式和跨地域特征，且操作流程、电子签名、合同签署等均在线上完成，符合互联网法院“网上纠纷网上审理”的管辖范围。建议将其纳入互联网法院受理范围，促进网络借贷良性发展。

人工智能时代司法裁判的机遇、挑战及应对

曹奕阳*

【内容提要】 随着智慧法院建设工作的推进，我国各省市法院逐步建立相应的人工智能辅助司法的系统，实现了网上立案、类案智能推送、文书自动生成等方面的智能化。人工智能辅助司法，有利于保障司法裁判公开、透明，统一司法裁判尺度，实现类案类判，提高司法裁判效率。但人工智能介入司法裁判也面临一些挑战：人工智能失误后如何归责、人工智能在司法裁判中如何定位，都是有待于探究的难题；司法数据的不充分性、不真实性对人工智能准确地介入司法裁判形成制约，影响裁判结果；人工智能算法的价值偏向会影响司法裁判的公正性。因此，有必要采取相应的应对之策：根据人工智能技术发展的阶段性特点，分步构建人工智能介入司法裁判的失误归责路径，并将目前人工智能介入司法裁判的重心定位在"辅助"上；采取各种有效的措施和手段，着力建设统一完备的司法数据库，推动人工智能系统算法的准确化、透明化发展。

【关键词】 人工智能　司法裁判　算法　司法公正

大数据人工智能时代已经悄然到来。人工智能在社会生活的诸多领域（如零售业、运输业、医疗保健等）得到了应用，在一些领域甚至超过了人类智能，

---

* 曹奕阳——武汉大学法学院博士研究生，美国加州大学洛杉矶分校访问学者，主要研究领域：诉讼法学与司法制度。本文系国家社科基金一般项目"当事人选择行政纠纷解决途径的影响因素之实证研究"（项目号：18BFX043）、国家2011计划司法文明协同创新中心项目（教技函2013［26］）的阶段性成果之一。

AlphaGo击败世界围棋高手李世石和柯洁，就是一个显证。人工智能在法律领域也有成功的应用，并显示出了强大的能量和优势。本文拟对我国司法裁判工作中人工智能应用的现状、面临的问题及应对措施等作简要的论析。

一、兴起：人工智能在司法裁判中的应用

在国外，人工智能的应用很早就延及法律领域，且不断深入。1958年，法国人卢西恩·梅尔（Lucien Mehl）提出将人工智能技术应用到法律信息归类、检索和法律咨询。1977年，美国拉特格斯大学利用逻辑推理的方式分析公司税务法，建立了TAXMAN系统，能针对人们提出的复杂案情查询资料、作出分析，并给予案件处理的建议；“1981年Waterman等开发设计了产品责任的民事裁量模型；……1991年Deedma以加拿大案例为基础研究人工智能的专家断案系统；1995年开发的Split-Up用于处理离婚案件的财产分割；2005年贝叶斯网络被用于法庭调查中评估火灾事故的证据。……2010年Prakken使用严格推理和可废止推理建立计算机模型分析案件Popov v. Hayashi。”[1]

人工智能介入司法领域，能产生良好的法律效果与社会效果。来自伦敦大学学院、谢菲尔德大学和宾夕法尼亚大学的科学家组成的研究团队，其研究表明，人工智能系统已能成功预测数百例欧洲人权法院的案件审判结果，其中79%的预测审判结果和当时的法庭判决相同。[2]英格兰和威尔士上诉法院布里格斯（Lord Justice Briggs）大法官指出，英国所建立的在线法院，能使诉讼当事人无须聘请律师就可有效地获得司法救济，从而节省律师费。[3]

为了促进司法公正，提升司法效率，我国也像世界其他国家一样，努力将人工智能引入司法领域。近年来，我国出台了一系列政策法规，以助力智慧法院的发展。2016年12月发布的《“十三五”国家信息化规划》明确指出，支持“智慧法院”建设，推行电子诉讼，建设完善公正司法信息化工程。2017年4月20日，最高人民法院印发的《最高人民法院关于加快建设智慧法院的意见》指出：“不断提高法律文书自动生成、智能纠错及法言法语智能推送能力，庭审语音同步转录、辅助信息智能生成及实时推送能力，基于电子卷宗的文字识别、语义分析和案情理解能力，为辅助法官办案、提高审判质效提供有力支持；深挖法律知识资源潜力，提高海量案件案情理解深度学习能力，基于案件事实、

---

1 张妮、蒲亦非：《计算法学导论》，四川大学出版社2015年版，第105-118页。

2 曾钰婷、刘洋：《AI将代替法官？成功预测数百例人权案审判结果准确率达8成》，载《科学与现代化》2017年第1期。

3 龙俊文、黄文旭：《以更低成本实现公正》，载《人民法院报》2017年6月9日，第8版。

争议焦点、法律适用类脑智能推理，满足办案人员对法律、案例、专业知识的精准化需求，促进法官类案同判和量刑规范化。”2017年7月8日，国务院发布的《新一代人工智能发展规划》更是将人工智能提升到国家发展规划的战略高度，并且部署了分为“三步走”的战略目标。这些政策法规的颁行，旨在推进人工智能在司法领域的应用，提高司法决策的科学性，推动司法改革朝着高效、公正的方向发展，让人民群众在每一个司法案件中感受到公平正义。

在实践领域，各级司法机关也在积极探索，纷纷将人工智能引入司法裁判工作。例如，北京法院推出了智能研判系统“睿法官”，它可以提取一审案件信息和上诉状信息，实现案件自动立案，对案情初步“画像”，在庭审准备阶段还可以自动梳理出待审事实，生成庭审提纲，并推送到庭审系统中。[4]上海法院的刑事案件智能辅助办案系统，具有法官办案智能辅助、裁判文书智能分析、移动智能终端办案APP等35个子系统。[5]贵州法院打造了司法大数据系统，通过大数据及时发现被执行人行踪、财产线索，利用网络快速查控，切实提高实际执行率；又建立了公检法监狱系统互联共享平台，实现数据运用的最大公约数。[6]深圳法院的“鹰眼执行综合应用平台”成立了8个JEC团队，包括推进电子卷宗随案生成、鹰眼执行综合应用平台、融合多元化纠纷解决应用平台、移动办案平台、矩阵证据中心、E键确认中心、庭审记录中心、文书生成等项目。[7]河北省研发出了“智审1.0系统”，具有自动生成电子卷宗、自动关联与当事人相关的案件、智能推送辅助信息、自动生成与辅助制作各类文书、智能分析裁量标准的五大功能。[8]总之，随着科技的突飞猛进以及国家政策的大力支持，近些年来，人工智能在司法裁判领域的各种应用场景中逐步落地，出现了方兴未艾的良好态势，还将向更为广阔的空间发展。

二、机遇：人工智能促司法裁判改革发展

人工智能的应用，对人民法院诉讼参与方式、流程公开化、服务智能化都提出了更高的要求，也给我国司法审判的改革与发展带来了机遇，其意义和作

---

4 徐隽：《“睿法官”辅助审案还远吗》，载《人民日报》2017年1月4日，第4版。

5 罗书臻：《以大数据战略助推智慧法院》，载《人民法院报》2016年11月18日，第2版。

6 金晶、汪怡潇、舒宇亮：《贵州　深化司法改革　打造智慧法院》，载《人民法院报》2017年3月13日，第10版。

7 胡志光、王芳：《智慧法院建设的思维导图——以深圳法院“鹰眼查控网”建设为案例》，载《中国应用法学》2018年第2期。

8 罗书臻：《建立“互联网+”时代下的智能庭审》，载《人民法院报》2016年11月18日，第2版。

用不容忽视。

（一）保障司法裁判公开透明

我国的智慧法院建设工程，强调推进“互联网＋阳光司法”，以促进法院工作透明便民，提升司法公开工作水平。[9]智慧法院构建了多渠道权威信息发布平台，如中国裁判文书网、中国审判流程信息公开网和中国庭审公开网等信息渠道，向社会公众推行司法公开，以司法公开回应公众关切。“互联网＋阳光司法”最初是由裁判文书的网上公开实现的，裁判文书内容从面向当事人到面向社会大众的公开，使公众足不出户就可以利用互联网获取裁判文书信息。截至2018年1月3日，中国裁判文书网已累计公开裁判文书超过4131万篇，日均访问量达1581万人次，单日最高访问量达5000多万人次。[10]除了通过人工智能让裁判文书在外部平台上向公众公开，最高人民法院还要求各级法院以人工智能为技术依托将裁判文书公开纳入审判流程管理，法官可以在内部平台一键自动公布，不会因文书公开而加重法官的工作量，还能保障公开的及时与高效。[11]中国庭审公开网覆盖了全国的各级法院，公众可以利用直播平台身临其境地感受法庭审判，截至2018年3月，公开网已经累计公开庭审64万场，主网站和关联网站总观看量超过48亿次。[12]

贵州省高级人民法院还根据大数据判决的系统，基于同种原理建立起对社会公众开放的智能模拟判决系统。根据每个案由模型，智能模拟判决系统的用户可以输入或者选择与其案情相适应的案情描述，由人工智能系统模拟审判，并且推送与输入案情相似的案例给当事人参考。智能模拟判决系统可以保障当事人对案件的结果预先产生合理的预期，对同类案件的判决结果事先了解，实现司法信息资源的对称，当事人也可对法院的判决结果进行监督。

“阳光是最好的防腐剂”，利用人工智能的方式使司法裁判的文书、审判流程信息和庭审现场公开，让社会公众了解法院的司法裁判过程，受到人民监督的法院可以更好地定分止争，从而提高司法裁判的公信力。人工智能可以保障司法公开的及时性，以最大限度地满足公众的知情权、参与权和监督权。人工

---

9 参见《最高人民法院发布关于加快建设智慧法院的意见》。

10 罗书臻：《中国裁判文书网访问总量近125亿次》，载《人民法院报》2018年1月3日，第4版。

11 王小梅：《“互联网＋阳光司法”：智慧法院的重要维度》，载《中国党政干部论坛》2017年第10期。

12 叶煜：《权威发布》，载《公民与法（综合版）》2018年第3期。

智能使司法公开化减少了政府和公众在信息处理能力上的不对称[13]，公众可以根据自己的需要挖掘、分析公开的数据，监督公权力的运行，促进司法裁判的公开公正。

（二）提升司法裁判的效率

人工智能运用于司法裁判的整个过程，大大提高了办案人员的工作效率。在立案过程中，人工智能的运用缓解了"立案难"的问题，一些法院还推出了二维码自助立案系统，诉讼参与人可以通过扫描二维码完成案件信息的录入，法官扫描二维码可以快速完成信息的导入，使立案时间从原来的一个小时缩减到一刻钟。[14]笔者于2018年6月实地考察调研了贵州省高级人民法院，了解到该院立案系统与检察院、公安局、监狱管理局的办案系统对接，实现了同一案件数据自动采集的共享模式。针对案件资料，采用统一证据规则的数据格式，将原来的纸质或者扫描件改为格式化数据，并对纸质的证据进行系统扫描、自动识别，识别率可达到90%，最后将扫描件和识别的文字一起保存。立案环节利用人工智能的便利实现自助化，有效地节省了人力成本，也提高了工作效率。

在庭审过程中，借助语音识别和图像识别技术，将声音和图像形态的数据直接同步转化为电子文本，并且随着人工智能辅助司法系统的不断升级，声音与图像识别的精确度将不断提高。通过自动的电子化处理方式，极大地缓解了在"案多人少"情况下司法工作人员的压力。除此之外，远程诉讼、大屏公告显示、证据分析功能等的应用，也提高了审判的效率，方便了诉讼参与人的诉讼。

在制作文书过程中，裁判文书系统可以根据在立案阶段已经存储于司法大数据系统之中的案由、当事人信息、诉讼请求、事实与理由等数据，自动生成传票、举证通知书等法律文书，法官可以在自动形成的文书上修改。[15]贵州省高级人民法院的法镜智能机器人可以针对每种案由，整理成案由模型，在案例库中匹配相似的案件推送给法官，帮助法官结合案件的情况，形成裁判文书。

在执行过程中，司法智能机器人可以通过数据分析，综合更多的社会数据，设计出执行方案，提高执行效率。

由上可见，人工智能的应用，可以促进法院工作高效运转，为社会公众提供及时、便捷的司法服务，提高司法效能，减少司法成本。

---

13 胡小明：《从政府信息公开到政府数据开放》，载《电子政务》2015年第1期。

14 冯姣、胡铭：《智慧司法：实现司法公正的新路径及其局限》，载《浙江社会科学》2018年第6期。

15 杨焘、杨君臣：《人工智能在司法领域运行的现状及完善对策研究——以成都法院为样本进行分析》，载《科技与法律》2018年第3期。

（三）统一司法裁判的尺度

最高人民法院的“类案智能推送系统”于2018年1月正式上线运行，该系统能实现类案快速查询和智能推送，有利于司法工作人员作出量刑决策、规范裁判尺度、统一法律适用。[16]一些地方法院也推出了类似的人工智能系统，如贵州省高级人民法院利用司法大数据系统，建立了类案类判标准数据库，结合当前案件的要素精确匹配案例库中的案例，同时提供相似案例的判决结果的统计数据给法官参考。安徽省高级人民法院与安徽富驰信息技术有限公司合作开发了“类案指引项目”，该平台可以为法官提供多维度、多案件的分析场景，具备自动检索、类案推送、统计分析等功能，还能够对异常案件设置自动预警提醒。[17]由此可见，人工智能的介入，能对裁判结果进行预判，有利于及时发现案件审判中存在的问题，并予以纠正，从而实现类案类判，统一司法裁判的尺度，使相同或者类似案件得到相同或者类似的判决结果，确保法律适用的统一与公正。

人工智能介入司法裁判之所以能取得上述质效，根本在于人工智能具有如下一些特性和优点：第一，人工智能辅助司法系统有统一的证据规则和证据标准指引。根据破案内在逻辑联系设计出证据模块，司法工作人员可以根据证据模块的指引分阶段地收集证据，将证据扫描并通过系统转化为结构化或者文本化的数据，采用数字签名技术防止证据被篡改，然后将结构数据和扫描原件同时存储。系统会自动核验并审查证据是否充分，是否存在瑕疵以及是否能够形成完整的证据链。一旦发现违法证据、瑕疵证据以及证据之间相互矛盾无法形成完整的证据链的情况，系统会自动提示司法工作人员补正或者说明，待到证据链各要素之间形成逻辑严密的链条时，方可通过系统的核验并进行下一步操作。[18]第二，人工智能运用于司法领域，同时可以保障整个司法审判过程严格按照系统设置的流程进行，可以避免完全由人工操作所造成的疏忽、遗漏等。人工智能还能对整个过程实时监控，发现问题及时提示司法工作人员予以纠正。实践中，有些司法工作人员在发现冤假错案后不敢纠错、不愿担当，反而故意回避和遮掩。[19]而人工智能辅助司法系统是人类司法经验的结晶，尊重和执行

---

16 罗书臻：《认真学习贯彻党的十九大精神 深入推进智慧法院建设》，载《人民法院报》2018年1月6日，第1版。

17 李忠、姜浩：《安徽研发类案指引项目并试用》，载《人民法院报》2016年6月21日，第1版。

18 潘庸鲁：《人工智能介入司法领域的价值与定位》，载《探索与争鸣》2017年第10期。

19 刘宪权：《克减冤假错案应当遵循的三个原则》，载《法学》2013年第5期。

预先设定的法律程序，“以事实为依据、以法律为准绳”，一旦发现证据链不完整、存在逻辑上的矛盾，或者是判决的偏离度过高等问题，系统会通过提示或者预警的方式告知，督促司法工作人员进行完善或矫正。第三，人工智能可以排除民意、舆论等非理性情绪的影响，坚守法律的良心，做到“裁判不知父、不知母、只顾正义（真理）”，[20]使司法裁判有统一的尺度和标准，最大限度地实现公正化。

三、挑战：人工智能介入司法裁判面临的问题

（一）人工智能介入司法裁判的失误归责难

人工智能并非无往不利、万无一失的神器，介入司法裁判后也会有失灵出错的时候。失误之后该如何归责呢？也就是说，人工智能在辅助司法裁判过程中一旦触犯刑法或者一旦导致错误，究竟该由谁来承担法律责任？运用人工智能软件得出的裁判结果而导致的冤假错案或者误判，人工智能是否需要承担相应的责任？等等。要解决此类问题，首先就牵涉人工智能是否应当被赋予法律人格的问题。而对这一问题的认识，目前学界见仁见智。有学者认为，人工智能不像人类一样具备综合判断行为后果的能力，也没有自身独立的利益以及承担义务的财产基础，所以它不应当具备法律人格。有的学者则认为，人工智能具有自己学习、决策和行动等能力，因而可以被授予法律人格，它在法律上应设定为“电子人”，具有自动性、主动性，不再是完全受人的行为支配的客体。[21]认为人工智能应赋予法律人格的学者还进一步指出，赋予人工智能以法律人格，令其具有承担法律责任能力，“有利于保护自然人的财产”；[22]赋予人工智能法律人格，是解决人类与人工智能复杂法律关系的前提；[23]人工智能应当承担有限法律责任，因为其承担行为能力的后果有限，具有的法律人格是有限的法律人格。[24]因为人们对人工智能是否应当赋予法律人格，以及在多大的范围内承担法律责任等问题，目前还没有取得一致的意见，所以人工智能的失误如何归责，就自然成了一个难题，还有待于探究、破解。

---

20 郑玉波著：《法谚（一）》，法律出版社2007年版，第176页。

21 郭少飞：《“电子人”法律主体论》，载《东方法学》2018年第3期。

22 朱程斌：《论人工智能法律人格》，载《电子知识产权》2018年第9期。

23 杨清望、张磊：《论人工智能的拟制法律人格》，载《湖南科技大学学报（社会科学版）》2018年第6期。

24 袁曾：《人工智能有限法律人格审视》，载《东方法学》2017年第5期。

（二）人工智能介入司法裁判的角色定位难

人工智能在司法裁判领域应该扮演怎样的角色？人工智能是否可以介入任何层次、任何环节的司法判断而无禁区？人工智能可否代替司法者进行审判？对于此类问题，学界有不同的看法。例如，技术界人士“通常的见解认为，只要技术可以实现，人工智能在司法领域的应用空间就不应有所限制。在技术界看来，人工智能是使用机器代替人类实现认知、识别、分析、决策等功能的技术，其本质是对人的意识与思维的信息过程的模拟；作为一种基础技术，人工智能的发展终究会处理司法判断中需要自由裁量、自由心证的问题，即替代司法官实现非规范判断。技术界甚至自信而乐观地预言，计算法律（computational Law）和算法裁判，或将成为法律的终极形态，人工智能可以代替法官直接作出裁判”。[25]但也有学者认为，人工智能只能辅助或服务司法者办案，而不可替代司法者直接作出司法裁决。例如，左卫民明确指出，人工智能应“定位于做辅助法律人决策的助手与‘参谋’角色，而不可应用于核心的司法工作”。[26]徐骏从法理层面上审视人工智能对司法的介入，指出：“以人为本、技术中性的理念，坚持对司法公平正义的追求，应是对待智慧法院的理性态度”“工具理性对司法意义的消解，智慧管理对司法自主的削弱，智慧应用对司法平等的分化以及服务外包对司法公信的威胁，是智慧法院存在的法理困境。”[27]总之，人工智能在司法裁判中如何定位，是一个无法回避而又不易解答的难题：如果过分强化人工智能的法律地位，让司法裁判完全受制于技术智能化，那么有可能产生一些负面效应，导致司法者异化为没有灵魂的技术载体，司法裁判沦为缺乏人文精神的技术操作，等等；如果一味避免人工智能全面运用于司法审判的全过程，人工智能在司法审判领域就只能停留于“弱人工智能时代”，无法实现对司法审判工作的综合性、全局性预判，进入“强人工智能”阶段。

（三）数据缺陷制约司法裁判的准确性

人工智能辅助司法，其准确性依赖于海量可靠的司法数据资源，有了海量、准确的数据才能保障数据提炼的质量，从中抽引出可靠可行的司法经验、审判规则等，从而使人工智能正确、精准地辅助司法工作。可以这样说，司法数据的广度和精度决定了人工智能辅助司法的精确度。然而，我国目前司法数据库

---

25 黄京平：《刑事司法人工智能的负面清单》，载《探索与争鸣》2017 年第 10 期。

26 左卫民：《如何通过人工智能实现类案类判》，载《中国法律评论》2018 年第 2 期。

27 徐骏：《智慧法院的法理审思》，载《法学》2017 年第 3 期。

中的数据信息还存在着不如人意的地方：信息来源较为单一，信息总量偏低，有些法律数据精准度不高，反映裁判过程的决策信息记载不完善，等等。一言以蔽之，数据还存在不充分性、不真实性。目前司法数据库所收集的司法信息，大多来源于中国裁判文书网上的裁判文书。虽然该文书网收录的裁判文书的数量在不断增加，承载的法律数据信息的规模越来越大，是获取司法信息的重要渠道，但因为受各种因素的制约，该文书网也存在着一些局限性：该文书网始建于2013年，此后的裁判文书才集中上传于该网，2013年以前的裁判文书鲜少实现裁判文书的电子化，[28]可以参考的历史数据较为有限；全国不同省份之间裁判文书的上网率也不均衡，一些经济落后的省份如黑龙江省、西藏自治区等裁判文书的公开比率低于20%，远远低于东部经济发达地区。此外，"裁判文书网的检索算法并不完全准确，一些数据甚至难以自圆其说。例如，在裁判文书网检索设定法院层级为'基层法院'，审判程序为'二审'，仍可获得数千件案件的检索结果；在裁判文书网民事案件类别下检索'信息公开'，也可以获得相当数量的检索结果"。[29]由此看来，我国法律人工智能所依托的司法数据信息，还不够完整、全面，加之算法本身存在着不准确性，所以人工智能介入司法裁判，其裁判结果的准确性和科学性自然会受到影响。

（四）人工智能算法偏见影响司法公正

人工智能算法的内部结构如同一个"黑箱"，具有隐秘性和不确定性。规则和算法不透明，一般人只知道通过算法得出的结论，不知道得出结论的过程，这就为数据服务商对司法的不当介入提供了可能性，加之法律程序中的算法使用又没有相应的规则，[30]无法给予有效的监督，其结果可能会导致人工智能工具侵蚀法治，影响司法裁判结果的公正性。徐骏对人工智能在我国司法领域的应用发表过这样的看法："算法决定系统运算结果的关键所在，不同的算法生成的结果大相径庭。数据服务商总是倾向于更有利于自身利益的算法，更好地控制智能系统。最高院依托的天平司法大数据有限公司由人民法院信息技术服务中心、中国电子科技集团公司、江苏新视云科技股份有限公司、北京华宇信息技术有限公司四家股东发起设立，主导权掌握在法院和国企手中，这在很大程度上降低了数据服务商不当介入和影响司法的可能性，但只要是司法数据的控

---

28 左卫民：《如何通过人工智能实现类案类判》，载《中国法律评论》2018年第2期。

29 马超、于晓虹、何海波：《大数据分析：中国司法裁判文书上网公开报告》，载《中国法律评论》2016年第4期。

30 李本：《美国司法实践中的人工智能：问题与挑战》，载《中国法律评论》2018年第2期。

制人与司法主体不尽一致，这样的不确定性就依然存在。”[31]这说明，要想彻底规避人工智能算法的价值偏向，确保司法公平公正，具有较大的难度。

其实，保证人工智能算法的公正性，防止数据服务商通过人工智能系统不当介入司法，也是一个世界性难题。巴斯大学计算机科学教授乔安娜·布莱森（Joanna Bryson）最近的一项研究强调，即使是最“复杂精明”的人工智能，也会继承创造者的种种偏见。[32]譬如，美国法院和惩教部门（corrections departments）目前使用算法来确定被告的“风险”，其范围从个人再犯率到被告出庭率。根据这些算法输出的关于保释、刑期和假释决定的报告可以帮助法官作出判决。对此算法，美国学者萨拉·L. 德马莱（Sarah L. Desmarais）给予了这样的评价：“人工智能辅助司法工作需要得到算法编辑的支持，政府机构和法院不直接编写自己的算法，他们从科技公司购买设计好的算法，这意味着这种算法是专有的，或者类似于黑箱，因而只有所有者，或者是算法软件的购买者，才能看到软件如何做出决策。然而实践操作中会形成知识与技术的壁垒，编辑算法的科技公司或者软件开发的技术人员对司法审判流程和法律知识的掌握有限，司法审判人员又不擅长计算机算法的编辑，妨碍着审判人员对人工智能算法的监督和综合分析。法院无法评估‘如何确定风险得分或如何衡量这些因素’，数据评估公司难以在方法上保障算法的透明度，使得监督变得困难，而算法的决策权可能最终落于开发软件的科技企业手中。”[33]

总之，法律人工智能系统的算法设计、算法目的、算法标准的确定，都有可能带上数据服务商的价值偏向。如何规避与纠正算法的偏见，便成了智能化时代司法裁判不得不面临的问题与挑战。

四、应对：完善人工智能在司法裁判中的应用

（一）分步构建人工智能的归责路径

人工智能一般需要经历三个发展阶段，即弱人工智能阶段、强人工智能阶

31 徐骏：《智慧法院的法理审思》，载《法学》2017 年第 3 期。

32 “Why using AI to sentence criminals is a dangerous idea”，http：//theconversation. com/why - using - ai - to - sentence - criminals - is - a - dangerous - idea - 77734，Accessed Online：2019 - 04 - 03.

33 Sarah L. Desmarais，Jay P. Singh. Risk Assessment Instruments Validated and Implemented in Correctional Settings in the United States. https：//csgjusticecenter. org/nrrc/publications/risk - assessment - instruments - validated - and - implemented - in - correctional - settings - in - the - united - states/，Accessed Online：2019 - 04 - 03.

段和超人工智能阶段。[34]目前，我国人工智能在司法领域的应用还处于弱人工智能阶段，只能辅助司法人员的工作。弱人工智能是不具有自主意识的人工智能类型，推理和解决问题的能力也局限于特定的任务，不能自主提出问题和解决问题，所以处于弱人工智能阶段的人工智能不具备独立承担法律责任的能力。即使人工智能做出了表示或行为，但这种表示或行为因为没有独立意思的存在而毫无法律意义，[35]其本质仍是为人类司法审判活动服务的工具。目前我国的人工智能辅助司法仍然处于“有限智能化”的阶段，实质上只是使用者或者决策者意志的体现，人工智能仅仅根据程序编程者输入的数据和证据规则来得出检测报告，不具有控制和辨认自己行为的能力，因而一旦发生失误，应当由人类的决策者或使用者承担相应的法律责任。

在追究程序开发者或司法工作者的责任时，可以采取“过错推定”原则。一方面，人工智能辅助司法程序的软件开发者或者程序编写者如果在开发和编写程序的过程中，存在重大过失行为，则由软件开发者或者程序编写者承担相应的责任。另一方面，司法工作人员在使用人工智能辅助司法过程中，根据其过错的大小承担相应责任。司法工作人员对人工智能辅助司法的全过程负有监督的责任，一旦发现人工智能损害社会公共利益、当事人合法利益或者在运行过程中出现失误，司法工作人员有义务及时指出并纠正；由于司法工作人员的监管过错而导致失误，司法工作人员就应承担主要的法律责任。

随着科学技术的不断发展以及人工智能在司法领域的广泛应用，人工智能将进入强人工智能阶段和超人工智能阶段。一旦人工智能具有了独立的辨认能力和控制能力，能够提出问题与解决问题，能够独立作出裁判结果，人工智能就可以认定为具有独立的法律人格。当强人工智能阶段和超人工智能阶段的人工智能具有了完全民事行为能力与责任能力的时候，如果在司法审判活动中触犯相关法律规定，作出了违法行为，就应视同法官的违法裁判而受到法律的追究，承担相应的法律责任。

（二）合理确认人工智能的地位

由于受到技术的制约，现阶段人工智能对司法工作的介入，应当定位于“辅助”。也就是说，主要的裁判工作仍由法官完成，法官可以将人工智能作为一种重要的工具用以辅助办案。

34　何哲：《人工智能时代的社会转型与行政伦理：机器能否管理人?》，载《电子政务》2017年第11期。

35　贺栩溪：《人工智能的法律主体资格研究》，载《电子政务》2019年第2期。

现阶段的人工智能毕竟是一种智能工具，还没有发展成为人工生命，它难以实现将经验、技巧和法条的运用完美结合，还缺乏对人类情感、社会性事务的判断和法理的掌握，所以它即使能够储备大量的法律知识和逻辑规则，仍无法完全取代人类的法官行使司法职能，独立进行判案。法官在办案过程中，凭借人类所具有的感觉、情感、意志、信念等，能够通过证据质证，听取诉讼双方的意见，观察当事人的语言表达与神态，对错综复杂的证据、各方当事人的陈述等进行梳理，对证据真伪、案件事实和法律依据进行综合分析，并结合办案经验和职业操守，对案件作出裁判。人类法官办案过程中所具备的这种种能力和智慧，显然是目前的人工智能所缺乏的，因而它难以像人类法官那样在办案过程中对当事人复杂的权利义务关系以及行为的是非曲直作出准确的判断，也就自然无法保证对案件作出合法合理的公允裁判。因此，现阶段的人工智能还无法取代法官进行独立判案。

目前的人工智能虽然不能独立判案，但可以辅助法官办案。人工智能在信息传输、数据挖掘等方面具有优势，处理法条检索、数据分析、文件匹配等非裁判性事项，它比人类的速度更快、效率更高，在辅助司法办案中有利于提高效率，减少人类重复的劳动。因此，法官在办案过程中可以借助人工智能进行法条检索等非裁判性事务的处理。此外，目前人工智能能够根据设计者预先的程序设定，提示办案的每个环节需要提供的数据和证据材料，还能通过搜索数据库中的法律规定，将相关数据自动推送给法官，甚至能够根据相似案件的判决给法官一个预判的结果。所有这些，都能为法官办案提供合理的干预和有益的参考，助力法官有效地控制裁判偏离度，作出公平公正的判决。

综上所述，目前人工智能介入司法工作，其重心应定位于“辅助”，而不是对司法人员的“替代”。当然，将其定位为“辅助”，也应注意不断深度拓展人工智能在司法领域的应用，推动法院审判能力和审判体系的现代化。

（三）建设统一完备的司法数据库

建设统一完备的司法数据库，可以满足人工智能辅助司法对于存储信息数据之广度、精度的要求，从而达到正确、精准地辅助司法。为此，司法数据库的构建与完善应在如下方面着力用功：首先，扩展裁判文书网收录文书的时间广度，进一步推进2013年以前的裁判文书的电子化。其次，提高现阶段裁判文书的上网率，给经济落后地区的法院配置相应的硬件设备，同时设置有效的监督体系，保障裁判文书的上网率和公开率。最后，加强业务培训，提高数据库质量。司法数据库的录入和维护归根结底需要司法工作人员的操作，其准确操作是高质量司法数据库建设的根本保障。这对司法工作人员的职业道德、业务技能提出了更高的要求。因此，有必要通过培训、学习等方式提高相关司法工作人员的思想认识，让他们理性地接受司法工作智能化发展的必然性和重要性，从而为高质量地建设统一完备的司法数据库作出努力和贡献。此外，相关司法工作者还要通过培训的方式不断获取法律人工智能系统方面的新知识、新技能，以便高质、高效地建设司法数据库。

（四）推进算法准确化、透明化发展

人工智能算法的公正合理，是实现司法裁判公正合理的重要基础。因此，在算法构建上要做好如下具体工作：首先，提高算法的准确性。算法的准确与否直接决定着根据算法推算出的报告是否准确。为确保算法的准确性，可以适当设定一些标准，此类标准不是机械的标准化，而是对一些常用的参数、规则、考虑因素等制定一个标准，标准的设定要兼顾原则性与灵活性，要将人工智能领域的先进算法与法律的特性相结合，做到既有突破又有标准，以便监督。其次，确保算法公开透明。算法的透明要从基础数据的透明开始，可以从裁判文书中简单要素的标注、算法运行的原理、所要达到的目的以及由算法而得出的报告形成的根据等方面开始公开，逐步实现一些复杂要素的公开，防止算法成“黑箱”或者裁判技术神秘化倾向。在算法编写的初始阶段，还要避免可能的偏见和歧视，需要经过不同文化背景和不同性别的人反复检验和解读方能投入使用。最后，完善监督机制。一方面，系统本身设置预警机制，对司法裁判的整个过程做到全程留痕，系统会及时提醒、记录和跟踪，一旦发现与预先设定的标准不一致或者存在违规操作的情况，系统会及时给司法工作人员及其管理者发出预警报告；另一方面，还需要加强人类的监督，司法工作人员不能过度依赖人工智能带来的便利，还需要对人工智能辅助司法的全过程进行监督，不给暗箱操作留有空间。

未成年人刑事犯罪心理疏导机制的构建和完善

黎 嘉*

【内容提要】 未成年人刑事案件引入心理疏导在我国尚处于初级阶段，许多问题仍存在不完善甚至空白之处。本文中，笔者通过对未成年人暴力犯罪频发等状况进行沉思，警示未成年人心理障碍不容忽视，提出亟须将心理疏导机制引入未成年人刑事审判程序。笔者以起到关键且实质作用的心理疏导报告为研究视域，指出了目前我国心理疏导机制存在的问题，并在思想观念、法学理论、司法实践等层面提出了深入且符合实际的意见和建议。

【关键词】 未成年人　刑事犯罪　人格障碍　心理疏导

前言

世人有云，世上最为繁复难明的事物有两样：一是浩瀚无垠的宇宙，二是变幻莫测的人心。心理学就是一门探解人心之锁的学科。随着我国心理学和法学交叉研究逐渐增多，学界和业界越来越意识到，心理疏导引入未成年人刑事犯罪案件，对案件的顺利平稳处理起到十分重要的作用。对于犯罪引发的机理，有学者简明形象地提出了犯罪化学方程式：犯罪“带菌个体”＋“致病因素”＋催化剂＝“犯罪行为”，[1] 将具有犯罪人格的潜在犯罪人形容为“带菌个体”。笔者在此基础上拓展了内涵，将具有人格障碍且已实施犯罪行为的被告人形容为“携菌者”。因刑事心理疏导在我国尚处于初级阶段，许多问题不完善且空白，而其中对起到关键且实质作用的心理疏导报告的研究，更是凤毛麟角。为

* 黎嘉——广东省高级人民法院法官助理。

1 汪明亮著：《犯罪生成模式研究》，北京大学出版社 2007 年版，第 11 页。

弥补研究之空缺，笔者以未成年人刑事心理疏导报告作定焦视域，以期完善刑事心理疏导机制。

一、现状直击与沉思：未成年“携菌者”心理障碍不容忽视

沉思一之骇人案件：当年云南大学学生马加爵杀害4名同学的故意杀人案、西安音乐学院大三学生药家鑫驾车撞人并连刺八刀致使被害人死亡案、江西医学院学生薛荣华持刀在一小时内连刺7人致2死5重伤案……这些案件触目惊心，但却又真实存在，令人不禁蹙眉沉思：这些罪犯方才成年，理应尚未沾染太多社会不良习气，为何会犯下匪夷所思、令人发指的罪行?!

沉思二之多发状况：有人认为上述只是个别极端案件，不能普遍反映社会现状；但未成年人犯故意伤害、盗窃、抢劫、强奸等人身暴力型犯罪，却是屡见不鲜。他们的内心存在着或多或少的人格障碍，这些障碍于被害人、于社会而言均有危害性，若不及时矫正防范，问题可能愈加严重。

沉思三之信息“屏蔽”：法院近年审理的未成年人刑事案件数量大幅度下降，这看上去无疑令人欣喜。但是我们作为法院人需清醒地认识一个真实状况：检察机关对许多未成年人采取附条件不起诉制度，许多案件根本没有到达审判机关。此外，出于对未成年人的保护和教育，我国对未成年人刑事案件实行开庭审理不公开、裁判文书不公开、犯罪案卷记录封存等制度。故此，许多真实信息被保护性地“屏蔽”了，社会公众难以获知或感知未成年人犯罪情况。但正是这种“平静的安宁”，使我们更加不能放松和忽视对未成年人心理问题的关注。婴儿—幼儿—少年—青年阶段，是人的生理和心理的密集波动期，也是健康人格培养的重要阶段。若前阶段留有严重心理阴影或者无法排解应激事件创伤，在后阶段则可能会产生许多新问题。

二、原因探知与深挖：心理疏导报告存在问题之审视

心理疏导，指人民法院在审理未成年人刑事案件时，由心理疏导员运用心理疏导技能，对未成年被告人进行心理咨询、评估、干预和矫治的措施。在对“携菌者”的心理疏导中，报告的出具是疏导工作的实质和关键，其既是对庭审之前/庭审阶段为未成年被告人进行心理疏导工作的梳理、核心总结和书面体现，也为后期社区或者监狱矫正提供科学依据，是一个承载着丰富内涵的成果，为广大法官所切实关注。但因刑事审判引入心理疏导是新鲜事物，大家对其认识模糊不清，在司法实践中存在不少问题亟待解决。

（一）制度构建：零散孤立

我国法律法规对未成年人心理疏导规定较少，不尽如人意，具体如下。

表1

位阶	规定/条文	情况概述
法律层面	《未成年人保护法》	仅原则性、宣誓性地要求监护人、学校要根据未成年人的心理进行教育和引导，法院要适应未成年人心理、生理特点保护其合法权益，但并没有规定心理疏导制度。
	《刑法》《刑事诉讼法》	没有相关规定。
司法解释层面	《最高人民法院关于适用〈中华人民共和国刑事诉讼法〉的解释》第四百七十七条规定："对未成年人刑事案件，人民法院根据情况，可以对未成年被告人进行心理疏导；经未成年被告人及其法定代理人同意，也可以对未成年被告人进行心理测评。"	仅由个别司法解释作简单规定
其他层面	散见于个别省/市自行出台的心理疏导工作规程，如《广州市中级人民法院家事心理疏导和干预工作指引（试行)》《深圳市宝安区人民法院家事案件心理咨询工作规程》。	这些规程都是零散孤立、非刚性约束的，具体落实要看各地对该制度的重视程度。但统观全国，仍有相当部分省市没有普及开展。

（二）诉讼地位：认识不一

虽然心理疏导报告（含心理测试）是心理疏导工作的核心，但许多辩护人质疑心理测试的合理性和科学性，法官对此亦半信半疑。报告属何种法律性质，诉讼程序上处何种地位，众说纷纭。有些法院将报告作为证据当庭出示，经控辩双方质证后，法院将报告内容写入裁判文书。而有些法院基于法律并没有规定报告的具体使用方向，且报告涉及当事人个人隐私，故仅作为裁判的辅助参考，并没有将其内容写入裁判文书。

（三）与量刑关系：空白缺失

《刑法修正案（八)》规定，判处缓刑的其中一个条件是"没有再犯罪的危险"，这里的"危险"包括人身危险性、再犯罪危险性情节。《最高人民法院关于适用〈中华人民共和国刑事诉讼法〉的解释》第二百二十五条规定，法庭审理中，除了要审查被告人是否具有法定量刑情节外，还应当审查案件起因、被害人有无过错以及过错程度、被告人的近亲属是否协助抓获被告人、被告人平时表现、有无悔罪态度、退赃赔偿等量刑情节。这表明，人身危险性对量刑适用（加减刑罚幅度）的作用不容忽视。

然而，人身危险性如何科学认定，人身危险性与量刑的关系如何对应转化，在程序法中面临一纸空白的尴尬地位。由于我国许多法官没有专门学过心理学，如何将心理测评报告的结果（即心理学语言）转化为法学语言，以及两者之间沟通的桥梁应如何规范搭建，是令人头痛的难题。

为了解法官对心理学与量刑之间关系的认知程度，笔者在全国范围内（主要是G省）对刑事审判庭或者少年家事审判庭的53名法官/法官助理进行了网络问卷调查。[2]

问题1：您是否知悉具有何种人格特征的人会有人身危险性或者社会危害性？

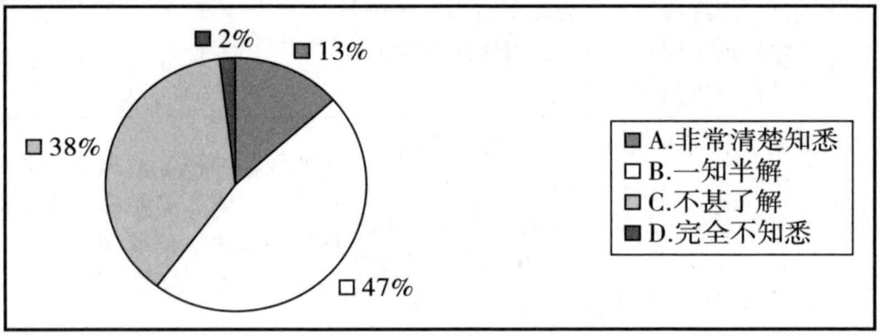

图1

从图1可看出，只有13%的受访者对人格特征的危险性是清楚知悉的，其余87%并不清楚。

2 参与答卷的人员身份构成为：法官占比74%、法官助理占比26%；地域来源为：北京、广东、山东、陕西、福建、辽宁、江苏、浙江、其他省份（具体省份网络系统无法识别）；法院层级为：高院占17%，中院占15%，基层法院占68%。

问题 2：对于何种人格缺陷或者障碍，能否清楚判断可对应作出何种量刑幅度?

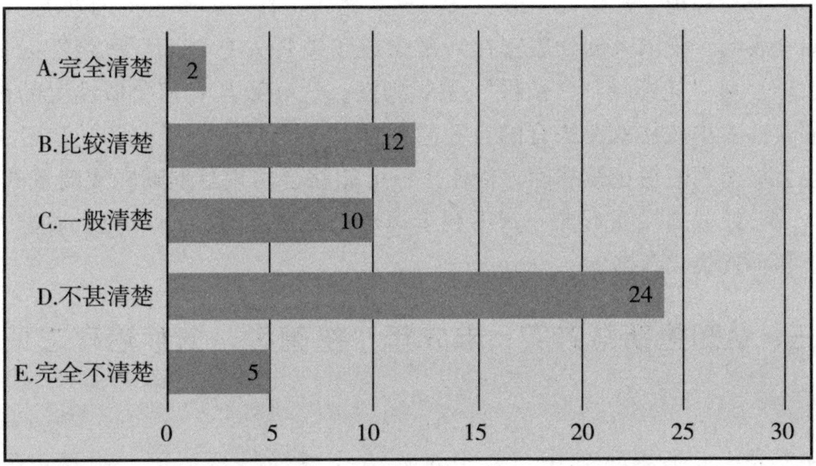

图 2

一般、不甚和完全不清楚的人数占了 73.6%。这表明法官面对这些记载心理学术语的心理疏导报告，内心是模糊的，不甚清楚应如何准确使用这些心理学术语。

问题 3：若被告人具有危险性人格，是否会影响量刑?

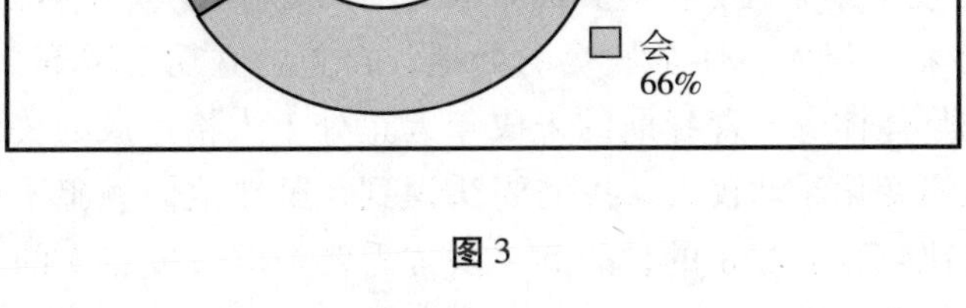

图 3

笔者原以为绝大多数人都会选择“会”，但从回答的情况看，“会”与“不会”占比约为 2∶1，这出乎笔者的意料，选择“不会”的竟然占了 1/3。虽然每名受访者真实的想法均应值得尊重，但我们也需要思考：为何当被告人具有危险性人格时，不少人认为不影响量刑？为此，笔者进行了原因追问，占回答人数最多的观点是法律法规没有规定量刑必须考虑心理疏导报告的意见；次多人数的观点是被告人是否具有人格缺陷/障碍与定罪/量刑没有必然关系；少数人认为不清楚心理学知识，不敢贸然根据人格特征作出影响量刑的判决。

调查表明，我国大部分法官在判断未成年被告人有否人身危险性以及危险性大小时，系“凭感觉”“估推”主观判断，这导致具有相类似情况的被告人人身危险性大小往往就在法官的自我感觉中。一个有审判经验和社会经历的法官可能会权衡判断得比较准确；初任法官可能就会出现量刑畸轻或畸重的状况。这样，既导致裁判尺度不统一，不利于司法公正的实现，亦不利于被告人的教育矫正和再社会化改造。

三、认知更新与夯实：未成年“携菌者”对症治疗之理论与实践

在未成年人刑事审判中，要想对症治疗减轻甚至消灭“携菌者”中的“菌”，显著有效的方法就是通过心理咨询师温暖而专业的助力——通过心理疏导逐渐消除其人格障碍（包含人身危险性）。但因我国法学界对人格障碍与刑罚关系的研究乏善可陈，法官对人身危险性与量刑关系的确定，犹豫、迟疑，甚至持否定态度。我们需对此进行认知的更新与夯实，希望能找到让法官放心的专业解药。

（一）理论依据：未成年人犯罪刑罚基本理念

1. 刑罚个别化原则

刑罚个别化原则，指“法官判案在适用刑罚时，为了实现矫正犯罪和预防犯罪的目的，在决定是否判刑、适用何刑种和执行方式时，既要考虑行为人的社会危害性，也要考虑行为人的人格特征和特点，进行综合判断和分析才作出定论”。[3]这是基于犯罪人个体差异而采取的不同处分方法。《刑法》第五条[4]的规定，以及对未成年人、怀孕妇女的处遇，自首、立功、缓刑、假释等制度，均是该原则的具体体现。青春期的未成年人正处于人格形成的关键时期，易受外界影响，人格变化浮动较大。我们要认识到，虽然他们触犯了刑律，但是经过疏导教育是比较容易矫正的，故此，法官需要根据未成年人的生理和心理特点作出适当性处理。

3 翟中东著：《刑罚个别化研究》，中国人民公安大学出版社 2001 年版，第 54 页。

4 刑罚的轻重，应当与犯罪分子所犯罪行和承担的刑事责任相适应。

2. 刑罚谦抑性思想与宽严相济刑事政策

刑事人格理论，强调应依据犯罪人的人格、犯罪行为和情节来确定刑罚，要将惩罚/改造“人”作为刑罚的目的，这体现了刑罚人道主义最基本的要求。孟德斯鸠言：“法律过于残酷，反而阻碍了法的实施，如果刑罚残酷无度，则往往不处刑了。”[5]从全世界范围看，刑法逐步从野蛮走向文明、从残酷走向轻缓，是一个发展的历史过程，是一个人们对刑罚改造理念和方式不断更新变化的过程。其中，我国刑罚谦抑性思想的引入和宽严相济刑事政策的确立，是该过程的生动体现。宽严相济刑事政策的内涵是：该严则严、该宽则宽、严宽适度。其中，“宽”体现在对于轻微违法犯罪人员（特别是初犯、偶犯、从犯的未成年人），应结合其自身的成长经历和人格特点，坚持和制定教育、挽救和感化的方针，处以相适应的刑法。

3. 未成年人特别保护理论

儿童利益最大化是《儿童权利公约》的基本原则。在少年司法制度中，应适度体现未成年人的利益最大化；应根据未成年人身心发展的特点和需要，给予特殊、优先的保护。而心理疏导则是该原则的体现，其通过不断探寻契合未成年人自身性格特点和特殊需要，运用舒缓平和、易于接受的方式去进行矫治，用适当的教育措施代替刑罚处分，培养其正常的价值观，使其融入正常社会生活。

（二）转变固囿思想：信任测评方法论之可行性

笔者曾问受访者：您认为将被告人的人格特征与量刑幅度结合进行量刑规范指引，在实践中是否具有可操作性？有 56.6% 的人认为具有，43.4% 的人认为不具有。不少法官对人身危险性与量刑之间能否构建模型（即对人身危险性的证明是否具有可行性）是持怀疑甚至否定态度的，大多数人认为人身危险性属于社会学科范畴，具有抽象性，难以像自然学科那样可以准确测量。

笔者认为该观念需要转变，理由如下：（1）学科研究领域：在精准统计测量方面，法学虽然无法跟自然学科相比；但在复杂的社会演化趋势和社会预测方面，自然学科也不能与社会学科相提并论。波斯纳曾言：“法学与科学之间在相当高的抽象层面具有相似之处，但在操作层面两者几乎没有什么相似之处。”[6]所以，各种学科都有各自的特点和研究方法，法学不能简单套用自然学科的研究思路。统观国内外的刑事立法理论、法律条文与司法实践，犯罪人具有人身

5 ［法］孟德斯鸠著：《论法的精神（上）》，张雁深译，商务印书馆 1961 年版，第 84 页。

6 ［美］波斯纳著：《法理学问题》，苏力译，中国政法大学出版社 2002 年版，第 103 页。

危险性（人格障碍）是不争的事实，其在刑罚体系中处于重要的地位。这决定了无论研究道路多困难曲折，我们都应当充分重视，不能以人身危险性认识程度不足和难以精准测量来否定人身危险性证明的可行性。（2）刑事法律领域：《刑法》第十八条规定："精神病人在不能辨认或者控制自己行为的时候造成危害结果，经法定程序鉴定确定的，不负刑事责任……"这其实是在司法精神鉴定范畴内，将精神症状的指标与刑事责任能力彼此联合，得出有否责任能力的结论。未成年被告人的心理测评机理与此系一脉相承的。（3）实证研究方面。据国内外多项研究表明，具有人格障碍者更容易实施犯罪行为，欧洲和日本的刑事犯罪中具有人格障碍者占30%—50%，美国的刑事罪犯人格障碍高达40%—60%。反社会型、冲动型、偏执型、分裂样、表演型人格障碍，与暴力犯罪的关联性最大，统称为易于犯罪的危险性人格障碍。

（三）已有测量技术：取其精华借鉴采用

目前，国外已经大量运用实验和测试等技术手段进行人格测量，主要方式有主体测量、行为测量、投射测量、自陈量表。在世界范围内影响较大的量表主要包括明尼苏达多相人格量表（MMIP）、卡特尔人格因素问卷（16PF）、MAS显相焦虑量表、艾森克人格问卷（EPQ，该量表分为青少年版和成人版）。大量研究表明未成年人实施犯罪行为与其人格障碍相关，尤其是严重偏离正常人格的障碍（如反社会性）具有致罪性，是犯罪危险性人格。虽然我国刑事领域尚未明确引入人格理论，但该理论在司法实践中已起到了一定程度的影响，其作为一种人格类型鉴定的技术能为公正量刑提供客观科学的依据，为社区矫正提供高效专业的指引。

司法实践中，上海市监狱管理局于1994年研制出罪犯心理素质量表和再犯罪测量表；[7]2006年司法部部级课题"中国犯罪心理评估系统"通过专家论证，在各省市监狱系统逐步推广。广州两级法院在未成年人刑事案件审理中引入人格调查和心理疏导制度，心理咨询师的疏导工作对案件处理、社区矫正都起到了有力作用。

（四）专业技术优势：需充分肯定及持续使用

优势一：心理咨询师的专业疏导作用贯穿整个审判阶段。庭审前，与未成年被告人进行交流，可缓解其焦虑紧张的心理；庭审中，可适时对未成年被告人的生理、心理问题进行疏导，在法庭调查阶段心理咨询师宣读心理测评报告，

7　张晓秦、赵国玲著：《当代中国的犯罪与治理》，北京大学出版社2000年版，第358页。

可帮助未成年被告人深刻认知犯罪根源和自身的缺陷，使其做到自知、自省、自改；宣判后，心理咨询师进行法庭教育，叩击未成年被告人的心灵，让其更易接受日后的社会矫正或服刑教育。这些助力工作对“携菌者”灭“菌”可起到润物细无声的作用。我们对此需要充分肯定，并将这些好的经验做法予以延续使用。

优势二：目前，未成年人刑事案件虽然已引入社会调查，但由于调查主体具有非专业性，以及调查内容没有深层次剖析未成年被告人犯罪行为的实质原因，且实践中有些案件因无法找到其父母、学校或原住社区，故并没有进行调查。社会调查报告具有不全面、不深入的缺陷，而由专业的心理咨询师进行专门的心理干预就可以弥补社会调查的上述不足。

（五）尊重法官意愿：契合审判内需力

在本次调查的受访者中，有52人（占比98%）均表示愿意在刑事案件中引入心理疏导。仅1人（占比2%）不愿意，但原因并非否决心理疏导，而是认为会增加工作量。笔者认为这只是工作机制的问题，与心理疏导的作用无关。

广州的法院是在全国较早开展刑事犯罪未成年人心理疏导的法院，2009—2010年广州两级法院对20起未成年犯罪案件共23名未成年被告人进行了心理干预。法院在量刑时对心理疏导报告的参考率达到87%，其中酌定从轻占22%（全部适用缓刑）。虽然笔者掌握的上述数据时间距今有些远，但从中反映疏导报告对量刑影响度不小，法官们也愿意参考疏导报告的内容。需求成为内推动力是一项工作制度得以生根发芽且茁壮成长的关键，既然法官普遍愿意引入心理疏导，证明该制度是具有可行性和生命力的。

四、专业的助力：“携菌者”心理疏导报告机制的科学构建

（一）厘清基本概念

因我国法官普遍不了解心理学知识，为有效利用心理疏导报告，笔者认为有必要对心理学常见概念进行阐述。人格，根据正常程度与否，分为健康人格和不健康人格。不健康人格包括一般不健康人格和人格障碍（也叫性格障碍、变态人格），严重的人格障碍可称为病态人格。《中国精神障碍分类与诊断标准（第3版）》[8]将人格障碍定义为：“人格特征明显偏离正常，形成了一贯的反映个人生活风格和人际关系的异常行为模式，这种模式显著偏离特定的文化背景

8　中华医学会精神科分会于2001年编制，即CCMD-3。

和一般认识方式（尤其在待人接物方面），明显影响其社会功能与职业功能，其行为往往不被社会接受，因此不能很好适应社会生活。”在犯罪人群的人格障碍中，常见的人格障碍有反社会型、冲动型、偏执型、分裂样、强迫型。主要特点如表2所示。

表2　常见人格障碍类型及特点

常见人格障碍类型	特点
反社会型	也叫悖德型人格障碍。品行不端、缺乏社会责任感、冷酷无情、自私自利、对事物缺少同理心同情心，易激惹，对以往的不公正肆意报复，不易接受教育和教训
偏执型	性格内向、心胸狭窄、孤僻顽固、敏感多疑，处理事情容易“一根筋”
分裂样	孤独内向，情感冷淡，缺乏情感体验。人际关系明显缺陷、与家庭和社会疏远
强迫型	极易发展为强迫症。强烈的自我束缚和自制性，过分谨慎多虑，凡事追求完美无缺，内心缺乏安全感
冲动型	也叫攻击性或爆发性人格障碍。缺乏自我控制力，易与他人争吵、冲突

（二）规范心理疏导报告形式与内容

健全的机制应有规范的载体予以呈现，为统一和整合各地五花八门的心理疏导报告形式载体，加强心理疏导机制的有效研究，笔者认为应该对格式进行规范，对内容予以明确。笔者认为，心理疏导报告分为三大部分（如表3所示）：(1）首部，记载基本信息。(2）正文，包括测评内容、测评结果（含运用测量工具测评的客观结果，心理咨询师在综合各种情况后所分析得出的人格特点）、可采取心理干预的措施、矫正好转和再犯罪的概率。需特别说明的是，因该报告对法官的判案心证起到助力作用，而法官在对未成年被告人量刑时会特别关注是否可适用判处非监禁刑；若判处非监禁刑，是否会存在再犯或者再次危害社会的风险。报告的“测评结果”中关于人格特质的诊断结论（即表3的具体情形1、2）是对法官该思虑的辅助解答，应作详细阐述。(3）结尾，包括备注、受委托人签名等。

表3　心理疏导报告

<table>
<tr><th colspan="3">心理疏导报告</th></tr>
<tr><td>委托信息</td><td colspan="2">委托时间、委托单位、受委托单位</td></tr>
<tr><td>测评对象个人基本信息</td><td>姓名、性别、民族、出生年月、家庭住址、文化教育程度、既往病史、体质</td><td></td></tr>
<tr><td>测评对象家庭基本信息</td><td>家庭结构、家庭遗传/精神病史、家庭暴力情况、经济状况、家庭教育状况</td><td></td></tr>
<tr><td rowspan="10">测评内容</td><td rowspan="7">测评对象实施犯罪的心理诱因</td><td>个人成长经历（含首次性行为发生时间）</td></tr>
<tr><td>家庭成员关系、教养方式，婚姻生活状况</td></tr>
<tr><td>学校教育情况和在校表现</td></tr>
<tr><td>社交能力、社交关系</td></tr>
<tr><td>个人兴趣、不良嗜好</td></tr>
<tr><td>心理发育情况</td></tr>
<tr><td>经济就业情况</td></tr>
<tr><td colspan="2">测评对象实施犯罪前、犯罪时、犯罪后的心理认知和状况</td></tr>
<tr><td colspan="2">羁押或者取保候审期间的心理调适情况</td></tr>
<tr><td colspan="2">适用哪种测评量表测评，并分别对应写上相应的测评结果</td></tr>
<tr><td rowspan="4">测评结果</td><td colspan="2">测评对象心理健康的总体评价［心理健康/心理一般不健康/人格障碍（包括病态人格）</td></tr>
<tr><td colspan="2">具体情形1：测评对象是否存在强迫、偏执、抑郁、焦虑、妄想等情况</td></tr>
<tr><td colspan="2">具体情形2：测评对象是否存在自杀、自残、他杀、报复或者其他严重危害社会的情形或者潜在危险倾向程度</td></tr>
<tr><td colspan="2">具体情形3：其他需说明的人格特质</td></tr>
<tr><td>测评对象心理干预措施及方向</td><td colspan="2"></td></tr>
<tr><td>测评对象心理矫正概率及预期效果</td><td colspan="2"></td></tr>
<tr><td>（备注：其他需说明的内容）</td><td colspan="2"></td></tr>
</table>

若涉及未成年被告人隐私信息，可以制作《心理测评报告（副表）》，将当事人不愿意公开出示的内容、心理咨询师认为应予以保密的信息写入副表，并在归档时放入案件副卷。

（三）构建人格障碍与量刑适用的对应准则

为了解人格障碍对法官判案的影响程度，笔者在调查问卷中作问：您认为人格障碍对您最后判决会产生多大程度影响？（0分为没有影响，5分为完全影响。）结果大家普遍对反社会型人格关注度较高（平均分3.42），认为其人身危险性和社会危害性较大，对该类型人格障碍的被告人，一般不轻易适用非监禁刑；之后依次为分裂样、偏执型、冲动型，表演型和其他类型的影响较少。

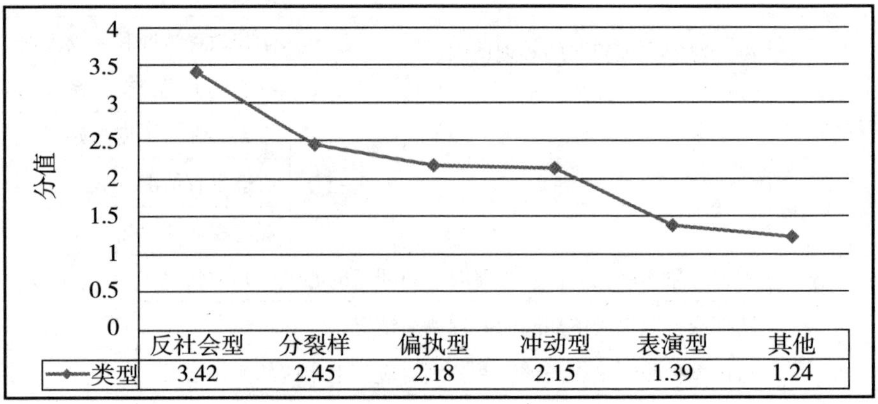

图4

笔者参考上述调查结果，结合刑法关于量刑标准、社会危害性及心理学知识，认为可以将“携菌者”分为A、B、C三类。A类人身危险性和再犯可能性最大，如有明显的人身暴力倾向、具有反社会型人格障碍、B类中等、C类相对最小。[9]该判断认定工作由心理咨询师进行。笔者创造性地设想了一个对应准则表。

9 或者可以更加细化地划分为A、B、C、D、E五类，类别的数量主要是根据研究的科学性和细化程度来划分。

表4　对应准则表

对应准则表				
A类	具有难以改善和控制的明显暴力倾向	⟶	监禁刑	若矫正概率中等，可以考虑减轻刑罚（减少刑期）
	具有反社会型人格障碍			
	具有明显的人身危险性			
	矫正概率低			
B类	一般暴力倾向	⟶	非监禁刑	但若矫正概率低，仍可适用监禁刑
	具有分裂样、偏执型、冲动型人格障碍			
	一般人身危险性			
	矫正概率中等			
C类	较少暴力倾向	⟶	非监禁刑	可从轻处罚
	表演型和其他轻微人格障碍			
	人身危险性较低			
	矫正概率较高			

该表只是一个原则性的简表，具体情形应结合青少年自身的生理和心理发展特点来综合判断。例如，冲动型人格，成年人若经常冲动、做事只凭自己欲望而不计后果，则其人身危险性非常明显。但对青少年来说，冲动是此阶段常见的状态，只要耐心劝告和科学矫正就会让其平稳和成熟，故不能将有冲动性与人身危险性画上等号。诸如此类，法官们应多结合心理学知识判断，令判案更加准确公正。

（四）明确心理疏导报告的法律性质和诉讼地位

大家对心理疏导报告的性质和诉讼地位众说纷纭，笔者认为，疏导报告是一种证据，应在庭审时出示和质证。

《刑事诉讼法》第五十条第一款规定："可以用于证明案件事实的材料，都是证据。"证据的本质属性是证明案件事实是否存在及是否真实的材料。心理疏导报告具有如下特征：（1）客观性。犯罪心理测评是对当事人多年长期形成的习常的心理活动和性格的呈现，是对个人生活习性痕迹的反映，该痕迹一经形成，能够在相当长的时期内保持稳定，几年、十几年甚至几十年都会存在，形成规律。而且当处遇的条件和刺激越多和越大，习性就会不断地被加强。因此，通过心理测评得出的报告具有客观性（只是通过咨询师的文字撰写将其呈现出来而已，不能认为该报告不具客观性）。（2）科学专业性。报告是以具有心理学、生理学、社会学、医学等知识的心理咨询师作为专业人士，采用科学方法、运用科学知识对案件专门性问题进行观察和分析后得出的结论，具有较强的专业性。这点类似于我们熟悉的司法鉴定意见书。（3）非法律评价性。疏导报告只是对事实的阐述，而不涉及法律评判。对于其证明力如何、证明力大小、是否能被法院采信，还需要结合案件的其他证据和综合案情来认定。（4）类似于英美法系的品格证据。品格证据，是指用于证明行为人的人品和性格特征，及在一定范围内社会公众对个人声誉、信誉、道德等方面进行评价的证据。在英美国家，品格证据是需要在法庭中进行出示和质证的。[10]

心理疏导报告若能作为庭审证据让法官审查，能够更充分地保证未成年人刑事案件的程序正当性、科学性，彰显少年审判的独特性，也有利于深化少年审判的司法实践。当报告的内容体现在判决中，既是对报告价值的肯定，也凸显了少年审判的人性关怀，富含人情味的裁判文书更易让被告人接受。

结语

日本著名犯罪心理学家山根清道认为："几乎所有的犯罪行为都与犯罪者的全部人格有关。"[11]对刑事量刑与心理测评之间的问题研究，其实是个艰难的边缘性研究课题。本文在荆棘中探索，力图在刑法学、心理学，以及法官判案思路需求之间搭建起一座桥梁，使各方相互畅通。同时，希望通过心理咨询师对刑事审判专业的助力，使携带人格障碍之"菌"的未成年被告人能早日消除"病菌"，重塑健康人格，阳光快乐地茁壮成长！

---

10 易延友：《英美法上品格证据的运用规则及其基本原理》，载《清华法学》2007年第2期。

11 欧渊华：《浅谈传统文化在罪犯教育中的开发和利用》，载《聊城大学学报（社会科学版）》2011年第4期。

大数据背景下电信诈骗犯罪侦防对策实证研究

——以重庆市立案情况为分析样本

高蕴嶙*

【内容提要】本文通过见微知著的方式分析重庆市范围内公安机关近三年来立案侦查的电信诈骗案件，折射出我国电信诈骗案件发案数量猛增、手段不断翻新，呈现出诈骗流程模板化、诈骗主体职业化、集团化等特点。电信诈骗案件的查办存在预防发现难、抓捕难、追踪难、取证难、定性难、打击难、追赃难等难点。随着大数据时代的到来，破解电信诈骗犯罪案件的侦防难题，须从建立既懂技术又懂侦查的专门侦查队伍入手，构建公安机关之间的区域协作机制，以及公安机关与银行、电信等行业的数据信息共享机制，同时多渠道开展电信诈骗预警宣传，增强人民群众自身预防电信诈骗的能力。

【关键词】大数据　电信诈骗　侦查　难点　预防　对策

电信诈骗凡指犯罪分子设置骗局后，通过非接触式的方式对被害人实施欺骗，诱使其汇款或转账的行为[1]。自2000年以来，随着我国金融、通信业的快速发展，电信诈骗犯罪亦迅猛发展蔓延，给我国人民造成巨大损失，特别是2016年发生的两起震惊全国的大学生宋某被电信诈骗案和徐某被电信诈骗案，

---

*　高蕴嶙——西南政法大学法学院博士研究生，重庆市南岸区人民检察院检察官，主要从事中国刑事法学研究。

1　张垚：《电信诈骗集团犯罪的行为模式与刑事责任》，载《人民检察》2016年第15期。

致使两名被害学生猝死，引发全国民众对电信诈骗的极大愤慨，同时也对如何铲除和预防电信诈骗这颗“毒瘤”展开了热烈地讨论。然而电信诈骗犯罪是一种“遍地开花”型的犯罪，侦查人员如何才能“跑”赢电信诈骗犯罪分子是摆在公安机关面前的一道亟待解决的难题。本文主要通过实证分析的方法，分析重庆市辖区内公安机关近三年来立案侦查的电信诈骗案件，总结其作案手法、作案特点，然后剖析公安机关在侦破电信诈骗案件中存在的难点，最后以大数据已在社会各个领域中运用为背景，提出利用大数据的优势进行预防和侦破电信诈骗案件的具体建议，以期对电信诈骗案件的预防和侦破有所脾益。

一、见微知著：重庆公安机关近三年来立案的电信诈骗案件概况

（一）近三年来重庆市立案总体情况

电信诈骗主要通过通信技术手段进行，以通信媒介和计算机网络为支撑，特别是随着科技的发展，电信诈骗依托的媒介也越来越多。根据重庆公安机关近三年来立案的电信诈骗案件，电信诈骗依托的媒介主要有电话、手机短信、社交软件、第三方支付平台、伪基站、木马病毒、虚假网络平台、网络信息八类（见图 1）。目前，电信诈骗已经从传统的“诈骗电话”这一单一方式逐渐演变为高度信息化的复杂形态，特别是利用电脑信息技术篡改来电显示号码、利用 VOIP 网络电话逃避警方技术追踪等，表明当前的电信诈骗具备明显的网络化、信息化、智能化等特征。

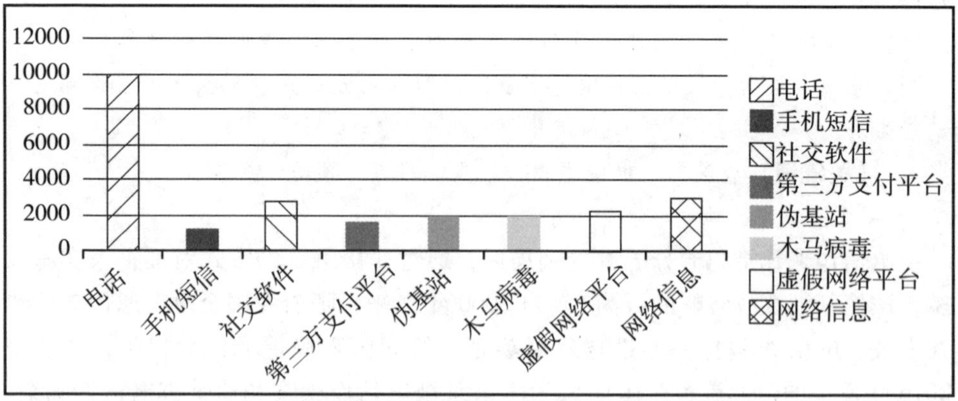

图 1　重庆近三年来立案的电信诈骗案件分布图

重庆市近三年具体立案情况如下：

1. 2015 年 3 月至 2016 年 2 月，全市公安机关共立电信诈骗案 7635 件，其

中3258件系利用电话诈骗案，516件系利用手机短信诈骗案，884件系利用社交软件诈骗案，415件系利用第三方支付平台诈骗案，573件系利用伪基站诈骗案，533件系利用木马病毒诈骗案，595件系利用虚假网络平台诈骗案，861件系利用网络信息诈骗案。

2. 2016年3月至2017年2月，全市公安机关共立电信诈骗案8194起，其中3228件系利用电话诈骗案，402件系利用手机短信诈骗案，912件系利用社交软件诈骗案，550件系利用第三方支付平台诈骗案，628件系利用伪基站诈骗案，673件系利用木马病毒诈骗案，785件系利用虚假网络平台诈骗案，1016件系利用网络信息诈骗案。

3. 2017年3月至2018年2月，全市公安机关共立电信诈骗案8776起，其中3487件系利用电话诈骗案，320件系利用手机短信诈骗案，1002件系利用社交软件诈骗案，638件系利用第三方支付平台诈骗案，742件系利用伪基站诈骗案，727件系利用木马病毒诈骗案，814件系利用虚假网络平台诈骗案，1046件系利用网络信息诈骗案。

（二）近三年来重庆市发案高发地区

重庆市的电信诈骗案发案地主要集中于重庆市经济相对繁华、信息流通相对通畅的主城九区，其中渝中区、江北区、沙坪坝区、渝北区、南岸区、九龙坡区的发案数量又更为突出，除此之外，万州区、涪陵区、永川区、合川区等地的发案情况也较为突出。（见图2）

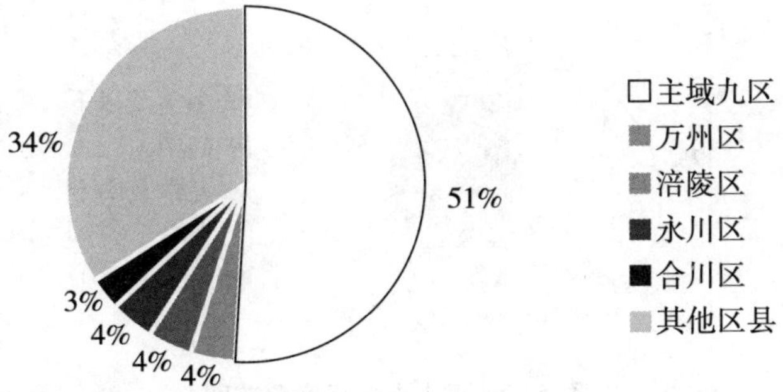

图2　发案高发地区分布图

（三）被害人的基本特征

1. 被害人性别结构特征不具有明显差异

根据重庆市近三年来的立案统计数据，电信诈骗案件中女性和男性被害的

几率基本相当，不具有明显的差异。（见图 3）

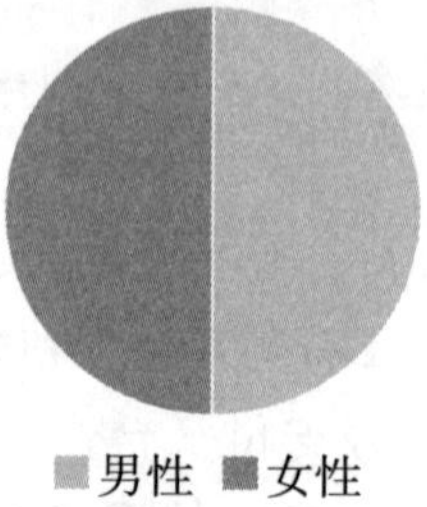

图 3　被害人性别比例分布图

2. 从被害人年龄结构来看，被害人年龄主要集中在 20 岁至 50 岁之间，且近三年来此年龄范围被害人的数量皆占被害总人数的 90% 以上。（见图 4）

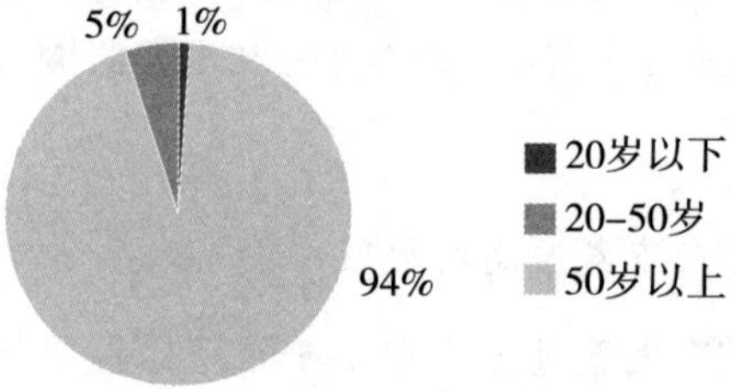

图 4　被害人年龄结构分布图

3. 从被害人文化程度来看，被害人的文化程度以初中、高中、中专、大专文凭居多。（见图 5）

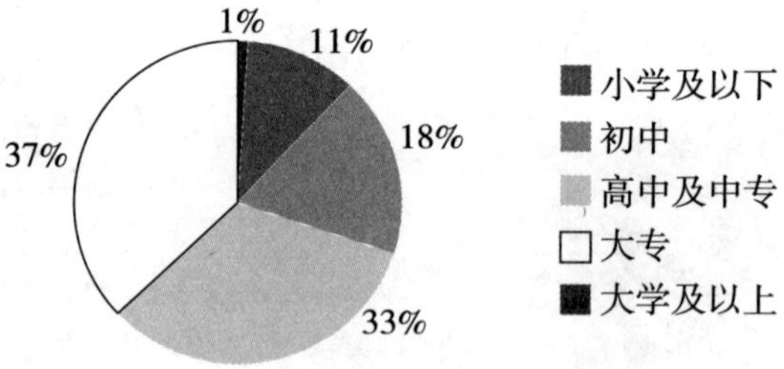

图 5　被害人文化程度分布图

4. 从被害人被害原因来看，电信诈骗之所以得逞，是因为多数被害人存在疏于考察、盲目轻信贪图小利等心理。

（四）当前电信诈骗案件的主要作案手法

通过分析重庆市辖区内公安机关近三年来立案侦查的电信诈骗案件可发现，

近三年来重庆市立案侦查的电信诈骗案在诈骗手法上多种多样（见图6），但是值得注意的是当前电信诈骗并不局限于某一单一的作案手法。

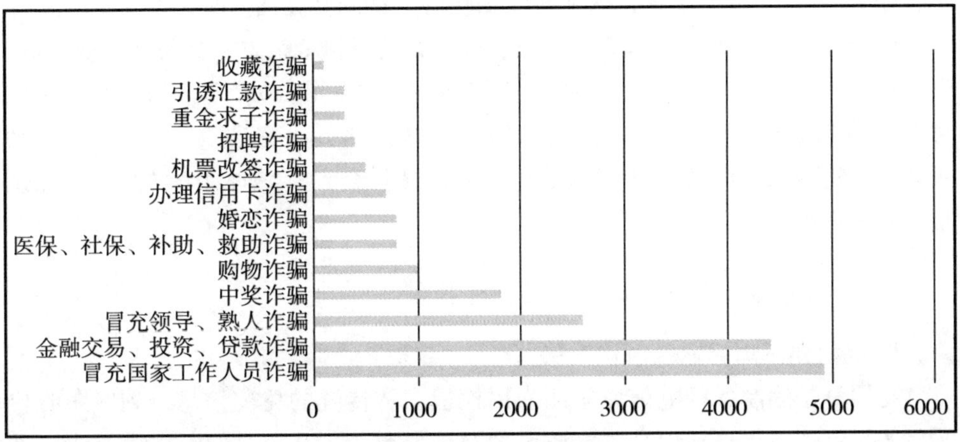

图6　主要诈骗手法

1. 假冒国家机关工作人员，如冒充安监、质监、煤监、税务、工商、市政、公安机关、检察院、法院等工作人员虚构事实，并设置连环局实施诈骗。例如，2015年4月12日，多名犯罪分子分别冒充某市人民检察院检察长、市公安局副局长以及市工商银行副行长，对重庆市J区的人民群众实施电话诈骗，涉案金额共计76.8万元。又如，2015年5月14日，重庆市Z县的被害人汤某接到"Z县武警大队政委"订购物资的电话，遂按犯罪分子的要求，分两次向犯罪分子汇款1.8万元。

2. 利用被害人贪图小利的心理行骗，如捏造购房、购车退税、购物返补贴、返提货卡等事由。例如，2015年5月16日，重庆市N区的龚某接到重庆市某"车管所工作人员"的电话，对方称龚某购买的汽车可以退税款5917元，龚某信以为真，后以银行转账方式被骗10.2万元。又如，2016年8月10日，重庆市K县的谭某接到"重庆市教育局工作人员"返还其儿子学费的电话，被骗1.7万元。

3. 利用被害人易于轻信他人、疏于考察的心理行骗，如通过互联网邮件、QQ群、微信群以及手机短信群发等，散布低息小额信贷、高额中奖兑奖、低价商品购销等虚假信息。例如，2016年4月30日，重庆市Y区的陈某接到称其中奖的短信，随即拨打短信中留下的联系电话，后被要求缴纳手续费、保证金等，最终被骗6.9万元。

4. 对被害人进行情感绑架后行骗，如通过腾讯QQ、微信、手机短信等，冒充被害人的同学、同事、亲戚、朋友等，谎称资金周转困难、患病需要手术等急需用钱。例如，2017年1月12日，重庆市B区的陆某接到朋友“郑晓清”的电话，对方称急需借款12万元用于父亲手术，陆某随即向“郑晓清”提供的账户转账12万元。事后半月，陆某向“郑晓清”询问其父病情时，方知受骗。

5. 利用诱人信息诱使被害人上当受骗，如通过报纸杂志、互联网、微信群、QQ群等，发布虚假的征婚、交友、求子等信息。例如，2017年8月6日，重庆市Q区的熊某从一广告得知对方欲重金寻一健康男性生育小孩，熊某遂电话联系对方后被告知酬谢费为50万元，但需缴纳诚信金，熊某向对方转账2万元诚信金后发现被骗。

（五）当前电信诈骗案件的主要作案特点

1. 电信诈骗内容紧跟时代发展

犯罪分子编制各种电信诈骗的通用模板，从传统的兑奖信息，到紧跟时代步伐的投资理财，再到切合国家政策的补贴退税等，甚至是银行账号涉毒、涉黑洗钱，贪污赈灾募捐款等，各式各样、层出不穷。由于电信诈骗易于跨区域、跨国际作案，故屡禁不止，导致一些不法分子模仿跨国电信诈骗团伙的犯罪方法和手段，有针对性地套用本地政策，使得大量电信诈骗内容呈现出本土化的特色。

2. 诈骗流程呈模板化、标准化趋势

从重庆市近三年来立案侦查的电信诈骗案来看，电话诈骗的模板化和标准化程度最为明显，一般包含四个步骤：[2]

第一步，“遍地撒网”。电信诈骗犯罪团伙一般通过架设在境外互联网服务器上的VOIP电话软件对我国电话号码进行批量呼叫，并使用“透传软件”人为操纵通讯数据，使得“来电号码”显示为公安机关、银行、电信行业的特殊号码，从而降低受害人的警惕性。

第二步，“请君入瓮”。一旦被害人接听来电，并按照电话中的语音提示转入“人工服务”，电信诈骗团伙中的“接线员”便会浮出水面，并按模板对话向被害人展开骗局。

第三步，“环环相套”。电信诈骗团伙中的“接线员”一般会有多人，且分工不同，通过VOIP电话软件的转接功能，多名“接线员”冒充公安、法院、银行等部门工作人员，充分牵制住被害人的思路，让其无法辨别真伪，最终将其钱款“存放”至“公安机关”的“指定账户”中。

---

2 韦尧瀚：《电信诈骗犯罪防控举措研究》，载《重庆理工大学学报（社会科学）》2017年第11期。

第四步，“远走高飞”。被害人将钱款汇入“指定账号”后，团伙成员立即通过手机银行、微信、支付宝等对资金进行拆解、转移；同时组织相关人员同步在境内外的银行网点或ATM机上取现。

3. 集团化、职业化作案明显

从被重庆市公安机关侦破的电信诈骗案件来看，作案成员之间虽互不谋面但分工明确。作案人员一般由四个层次的人员组成[3]：

一是境外核心人员，主要负责编制诈骗模板；提供作案所需设备和场所等；物色、招募团伙成员，并负责培训和管理。

二是技术支撑人员，主要负责为诈骗团伙安装并维护VOIP电话软件和“透传软件”。

三是专业拆账人员，主要负责赃款拆分，将巨额赃款拆分为2万以下金额并转入若干张银行卡，以确保能从ATM机上全额取款。

四是取款人员，取款人员一般随时待命，一旦得到取款指令，立即持卡前往ATM机或银行网点取款。

二、防微杜渐：目前公安机关侦办电信诈骗案件遭遇的“瓶颈”

根据重庆市公安机关近三年来侦办的电信诈骗案的情况以及公安部牵头侦办的系列电信诈骗案来看，目前侦办电信诈骗案主要面临以下一些难点：预防发现难、抓捕难、追踪难、取证难、定性难、打击难、追赃难。[4]

（一）预防发现难、抓捕难

从重庆公安机关立案而又难以侦破的案件来看，主要原因在于该类电信诈骗案件具有跨省市、跨区域作案的共同特点。电信诈骗分子在甲地（以国外居多）设立网络电信指挥终端服务器，同伙在乙地拨打电话、发送短信及网络信息等，再由丙地的同伙设立虚假网络IP地址转移至丁地，然后由戊地的同伙实施电信诈骗，己地的同伙实施转款转账行为，庚地（以国外居多）同伙实施取款套现分赃。由于电信诈骗作案空间跨度大，网络信息具有数据化、虚拟化的特点，而电信诈骗又没有特定的诈骗对象，主要通过短信、电话、网络等广撒网的形式“引鱼上钩”，因此，从源头上预防电信诈骗相当困难，即便追踪发现了电信诈骗分子，由于团伙成员较为分散，流动性强，分布于不同区域，同时采取抓捕行动也相当困难。

---

3 伍健：《电信诈骗犯罪的惩防困局与出路》，载《人民检察》2016年第16期。

4 黎宏：《电信诈骗中的若干难点问题解析》，载《法学》2017年第5期。

（二）VOIP电话呼叫的落地反查追踪难

从重庆市公安机关已破获的案件来看，犯罪分子一般使用架设于境外互联网服务器上的VOIP语音呼叫技术，发起呼叫后，语音数据包进入电信运营商线路，“透传”（即落地语音网关）入PSTN（Public Switched Telephone Network）电话网。经“透传”后，犯罪分子便可手动任意设置受害人的来电号码显示，诈骗分子甚至通过多层服务器的中转来增加被破获的难度。因落地语音网关和互联网服务器具有隐蔽性和不确定性，目前尚难以通过来电查询的方式逆向追踪VOIP通话。

（三）调查取证难、定性难

电信诈骗多为团伙式作案，具有明显的犯罪层级性，一般是上中下游流程式作案，团伙成员之间较为分散，流动性强，核心成员往往身处境外，且成员之间互不相识，并采用单线联系的方式进行沟通，即便抓获多名电信诈骗分子，他们之间亦无法进行正常的相互指证，给取证带来诸多困难。从许多已经审判的电信诈骗案件来看，被定罪判刑的通常是低端的下线人员，而高端的组织者仍逍遥法外，部分低端下线人员还因证据不充分等原因只能被定性为掩饰、隐瞒犯罪所得、犯罪所得收益罪，甚至无罪。侦办电信诈骗案件需要比一般刑事案件更多的警力资源，但是侦破效果仍不理想，对侦查资源形成了极大牵制。

（四）打击难、追赃难

利用银行卡取款是电信诈骗最终得逞的关键环节，但是大量银行卡存在“人”“证”不一致的漏洞，容易斩断公安机关的侦查链，造成无法追赃、无法打击的情形。银行卡“人”“证”不一致的现象主要由以下三种情况引发：一是用他人遗失的身份证，打从遗失到补办之间的时间差，利用银行柜员对“人”“证”一致性核查流于形式，到银行冒名开立银行卡。二是用租来的身份证冒名开卡，用一天几十元的低价向农民工等个人信用观念、防范意识都很欠缺的群体租借身份证，然后到银行冒名开卡。三是直接收购银行卡，不少群众手里有若干张闲置不用、金额为零的借记卡，如果连密码一起卖能换到一两百元钱，他们认为很划算；一套附带优盾、开通网银、绑定手机银行的借记卡则被不法分子炒到了千元上下，磁条银行卡则更简便，诈骗分子只需得到卡号和密码就可克隆出来。电信诈骗犯罪活动链条上的关键一环就是电信诈骗犯罪分子通过银行卡收、取款，而银行卡在办理环节存在的疏忽和漏洞，易被电信诈骗分子利用，一旦电信诈骗分子利用他人银行卡收、取款，易使公安机关的侦查、追赃陷入僵局。

(五) 警方和银行缺乏深度合作，导致侦查灵敏度大打折扣

目前部分银行的管理规定仍制约着公安机关的快速反应。一是金融机构未为公安机关开通异地司法查询和冻结的通道；二是即便公安机关可以查询到电子银行信息，也只能到发卡银行所在的地市级分行电子银行数据中心查询；三是公安机关不能直接向银行查询本行银行卡的活动监控数据，只能到交易发生地银行或开户银行所在的中国银联公司查询银联卡的跨行活动数据。

三、日臻完善：大数据时代侦防电信诈骗犯罪的对策

2008 年 9 月，《自然》杂志发表的 *Big Data*：*Science in the Petabyte Era* 一文将“大数据”作为一个明确的概念提出。2011 年 9 月，全球知名咨询公司麦肯锡报告揭示了“大数据”时代的到来。大数据给人们的工作、生活、思维皆带来了根本性变革，[5]大数据作为高科技时代的产物，其核心是预测，通过把数学算法运用到海量的数据上来预测事情发生的可能性。可见大数据犹如一把双刃剑，用之得当，国家、人民皆受其利；用之不当，则国家、人民皆受其害。为此，警方必须深入研究，科学部署，充分运用人工智能、大数据等现代科技手段，从海量的数据中对犯罪信息进行提取、分析研判以及预测未来，为侦破和预防电信诈骗案件提供更加智能化的服务，加强对电信诈骗犯罪的打击实效；同时强化电信诈骗的预防宣传工作，构建全社会共同参与的立体化防控机制。[6]

(一) 加强区域协作，探索打击电信诈骗的新方法和新机制

1. 落实数据信息共享机制

随着大数据时代的到来，公安部技术侦查部门应当尽快搭建全国性的网络数据分析平台，全面实施“情报信息主导警务”战略，构建大数据协作平台，以情报信息为依撑，建立跨区域的数据信息协作共享机制和快速联动反应机制，对与电信诈骗关联最紧密的电信业务和银行业务进行数据分析和预判，实现跨区域的网上串并案，同时进一步加强针对电信诈骗犯罪的跨境合作，从情报信息共享、犯罪分子引渡等方面建立密切的工作联系，充分运用互联网及大数据分析平台，编织严查电信诈骗犯罪的跨境法律网，建立和完善跨区域警务协作

---

5 ［英］维克托·迈尔-舍恩伯格、肯尼斯·库克耶著：《大数据时代——生活、工作与思维的大变革》，盛杨燕等译，浙江人民出版社 2013 年版，第 49 页。

6 吴成杰、陈雯：《电信网络诈骗案件中的疑难问题探讨》，载《法律适用》2017 年第 21 期。

机制，积极推动国际警务合作，通过与相应国家签订双边、多边条约，进行司法协助，多角度打击电信诈骗。[7]

2. 建立大数据可视化情报侦查系统

大数据是一把双刃剑，公安机关应超前利用，建立大数据可视化的情报侦查系统，分析关联数据，利用数据处理、存储、可视化等交互分析技术，实现图形化情报信息查询、可视化关联分析、证据链和情报线索发掘等功能，从而发现数据与数据间蕴藏的各式各样的联系，并将有价值的关联关系挖掘出来，以实现大数据的最佳侦查价值。例如，通过电话号码等相关数据库间的关联分析锁定嫌疑人；通过地域空间分析追踪嫌疑人逃窜路线，发掘藏匿地点；通过对与案件相关的多源数据关联的可视化展现、交互分析，进行证据链深度挖掘，确认幕后主谋。[8]

3. 成立专门队伍，改进侦查和控制模式

电信诈骗职业化趋势明显，建议各省级公安机关技术侦查部门和刑事侦查部门共同组建一支既懂技术又懂侦查的打击电信诈骗的专门侦查队伍，以提升警方打击电信诈骗的技术化和专业化水准；我国《刑事诉讼法》第一百四十八条明确规定，“公安机关在立案后，对于……严重危害社会的犯罪案件……可以采取技术侦查措施”，而电信诈骗就是典型的严重危害社会的犯罪案件，因此，公安机关完全可以对电信诈骗案件采取技术侦查措施以及“诱惑侦查”，通过适度的诱惑侦查手段和技术侦查措施来提高对电信诈骗犯罪的打击实效。[9]

4. 加强打击电信诈骗犯罪的跨境合作

如今的电信诈骗不仅是跨区际性的犯罪，也是跨国际性的犯罪，惩治和防范电信诈骗犯罪活动的国际刑事司法合作越来越成为我国司法机关办案的迫切需求。因此，建立和完善跨境警务协作机制，积极推动国际警务合作，探索打击电信诈骗跨国境的追击方式和范围，通过与相应国家或地区签订双边或多边条约进行司法协助，让电信诈骗犯罪分子无容身之处。为进一步加强针对电信诈骗犯罪的跨境合作，可从情报信息共享、犯罪分子引渡等方面建立密切的司法协作关系，充分运用互联网及大数据分析平台，编织严查电信诈骗犯罪的跨境法律网。

---

7 李永涛、曹勋：《综合整治电信网络诈骗犯罪的问题思考——以广西宾阳县地域性电信网络诈骗犯罪整治为例》，载《中国刑警学院学报》2017年第3期。

8 刘小霞、陈秋月：《大数据时代的网络搜索与个人信息保护》，载《现代传播（中国传媒大学学报）》2014年第5期。

9 焦艳鹏、杨红梅：《网络诈骗犯罪刑事司法样态实证研究——以389份生效刑事判决书为分析对象》，载《甘肃政法学院学报》2017年第4期。

（二）加强银行卡实名办理环节的监管，斩断电信诈骗资金链

1. 规范验“证”

建议银行工作人员当场利用银行与公安的联网系统，判断办卡人提供的身份证是否过期、挂失或伪造，如属于异常状态，在告知办卡人之前，应开启摄像头抓取办卡人的电子照片，并按照公安部、人民银行等八部门联合发布的《关于规范居民身份证使用管理的公告》的要求，将冒用他人居民身份证的办卡人信息录入不良信用记录“黑名单”，并与其他国家机构实现信息共享，联合惩戒。

2. 严格核“人”

对于状态正常的身份证，银行工作人员必须辨认办卡人长相是否与身份证头像相符，如系代办，代办人须提供本人身份证（同样须属正常状态）以及办卡人、代办人的手机号码。随后，建议银行工作人员当场核对办卡资料上的手机号码，如果办卡资料上手机号码的所有者与银行卡办卡人不一致，预示着该开卡行为有重大的电信诈骗嫌疑。此时，银行应不予开卡，并将两张身份证都扫描进银行相关业务系统，以备公安机关等随时调阅。

3. 留存和比对“指纹”

建议不论身份证中是否已经登记指纹信息，办卡人均须在开卡时向银行留存两枚以上指纹，今后在柜台办理业务时也须比对至少一枚指纹。此举对银行业的现有柜台操作模式突破较大，需要银行为柜台配备指纹采集设备，但这符合银行业信息化、智能化的发展趋势，也能给图谋不轨者以心理震慑，为今后的侦查工作提供宝贵的破案线索。

4. 开展专项清理行动

建议由中国人民银行牵头，整合公安部、工业和信息化部、中国银联等部门的大数据资源，对有冒名开立嫌疑的银行卡开展一次专项清理行动。首先，由各大商业银行先自查，主要方法是向筛选出的可疑账户开卡人拨打预留电话号码进行确认。其次，将联系不上办卡人的银行账号降级为“临时账户”，只能进款、不能出款，用户如需取款或销户，须凭身份证到柜台办理。如此一来，即使诈骗分子利用该账户骗取到了受害人的资金，也无法通过网上银行、ATM机转移或取出资金，银行严格的“人”“证”一致性核查又让他们不敢涉险到柜台“自投罗网”，从而在关键环节斩断电信诈骗的资金链。

（三）加强与电信、银行行业的深度合作，建立打击联动协调机制

虽然预防和打击电信诈骗犯罪是司法机关的本职责任，但是电信行业和银

行行业同样责无旁贷，电信行业和银行行业必须加强自身监管体制的系统化、规范化建设，自查自管，尽量将电信诈骗犯罪拦截在自己的部门中，以信息为基础，及时将异常、可疑号码和账户告知公安机关，公安机关对电信诈骗信息进行分析研判后，及时向电信业、银行业提出司法建议，促进电信行业、银行行业的风险规范建设。具体而言有如下几个方面。

1. 银行方面

尽管2016年12月1日起ATM机转账需要24小时到账，但是这并不能保证每个被害人在转账之后就能立即发现自己被骗并报警，因此，各银行应进一步加强与公安机关的合作，简化公安机关查询、冻结涉案账户的审批手续，建立应对电信诈骗的快速反应机制。同时，警方与银行还可建立可疑账户监测机制，通过类似反洗钱机制，监测和控制频繁流入资金的可疑账户，监测和控制频繁电话或网络对外联络不特定人员的可疑客户的账户，为侦查提供必要的情报和资料，实现信息共享、行动协同，以提高对电信诈骗的打击效率。

2. 电信方面

公安机关与电信运营商应加强技术深度合作，实现数据信息共享，致力于系统化合力管控。一是公安机关与电信运营商共同建立可疑电话号码“黑名单”数据库，构建通信“黑名单”电话语音控制系统，提醒“黑名单”数据库号码的被叫用户警惕被骗。二是通过对某一时段某一号码集中拨打批量用户的数据分析，自动检测确认可疑号码，并将其列入“黑名单”数据库。例如，江苏省常州市警方与电信部门联合开发的“防电话诈骗语音提示系统”，可自动向“黑名单”号码拨打过的用户进行语音提示：“您刚才接听到的号码为×××的电话，如涉及中奖、欠费、犯罪等内容，可能是诈骗，请拨打常州报警电话110进行咨询。”

（四）开展电信诈骗预警宣传，提升人民群众自身防骗意识

犯罪作为一种社会现象，在任何国家的任何时期都不可能被消灭，只能最大限度地预防和遏制，电信诈骗犯罪亦不例外，为此，多渠道、多角度、多方位地开展电信诈骗预警宣传，尽量遏制电信诈骗案件的发生，从而减少人民群众的经济损失显得格外重要。

1. 应充分利用大数据手段分析数据，预测电信诈骗犯罪

公安机关可在银监部门和银行网点的配合下对银行柜面员工开展防范电信诈骗犯罪的专题培训，提升银行柜面员工防范电信诈骗的能力，从而发现并主动提醒有可能受骗的汇款人员，或及时将人员和资金的异动情况报告公安机关，尽可能及时发现电信诈骗苗头，防止被骗后果发生。

2. 建立全覆盖的诈骗手段通报机制

司法机关应及时通过报纸、广播、电视、网络等媒体进行新型电信诈骗方式的普及，揭露电信诈骗的惯用伎俩，通过播放宣传片、张贴公告、社区民警用警用喇叭喊话等形式，推动防范宣传进社区、进单位、进学校、进家庭，同时还可联合移动、联通、电信等电信业务运营商，充分利用短信、网络等现代通讯技术，以群发手机短信、群拨语音提示等方式，加强宣传的密度，从而建立全民化的防诈骗宣传参与机制。

3. 建立电信诈骗的举报机制

对举报电信诈骗的群众给予适当的奖励，鼓励公民在收到诈骗短信或电话后及时通过电信运营商、网络及报警平台向司法机关举报，以增强预防电信诈骗的数据分析。例如，哈尔滨市公安局开通的“96345”预防电信诈骗专线咨询服务报警电话，在预防和打击电信诈骗中均取得了良好的社会效果。

结语

大数据作为高科技时代的产物，其核心就是预测，通过海量的数据来预测事情发生的可能性。因此，公安机关不仅可以利用大数据来分析历史电信诈骗案件，分析电信诈骗犯罪趋势，从而预防电信诈骗犯罪，提高社会和公众的安全水平，也可以通过分析其他类型的犯罪案件，甚至城市数据源、社交网络数据和比较数据统计报告等来确定警力资源分配，从而有效预防其他犯罪，形成打击对策。可见，公安机关利用大数据来提升犯罪侦查能力和控制能力必定是未来的发展方向，[10]但是，建立各地公安机关间的区域协作机制，以及公安机关与银行业、电信业等行业间的数据信息共享机制是其前提。

10 何军：《大数据与侦查模式变革研究》，载《中国人民公安大学学报（社会科学版）》2015年第1期。

案例分析

某广告有限公司诉
某传媒集团有限公司广告合同纠纷案

——诚实信用原则在合同变更和解除中的适用

韩　方　　董广绪*

【裁判要旨】

诚实信用是合同法的基本原则，适用于合同订立、履行、终止及终止后的全过程。合同当事人行使权利、履行义务应遵循诚实信用原则，否则承担相应的不利后果。双方达成合同变更的意向，并约定继续谈判以确定合同变更的具体内容，双方在达成合意前均负有继续谈判的义务，任何一方不得擅自中断谈判。一方有确切证据证明对方有违约行为，即使尚无法确定准确的违约损失数额，其亦有正当理由暂停履行相应义务，不构成违约。

【关键词】诚实信用　合同变更　约定解除　合同解除权

【案件索引】

一审：广州市越秀区人民法院（2018）粤0104民初3124号（2018年7月2日）；

二审：广州市中级人民法院（2018）粤01民终19315号（2018年12月10日）。

---

* 韩方——广州市中级人民法院环境资源审判庭三级高级法官；董广绪——广州市中级人民法院环境资源审判庭审判辅助人员。

【基本案情】

原告某广告有限公司（以下简称“广告公司”）诉称，2016年12月19日，广告公司与被告某传媒集团有限公司（以下简称“传媒公司”）签署了《广州市广播电视台汽车音乐FM102.7频率、经济广播FM106.1频率广告总代理招商项目承包代理协议》，约定广告公司独家承包传媒公司在FM102.7频率、FM106.1频率的广告代理，承包期限自2017年1月1日至2019年12月31日。签订承包代理协议后，广告公司依约履行合同。由于市场变化，广告公司分别在5月22日、6月20日、8月2日、8月31日以书面的形式致函传媒公司要求调减广告经营指标内容，传媒公司已于9月15日复函广告公司同意函件提出的有关内容，具体协商内容以双方确认后签订补充协议为准，“另请贵司提供调减指标的相关依据报告和调减金额的数据构成的有关资料”，广告公司已于9月29日以书面形式提供调减指标数据报告给传媒公司，相关事宜一直在协商之中。由于双方因广告代理费2100000元计算方式产生分歧，2017年11月3日，传媒公司通过律师向广告公司发出《解除协议通知函》，以广告公司欠付承包费用构成根本违约为由，要求解除承包代理协议。广告公司认为，公司已依约履行支付承包费的义务，不属于承包代理协议约定的根本违约情形，亦不符合我国合同法规定的解除合同情形。传媒公司擅自解除承包代理协议，属于违约。故诉请要求：（1）确认《解除协议通知函》无效；（2）判令传媒公司继续履行《广州市广播电视台汽车音乐FM102.7频率、经济广播FM106.1频率广告总代理招商项目承包代理协议》；（3）本案诉讼费由传媒公司承担。

被告传媒公司辩称，（1）2016年12月19日，广告公司与传媒公司签订《广州市广播电视台汽车音乐FM102.7频率、经济广播FM106.1频率广告总代理招商项目承包代理协议》，约定由传媒公司在2017年1月1日至2019年12月31日授予广告公司FM102.7频率、FM106.1频率的独家广告承包代理权，广告公司每年1—11月应当向传媒公司支付承包费6983300元/月，12月实付承包费6983700元/月。广告公司应在每月28日前向传媒公司支付当月承包费。广告公司如超过付款期限30天仍未支付承包费，视为广告公司根本违约。任何一方根本违约而导致合同无法履行，守约方有权单方解除合同。协议签订后，广告公司已获得相应代理权并已开展业务，但广告公司自2017年6月起，未按合同约定向传媒公司支付承包费。截至2017年11月3日，广告公司尚欠承包费29575985元，用保证金抵扣完毕后剩余欠款22592685元。根据约定，广告公司的行为构成违约，传媒公司有权单方解除协议。2017年11月3日，传媒公司委托律师向广告公司发出《解除协议通知函》，广告公司于当日已收到该函，故上述代理协议于2017年11月3日已解除。（2）双方未就下调广告经营指标达成任何协议，因此广告公司仍需按照协议完成广告经营指标并向传媒公司支付承包费。广告公司虽曾致函传媒公司要求调整广告经营指标，传媒公司回函明确具体协议内容以双方确认后签订补充协议为准，但双方未就调整广告经营指标或承包费达成意见，也未签订补充协议，因此双方仍应按照协议履行义务。广告公司也未提供任何证据证明需要调低广告经营指标，因此其不能据此拒不支付承包费。请法院驳回广告公司诉请。

广州市越秀区人民法院经审理查明：2016年12月19日，传媒公司（甲方）与广告公司（乙方）签订《广州市广播电视台汽车音乐FM102.7频率、经济广播FM106.1频率广告总代理招商项目承包代理协议》，约定甲方在协议期限内授权乙方FM102.7频率、FM106.1频率的独家广告承包代理权；乙方独家承包代理FM102.7频率、FM106.1频率的广告业务，包括但不限于广告客户的开拓、组织，开展广告策划、投放；乙方必须按时足额向甲方交付广告代理费；FM102.7频率的医药类合办节目由传媒公司经营，其收益与广告公司无关；乙方独家承包代理甲方FM102.7频率、FM106.1频率的期限为2017年1月1日至2019年12月31日；乙方作为广告独家承包总代理商，将使用乙方的合同，以乙方的名义直接与客户签订广告播出合同；具体广告的播出，由乙方以媒介订单的形式交甲方备案及编播；甲方负责双方合作期间乙方广告的正常播出，并在播出后向乙方提供FM102.7频率和FM106.1频率广告播出的盖章播出证明和监播音频；作为FM102.7频率、FM106.1频率的独家广告代理商，乙方完成每年最低的广告费业绩额，乙方提成20%作为代理费佣金；合同期内，乙方每一年应完成最低的广告费业绩额为104750000元，即每月应完成广告费业绩额为8729200元；若乙方完成上述最低的广告费业绩额，则乙方在每月应付承包费中提成20%作为代理费佣金，即乙方冲抵佣金后每年1—11月向甲方实付承包费6983300元，每年12月向甲方实付承包费6983700元，全年实付承包费为83800000元；若乙方在任何一个月没有完成上述最低的广告费业绩额，则乙方仍应按上述实付承包费金额向甲方支付当月的承包费；乙方须在每月28日前向甲方支付当月承包费；乙方须在合同签署生效之日起7个工作日内向甲方缴纳1个月的实付承包费6983300元作为经营保证金。

若乙方在任何一个月未完成约定的付款义务或存在其他违约行为时，甲方有权从该保证金中扣除相应金额以补足乙方应付金额，或抵扣违约金、赔偿金；双方本着平等合作的原则，可根据市场情况对乙方应完成的最低广告费业绩作合理的评估和调整，调整的标准及幅度由双方另行签订补充协议约定；甲方应于每月及时向乙方提供由专业调查公司提供的频率收听调查数据和有关监听报告；甲方负责双方合作期间乙方广告的正常播出，并可在播出后30日内向乙方提供FM102.7频率和FM106.1频率广告播出证明和广告监播带等必需品并为广告播出等后期工作提供服务；若乙方收到上述播出证明和广告监播带15日内无异议则视为认可该证明和监播带；如乙方发现甲方错播、漏播，须以书面形式通知甲方，甲方应在收到通知后2个工作日内核实，并按照错播、漏播的实际商业广告收入抵扣乙方当月应付的承包费；任何一方根本违约（包括但不限于任何一方非因行使约定或法定解除权，而要求提前解除合同）而导致合同无法履行，守约方有权单方解除协议，同时，违约方还应按约定承担相应的赔偿责任；如甲方违约，应双倍退还乙方的经营保证金；如甲方违约双倍退还经营保证金不足赔偿损失，乙方有权继续向甲方追讨不足部分的损失；如乙方违约且乙方的经营保证金未用于抵扣任何一个月的承包费的，甲方应全额扣除乙方的经营保证金作为违约金，如乙方违约且乙方的经营保证金已扣除完毕，甲方有权按经营保证金的标准向乙方追讨违约金；如乙方无故未如期足额（即当月28日）支付每月承包费，须按应付金额1‰/天向甲方支付欠缴部分滞纳金，超过付款期限30天仍未支付，视为乙方根本违约，甲方有权单方解除本协议，由此造成对甲方的损失由乙方承担，甲方有权将经营保证金抵扣该月的承包费，并有权按经营保证金的标准向乙方另行追讨违约金。

上述合同签订后，双方依约履行，根据双方确认，广告公司已向传媒公司支付2017年1月至10月的承包费40698259元。2017年5月22日，广告公司向传媒公司发出《关于申请下调广告代理指标的函》；2017年8月2日，广告公司向传媒公司发出《关于某集团经营管理中心回复我司商请函的回复》；2017年8月31日，广告公司向传媒公司发出《函》，上述函件中，广告公司均希望传媒公司下调广告经营指标，广告公司建议从2017年6月1日起将广告经营指标减为23800000元/年，即实付60000000元/年。2017年9月15日，传媒公司针对上述2017年8月31日广告公司发出的《函》作出《复函》，记载，广告公司发函传媒公司已收悉；经集团研究决定，基于整体经营环境和市场因素的考虑，传媒公司原则同意广告公司函件里提出的有关内容；具体协商内容以双方确认后签订补充协议为准；另请广告公司提供调减指标的相关依据报告和调减金额的数据构成的有关资料以供传媒公司董事会研究决定。

2017年11月3日，传媒公司向广告公司发出《解除协议通知函》，载明：依据双方协议约定，广告公司2017年全年应付广告代理费总额为83800000元，1月至10月，每月应付广告费金额为6983300元；至10月31日为止，传媒公司已实际收取广告费金额为40698259元，自营抵扣257086元，广告公司尚欠传媒公司广告代理费金额28877655元（未计保证金6983300元）；传媒公司就上述欠款曾多次向广告公司催缴，但至今未果；依据协议约定，广告公司的违约行为已构成根本违约，传媒公司有权单方解除协议，传媒公司函告广告公司，双方签订的《广州市广播电视台汽车音乐 FM102.7 频率、经济广播 FM106.1 频率广告总代理招商项目承包代理协议》自广告公司接到此函之日起已经解除。此后，广告公司向原审法院提起诉讼。

案件审理过程中，广告公司为证明其主张向原审法院提交了以下证据：广告公司与央视市场研究股份有限公司于 2018 年 3 月 28 日签订的订单确认书以及发票、CTR 数据报告及广电公司违约广告价值统计、2017 年广州交通电台 FM106.1 广告价格表、广州汽车音乐电台广告价目表，证明了央视市场研究股份有限公司提供的 CTR 数据显示，合同履行期间，传媒公司多次不按规定编播，停播及偷播广告，造成广告公司经济损失 21332451.28 元，上述偷播广告金额应抵扣广告公司应付的承包费，广告公司已足额支付承包费。

另查，传媒公司诉广告公司合同纠纷案［案号（2018）粤 0104 民初 1007 号］，双方于该案中确认广告公司依约向传媒公司缴纳经营保证金 6983300 元，且有自营抵扣 257086 元需从应付的承包费中扣减；另广告公司称其于 2017 年年底向传媒公司支付了 3500000 元承包费，传媒公司确认收到该笔费用但认为广告公司是支付双方其他合作项目的费用，与承包费无关。

二审另查明，涉案承包代理协议第 4.7 条约定：“双方本着平等合作的原则，可根据市场情况对乙方（广告公司）应完成的最低广告费业绩作合理的评估和调整，调整的标准及幅度由双方另行签订补充协议约定。若评估、调整意见未达成一致，如遇金融危机或传统媒体受重大冲击等，乙方可以提前 1 个月向甲方（传媒公司）书面提出终止合同，甲方有权全额扣除保证金作为违约金，同时，乙方仍应足额支付有效合作期内最后一个月的承包费。”

再查明，广告公司在收到传媒公司《复函》后，于 2017 年 9 月 29 日向对方送达《关于调减市台广告经营指标的数据报告》。

【裁判结果】

广东省广州市越秀区人民法院于 2018 年 7 月 2 日作出（2018）粤 0104 民初 3124 号民事判决：驳回广告公司的诉讼请求。判后，广告公司不服，提起上诉。广东省广州市中级人民法院于 2018 年 12 月 10 日作出（2018）粤 01 民终 19315 号民事判决：一、撤销广东省广州市越秀区人民法院（2018）粤 0104 民初 3124 号民事判决；二、确认被上诉人某传媒集团有限公司于 2017 年 11 月 3 日向上诉人某广告有限公司发出的《解除协议通知函》不发生效力；三、被上诉人某传媒集团有限公司继续履行其与上诉人某广告有限公司于 2016 年 12 月 19 日签订的《广州市广播电视台汽车音乐FM102.7频率、经济广播FM106.1频率广告总代理招商项目承包代理协议》。

【裁判理由】

法院生效判决认为：根据《民事诉讼法》第一百六十八条的规定，第二审人民法院应当对上诉请求的有关事实和适用法律进行审查。本院综合双方诉辩意见，对本案二审争议焦点问题评析如下。

1. 传媒公司单方解除合同权的条件如何界定。涉案承包代理协议是双方的真实意思表示，无违反法律和行政法规的强制性规定，依法成立并生效，双方均应依约履行义务。涉案承包代理协议第7.3条约定：如广告公司无故未如期足额（即当月28日）支付每月承包费，须按应付金额1‰/天向传媒公司支付欠缴部分滞纳金，超过付款期限30天仍未支付，视为广告公司根本违约，传媒公司有权单方解除本协议。根据前述约定，在广告公司无故未如期支付约定承包费的情况下，传媒公司才享有单方解除权。换言之，即使广告公司存在未如期支付承包费的情况，如其有正当理由，传媒公司也无权单方解除涉案承包代理协议。

2. 广告公司未如期支付协议约定的承包费是否有正当理由。涉案承包代理协议第4.7条约定：在市场情况发生变化时，广告公司有权要求调整广告经营指标，如双方无法就此达成一致，广告公司有权以放弃保证金及一个月承包费为代价，提前解除该协议。在广告公司要求调整广告经营指标时，传媒公司负有及时答复广告公司要求的义务，不得以不正当理由拖延答复或拒绝协商，否则广告公司将丧失通过提前解除协议应对市场变化的机会。根据传媒公司2017年9月15日所作《复函》内容，其认可整体经营环境恶化的事实，原则上同意广告公司提出的从2017年6月1日起将广告经营指标减少至6000万元/年的意见，提出以双方确认后签订的补充协议为准，并要求广告公司提供相应的依据供传媒公司研究决定。广告公司根据《复函》要求向传媒公司送达《关于调减市台广告经营指标的数据报告》，表明双方实际上已经开始了协商。

另，广告公司主张传媒公司存在偷播、漏播行为。根据涉案承包代理协议第6.1.5条约定，该部分实际商业广告收入可抵扣广告公司当月应付的承包费。广告公司为证明其主张，提交了央视市场研究股份有限公司出具的监测报告，传媒公司对该证据不予认可，但其作为涉案广告发布媒体，完全有能力举证推翻广告公司主张的事实，其无正当理由拒不提供，依照《最高人民法院关于民事诉讼证据的若干规定》第七十五条的规定，应认定广告公司的主张成立，即传媒公司存在偷播、漏播行为。至于传媒公司偷播、漏播造成广告公司经济损失的数额问题，对本案处理结果无直接影响，本院不予审查，双方可另循法律途径解决。

在双方正在协商广告经营指标减少事宜，且传媒公司存在偷播、漏播行为，双方对因此造成的经济损失数额有争议的情况下，广告公司暂停按照原标准支付承包费，不属于无故未如期支付承包费。

3. 传媒公司向广告公司发出《解除协议通知函》是否发生解除涉案承包协议的效力，该协议应否继续履行。承前所述，广告公司暂停按照原标准支付承包费，不属于无故未如期支付承包费。现有证据证实，当事人双方均同意继续谈判以最终确定调整广告经营指标事宜，故双方在达成合意前均负有继续谈判的义务，任何一方不得擅自中断谈判。广告公司不存在无故未如期支付承包费的情形，传媒公司擅自中断谈判并发出通知，单方解除协议，不履行继续谈判的义务，违背了诚实信用原则，构成违约。现广告公司对该通知函有异议，在法定期间内向人民法院起诉，请求确认《解除协议通知函》无效，符合《合同法》第九十六条及《最高人民法院关于适用〈中华人民共和国合同法〉若干问题的解释（二）》第二十四条的规定，应认定该通知函不能发生解除涉案承包代理协议的效力。在双方通过谈判最终确定调整广告经营指标事宜前，涉案承包代理协议继续有效，广告公司诉请传媒公司继续履行涉案承包代理协议，有事实和法律依据，本院予以支持。

广告公司上诉请求判令传媒公司继续按照《复函》所述与广告公司签订并履行补充协议，该诉请属于二审中新增加的诉请，且传媒公司明确表示不同意在二审中一并处理，故本院不予处理，广告公司应另循法律途径解决。

【案例注解】

一、合同法中的诚实信用原则

诚实信用是民法的帝王原则，其基本含义为：当事人在民事活动中应诚实守信，正当行使权利和履行义务，不得损害他人及社会利益。《合同法》第六条规定：“当事人行使权利、履行义务应当遵循诚实信用原则。”该条确立诚实信用为合同法的重要原则。依照《合同法》第四十二条的规定，当事人在合同订立阶段如有假借订立合同，恶意进行磋商等违背诚实信用原则的行为，给对方造成损失的，要承担缔约过失责任。依照《合同法》第四十三条的规定，当事人在订立合同过程中知悉的商业秘密，无论合同是否成立，均不得泄露或者不正当使用，否则要承担损害赔偿责任。在合同履行过程中，依照《合同法》第六十条第二款的规定，当事人应当遵循诚实信用原则，根据合同的性质、目的和交易习惯履行通知、协助、保密等义务。在合同的权利义务终止后，依照

《合同法》第九十二条的规定，当事人应当遵循诚实信用原则，根据交易习惯履行通知、协助、保密等义务。双方对合同条款的理解有争议的，依照《合同法》第一百二十五条的规定，确定该条款的真实意思也应遵循诚实信用原则。可见，诚实信用原则适用于合同订立、履行、终止及终止后的全过程。合同当事人行使权力、履行义务应遵循诚实信用原则，否则要承担相应的不利后果。

二、诚实信用原则在合同变更中的应用

合同订立后，如因市场情况发生变化等原因导致合同无法实现双方的合同目的，允许当事人变更或解除合同，有利于对冲市场风险，实现合同效益，促进市场经济发展。诚实信用原则作为合同法的基本原则，当事人在变更合同过程中也应予以遵循。

依照《合同法》第七十七条第一款的规定，当事人协商一致的，可以变更合同。为应对市场情况发生变化，部分合同的当事人在签约时即约定出现某种情况，则双方可协商变更合同，如达不成变更合同的合意，则一方有权以一定代价提前解除合同。比如本案中，涉案承包代理协议第4.7条约定，在市场情况发生变化时，广告公司有权要求调整广告经营指标，如双方无法就此达成一致，广告公司有权以放弃保证金及一个月承包费为代价，提前解除该协议。则在广告公司要求调整广告经营指标时，传媒公司负有及时答复广告公司要求的义务，不得以不正当理由拖延答复或拒绝协商，否则广告公司将丧失通过提前解除协议应对市场变化的机会，拟定该条款的目的将落空。在本案中，广告公司多次向传媒公司发函要求调整广告经营指标，其提交的证据也佐证了整体经营环境恶化的事实，传媒公司收函后，先是拖延答复，进而又无正当理由拒绝变更，最后在无可辩驳的事实面前，承认整体经营环境恶化的事实，原则上同意广告公司提出的广告经营指标调低的意见，提出以双方确认后签订的补充协议为准，并要求广告公司提供相应的依据供传媒公司研究决定。可见，传媒公司以不正当理由拖延答复或拒绝协商，违背了诚实信用原则，导致广告公司无法提前解除涉案协议，以应对市场变化。

承前所述，双方达成合同变更的意向，并约定继续谈判以确定合同变更的具体内容。广告公司根据《复函》要求向传媒公司送达《关于调减市台广告经营指标的数据报告》，表明双方实际上已经开始了协商。双方在达成合意前均负有继续谈判的义务，任何一方不得擅自中断谈判。在双方未通过谈判最终确定调整广告经营指标事宜前，传媒公司擅自中断谈判并发出通知，单方解除协议，不履行继续谈判的义务，违背诚实信用原则，构成违约。需要说明的是，广告公司是基于对传媒公司《复函》（即原则上同意从2017年6月1日起将广告经营指标减少至6000万元/年）的信任，才未行使提前解除涉案协议的权利，其信赖利益应受到保护。传媒公司如无正当理由，不得拒绝按其承诺的标准调低广告经营指标。该行为类似于假借订立合同，恶意进行磋商的行为，违背诚实信用原则，但因发生在合同订立后，故不构成缔约过失责任，而构成违约。

三、诚实信用原则在合同约定解除中的应用

依照《合同法》第九十三条的规定："当事人协商一致，可以解除合同。当事人可以约定一方解除合同的条件。解除合同的条件成就时，解除权人可以解除合同。"当事人在确定约定解除条件是否成立，行使约定解除权时，也应遵循诚实信用原则。本案中，根据涉案协议的约定，在广告公司无故未如期支付约定承包费的情况下，传媒公司才享有单方解除权。换言之，即使广告公司存在未如期支付承包费的情况，如其有正当理由，传媒公司也无权单方解除涉案承包代理协议。需要说明的是，即使涉案协议并未限定必须为"无故未如期支付承包费"，根据诚实信用原则，如广告公司有正当理由未如期支付承包费，传媒公司仍无权行使约定解除权。

本案中，广告公司主张其不存在"无故未如期支付承包费"情形，主要理由如下：(1) 双方正在协商广告经营指标减少事宜；(2) 传媒公司存在偷播、漏播行为，该部分实际商业广告收入可抵扣广告公司当月应付的承包费。关于第一个理由，前文已探讨，不再赘述。关于第二个理由，广告公司为证明其主张，提交了央视市场研究股份有限公司出具的监测报告，传媒公司对该证据不予认可，但其作为涉案广告发布媒体，完全有能力举证推翻广告公司主张的事实，其无正当理由拒不提供，依照《最高人民法院关于民事诉讼证据的若干规定》第七十五条的规定，应认定广告公司的主张成立，即传媒公司存在偷播、漏播行为。至于传媒公司偷播、漏播造成广告公司经济损失的数额问题，对本案处理结果无直接影响，可不予审查，双方可另循法律途径解决。

在双方正在协商广告经营指标减少事宜，且传媒公司存在偷播、漏播行为，双方对因此造成的经济损失数额有争议的情况下，广告公司暂停按照原标准支付承包费，不违反诚实信用原则，不属于无故未如期支付承包费。传媒公司擅自中断谈判并发出通知，单方解除协议，不履行继续谈判的义务，违背了诚实信用原则，构成违约。该通知函不能发生解除涉案承包代理协议的效力。在双方通过谈判最终确定调整广告经营指标事宜前，涉案承包代理协议继续有效。

【相关法条】

《中华人民共和国合同法》第六条、第九十六条第一款；

《最高人民法院关于适用〈中华人民共和国合同法〉若干问题的解释(二)》第二十四条。

一审合议庭成员：陈伟清　林　静　朱穗芳

二审合议庭成员：韩　方　庞智雄　李　琦

黄某诉高某民间借贷纠纷案

张筱锴　谢春晖*

【裁判要旨】

出借人持借款合同、转账凭证、收据等提起民间借贷诉讼，借款人对借贷事实提出合理质疑，抗辩称存在“套路贷”违法行为并提供一定证据予以佐证的，可责令当事人本人到庭接受询问，适当加大对借贷资金来源及后续流向的调查取证力度，并结合借贷双方的关系、有无暴力催收或者软暴力索债等情况，甄别涉案借贷是否涉嫌“套路贷”违法犯罪。经审查，民间借贷行为本身涉嫌“套路贷”犯罪的，应当裁定驳回起诉，依法将涉嫌犯罪的线索、材料移送侦查机关。为便利侦查机关收集、固定证据，避免“打草惊蛇”，也可以先将相关线索、材料移送侦查机关，待侦查机关立案并采取必要侦查措施之后，再裁定驳回起诉。

【关键词】 套路贷　借贷关系合法性　涉黑涉恶犯罪线索移送

【案件索引】

一审：广州市海珠区人民法院（2017）粤0105民初9919号（2018年1月5日）；

二审：广州市中级人民法院（2018）粤01民终5316号（2018年9月18日）。

---

* 张筱锴——广州市中级人民法院金融审判庭三级高级法官；谢春晖——广州市越秀区法院金融审判庭一级法官。

【基本案情】

原告黄某诉称：高某于2017年8月5日向黄某借款33000元，约定月利息为2%，借款期限两个月，有高某当天出具的《借款合同》《借据》《收据》等为证，黄某当天向高某转账33000元。高某到期未还款，故诉请判令高某偿还借款本金33000元并支付利息和律师费。

被告高某辩称：黄某的行为属于“套路贷”，高某实际只借款8250元，并非黄某所称33000元。高某是通过QQ群的借贷中介介绍认识黄某的。黄某自称某投资有限公司（下称投资公司）员工，将高某带到投资公司借款。《借款合同》《借据》《收据》中的金额33000元是根据黄某的要求填写，但借款期限、日期、利率及出借人的名字在高某签名时均为空白。黄某当天向高某转账33000元后，又自行操作高某手机从高某账户转出24750元至高某不认识的案外人王某账户。高某已就此向公安机关报案，但因纠纷已由法院作为民事案件受理，且黄某拒绝前往派出所配合调查，故派出所未予立案。高某为证明其主张，提供了投资公司进行微信放贷的广告截图以及自己曾经受到暴力“索债”的照片等证据。

广州市海珠区人民法院（以下简称“海珠法院”）经审理查明：2017年8月5日，黄某与高某签订《借款合同》，约定：高某向黄某借33000元，借款期限2个月，借款利率每月2%，按月支付利息，合同到期一次性还清本金；如因履行合同发生纠纷，任何一方起诉所产生的费用包括借款本金、利息以及维权费用、律师费、法院受理费、违约金等由败诉方支付；本合同签订地为广州市海珠区；等等。同日，高某签署《借据》《收据》各一张，确认收到黄某的借款33000元。黄某于2017年8月5日21时18分许，通过民生银行的账户向高某转账33000元。海珠法院判决支持黄某的诉讼请求。判后，高某不服，向广州市中级人民法院（以下简称“广州中院”）提起上诉。

二审补充查明如下事实：

1. 高某一审提交的个人账户交易明细显示，黄某账户于2017年8月5日21：13：20收到案外人张某转账支付的33000元（当天黄某账户从张某处接收的款项金额合计215000元）；同日21：18：44黄某账户向高某账户转账支付33000元；同日21：20：02高某账户向案外人王某账户转账支付24750元。为进一步查明案件事实，广州中院委托广东省汕头市中级人民法院调取了王某上述收款账户在本案借款发生前后各三个月（即2017年5月5日至同年11月5日）的银行流水记录。经统计发现，本案借款发生当天即2017年8月5日，王某账户共向张某账户转账支付106600元；而在本案借款发生前后各三个月（即

2017年5月5日至同年11月5日)，王某账户向张某账户转账支付的金额合计4443600元；另在2017年8月3日，王某账户向黄某账户转账支付45000元。

2. 2018年1月10日，高某父亲高某新以黄某一行到其住所，采取棍敲铁门闹事、张贴还款告示等方式暴力催收本案债务，以构成侵权为由，向海珠法院起诉，要求黄某承担侵权责任。海珠法院经审理，认定黄某的行为侵害了高某新的人格权，并于2018年4月20日作出（2018）粤0105民初704号民事判决，判令黄某赔偿高某新医疗费及精神损害抚慰金共2210元。该判决现已发生法律效力。

二审中，广州中院先后三次传票传唤，并一再电话告知黄某的代理律师，要求黄某本人到庭，就本案相关事实接受询问。但黄某本人均未到庭。黄某代理律师出庭应诉表示，其已无法联系黄某，也拒绝当庭致电黄某核实本案事实；至于何时开始与黄某失去联系，该代理律师表示不清楚，并称黄某不认识王某。

高某围绕其上诉请求提交了其于2017年12月20日向广州市公安局海珠区分局赤岗派出所报案的报警回执，拟证明其曾就涉案债务向公安机关报案。广州中院经过两次庭询，发现黄某始终拒不到庭接受询问，又通过对借贷资金的来源和后续流向的审查以及关联案件的检索后认为，本案确实存在“套路贷”诈骗犯罪嫌疑，遂通过该院“扫黑除恶”专项斗争领导小组办公室将涉嫌犯罪的相关线索、材料移送公安机关。之后不久，高某向该院提交了广州市公安局荔湾区分局的受案回执和立案告知书，以此证明公安机关已就高某被黄某诈骗一案于2018年6月29日进行立案侦查。其中，立案告知书记载，高某被诈骗一案，广州市公安局荔湾区分局认为有犯罪事实发生，需要追究刑事责任，已立刑事案件侦查。现该案正在进一步侦查当中。

【裁判结果】

广州市海珠区人民法院于2018年1月5日作出（2017）粤0105民初9919号民事判决：一、高某在一审判决生效之日起10日内向黄某偿还借款本金33000元，并从2017年8月5日起至实际还清之日止按月利率2%计付利息给黄某；二、高某在一审判决生效之日起10日内向黄某支付律师费6000元。判后，高某不服，提起上诉。广州市中级人民法院于2018年9月18日作出（2018）粤01民终5316号民事裁定：一、撤销广东省广州市海珠区人民法院（2017）粤0105民初9919号民事判决书；二、驳回黄某的起诉。

【裁判理由】

广州中院生效裁定认为：合法的借贷关系受法律保护；相反，如果借贷行为不真实、不合法，甚至是一方为了达到非法侵占对方财物的目的，假借民间借贷之名，采取欺诈、胁迫等手段所实施的，那么，不但当事人的借贷关系和权利主张得不到法律的确认和支持，相关不法行为人也将因此受到法律严惩。

根据讼争双方的诉辩意见，本案二审的争议焦点就在于，双方是否存在真实、合法的借贷关系。黄某为了证明高某向其借款33000元的事实，向一审法院提供了《借款合同》《借据》《收据》等债权凭证及银行流水等款项交付凭证。不可否认，以上证据已经形成证据链条闭环。但在高某对上述债权凭证的出具背景、实际收取的借款金额、当事人之间的关系等提出合理质疑，并提供了报警回执、个人账户交易明细、投资公司进行微信放贷的广告截图以及自己曾经受到暴力“索债”的照片等证据予以佐证的情况下，作为出借人的黄某，仍然有义务出庭对案件事实作出说明。然而，经二审法院三次传票传唤，黄某本人均无正当理由拒不到庭接受询问。黄某的行为有悖其作为一名“债权人”的正常反应，依照《最高人民法院关于适用〈中华人民共和国民事诉讼法〉的解释》第一百一十条“人民法院认为有必要的，可以要求当事人本人到庭，就案件有关事实接受询问。……负有举证证明责任的当事人拒绝到庭、拒绝接受询问或者拒绝签署保证书，待证事实又欠缺其他证据证明的，人民法院对其主张的事实不予认定”的规定，由此产生的不利后果，亦应由黄某自行承担。

高某一审提交的个人账户交易明细显示，2017年8月5日，黄某向高某转账支付的33000元来源于当天案外人张某的转账，高某账户在收取该33000元后不到两分钟，即向案外人王某转账支付了24750元；而二审调取的银行流水记录显示，仅仅在2017年8月5日这一天，王某账户就向张某转账支付了106600元，且在此前后各三个月时间里，王某账户向张某转账支付的金额高达4443600元；2017年8月3日，王某账户直接向黄某账户转账支付45000元的事实，也进一步说明黄某代理律师关于黄某不认识王某的说法不能成立。由此可见，黄某向高某“出借”的资金大部分已经回流，高某能够支配的借款实际上只有8250元。

再者，根据海珠法院（2018）粤0105民初704号民事判决，黄某等人在本案债务出现“逾期”后，曾采取暴力手段或者软暴力手段进行催收，滋扰借款人及其近亲属的正常生活秩序，以此向后者施压。以上通过签订虚高借款合同虚增债务，制造银行流水痕迹，借助暴力或者软暴力手段索债，进而提起民事诉讼，企图将不法行为合法化，并利用司法程序实现非法目的的行为，已经完全符合近年来在个别地方盛行的“套路贷”的基本特征。现广州市公安局荔湾区分局就高某被黄某诈骗一案已立刑事案件侦查，这表明公安机关认为有犯罪事实发生，需要追究刑事责任。根据《最高人民法院关于在审理经济纠纷案件中涉及经济犯罪嫌疑若干问题的规定》第十一条“人民法院作为经济纠纷受理的案件，经审理认为不属经济纠纷案件而有经济犯罪嫌疑的，应当裁定驳回起诉，将有关材料移送公安机关或检察机关”的规定，法院已将本案涉嫌犯罪的线索、材料移送公安机关，现对于黄某的起诉，依法予以驳回。

【案例注解】

近年来，黑恶势力涉足民间借贷市场，频繁制造“套路贷”侵占借款人权益，手段极其恶劣，影响社会和谐。本案能够解决民间借贷案件审理中“套路贷”认定困难的问题，为民事法官破解“作案套路”厘清思路，通过加强借贷事实审查，斩除黑恶势力伸向民间借贷市场的利爪，彰显扎实推进“扫黑除恶”专项斗争的决心。

一、案件审理思路

从行为特征上看，“套路贷”主要表现为以民间借贷为名，通过“虚增债务”“伪造证据”“恶意制造违约”“收取高额费用”等方式，再借助民事诉讼程序，企图将不法债务合法化，进而达到侵占他人财物的不法目的。由于民事诉讼采取优势证据规则，而不法分子往往能提供借款合同、银行流水等较为完整的证据链条，如何查证“套路贷”成为困扰各地审判实践的难题。本案是广州法院系统民事纠纷中审查出“套路贷”犯罪线索并移送公安机关，最终成功捣毁“套路贷”团伙的第一案，对“套路贷”的甄别和处理提供了新思路：一是根据细节中发现的疑点，传唤当事人本人到庭。在借款人对债权凭证的出具背景、实际收取的借款金额、当事人之间的关系等提出合理质疑，并提供一定证据予以佐证的情况下，要求出借人本人到庭接受询问，否则承担相应的不利后果。二是加大力度查证借贷资金的来源与流向。借贷资金通过案外人账户进行过账或到账后即时转至案外人账户，而双方均称不认识案外人的，可通过调取案外人账户流水，判断其与出借人有无交易往来，分析是否存在“签订虚假借款合同”“制造银行流水”的情况。三是利用司法大数据辅助认定。检索当事人的涉诉信息，分析放贷人的出借能力、资金规模与放贷手段，查找有无因暴力催收引起的关联案件。四是多方联动展开打击。发现存在“套路贷”犯罪嫌疑的，积极联合公安机关进行处理，为避免“打草惊蛇”，可以先将相关线索、材料移送侦查机关，待侦查机关立案并采取必要侦查措施之后，再裁定驳回起诉。

二、裁判要点说明

以当事人主张存在“套路贷”、对借贷事实提出合理质疑并进行基本举证为审查前提，符合司法的谦抑性和辩论主义诉讼原则，避免“套路贷”认定泛化而导致借贷双方利益保护失衡。另外，对于民事纠纷涉嫌经济犯罪的，审判实践中多是先驳回起诉，后将犯罪有关材料移送侦查机关。本案提出必要时先将犯罪线索、材料移送侦查机关，待侦查机关进行刑事立案并采取必要侦查措施之后，再裁定驳回起诉的新思路，是着眼“套路贷”相关犯罪团伙作案、证据隐蔽、通常借助民事诉讼实现不法目的的特点，既避免“打草惊蛇”，又通过民事案件“审理”为侦查工作“打掩护”，防止不法分子转移、销毁证据，确保打击活动顺利进行，同时起到震慑作用，使试图借助民事诉讼实现非法目的的不法分子有所忌惮。

【相关法条】

《最高人民法院关于适用〈中华人民共和国民事诉讼法〉的解释》第一百一十条、第三百三十条；

《最高人民法院关于在审理经济纠纷案件中涉及经济犯罪嫌疑若干问题的规定》第十一条。

一审合议庭成员：陈文玲　钟木兰　侯月卿

二审合议庭成员：张筱锴　邹迎晖　吴晓炜

陈某玲诉东莞某光电股份有限公司证券虚假陈述责任纠纷案

——诱空型证券虚假陈述的责任认定

庄晓峰　辛　野*

【裁判要旨】

目前对于诱空型虚假陈述行为并无明确规范，当发生信息披露义务人隐瞒重大信息的虚假陈述时，应当以一般理性投资人的标准，结合被隐瞒重大信息的事件本身、潜在收益、概念题材等因素来综合认定虚假陈述行为属于诱空型还是诱多型。当虚假陈述行为可能导致市场和投资人作出错误判断而卖出股票时，应当认定为诱空型虚假陈述。诱空型虚假陈述并不能直接适用《最高人民法院关于审理证券市场因虚假陈述引发的民事赔偿案件的若干规定》第十八条的规定，但可以参照该条规定，以虚假陈述实施日、揭露日与卖出股票的时间节点关系来认定二者的因果关系。计算损失时，由于诱空行为导致在实施日之后、揭露日之前的股价偏低，因此投资者的买入行为获益，虽然因卖出行为产生了潜在红利损失，但一买一卖损益同销，投资者并无损失。只有当实施日之后、揭露日之前卖出大于买入时，投资者方有损失可请求赔偿。

【关键词】诱空型虚假陈述　因果关系　责任认定　损失计算

*　庄晓峰——广州市中级人民法院金融庭四级高级法官；辛野——广州市中级人民法院金融庭法官助理。

【案件索引】

一审：广东省广州市中级人民法院（2018）粤01民初731号（2018年11月27日）。

【基本案情】

原告：陈某玲

被告：东莞某光电股份有限公司（以下简称“某光电股份公司”）

原告陈某玲诉称，某光电股份公司的虚假陈述行为导致其投资损失，请求：（1）某光电股份公司赔偿陈某玲损失1317456.8元；（2）某光电股份公司承担本案的诉讼费及公证费。

被告某光电股份公司辩称：（1）陈某玲提供的证据不能证实其是本案适格主体。（2）某光电股份公司的行为属于诱空型虚假陈述行为，不属于《最高人民法院关于审理证券市场因虚假陈述引发的民事赔偿案件的若干规定》（以下简称《若干规定》）的赔偿范围。（3）即使陈某玲主体适格，其投资损失也是因其他因素造成，与某光电股份公司的虚假陈述行为无因果关系。

法院经审理查明：某光电股份公司成立于1994年11月7日，经批准在深圳证券交易所中小企业板上市，证券简称为勤上股份，证券代码为002638。

2016年9月30日，某光电股份公司（甲方）与成都高达投资发展有限公司（以下简称“成都高达”或“乙方”）签订《2016年意向书》，约定：本次收购标的为成都高达持有的成都七中实验学校。标的公司估值合计不超过19亿元人民币，具体确定的最终交易价格由甲、乙双方根据评估机构的评估结果协商确定。本次交易采用100%现金方式收购，即由甲方通过自筹或定向增发方式募集资金，以现金收购方式取得标的公司。本次交易完成后，甲方直接或间接拥有标的公司100%的股权。乙方及标的公司实际控制人对投资后3年限期内的净现金流收益业绩进行承诺，初步确定为2017年9800万元、2018年10300万元、2019年10800万元，2016年不低于9000万元，业绩承诺及业绩核定方式以最终双方正式协议约定为准。如果标的公司未能达到承诺业绩，乙方应对甲方进行补偿或对标的公司股权进行回购。

2017年2月3日，某光电股份公司发布《关于重大事项停牌的公告》，公布：拟筹划股权收购事宜，标的资产属于教育行业，预计金额已达到股东大会审议的标准。鉴于该事宜尚存在不确定性，为保证公平信息披露，维护投资者利益，避免造成公司股价异常波动，经公司向深圳证券交易所申请，公司股票于2017年2月6日开市起停牌。

2017年2月17日，某光电股份公司（甲方）与成都高达（乙方）签订《2017年意向书》，约定：本次收购标的为成都高达持有的成都七中实验学校。标的公司估值合计不超过19亿元人民币，具体确定的最终交易价格由甲、乙双方根据评估机构的评估结果协商确定。本次交易甲方拟采用发行股份与支付现金相结合的方式或100%现金收购的方式取得标的公司。本次交易完成后，甲方直接或间接拥有标的公司100%的股权。乙方及标的公司实际控制人对投资后3年限期内的业绩（净现金流）进行承诺，初步确定为2017年9800万元、2018年10300万元、2019年10800万元，2016年不低于9000万元，业绩承诺及业绩核定方式以最终双方正式协议约定为准。如果标的公司未能达到承诺业绩，乙方应对甲方进行补偿或对标的公司股权进行回购。

2017年3月11日，某光电股份公司发布《关于重大资产重组停牌进展的公告》，公布：经向深圳证券交易所申请，公司股票于2017年2月6日开市起停牌，并披露了《关于重大事项停牌的公告》。经有关各方论证，公司初步确认本次筹划的股权收购事宜构成重大资产重组。公司本次拟收购成都高达100%的股权，进而间接收购成都高达持有的成都七中实验学校100%的股权。截至公告日，本次交易的具体方案、相关交易方式及架构正在协商过程中，尚未最终确定。同时，公司及相关各方积极推动本次交易事项涉及的审计、评估尚有部分工作未完成。为避免公司股价异常波动，维护广大投资者利益，公司股票将继续停牌。

2017年4月2日，某光电股份公司（甲方）与西藏圣睿希望文化发展有限责任公司（乙方一）、成都冠城投资股份有限公司（乙方二）、成都高达（乙方三）、洪清宜（丙方）、东莞勤上集团有限公司（以下简称“勤上集团”或“丁方”）签订《〈收购及投资意向书〉补充协议》，鉴于：甲方是已在深圳证券交易所上市的股份有限公司，丁方是甲方的控股股东。乙方合计持有成都高达100%股权，成都高达系成都七中实验学校的举办者。丙方系乙方实际控制人。约定：乙方及丙方同意甲方以现金方式，收购乙方持有的高达投资90%股权（以下简称“本次交易”或“本次收购”）。收购完成后，甲方持有成都高达90%股权并间接持有成都高达举办的成都七中实验学校90%的权益（以下简称“标的资产”）。本次收购标的资产价款共计176000万元（以下简称“收购价款”）。成都七中实验学校2017年度至2019年度（以下简称“业绩承诺期”）三年业务分为两个部分，具体如下：（1）经营性业绩部分：成都七中实验学校未来三年承诺的经营性结余分别为2017年度9800万元、2018年度10300万元、2019年度10800万元（承诺经营结余）。业绩承诺期内，如成都七中实验学校年度实际实现的经营性结余低于承诺经营结余，则乙方及丙方向成都七中实验学校以现金方式进行业绩对赌补偿，应补偿金额 =（承诺经营结余 - 实际经营结余）/3 × 12.4。乙方及丙方须在每年成都七中实验学校年度审计报告出具后的5个工作日内，将补偿金额支付至成都七中实验学校账户。（2）关于投资收益部分：截至本次交易交割日，成都高达与成都七中实验学校持有的5亿元现金未来三年承诺的投资收益分别为2017年度2000万元、2018年度4000万元、2019年度4000万元（承诺投资收益），承诺投资收益部分由丁方承担对赌补偿义务。业绩承诺期内，如成都七中实验学校年度实际实现的投资收益（实际投资收益）低于承诺投资收益，则由丁方负责差额补足。丁方履行差额补足义务后，视为完成承诺投资收益。乙方同意将其持有的成都高达10%的股权质押给甲方或甲方指定的基金，作为本协议第三条约定的成都七中实验学校2017年度至2019年度经营性业绩对赌的担保。

同日，某光电股份公司（甲方）与西藏圣蓉希望文化发展有限责任公司（乙方一）、成都冠城投资股份有限公司（乙方二）、成都高达（乙方三）、洪清宜（丙方）、勤上集团（丁方）签订《关于收购股权相关事项的备忘录》，约定：在业绩承诺期内，如成都七中实验学校相应年度实现的经营性结余低于该年度的承诺经营结余，则乙方可通过捐赠等形式对成都七中实验学校该年度经营性结余予以差额补足；乙方如补足该年度承诺经营结余，甲方豁免该年度乙方及丙方对成都七中实验学校的经营结余的对赌补偿责任。

2017年4月22日，某光电股份公司发布《关于重大资产重组停牌进展公告》，公布：公司于2017年4月21日收到交易对方发出的相关《终止协议》讨论稿，因此目前本次交易存在被交易方终止的可能性。公司将于2017年4月24日召开公司2016年度业绩说明会，对公司2016年度经营情况和公司于2017年2月6日至今的停牌情况接受广大投资者问询，公司计划在举行完毕该次说明会后，及时向深圳证券交易所申请公司股票复牌，公司预计股票将于2017年4月25日开市起复牌。该公告同时披露了某光电股份公司于2017年2月17日与成都高达签订了《2017年意向书》，2017年4月2日与西藏圣蓉希望文化发展有限责任公司、成都冠城投资股份有限公司、成都高达、洪清宜、勤上集团签订《补充协议》《备忘录》，以及《补充协议》《备忘录》的具体内容。

2017年4月24日，某光电股份公司发布《关于公司股票复牌的公告》，公布：公司股票将于2017年4月25日开市起复牌。

2017年4月25日，某光电股份公司发布《停牌公告》，公布：公司因控股股东勤上集团、实际控制人李旭亮及其关联人李淑贤部分质押的公司股票已接近平仓线。根据《深圳证券交易所股票上市规则》等的相关规定，经向深圳证券交易所申请，公司股票自 2017 年 4 月 26 日开市起停牌。

2017 年 9 月 9 日，某光电股份公司发布《关于公司及公司股东收到证监会调查通知书暨风险提示公告》，公布：某光电股份公司、李旭亮因涉嫌信息披露违反证券法律法规，证监会决定展开立案调查。

2017 年 11 月 14 日，某光电股份公司发布《关于公司股票复牌的提示性公告》，公布：公司股票自 2017 年 4 月 26 日开市起停牌。……经公司向深圳证券交易所申请，公司股票将于 2017 年 11 月 15 日开市起复牌。

2018 年 7 月 31 日，证监会作出了（2018）73 号《行政处罚决定书》，认定某光电股份公司、李旭亮、胡玄跟、陈永洪存在以下违法事实：经前期沟通商谈，2016 年 9 月 30 日，某光电股份公司与成都高达就收购成都七中实验学校签署《2016 年意向书》。在李旭亮认可下，胡玄跟在《2016 年意向书》上签名并加盖某光电股份公司公章。双方在该意向书中就成都七中实验学校的初步估值、交易方式、业绩承诺、业绩补偿、有效期等达成初步意向。此交易属于《证券法》第六十七条规定的重大事件。根据《证券法》第六十七条第二款和《上市公司信息披露管理办法》第三十一条第一款的规定，某光电股份公司签署《收购及投资意向书》后应当及时履行信息披露义务，立即报告和公告。但某光电股份公司并未及时披露，并于 2017 年 2 月 17 日再次签订了与《2016 年意向书》主要内容基本一致的《2017 年意向书》，该意向书由陈永洪签字并加盖某光电股份公司公章。某光电股份公司于 2017 年 3 月 11 日披露公司拟收购成都高达从而间接收购成都七中实验学校，4 月 22 日才披露称于 2 月 17 日与成都高达签订了《2017 年意向书》等事宜。证监会认为，某光电股份公司未及时披露应披露信息的行为违反了《证券法》第六十三条、第六十七条以及《上市公司信息披露管理办法》第三十一条的规定，构成《证券法》第一百九十三条所述情形。作为某光电股份公司实际控制人，李旭亮的行为构成《证券法》第一百九十三条第三款所述情形。胡玄跟参与收购成都七中实验学校的筹划、实施、决策全过程，并于 2016 年 9 月 30 日在《2016 年意向书》上签名并加盖某光电股份公司公章，是某光电股份公司信息披露违法行为直接负责的主管人员。陈永洪作为某光电股份公司董事长，主要负责某光电股份公司的生产经营和日常行政工作，是某光电股份公司信息披露违法行为的其他直接责任人员。依据前述事实，证监会对某光电股份公司和胡玄跟、陈永洪、李旭亮等相关责任人员作出了相应的处罚。

2018 年 8 月 2 日，某光电股份公司发布《关于收到证监会〈行政处罚决定书〉及相关人员收到〈市场禁入决定书〉的公告》，公布了上述《行政处罚决定书》的具体内容，并称公司将在规定时间内缴纳罚款，公司及相关当事人诚恳地向全体投资者致歉。

另查明，深圳证券交易所于 2016 年 9 月 22 日发布《关于 2016 年国庆节休市安排的通知》，10 月 1 日至 10 月 7 日为节假日休市，10 月 8 日、9 日为周末休市，10 月 10 日起照常开市。

再查明，根据公开信息显示，成都七中实验学校是国家级示范性普通高中，中国四所国家级示范性普通高中样板学校之一，成都七中实验学校属于成都七中教育集团。某光电股份公司为证实其收购成都七中实验学校属于利好消息，提供了瑞华会计师事务所出具的《财务尽职调查情况报告》，该报告显示成都高达 2013 年、2014 年、2015 年、2016 年（半年）的所有者权益合计分别为 228935060.67 元、290925100.34 元、368163737.82 元、404053021.53 元；负债和所有者权益总计分别为 543320237.63 元、638156935.32 元、605046333.39 元、646594825.71 元；营业收入分别为 157220305.02 元、177176161.27 元、189108251.89 元、96232830.57 元；净利润分别为 52094324.26 元、61950039.67 元、77238637.48 元以及 35889283.71 元。

审理过程中，陈某玲主张某光电股份公司存在两次虚假陈述，第一次虚假陈述行为实施日和揭示日分别为 2016 年 9 月 30 日和 2017 年 3 月 11 日；第二次虚假陈述行为实施日和揭示日分别为 2017 年 4 月 22 日和 2017 年 9 月 9 日。陈某玲均认为某光电股份公司的虚假陈述行为属于诱多型虚假陈述，应当根据《若干规定》的规定进行审理，坚持以虚假陈述行为实施日后揭示日前持有或买入、并在揭示日后卖出或继续持有的投资差额索赔。另表示，如若本案某光电股份公司的虚假陈述行为属诱空型虚假陈述行为，其在某光电股份公司实施虚假陈述行为期间卖出股票的损失应得到赔偿。经核实，陈某玲在本案虚假陈述行为实施日至揭示日之间，买入股票数大于卖出股票数。

【裁判结果】

广东省广州市中级人民法院于 2018 年 11 月 27 日作出（2018）粤 01 民初 731 号民事判决，判决：驳回陈某玲的全部诉讼请求。

本案一审判决后，双方当事人均未提起上诉，本案民事判决已发生法律效力。

【裁判理由】

法院生效裁判认为，关于某光电股份公司对陈某玲主体资格所提异议的问题，该院已依照《若干规定》第六条第二款的规定，审查相关的证明文件，确定适格原告，故某光电股份公司关于原告主体不适格的抗辩不成立，该院不予采纳。

本案的主要争议焦点为：（1）某光电股份公司的虚假陈述行为是诱多型虚假陈述还是诱空型虚假陈述；（2）虚假陈述的实施日、揭示日如何确定；（3）陈某玲的损失与某光电股份公司的虚假陈述行为之间有无因果关系。

1. 某光电股份公司的虚假陈述行为是诱多型虚假陈述还是诱空型虚假陈述

虚假陈述行为表现为证券市场信息披露义务人违反法律规定，通过积极或消极地实施虚假记载、误导性陈述、重大遗漏和不正当披露等行为，对市场走向和投资者判断产生重大影响。依据虚假陈述行为对市场走向和投资者判断的影响模式，可将其分为诱多型虚假陈述和诱空型虚假陈述。诱多型虚假陈述表现为信息披露义务人故意违背事实真相发布虚假的利多内容信息，或者隐瞒遗漏重大利空内容信息，诱使投资者看多并买入或持续持股；诱空型虚假陈述则表现为信息披露义务人披露虚假的消极利空内容信息，或者隐瞒遗漏重大利多内容信息，诱使投资者在股价相对低位时卖出而遭受损失。

虚假陈述行为是诱多型虚假陈述还是诱空型虚假陈述的判断，关键在于其隐瞒的消息内容是利空还是利多。陈某玲主张某光电股份公司收购成都七中实验学校属于重大利空消息，但某光电股份公司主张其收购成都七中实验学校属于重大利多消息。对此，证监会（2018）73 号《行政处罚决定书》并未认定，目前法律、行政法规对于如何区分利多与利空消息也无明确规定，故须依据日常生活经验法则判断某光电股份公司收购成都七中实验学校属于利多消息还是利空消息。该院认为，判断一个消息是利多消息还是利空消息，要从一般理性投资者的角度看消息是否符合投资者对公司经营状况的预期，进而影响投资人作出积极投资决策或者消极的投资决策。一般而言，具体表现为公司利润增加、公司经营业绩好转以及其他政治、经济、军事、外交等方面对股价上涨有利的信息，符合投资人对企业经营状况良好的预期，促使投资人积极投资，刺激股价上涨的信息或因素，可以认定为利多消息。对于某光电股份公司拟收购成都高达从而间接收购成都七中实验学校的行为，首先，瑞华会计师事务所出具的《财务尽职调查情况报告》显示，成都高达在拟被收购前净利润一直为正且呈增长趋势，盈利能力较好，营业收入稳增，所有者权益持续增加，负债水平稳定，上述内容可以反映成都高达经营状况良好，属于优质标的。其次，成都高达及其实际控制人对某光电股份公司投资后三年的业绩承诺了每年高达上亿元的收益，并承诺对于业绩承诺期内业绩无法实现部分由成都高达的股东及股东的实际控制人补偿，从收益角度来看，收购之后某光电股份公司的收益有保障，投资发生亏损的风险较低。最后，从本案虚假陈述行为同期的股市表现来看，并购重组题材尤其是并购重组教育资产的概念已被股民接受，一般会被视为利多消息受到市场追捧，根据公开信息，成都七中实验学校属于成都七中教育集团，而成都七中实验学校在当地乃至全国的影响力较高，在普通民众眼中属于优质教育资源。综上，某光电股份公司收购成都高达进而间接收购成都七中实验学校的消息应当视为利多消息，某光电股份公司隐瞒重大利多内容信息，其虚假陈述行为属诱空型虚假陈述。

至于陈某玲主张以该消息公布后股价下跌反证该消息属于利空消息，该院认为，股价受多种因素影响，由果推因在逻辑上并不严谨，而某光电股份公司在揭示日后确实存在诸多影响股票价格走势的因素，陈某玲并不能举证证实某光电股份公司隐瞒拟收购成都七中实验学校的消息被披露是导致公司股价下跌的唯一因素，陈某玲等十二人的主张不足以证实该消息为利空消息，不足以采纳。

2. 虚假陈述的实施日、揭示日如何确定

（1）关于实施日。根据证监会（2018）73号《行政处罚决定书》认定的事实，2016年9月30日，某光电股份公司与成都高达签订《2016年意向书》，胡玄跟在该意向书上签名，并加盖了某光电股份公司公章，因此，某光电股份公司及公司高层应当在此时已知悉这一可能给公司造成重大影响的事件。按照证监会《上市公司披露管理办法》第七十一条关于及时披露信息的规定，某光电股份公司应当自起算日起或者触及披露时点的两个交易日内披露上述信息。根据深圳证券交易所的公告，2016年9月30日之后的两个交易日为2016年10月10日、11日，因此，某光电股份公司应当最迟于2016年10月11日披露上述信息而未披露，故本案虚假陈述实施日为2016年10月11日。

（2）关于揭示日。2017年2月3日，某光电股份公司发布公告称拟筹划股权收购事宜并于同月6日停牌，但某光电股份公司并未明确披露拟收购成都七中实验学校的信息，仅说明标的资产属于教育行业，并未更正其虚假陈述行为。2017年3月11日，某光电股份公司发布公告明确了其拟收购成都七中实验学校，由此，某光电股份公司才将其拟收购成都七中实验学校这一可能给公司生产经营带来重大影响的事件披露，是某光电股份公司第一次明确向公众披露该重大事件的时间，事件内容已被社会公众所知，故本案虚假陈述揭示日为2017年3月11日。

（3）关于陈某玲主张本案存在两次虚假陈述行为实施日及揭示日的问题。该院认为，从《行政处罚决定书》的处罚内容来看，证监会的处罚主要针对某光电股份公司未及时披露拟收购成都七中实验学校的行为，并明确"《2016年意向书》签订后，相关事项即构成应披露的重大事件"，尽管某光电股份公司与成都高达先后签订两次意向书，但某光电股份公司收购成都七中实验学校只是一个行为，在时间上因收购谈判需要有先后而已，在2017年3月11日某光电股份公司公告称拟收购成都七中实验学校后，已经将隐瞒的重大信息告知于公众，后续的《补充协议》和《备忘录》也是在之前谈判的基础上签订的，因此不构成两次虚假陈述行为，陈某玲的该主张与事实不符，不足以采纳。

3. 陈某玲等十二人的损失与某光电股份公司的虚假陈述行为之间有无因果关系

某光电股份公司拟收购成都七中实验学校属于重大利多消息，某光电股份公司未能及时披露该信息，应当属于隐瞒重大利多内容消息的诱空型虚假陈述行为。众所周知，排除证券市场系统风险、内幕交易、操纵市场等其他因素，利多消息的披露一般会带来信息红利，引起上市公司股价的上涨，但在诱空型虚假陈述中，利多消息并未被披露，并不会诱使投资人作出积极的投资决定，投资人在信息披露人隐瞒重大利多内容信息期间买入股票，其投资决定并未受该被隐瞒的重大消息的影响，买入行为与虚假陈述行为之间不存在交易上的因果关系；诱空型虚假陈述被揭示之后，投资者卖出或继续持有股票的行为是基于真实信息基础之上的投资判断，与虚假陈述没有关系，且投资人在虚假陈述行为实施日前即持有或在实施日后揭示日前买入、并在虚假陈述行为揭示日后卖出或继续持有股票，因利好消息披露（虽然是迟延披露）的时间点（即揭示日）处于其持股期间，其已经可以享受到消息红利，即使发生亏损，也失去了可以索赔的前提。

现陈某玲主张以虚假陈述行为实施后买入股票产生损失为由向某光电股份公司索赔，如前所述，其买入股票的投资交易并不是某光电股份公司未及时披露信息的行为决定的其投资决定并未受虚假陈述行为的影响，与某光电股份公司的虚假陈述行为不存在交易的因果关系，其在虚假陈述行为揭示后卖出或持有股票，利多消息系在其持股期间披露，其可以享受消息红利，虽然发生了亏损，但其投资损失与某光电股份公司虚假陈述行为之间也不存在因果关系，陈某玲诉请某光电股份公司赔偿其损失没有事实和法律依据，法院不予支持。

至于陈某玲提出在某光电股份公司实施虚假陈述行为期间有卖出股票行为，在诱空型虚假陈述行为中可获损失赔偿。一般而言，在一个有效率的证券市场里，行为人隐瞒或者迟延披露一个利多消息，产生的结果是股价低于其真实价格，从而使投资者作出错误的投资决定即卖出股票，“追涨杀跌”是投资者的一般交易模式，因此在诱空型虚假陈述行为中，虚假陈述行为与投资者卖出股票的交易决策产生的损失确实存在因果关系。但就本案而言，根据陈某玲提供的交易记录和索赔清单核实，其在本案虚假陈述行为实施日至揭示日之间，买入股票数大于卖出股票数。如前所述，陈某玲买入价没有受到诱空型虚假陈述的影响，其是在利多消息被隐瞒而股价未上涨的低位买入，虽然其卖出的时候因诱空型虚假陈述行为而未享受利多消息的红利而低价卖出，但买卖相抵，买入大于卖出，其并没有损失，即使发生损失，也并非由诱空型虚假陈述行为所引发，因此，陈某玲并没有遭受损失，其要求赔偿亦不能得到支持。

【案例注解】

由于《若干规定》仅规定了诱多型虚假陈述民事责任，[1] 所以诱空型虚假陈述民事责任并无可适用之条文。因此，本案要解决的问题有三个：一是如何认定虚假陈述行为是诱多型还是诱空型；二是诱空型虚假陈述行为的因果关系如何认定；三是诱空型虚假陈述行为的损失如何认定。

一、如何认定虚假陈述行为是诱多型还是诱空型

根据《若干规定》第十七条的规定，证券市场虚假陈述是指信息披露义务人违反证券法律规定，在证券发行或者交易过程中，对重大事件作出违背事实真相的虚假记载、误导性陈述，或者在披露信息时发生重大遗漏、不正当披露信息的行为。该条文对虚假陈述行为作出了界定和分类，但从该条文中并无法得出认定虚假陈述是诱多型还是诱空型的依据，因此认定虚假陈述行为是诱多型还是诱空型，需要结合理论与实践综合认定。

根据虚假陈述对市场影响、对投资人主观判断和投资行为的影响，可以将其分为诱多型虚假陈述和诱空型虚假陈述两类。因此认定虚假陈述是诱多还是诱空，应当根据虚假陈述对市场和投资人的影响。信息披露义务人故意违背事实真相发布虚假的利多内容信息，或者隐瞒、遗漏重大利空内容信息，诱使投资者看多并买入或持续持股，应当属诱多型虚假陈述；信息披露义务人披露虚假的消极利空内容信息，或者隐瞒、遗漏重大利多内容信息，诱使投资者在股价相对低位时卖出而遭受损失，应当属诱空型虚假陈述。因此，本案中需要区分某光电股份公司未及时披露的消息属于利空因素还是利多因素。

区分一个消息是利多还是利空因素，我们要以一般理性投资者的标准去衡量。某光电股份公司拟收购成都高达从而间接收购成都七中实验学校的消息，从一般理性投资者的角度来看，应当是利多因素。理由如下：第一，从事件本身来讲，根据当事人提供的《尽职调查报告》，某光电股份公司拟收购的目标公司成都高达经营状况良好，属于优质标的，如果收购成功合并财务报表后可能为其带来巨大利润。第二，从收益角度而言，某光电股份公司的股东与成都高达的股东签订了对赌协议，对业绩未能达标的部分由上述股东进行补偿，案涉

1　参见贾纬：《证券市场侵权民事责任之完善》，载《法律适用》2014 年第 7 期。

收购收益有保障，出现亏损的可能性较小。第三，从市场炒作概念来讲，同期股市中并购重组题材尤其是并购重组教育资产的概念已被普遍接受，一般会被视为利多消息受到市场追捧，根据公开信息，成都七中实验学校在当地乃至全国普通民众心目中都属于优质教育资源。因此，该未及时披露的信息属于利多信息，在此情况下，案涉虚假陈述行为应属于诱空性虚假陈述行为。

值得注意的是，陈某玲关于公布案涉信息后某光电股份公司股价大跌，反面证明了该消息是利空消息，某光电股份公司隐瞒利空消息属于诱多型虚假陈述的主张，这种推断属于由果推因，在逻辑上并不严谨。股价是多因一果的表现形式，可能受到多个因素的影响，有的来源于企业内部，如公司经营业绩、政府产业政策、人事变更等；有的来源于企业外部，如利率风险、汇率风险、宏观经济变化等。很多时候，股价变化并非是一个因素单一作用的结果，可能既有利空因素，又有利多因素，而股价是下跌还是上涨则要看利多和利空因素哪个作用力更大，因此案涉消息公布后出现股价下跌，并不能简单认定是案涉信消息导致的股价下跌。

二、诱空型虚假陈述行为的因果关系如何认定

由于《若干规定》是根据诱多型虚假陈述对市场和投资人影响的模型，分析和确定了诱多型虚假陈述行为与损失之间的因果关系，而本案属于诱空型虚假陈述行为，故不能适用《若干规定》第十八条以及第十九条关于因果关系认定的条文。

诱空型虚假陈述行为作为民事侵权的一种，如果适用《侵权责任法》的规定，要求投资者就行为人的虚假陈述行为与自己的投资损失之间存在因果关系进行举证是相当困难的，因为从行为人实施虚假陈述行为到投资者产生投资损失之间的因果关系链条过长，可能含有诸多因素，无异于增加了投资者的举证负担，增大了投资者败诉的风险，对投资者而言并不公平，故本案仍参照了《若干规定》第十八条的规定，适用“合理信赖”以及“欺诈市场”理论，根据某光电股份公司虚假陈述行为的实施日、揭露日与陈某玲买卖股票的日期之间的时间关系进行认定。对诱空型虚假陈述行为与投资者损失之间因果关系的认定，在彩虹精化证券虚假陈述责任纠纷一案民事判决中，按照虚假陈述实施日、揭露日与投资者买卖股票的时间节点，分六种类型进行了详细论述，[2]可以作为参考，但本案并未进行分类。

我们认为，在诱空型虚假陈述中，利多消息并未被披露，并不会诱使投资

2 见广东省高级人民法院（2015）粤高法民二终字第1066号民事判决以及广东省深圳市中级人民法院（2014）深中法商初字第59号民事判决。

人作出买入股票的决定，投资人在信息披露人隐瞒重大利多内容信息期间买入股票，其投资决定并未受该被隐瞒的重大消息的影响，买入行为与虚假陈述行为之间不存在交易上的因果关系。而在诱空型虚假陈述被揭露之后，投资者卖出或继续持有股票的行为是基于真实信息基础之上的投资判断，与虚假陈述没有关系，且投资人在虚假陈述行为实施日前即持有或在实施日后揭露日前买入，并在虚假陈述行为揭示日后卖出或继续持有股票，因利好消息披露（虽然是迟延披露）的时间点（即揭露日）处于其持股期间，其已经可以享受到消息红利，即使发生亏损，也失去了可以索赔的前提。陈某玲主张以虚假陈述行为实施后买入股票产生损失为由向某光电股份公司索赔，如前所述，其买入股票的投资交易并不被某光电股份公司未及时披露信息的行为所决定，其投资决定并未受虚假陈述行为的影响，与某光电股份公司的虚假陈述行为不存在交易的因果关系，其在虚假陈述行为揭示后卖出或持有股票，利多消息系在其持股期间披露，其可以享受消息红利，虽然发生亏损，但其投资损失与某光电股份公司虚假陈述行为之间也不存在因果关系，故陈某玲诉请某光电股份公司赔偿其损失没有事实和法律依据。至于陈某玲提出在某光电股份公司实施虚假陈述行为期间有卖出股票的行为，我们认为，一般而言，在一个有效率的证券市场里，行为人隐瞒或者迟延披露一个利多消息，产生的结果是股价低于其真实价格，从而使投资者作出错误的投资决定即卖出股票，因此在诱空型虚假陈述行为中，虚假陈述行为与投资者卖出股票的交易决策产生的损失确实存在因果关系。

三、诱空型虚假陈述行为的损失如何认定

依照《证券法》第六十九条的规定，上市公司因虚假陈述致使投资者在证券交易中遭受损失的应当予以赔偿，因此投资者请求上市公司赔偿因其诱空型虚假陈述而造成的损失有法律依据。事实上，由于利好的真实信息会在虚假陈述被揭示之前多多少少地泄露到市场上，因此投资者的卖出价中也多多少少地包含了真实的利好信息，因此相比于买入价，投资者甚至还有赚头。[3]由于投资者在此阶段以低价购入了股票，其在卖出阶段的损失，通过低价购入股票得到补偿，因此投资者没有损失。[4]换言之，当卖出股票行为因诱空型虚假陈述而导致潜在的红利损失时，虽然二者已构成因果关系，但是由于买入股票时也是在利好未公布之时，因此买入价也因诱空型虚假陈述行为而偏低，一买一卖之间投资者并无损失，属于侵权法理论中的“损益同销”，故此时投资者并无损失。

---

3 贾纬：《证券市场侵权民事责任之完善》，载《法律适用》2014年第7期。

4 樊健：《我国证券市场诱空型虚假陈述民事责任研究》，载郭锋主编：《证券法律评论》2017年卷，中国法制出版社2017年版。

而只有当虚假陈述实施日之前已经持有部分股票，而在实施日及揭露日之间卖出股票数量大于买入股票数量之时，由于部分卖出股票的红利损失无法通过“低价”买入股票的获益来弥补，才存在诱空型虚假陈述行为导致的投资损失。

根据陈某玲提供的交易记录和索赔清单核实，其在本案虚假陈述行为实施日至揭示日之间，买入股票数大于卖出股票数。如前所述，买入价没有受到诱空型虚假陈述的影响，其是在利多消息被隐瞒而股价未上涨的低位买入，虽然其卖出的时候因诱空型虚假陈述行为而未享受利多消息的红利而低价卖出，但买卖相抵，买入大于卖出，其并没有损失，即使发生损失，也并非由诱空型虚假陈述行为所引发，因此陈某玲并没有遭受损失，其要求赔偿亦不能得到支持。

【相关法条】

《中华人民共和国证券法》第六十九条；

《最高人民法院关于审理证券市场因虚假陈述引发的民事赔偿案件的若干规定》第十七条第一款。

合议庭成员：庄晓峰　王泳涌　汪　婷

某贸易公司诉广州某服装公司与盘某、李某买卖合同纠纷案

——夫妻共同出资的有限责任公司是否属于一人公司

陈舒舒　谢佩君*

【裁判要旨】

公司法并未就夫妻设立公司设定特殊规则，盘某、李某以夫妻共同财产出资成立有限责任公司，该公司出资人的财产为夫妻共同财产，其出资体是单一的，实质上为一人公司。本案判决从出资的同源性予以考量，将夫妻共同出资的有限责任公司认定为实质上的一人公司，适用《公司法》第六十三条规定：一人有限责任公司的股东不能证明公司财产独立于股东自己的财产的，应当对公司债务承担连带责任。

【关键词】夫妻共同出资　夫妻公司　一人公司　法人人格独立

【案件索引】

一审：广东省广州市增城区人民法院（2017）粤0183民初7596号（2018年3月15日）；

二审：广东省广州市中级人民法院（2018）粤01民终13451号（2018年11月12日）。

---

* 陈舒舒——广州市中级人民法院涉外庭四级高级法官；谢佩君——广州市中级人民法院涉外庭法官助理。

【基本案情】

盘某、李某是夫妻关系，同时也是广州某服装有限公司（以下简称“服装公司”）仅有的两名股东和实际经营人。2017 年 9 月 27 日，某贸易有限公司（以下简称“贸易公司”）与服装公司签订买卖合同，贸易公司依约支付了 30% 预付款，但服装公司未按时交货，构成违约。贸易公司诉请服装公司返还货款人民币 152716. 4 元，支付违约金人民币 15271. 6 元，并要求盘某、李某对上述债务承担连带清偿责任。

【裁判结果】

广东省广州市增城区人民法院于 2018 年 3 月 15 日作出（2017）粤 0183 民初 7596 号判决，判决服装公司向贸易公司返还预付款人民币 152716. 4 元，支付违约金人民币 15271. 6 元，驳回了贸易公司的其他诉讼请求。

判后，贸易公司提出上诉。广东省广州市中级人民法院于 2018 年 11 月 12 日作出（2018）粤 01 民终 13451 号判决，改判服装公司向贸易公司返还预付款人民币 152716. 4 元，支付违约金人民币 15271. 6 元，盘某、李某对上述服装公司的债务承担连带清偿责任。

【裁判理由】

广东省广州市增城区人民法院一审认为：服装公司是一间有限责任公司，盘某、李某均是该公司的股东，根据《公司法》第三条第二款“有限责任公司的股东以其认缴的出资额为限对公司承担责任；股份有限公司的股东以其认购的股份为限对公司承担责任”的规定，贸易公司请求盘某、李某承担连带责任无法律依据，不予支持。

广东省广州市中级人民法院二审认为：盘某与李某系夫妻关系，二人在夫妻关系存续期间共同出资设立服装公司。但公司登记信息未显示盘某、李某提交过财产分割的书面证明或者协议，盘某、李某也未提供证据予以证明，虽然服装公司名义上是二人投资的有限责任公司，但是由于二人的财产依法构成了不可分割的整体，股权实际处于一个所有权的控制之下，二审法院认定服装公司应为一人公司。《公司法》第六十三条规定：“一人有限责任公司的股东不能证明公司财产独立于股东自己的财产的，应当对公司债务承担连带责任。”因盘某、李某二人未到庭参加庭审，也无答辩意见，不能证明公司财产独立于股东自己的财产，应当承担举证不能的不利后果，对公司债务承担连带责任。

【案例注解】

一、夫妻公司[1]花开遍地，债权人叫苦不迭

夫妻店在我国一直有着悠久的历史渊源，不仅在古代就有家庭经营的传统，而且这样的民间家庭合伙经营模式在改革开放初期仍占据主流。《公司法》实施以来，大量的家庭合伙经营改制转型为公司形式，夫妻公司应运而生，也逐渐在特定国情下迅速发展成为中国特色之一。一方面公司法并未就夫妻设立公司设定特殊规则，另一方面夫妻公司的股东系夫妻二人，夫妻财产关系不得不受到婚姻法中夫妻财产制度的调整和规制。

夫妻公司法人人格性质问题无论是在理论上还是司法审判实务上都长期存在着争议，虽然公司法修订后，已经不存在否认夫妻公司法人资格或者认定其为合伙企业等问题，但夫妻共同财产出资如何进行股东股权区分，法人人格性质应否认定为一人公司等问题也对司法实践提出了新的挑战。因夫妻公司的特殊性，滥用公司法人人格的情况大量存在。夫妻股东与公司管理机构两位一体，虽一定程度上避免决策争端，但管理相对松散、经营更为灵活，规避了公司管理中的多重法定程序，更给股东利用公司损害债权人利益提供了活动运作空间，甚至很多市场主体在成立之初就基于规避投资风险的考虑，将配偶拉入至公司经营中来，回避设立一人公司的种种限制乃至股东责任风险，并以此达到日后逃脱债务连带责任之目的，使得债权人叫苦不迭。近年来，类似本案的债权人诉公司及夫妻二人债务连带责任的纠纷多不胜数，如何在丰富公司制度、促进市场经济繁荣和维护市场经济秩序及债权人合法利益中找到平衡，是司法实践中亟待解决的问题。

二、夫妻共同出资究竟是形式上的两人还是实质上的一人

本案的争议焦点就在于夫妻二人共同出资设立的有限责任公司是否属于一人公司。《公司法》第五十七条第二款规定："本法所称一人有限责任公司，是指只有一个自然人股东或者一个法人股东的有限责任公司。"《公司法》第六十三条规定："一人有限责任公司的股东不能证明公司财产独立于股东自己的财产的，应当对公司债务承担连带责任。"夫妻共同作为股东出资的夫妻公司是否属于一人有限责任公司，是否应当对公司债务承担连带责任，笔者有如下看法。

1. "一人公司"可分为形式意义上的"一人公司"与实质意义上的"一人公司"

实质意义上的"一人公司"是指形式上公司股东虽为复数，但公司实际上

---

1 此处讨论的夫妻公司为仅有夫妻二人作为股东的公司。

是由一名股东掌握，即公司的“真正股东”，其余的股东仅仅是为了规避法律，满足法律对股东人数要求而持有较少股份的挂名股东。

2. 夫妻二人同为股东是否应认定为夫妻人格混同值得商榷

法人人格的独立性包括了财产独立这一内涵，其法律意义在于公司享有独立财产权，并以其自身所有财产对外承责，股东则仅在其出资范围内承担有限责任，股东个人财产与公司财产的独立分离、股东有限责任的存在是公司制度存在及发展的重要原因。婚姻法关于夫妻共有财产则明确规定“夫妻在婚姻关系存续期间所得的财产，归夫妻共同所有”。[2]因此，当夫妻二人作为公司股东，甚至公司有且仅有夫妻股东时，公司法与婚姻法关于不同财产制度的规定将发生法律混同，即会出现夫妻各自持有的股权因为夫妻共同财产而混同。[3]实际上，以未分割的夫妻共同财产出资，根据民法上的共有理论，可以形成夫妻共有股权。[4]夫妻以家庭财产出资也不违反法律规定。但对于未作分割的夫妻财产进行出资的情况，现行公司法并无细化规定，换言之，引入夫或妻一方为挂名股东，其便可以根据法律规定为其单一主体设立公司的实质披上一层多投资主体的外衣，甚至据此规避连带责任，公司法的相关规定、制度设计将变得毫无意义。法律实务中，这样的夫妻公司从设立到经营管理和债权债务关系都发生了不同类型的法律纠纷，鉴于没有可供援引的确凿依据，处理效果不甚理想，司法裁判中对各方的举证要求也将高于一般的公司债权债务举证，给债权人追索正当债务增加了难度。

具体到本案来说，盘某、李某作为夫妻双方共同投资设立有限公司，在形式上股东虽为复数，但该公司实际上只有一个股权，盘某、李某利用夫妻共同财产投资设立公司，并共同行使公司管理权，就是该股权的共同享有人，实际上也只是享有一个股权。故而笔者认为，夫妻关系存续期间，除约定财产制外，夫妻双方对夫妻共同财产为共同共有，在二人未约定财产各自独立且未特别声明以各自财产出资的情况下，二人的出资应视为以夫妻共同财产出资，属于共同共有的所有权，盘某、李某作为公司唯一股东权的共同享有人，应承担一人有限公司的相应义务。

---

2 《婚姻法》第十七条规定：“夫妻在婚姻关系存续期间所得的下列财产，归夫妻共同所有：（一）工资、奖金；（二）生产、经营的收益；（三）知识产权的收益；（四）继承或赠与所得的财产，但本法第十八条第三项规定的除外；（五）其他应当归共同所有的财产。夫妻对共同所有的财产，有平等的处理权。”

3 杨凝：《夫妻公司设立若干问题研究》，载《甘肃政法学院学报》2010年第2期。

4 孙巍：《夫妻型公司的法人资格认定问题》，载《人民司法·应用》2007年第21期。

3. 如何正确区分夫妻公司与一人公司的关系并作出处理是裁判关键

一人公司的设立，其出发点在于节约创业成本，鉴于其便利性带来的风险，公司法同时规定一人公司股东不能证明公司财产独立于股东自己的财产的，应当对公司债务承担连带责任。该条款的设立目的就是避免有限责任公司的财产与个人财产发生财产混同。本案中，盘某、李某以其夫妻共有财产作为出资，虽已按照公司法的规定办理了财产转移手续，但该公司财产在只有一个所有权控制的情况下，难以避免公司财产与夫妻共同财产的财产混同。因此，盘某、李某成立的夫妻公司亦应适用一人有限公司的责任制度。

三、夫妻股东救济与债权追索“出路”各在何方

首先，根据《公司登记管理若干问题的规定》第二十三条规定：“家庭成员共同出资设立有限责任公司，必须以各自拥有的财产作为注册资本，并各自承担相应的责任，登记时需提交财产分割的书面证明或者协议。”换言之，如夫妻股东的举证要达到对抗债权人主张夫妻承担公司债务之连带责任的效果，则应依照公司法的规定完成股东出资财产转移至公司名下的法定程序，还必须证明夫妻二人已有财产分割协议或通过其他有效财产分割形式实现股东投资的独立，与实质上的一人公司作出区分，也就不存在适用一人有限公司责任制度，即无法证明公司财产独立于股东个人财产将就公司债务承担连带责任的问题。当然，如果该夫妻公司就是实质上的一人公司，其在设立过程中是否违反《公司登记管理若干问题的规定》的上述规定另当别论，但其势必在债务纠纷中承担倒置的举证责任，证明公司财产与股东财产各自独立。那么，债权人从公司追索到个人也是从上述证成过程进行反推，即适用一人有限公司的责任制度来主张债权。

然则，实践中绝大多数夫妻公司设立之初都因准备财产分割协议和其他有效书面证明手续的繁琐，而弃之不用，不论其真实目的如何，却实实在在地使得这些公司相关的纠纷变得更为复杂化。另外，如上所述夫妻股东为达到符合《公司登记管理若干问题的规定》第二十三条的规定，“只需引入挂名股东，或者提交一份名义上的书面财产分割协议即可”。[5]但实际是否分割财产很难采取行政手段予以监督，股东是否存在共有财产的状态也非公司法所着重关注的对象。因此，本案裁判即从出资的同源性予以考量，将夫妻共同出资的有限责任公司认定为实质上的一人公司，并通过举证责任倒置认定夫妻股东未举证证明公司财产独立于股东自己的财产，应当承担举证不能的不利后果，应对一人公司的债务承担连带清偿责任。

---

5 卢建华：《小议一人公司》，载《企业管理》2008年第18期。

《公司法》的立法本意是吸引和鼓励投资、发展经济、促进商业社会进步、扩大就业，但也应避免有限责任原则导致债权人的合法权益受损。本案判决直接追究夫妻股东的责任有利于保护交易相对方的合法权益，维护市场交易安全与稳定，更有利于完善公司法人制度，也在类案处理上作出探索、提供参考，为国家经济发展、良好营商环境的营造及中国特色社会主义市场经济秩序的维护准备好法律上的保护伞。

【相关法条】

《公司登记管理若干问题的规定》第二十三条；

《中华人民共和国公司法》第五十七条、第六十三条。

一审合议庭成员：董斯颖　姚　直　王荷花

二审合议庭成员：陈舒舒　徐玉宝　王碧玉

法谈法议

行政公益诉讼检察建议研究

张　晨　　彭向宇　　吕婷斐*

2017年6月新修订的《行政诉讼法》确立了检察建议在行政公益诉讼中的重要地位，标志着检察监督权在行政司法领域迎来了新的契机。随后，最高人民检察院于2018年12月对《人民检察院检察建议工作规定》进行了修改，亦增加了行政公益诉讼检察建议的相关内容。如此，检察建议在被赋予新的时代内涵的同时，必然地成为理论界和实务界关注的焦点。

检察建议是人民检察院依法履行法律监督职责，参与社会治理，维护司法公正，促进依法行政，预防和减少违法犯罪，保护国家利益和社会公共利益，维护个人和组织合法权益，保障法律统一正确实施的重要方式。[1] 以往我们多将检察建议应用于诉讼监督、社会治安综合治理等领域，而随着检察机关提起行政公益诉讼制度的确立，检察建议亦呈现出新的面貌。

一、检察建议在行政公益诉讼领域的立法新发展

（一）法定性增强

1. 适用法定。《民事诉讼法》《最高人民检察院关于刑事抗诉工作的若干意见》《人民检察院民事行政抗诉案件办案规则》以及修订前的《行政诉讼法》均将检察建议作为检察机关对人民法院诉讼活动的监督手段之一，规定了检察机关“可以”向人民法院提出检察建议的若干情形，《人民检察院民事行政抗诉案件办案规则》还规定检察机关针对国家机关、企事业单位存在制度隐患、工

* 张晨——上海市闵行区人民检察院副检察长；彭向宇——上海市闵行区人民检察院第五检察部检察官；吕婷斐——上海市闵行区人民检察院第五检察部检察官助理。

1 见《人民检察院检察建议工作规定》（高检发释字〔2019〕1号）第二条。

作人员应当追究纪律责任等情形亦可以制发检察建议。而2017年新修订的《行政诉讼法》第二十五条第四款则规定"人民检察院在履行职责中发现生态环境和资源保护、食品药品安全、国有财产保护、国有土地使用权出让等领域负有监督管理职责的行政机关违法行使职权或者不作为，致使国家利益或者社会公共利益受到侵害的，应当向行政机关提出检察建议"。"应当"一词使该条规定一跃成为强制性规范，这意味着在法定情形下，检察机关以检察建议的方式监督行政机关，是必须履行的法定职责，而不再是可以选择是否适用的监督手段。

2. 程序法定。在检察机关提起行政公益诉讼制度确立之前，有关检察建议的规定散见于几大诉讼法及相关司法解释当中，均只就适用范围加以规范，未对适用程序方面进行详细规定。继《行政诉讼法》修订后，最高人民检察院民事行政检察厅于2018年3月下发《检察机关行政公益诉讼案件办案指南（试行)》，首次以较大的篇幅对行政公益诉讼诉前检察建议制发的对象、内容、送达、回复、跟进调查五个方面的内容进行了十分详细的阐述，随后修订的《人民检察院检察建议工作规定》亦就所有类型检察建议的适用范围、调查办理、督促落实、监督管理等程序进行了统一、具体的规定，为检察建议的实际运用提供了有力的指引。

（二）强制性增强

1. 诉讼保障。长久以来，检察建议内容的实现在很大程度上依赖于接收者的自觉行动，[2]修订前的《人民检察院检察建议工作规定（试行)》第八条"被建议单位对检察建议没有正当理由不予采纳的，人民检察院可以向其上级主管机关反映有关情况"的规定，就充分体现了检察建议柔性、缺乏强制力的特征，这也是检察建议一直被理论界和实践界所诟病之处。而检察机关提起行政公益诉讼制度则进行了颠覆性的设计。根据新修订的《行政诉讼法》第二十五条第四款、《最高人民法院、最高人民检察院关于检察公益诉讼案件适用法律若干问题的解释》第二十一条第三款规定："行政机关不依法履行职责的，人民检察院依法向人民法院提起诉讼。"新修订的《人民检察院检察建议工作规定》第二十五条规定："被建议单位在规定期限内经督促无正当理由不予整改或者整改不到位的……符合提起公益诉讼条件的，依法提起公益诉讼。"上述规定通过将应诉的不利法律后果置于检察建议之后，为检察建议内容的落实提供了后续的司法程序保障，大大增强了检察建议的约束力、强制力。

2. 调查保障。如果说前述诉讼保障是以事后方式强化检察建议的强制力，

2　杨震：《检察建议独立价值功能新发展》，载《检察日报》2018年3月30日。

那么明确调查权的适用规则则是以事中方式给予检察建议强制力以基础保障。以往关于检察建议的调查取证大多停留在简单而原则性的规定，如2012年《民事诉讼法》第二百一十条规定："人民检察院因履行法律监督职责提出检察建议或者抗诉的需要，可以向当事人或者案外人调查核实有关情况。"新修订的《人民检察院检察建议工作规定》则通过第十三条、第十四条的规定系统地确立了调查核实权，明确了调查核实可以采取和不得采取的措施。而《检察机关行政公益诉讼案件办案指南（试行）》不仅对调查核实措施一一列举，还将需要调查的内容、证据收集的具体要求作了全面规定，甚至连"准备执法记录仪、相机等调查设备"之类的前期准备细节以及遇到妨害、拒绝配合调查的状况时如何处置的问题也进行了说明，这无疑从取证层面保证了检察建议的精准性和说服力，进而夯实了检察建议的强制力。

3. 权力制约。新修订的《人民检察院检察建议工作规定》第二十条规定："涉及事项社会影响大、群众关注度高、违法情形具有典型性、所涉问题应当引起有关部门重视的检察建议书，可以抄送同级党委、人大、政府、纪检监察机关或者被建议单位的上级机关、行政主管部门以及行业自律组织等。"该规定将党、政、人大等方面的监督力量引入，以更多的权力加持强化了检察建议的"分量"，从而提高了被监督单位对检察建议的重视程度，增强了检察机关的"话语权"。

（三）独立性增强

与抗诉、纠正违法通知相比，检察建议往往因其柔性监督的特点而长期处于配合、辅助和补充的从属地位，在无须或不宜提出抗诉、纠违时使用。例如，《最高人民检察院关于刑事抗诉工作的若干意见》规定："人民法院审判活动违反法定诉讼程序，但是未达到严重程度，不足以影响公正裁判，或者判决书、裁定书存在某些技术性差错，不影响案件实质性结论的，一般不宜提出抗诉。必要时可以以检察建议书等形式，要求人民法院纠正审判活动中的违法情形，或者建议人民法院更正法律文书中的差错。"2012年《民事诉讼法》第二百零九条的规定将检察建议与抗诉并行列为审判监督的两种可选手段，可谓大幅提高了检察建议的地位。2017年新修订的《行政诉讼法》第二十五条更明确将检察建议作为行政公益诉讼诉前监督的主要甚至是唯一的手段，可谓对检察建议独立性的进一步强化。从目前全国各地行政公益诉讼的实践情况来看，相比于提起诉讼，诉前检察建议在应用比例上占有绝对的优势。可见检察建议在保障公益方面发挥着更为广泛的作用，这也充分彰显了检察建议越发独立的价值。

二、行政公益诉讼检察建议在实践中突显的问题

如前所述，检察机关提起行政公益诉讼制度推动了检察建议在多个方面的发展进步，令人欣喜。但不可否认的是，其在实践适用中仍存在若干问题和矛盾。

（一）权力制衡下的“轻视”

检察机关作为法律监督机关，对行政机关进行监督制约往往伴随着各种困难和障碍。

行政公益诉讼制度实践至今，确有不少行政执法机关对检察机关制发的检察建议十分重视，积极整改，效果显著，值得欣慰。但同时也存在被监督的行政执法机关认为检察建议的内容小题大做、刻意找碴，是不切实际的“外行话”“大话”，且认为既然名叫“建议”，自然可以选择接受或不接受，从而未对检察建议给予应有的重视。此外，绩效考核压力、历史遗留问题等因素也常常导致被监督机关对检察建议产生较大抗拒。

（二）资源匮乏下的“空泛”

《检察机关行政公益诉讼案件办案指南（试行）》中对行政公益诉讼诉前程序的调查工作提出了严格要求，如“调查过程中应当使用执法记录仪等录音录像工具”等。在调查方式上，不仅规定了查阅、摘抄、复制有关行政执法卷宗材料，询问行政机关相关人员以及行政相对人、利害关系人、证人，收集书证、物证、视听资料、电子证据等传统的调查方式，还将委托鉴定、评估、审计，勘验、检查物证、现场等较为专业的调查方式纳入其中。这些规定必然要求将大量的人员和物资配备投入公益诉讼办案工作中，这对当下民行部门有限的办案力量来说可谓压力重重，何况传统的民行监督工作仍然重任在肩，更严峻的挑战还在于脑力资源。当前检察人员的知识结构以法律知识为主，而行政公益诉讼涉及四个重点领域、数十个行政执法部门，法律依据纷繁复杂，行业标准多种多样，当前检察人员的知识结构尚难以符合办案需要。这在一定程度上导致了检察建议对问题的把握不够精准，难以一针见血，即使找到问题所在，内容阐述也难以达到入木三分的程度，从而使制发的检察建议内容过于概括、说理不深、分析不透，提出的意见和建议缺乏针对性和可操作性，这样一份泛泛而谈的检察建议，既不足以让被监督的行政执法机关心悦诚服，也缺乏对整改行为的指引效果。

（三）标准不明下的“困惑”

依据新《行政诉讼法》的规定，只有在行政机关应当履职而未依法履职的前提下检察机关才能制发督促履职的检察建议。而在实践中，对未依法履职的认定缺乏较为明确的标准，这不仅可能造成检察机关在诉前审查时自由裁量的空间过大，可操作性不强，还可能导致行政机关仅做表面文章以应对审查，致使公益维护流于形式。

此外，直接侵害公共利益的主体是侵权单位或个人，而不是行政机关，即便行政机关积极履职，如侵害主体应付检查、走过场，不进行实质性的整改，或没有能力整改，也不会直接改变公共利益受损状态。另外，在不同的案件中，行政机关面临的问题、压力和考虑因素各不相同。行政机关因受制于某些因素，如自身能力人力不足、地方势力干预等无法履职时，也可能会使行政机关陷于进退两难的境地。[3]上述情况下似也难以认定行政机关怠于履职。

三、行政公益诉讼检察建议良性运作的发展方向探析

为解决检察建议在行政公益诉讼制度实践中凸显的问题，我们可从以下几个方面着手，为行政公益诉讼的良性发展提供助力。

（一）多管齐下，争取支持

《最高人民检察院、国土资源部关于加强协作推进行政公益诉讼促进法治国土建设的意见》对行政公益诉讼的监督理念进行了阐述：“检察机关提起行政公益诉讼是督促之诉、协同之诉……检察机关与行政机关目标一致，要在监督中体现支持，把监督融入支持之中。”可见，检察建议抑或后续的诉讼都只是督促行政机关履职的手段，公益目标实现的关键仍在于行政机关的主观能动性，检察建议内容的落实离不开行政机关的积极配合和理解支持。因此，有必要构建协作型检察监督机制，以减少检察建议运行的阻力。

1. 加强宣传沟通。新修订的《人民检察院检察建议工作规定》相较于旧规定，更加强调与被建议单位沟通的重要性，如第十七条第二款规定：“检察建议书正式发出前，可以征求被建议单位的意见。”第十八条第二款规定：“宣告送达检察建议书应当商被建议单位同意……听取被建议单位负责人意见……”故针对行政机关的误解和抵触心理，检察机关应当主动出击，将工作做在前头，

3　参见胡卫列、迟晓燕：《从试点情况看行政公益诉讼诉前程序》，载《国家检察官学院学报》2017 年第 2 期。

向相关行政机关宣传解读行政公益诉讼的法律规定和现实意义，办理个案时亦在制发检察建议之前与被监督机关积极开展沟通，充分听取被建议单位的意见，努力达成共识，既争取行政机关的理解，也让其充分了解行政公益诉讼诉前检察建议的性质和不接受建议、拒不履职的法律后果。同时，在制发检察建议后要及时进行跟踪回访，结合实际情况帮助被建议单位整改存在的问题，督促其建立起纠错防错的长效机制，保证监督效果落到实处。

2. 促进协作配合。检察机关需要转变固有思维，树立双赢、多赢、共赢的监督理念，既尊重行政权的运行规律，又保障检察权的合理运用，寻求检察权与行政权的平衡点，通过协作配合形成合力，切实保证政治效果、社会效果、法律效果的有机统一。有必要建立健全行政执法和刑事司法衔接机制，与国资、市场监管、规土、环保等行政机关加强协作配合，畅通信息共享渠道，在案情掌握、提前介入、案件会商等方面形成良性互动，推进社会公益的有效保护。

3. 强化制约监督。第一，严格执行检察建议联合督办制度。从当前的司法实践可以看出，党委、政府、人大的重视是行政公益诉讼顺利开展的强大助力，其奖惩并举、严格问责的做法是对检察建议的一种刚性支持，检察机关应严格执行检察建议向同级人大抄送、备案、报告制度，并定期汇报检察建议的落实情况。对向各级政府制发的检察建议、涉及行政执法中重要问题、普遍性问题的检察建议，同时抄送各级人大及其常委会。安排专人向同级人大内司委进行检察建议月度、年度情况报告，并接受人大对检察建议工作的指导、监督。建议人大常委会开展执法检查时，专项检查行政机关办理落实检察建议的情况。第二，开展检察建议公开宣告送达工作。新修订的《人民检察院检察建议工作规定》第十八条确认了现场宣告送达检察建议的方式，通过面对面送达和邀请人大代表、政协委员或特约检察员、人民监督员等第三方人员参加，提高被建议机关的重视程度。检察机关可据此规定积极开展检察建议公开宣告送达，从而强化检察建议工作实效。

（二）调配资源，壮大实力

为了满足公益诉讼对民行办案的高要求，在人员配置上，不仅应在检察机关内部调配人员充实民行部门的力量，亦可充分借助外脑，开展检察机关和行政执法机关人员双向派驻交流，或者探索建立特邀检察官助理制度、公益保护观察员制度等，将行政执法人员、具有专门知识的人才纳入进来，在行政机关行业标准、鉴定工作要点、整改方向、可行性措施等方面提供专业意见，提升公益诉讼办案团队的专业水平。

此外，还需大力开展公益诉讼定向培训，邀请专业人员、专家学者系统指导办案人员深入了解行政机关的运行形态，熟练掌握行政法律法规、地方性规章、行业规范等法律依据，熟悉掌握重点领域专业知识和公益诉讼理论知识，培养出一支说得出内行话、办得了内行事的公益保护专业检察力量的队伍。

（三）明确标准，应权通变

虽然在诉前程序调查阶段针对行政机关未依法履职的标准没有相应的规定，但《检察机关行政公益诉讼案件办案指南（试行）》在起诉条件部分规定了行政机关未依法履职的几种主要情形：行政机关收到检察建议后，明确表示不进行整改的；行政机关虽回复采纳检察建议并采取整改措施，但实际上行动迟缓、敷衍应付、没有作为的；行政机关仅部分纠正行政违法行为的；行政机关虽采取了履职措施，但履职仍不完全、不充分，无法达到监管目的，且没有进一步行使其他监管职权等。若行政机关已经依法启动行政处罚的立案、调查等程序，尚处于作出行政处罚的法定期限内，应看其是否在法定期间内作出行政处罚决定，是否存在客观障碍，不能一概认定为未依法履职。对于一些特殊情形，如恢复植被、修复土壤、治理污染等，行政机关主观上有整改意愿，但由于受季节气候条件、工期等客观原因限制，行政机关无法在检察建议回复期内整改完毕的，应当继续跟进调查。行政机关回复将采取明确可行的措施，制订详细的计划和目标，并积极准备前期工作的，检察机关应对方案的可行性进行审查，必要时可咨询专业人员意见，认为方案切实可行的，暂不提起行政公益诉讼；如在合理期限内仍未整改到位，国家利益或者社会公共利益持续处于受侵害状态，应当提起行政公益诉讼。

上述规定从正反两方面就何为未依法履职进行了规定，可以作为制发诉前检察建议时的参考标准，即在考虑行政机关主观意愿、履职完整性的同时，又要综合考虑客观可行性。因此，我们不仅要查明行政机关不依法履职的手段、后果，也要重视对不依法履职的原因和履职可能性的调查，进而在制发检察建议时切合实际地提出建议和要求。对于需要长期整改的，则需要检察机关持续性地跟进监督履职情况。对于行政机关想作为而确实难以有所作为的案件，则应充分利用现今国家自上而下大力推进公益诉讼的大形势，在做好前期调查和各方面协调工作的基础上，借助党政、媒体等多方力量，形成合力推进工作。

最高额保证人破产时保证债权刍议

李宾宾*

最高额保证担保模式在金融实务中运用广泛。随着经济下行压力加大，各类涉最高额保证合同纠纷逐渐增多。我国《担保法》第十四条规定了最高额保证合同的概念："保证人与债权人可以就单个主合同分别订立保证合同，也可以协议在最高债权额限度内就一定期间连续发生的借款合同或者某项商品交易合同订立一个保证合同。"在最高额保证人进入破产程序后，主债权或尚未届期、决算期尚未届至，此时，债权人如何向保证人主张保证权利、保证债权如何确定，成为实务上的难题。

一、申报债权

《企业破产法》第四十四条规定："人民法院受理破产申请时对债务人享有债权的债权人，依照本法规定的程序行使权利。"第四十八条第一款规定："债权人应当在人民法院确定的债权申报期限内向管理人申报债权。"破产程序启动前依法成立的债权是破产债权。在破产程序中，债权人通过企业破产法所规定的债权申报、管理人债权审查、债权人会议债权核查、人民法院裁定确认等程序，进行集体清偿。最高额保证合同债权人可以就最高额保证债权依法向管理人申报债权，通过企业破产法的规定行使权利。此点不存在异议。

问题的关键是，最高额保证法律关系中，当保证人进入破产程序时主债权未届期且被担保的主债权范围尚未达到最高额保证合同所约定的最高限额，至于破产程序受理之后，主债权数额增加部分如何在破产程序中进行债权申报并受偿，不无疑问。

---

* 李宾宾——北京大成（深圳）律师事务所律师。

二、债权人申报债权的形式

尽管现行破产立法确定了保证债权可以依法申报，实务中却创造了一些壁垒，如围绕保证债权人是否需提供生效的法律文书作为证据证明保证债权成立问题，演绎了一段保证债权人行权的曲折历程。

（一）少数观点

实务中，有观点引用《最高人民法院关于审理企业破产案件若干问题的规定》（法释〔2002〕23号）第五十五条第一款第（十）项“债务人为保证人的，在破产宣告前已经被生效的法律文书确定承担的保证责任”的规定，处理破产程序中保证债权申报问题。例如，在交通银行股份有限公司杭州西湖区支行（以下简称“交行”）与浙江清水湾置业有限公司（以下简称清水湾公司）普通破产债权确认纠纷案中，清水湾公司为交行向购房户提供按揭贷款中阶段性保证担保，在清水湾公司进入破产程序后，部分购房户尚未完全履行完毕主合同义务，此时交行向清水湾公司管理人就主债权项下余额申报债权。浙江省杭州市中级人民法院遂作出（2016）浙01民终1693号民事判决[1]指出，“交行并未向相关借款人或保证人清水湾公司宣布相关贷款提前到期，交行与该部分借款人之间的主合同尚在履行之中，主债务尚不确定，《个人房产抵押贷款合同》约定的保证人清水湾公司承担保证责任的条件亦尚未成就。原审法院依照《最高人民法院关于审理企业破产案件若干问题的规定》第五十五条第一款第（十）项的规定，未予支持交行要求确认借款人尚在正常还贷部分的贷款余额为清水湾公司破产债权的诉讼请求并无不当”。本案一审判决中“本院认为”还指出，“只有在破产宣告前已经被生效法律文书确定债务人承担保证责任的情形下，这种债权才属于破产债权”，均为二审终审判决所维持。

上述判决中，因主债权尚未最终确定、债权人缺乏生效法律文书证明权利，保证债务或有债务的地位便未被法院考虑，从而剥夺了债权人申报债权、参加破产程序的权利。

（二）主流观点

不过主流观点却认为，保证债权人申报债权不限于其债权已被生效法律文书所确定，如《广东省高级人民法院关于审理破产案件若干问题的指导意见》

1　如无例外说明，本文所引用判决均来源于中国裁判文书网；判词原文较长，为说明问题方便，判词有所精简。

（粤高法〔2003〕200号）第九条规定："保证人破产时，债权人应保证债权既可以凭生效法律文书确定债权，也可以根据保证合同申报债权。在保证人破产期间主债权尚未到期的，保证债权也可以申报，但对该保证债权应确认为临时破产债权，并在破产财产分配时按破产债权清偿比率予以预留。"

参与起草《最高人民法院关于适用〈中华人民共和国担保法〉若干问题的解释》的曹士兵先生亦认为，《最高人民法院关于审理企业破产案若干问题的规定》第五十五条第一款第（十）项之规定，并不排除其他情形的保证债权被确认为破产债权。[2]言下之意，生效法律文书确认保证债权成立仅为保证债权获得确认的一种形式，只要债权人有盖然性证据证明保证债权的成立，也可以申报并获得确认。

2019年3月27日，随着《最高人民法院关于适用〈中华人民共和国企业破产法〉若干问题的规定（三）》（以下简称《破产法解释三》）的发布实施，《最高人民法院关于审理企业破产案件若干问题的规定》第五十五条第一款第（十）项规定也因与现行规定[3]不一致而不再适用。[4]至此，主流观点得到进一步确认，即主债务未到期保证人破产的，保证债权人可以申报债权，不以取得相关生效判决等为必要条件。

2　曹士兵著：《中国担保制度与担保方法》，中国法制出版社2017年版，第186页。值得注意的是，关于这一问题，曹士兵先生的观点是发展着的。2003年，曹士兵先生曾撰文指出，《最高人民法院关于审理企业破产案件若干问题的规定》规定可以申报的保证债权"条件比较苛刻，规定以'生效法律文书'为条件""虽然规定在文字上表述为'在破产宣告前已经被生效的法律文书确定承担的保证责任'，但不能得出当然的结论，即除此之外一切保证债权都被免除。从司法实践出发，我们应当允许在司法解释确定的原则基础上规定一些例外，如债权人对主债务人的诉讼已经在进行中的情况，或者保证人对债权人也享有保证债权的情况（即实践中所说的'互保'）。"参见曹士兵：《〈关于审理企业破产案件若干问题的规定〉理解与适用》，载《法律适用》2003年第Z1期。曹士兵先生在2003年撰文时倾向于认为仍以保证债权是否取得生效法律文书作为可资申报的必要条件，虽然附有若干例外以舒缓"苛刻"条件，但相比之下，曹士兵先生在《中国担保制度与担保方法》（包括该书第三版均立场一致，见该书2015年版，第184页）一书中便未坚持保证债权以取得生效法律文书作为可资申报的必要条件，从而放宽至一般的保证债权均可以作为债权进行申报。曹士兵先生立场的转变，似乎代表了学界及实务界对该问题认识转换的风向标。

3　《最高人民法院关于适用〈中华人民共和国企业破产法〉若干问题的规定（三）》第四条第二款："主债务未到期的，保证债权在保证人破产申请受理时视为到期。一般保证的保证人主张行使先诉抗辩权的，人民法院不予支持，但债权人在一般保证人破产程序中的分配额应予提存，待一般保证人应承担的保证责任确定后再按照破产清偿比例予以分配。"

4　最高人民法院民事审判第二庭编著：《最高人民法院关于企业破产法司法解释（三）理解与适用》，人民法院出版社2019年版，第99页。

三、申报债权的范围

既然保证债权人可以申报债权，那么保证债权人申报债权的范围如何确定？这是普通保证合同与最高额保证合同中，管理人要共同面对的问题。下文笔者从普通保证合同出发，尝试分析独立性更强的最高额保证合同中保证债权的范围问题。

（一）保证合同的履行

保证合同是否适用《企业破产法》第十八条[5]关于管理人选择履行权的规定，实践中理解有所不一，在天津滨海农村商业银行股份有限公司绍兴支行（以下简称“绍兴支行”）与钱根利、绍兴县富浩纺织品有限公司（以下简称“富浩公司”）破产债权确认纠纷一案，浙江省绍兴县人民法院在（2016）浙0603民初字3706号民事判决中认为：“绍兴支行与富浩公司签订的《最高额保证合同》约定的担保债权发生期间为自2012年5月30日至2013年5月30日，本院于2013年1月11日裁定受理富浩公司破产清算申请，该合同未履行完毕，由于管理人自破产申请受理之日起二个月内未通知原告解除或者继续履行合同，合同视为解除。案涉借款发生在2013年5月21日，在绍兴支行与富浩公司签订的《最高额保证合同》解除之后，因此，富浩公司无须对案涉借款承担保证责任。”

该种观点遭到理论界与实务界主流观点的激烈批评。2018年8月24日晚，破产法专家王欣新教授口头答复笔者时明确指出，保证合同根本不属于管理人可以行使合同选择履行权的范围。无独有偶，资深破产管理人律师任一民先生持同样的立场。[6]

笔者赞成王欣新教授及任一民律师的观点，即保证合同以及最高额保证合同，均不适用《企业破产法》第十八条管理人选择履行权的规定。《企业破产法》第十八条明确规定，“债务人和对方当事人均未履行完毕的合同”，管理人有权“解除或继续履行”；而保证合同系单务合同，不属于当事人均为履行完毕的合同，因而排除管理人的选择履行权。

5 《企业破产法》第十八条第一款规定：“人民法院受理破产申请后，管理人对破产申请受理前成立而债务人和对方当事人均未履行完毕的合同有权决定解除或者继续履行，并通知对方当事人。管理人自破产申请受理之日二个月内未通知对方当事人，或者自收到对方当事人催告之日起三十日内未作答复的，视为解除合同。”

6 任一民：《最高额保证人破产　可否申报破产债权?》，载微信公众号“破产法快讯”，https：//mp. weixin. qq. com/s/SMX3A8cxYiLwaMPPSF7ykQ，最后访问于2019年2月4日。

既然管理人无权解除保证人所签订的保证合同（包括最高额保证合同），那么保证债权如何确定便成为现实问题。

（二）保证合同的到期

鉴于保证法律关系具有从属性，保证人进入破产程序时，主债权债务法律关系并不一定到期。此时，如何确定保证债权的范围，成为实务难题。

《破产法解释三》发布前，部分地方法院对保证债权人申报保证债权问题进行了探索性规定。例如，2013年7月22日，北京市高级人民法院发布实施的《北京市高级人民法院企业破产案件审理规程》第一百六十四条第一款规定："（保证人破产时的债权申报）人民法院受理保证人破产案件时，保证债权未到期的，在保证人破产申请受理时视为到期，且承担一般保证责任的保证人不享有先诉抗辩权。"北京市高级人民法院审理观点将保证合同之债适用《企业破产法》第四十六条第一款的规定视为到期，从而确定保证债权的范围。北京市高级人民法院的审理规程虽然属于地方法院发布的规范性文件，但对统一地方司法实践、对其他地区同类问题的处理具有较高的参考价值。

实务中，浙江省温州市瓯海区人民法院在（2013）温瓯商民初字第707号判决[7]中认为："由于被告属于破产重整企业，故其对原告提供担保金额的利息应计算至破产案件受理之日止。"我国破产法专家王欣新教授在其主编教材中将该案作为案例引入，似亦肯定判决观点。[8]

另外，前已提及新近实施的《破产法解释三》，已经明文规定保证债权因保证人破产而加速到期的规则。

至此，可以得出结论，保证人破产程序中，保证债权在保证人破产程序启动时对保证人视为确定；换句话说，保证人所担保的债权在破产程序启动后不存在继续增加的问题（例外的情况下可以减少，如主债务人的债务清偿行为或者债权人的债务免除行为等）。

（三）最高额保证合同中的本金最高额与债权最高额

在最高额保证合同实践中，就最高额保证合同担保范围长期存在着"本金最高额说"与"债权最高额说"两种观点。本金最高额说基于债权人保护的角度，认为仅本金可以纳入最高限额范围，在本金不超过最高限额的前提下，保

---

7 即"交通银行股份有限公司温州分行与浙江信泰集团有限公司破产债权确认纠纷案"，被告即最高额保证人浙江信泰集团有限公司，原告即债权人交通银行股份有限公司温州分行。

8 王欣新主编：《破产法原理与案例教程》，中国人民大学出版社2015年版，第172－175页；该部分由王欣新教授撰写。

证人还需承担相应的利息、罚息、违约金、损害赔偿金和实现债权费用的担保责任；债权最高额说基于保证人保护的角度，认为应将主债权及利息、罚息、违约金、损害赔偿金和实现债权的费用全部纳入最高额范围，并且最终的担保责任以最高限额为准，超过部分保证人无须再承担担保责任。

将两种观点比较可发现，本金最高额说可以使债权人的利益得到更为完整的保护，债权最高额说则有效限定了保证人的责任范围，使保证人不至于承担相对不确定的担保责任。

本金最高额与债权最高额的争议可以通过当事人约定排除。最高人民法院（2016）最高法民终595号民事判决书中即认为，双方签订的合同约定“所担保债权之最高本金余额为：人民币五千万元整”，以及主债权的范围包括了各项“因被担保债务而产生的一切费用和损失等，也属于被担保债权，其具体金额在其被清偿时确定”。因此，该案支持了本金最高额的观点。

（四）最高额保证合同的到期

我国《担保法》未对最高额保证中的决算问题进行规定，问题在于未经决算，担保人所担保的债权不能特定，债权人就无法实现其担保权。2007年实施的《物权法》第二百零六条创设最高额抵押的决算制度，通说称为“最高额抵押的确定”，似可进行比较分析。

1. 有约定的处理

据笔者检索的裁判文书以及实务了解，部分金融机构债权人（银行）在《最高额保证合同》中约定了最高额保证担保的债权确定的方法，其中有条款如“债务人、保证人被宣告破产或者被撤销”，将发生“本合同项下最高额保证担保的债权确定”之效果，如中国农业银行股份有限公司吴江分行所提供的《最高额保证合同》文本[9]、中国光大银行股份有限公司宁波分行所提供的《最高额保证合同》文本[10]等；也有部分非金融机构债权人对《最高额保证合同》作上述相同约定，如中国铁路物资广州有限公司所提供的《最高额保证合同》文本[11]等。

笔者认为，当合同约定保证人进入破产程序，最高额保证担保的债权确定时，符合《企业破产法》第四十六条第一款“未到期的债权，在破产申请受理时视为到期”的规定，应当承认其法律效力；当合同约定保证人进入破产程序

9 江苏省苏州市中级人民法院（2018）苏05民终2671号民事判决书。

10 浙江省宁波市海事法院（2017）浙72民初1783号民事判决书。

11 广东省广州铁路运输法院（2014）广铁法民初字第5号民事判决书。

后的某一时点，如被破产宣告，最高额保证担保的债权确定时，约定之效力不可简单认定，即当事人意思表示的效力范围应以《企业破产法》及司法解释规定为限，不得选择排除适用。

2. 无约定比照最高额担保合同处理的缺陷

关于最高额保证合同的到期，有观点认为应比照《物权法》第二百零六条第（六）项之规定，“债务人、抵押人被宣告破产或者被撤销”，（最高额）抵押权人的债权确定；同时结合《最高人民法院关于适用〈中华人民共和国担保法〉若干问题的解释》（法释〔2000〕44号，以下简称《担保法解释》）第八十一条规定：“最高额抵押权所担保的债权范围，不包括抵押物因财产保全或者执行程序被查封后或债务人、抵押人破产后发生的债权。”论者由此认为，最高额抵押中确定债权额的原则可以比照适用于最高额保证。

最高额抵押担保中主债权的确定，在《物权法》与《担保法解释》内部尚且存在不统一的问题，因此不能简单比照处理。《担保法解释》出台之际，我国破产立法领域所施行的立法文件为1986年颁布的《中华人民共和国企业破产法（试行）》。从法律体系而言，《担保法解释》中的“破产”与《物权法》中的“破产宣告”未必同义。特别是在《企业破产法》施行后，《担保法解释》中“抵押人破产”便从文义上被赋予了更加丰富的内涵，结合破产法语境可以解释为“受理抵押人重整程序”“受理抵押人和解程序”及“受理抵押人破产清算程序”至少三层内涵，尚不包括“宣告抵押人破产”情形。

另外，关于最高额保证债权的确定，《担保法》《物权法》及相关司法解释并没有规定可以比照适用的余地。笔者认为，相关规定的缺失或许并非立法者的疏失，不能简单比照。

《物权法》于2007年实施，且其效力位阶高于《担保法解释》，故最高额担保中主债权的确定理应依《物权法》认定。《物权法》第二百零六条第（六）项所规定“债务人、抵押人被宣告破产或者被撤销”，显然有别于《企业破产法》上的破产程序开始“破产受理”之谓，而是近乎与《企业破产法》第十章下“宣告债务人破产”同义。若将《物权法》规定“宣告债务人破产”比照适用于最高额保证中，恐与普通保证在类似问题上处理差异巨大，正当性存在疑问。

因此，最高额抵押担保中主债权的到期问题，在《物权法》与《担保法解释》层面尚有一定理解歧义，且依照现有规则无法形成合理解释时，继续遵循《物权法》《担保法解释》似无法得出有效结论。从普通保证合同本身与相关破产法规则出发，亦不失为一条可行路径。

3. 比照普通保证合同规则处理的可能性

笔者认为，前已述及的普通保证中保证债权的确定规则同样可以适用于最高额保证合同的处理。理由有二：第一，最高额保证合同与普通保证合同的区别在于最高额保证合同有最高限额的规定以及担保债务的不特定。[12]由此观之，关于破产程序中债权债务加速到期的问题，最高额保证合同与普通保证合同并无二致。第二，《破产法解释三》第四条第二款第一句之规定系对《企业破产法》第四十六条第一款进行的解释。《企业破产法》第四十六条第一款规定："未到期的债权，在破产申请受理时视为到期。"本条中的"债权"当然包括保证债权、抵押债权等一切破产债权，如此解释，既是从破产法作为特别法的规范解读，也可以避开上述比照最高额抵押合同处理的缺陷问题。

最高额保证合同因破产受理而到期（当事人约定保证人进入破产程序导致保证合同到期，效力从其约定），从而主债权范围确定，据此，保证人（也是破产程序中的债务人）对破产受理之日后发生的主债权将不再承担保证责任。法院受理保证人破产时，最高额保证债权确定，随着保证程序的推进，主债权数额因《企业破产法》第四十六条第二款规定而不再增加，但可能会因为主债务人的债务清偿、债权人债务免除、诉讼时效经过、保证期间经过等问题，导致最高额保证债权数额的减少。

结语

在破产程序中，最高额担保合同与普通担保合同均应同等适用《企业破产法》第四十六条第一款、《破产法解释三》第四条第二款之规定，最高额保证债权亦加速到期，结算期提前届满。应当注意的是，保证合同加速到期导致保证债权加速确定，并不意味着保证债权不再发生变动，在主债务人履行债务、债权人债务免除、诉讼时效经过等情形下，最高额保证债权仍然将发生一定的变动。最高额保证债权加速到期更重要的意义在于，对于破产申请受理后的主债权数额增加，保证人得免于承担保证责任。实体法上本金最高额与债权最高额的争议问题蔓延到破产法之中，使得该问题具有实体法与程序法两方面的处理难度。破产程序中应首先确定最高额担保合同之约定或解释为本金最高额与债权最高额，在此基础上适用破产程序的规则进行处理。

在民法典的编撰过程中，全国人民代表大会常务委员会分别于 2018 年 9 月 5 日及 2019 年 1 月 4 日公开发布的《民法典各分编（草案）》《民法典合同编（草案二次审议稿）》等文件中，其中对最高额抵押合同继续沿用"宣告破产"

12 曹士兵著：《中国担保制度与担保方法》，中国法制出版社 2017 年版，第 145 页。

作为抵押权人的债权确定条件之一，对最高额保证合同仅规定参照适用物权编。笔者认为，为适应现行破产法规定，当下民法典编撰应当在合同编最高额担保合同章设条文规定最高额保证合同随保证人进入破产程序而加速到期；同时，物权编也应将现行《物权法》第二百零六条第（六）项之“债务人、抵押人被宣告破产或者被撤销”，（最高额）抵押权人的债权确定，修改为“债务人、抵押人被受理破产或者被撤销”，（最高额）抵押权人的债权确定。

美国警察使用武装无人机的法律规制及对我国的启示

高荣林　付　超*

为了搜集犯罪证据、监控嫌犯，世界各国警方在侦破重大犯罪案件时大都会使用无人机（非武装化），其已经为警方打击犯罪、维护国家安全立下汗马功劳。世界各国的立法对此也明确授权，承认其合法性。

但是，在警方使用武装无人机的问题上，世界各国立法机关的态度非常明确，即禁止警方使用武装无人机，特别是携带“致命武器”的无人机。因为致命的武装无人机的使用将会给人们的生命财产安全造成巨大的威胁。虽然如此，随着武装无人机技术的运用和推广，特别是“非致命性”武装无人机技术的快速发展，美国学界和警方还是认为，“非致命性”武装无人机的使用有其社会功用。只要加以适当的限制，抑制其害，发挥其利，其还是可以保护国家安全、保障公民权利的。本文将对以上争论加以探讨，并试图提出若干措施规制警方使用武装无人机的行为。

一、武装无人机概述

一般情形下，武装可以分为致命的和非致命的。凡是能够造成他人死亡或严重身体伤害的武器装备，都被定义为致命武装。比如，警察用枪射杀嫌犯，不管是否击中嫌犯或给其造成致命伤害，都属于使用致命武装的行为。非致命武装一般不会导致他人的死亡或严重的身体伤害。比如，警方使用的泰瑟枪、

---

* 高荣林——湖北警官学院法律系副教授，法学博士，研究方向：宪法、行政法；付超——湖北省公安厅高警总队江岸大队民警。本文为基金项目“湖北警官学院专项课题”之“科技兴警之公安机关使用武装无人机打击犯罪的法律规制”（编号：ZX2019－09）的成果。

胡椒喷雾、塑料子弹等武器装备。由此，携带了非致命性武器的无人机，称之为非致命性武装无人机；携带了致命性武器的无人机，称之为致命性武装无人机。

在美国，联邦、州和地方的警察都可以在执法活动中使用无人机（非武装化），不过，目前其主要功用在于监控。虽然这些警用无人机没有装备任何类型的武器，但是，已经有无人机生产商研发了若干非致命性武装无人机，可以携带泰瑟枪、胡椒喷雾、彩弹和塑料子弹等非致命武器。南非公司 Desert Wolf 开发了一种能够携带非致命武器的无人机。该无人机可以携带四个高容量的彩弹桶，每桶每秒能发射20发彩弹。这些彩弹可以用胡椒喷雾、彩色染料或固体塑料子弹填充。该无人机还配备有“致盲激光”等非致命武器。美国先锋防御工业公司生产的“影鹰”无人机也可以配备各种非致命性的弹药，这些弹药包括“冲击弹、化学弹药弹、泰瑟枪的弹药”等。

2010年，美国国土安全部已经开始使用“捕食者”无人机（该无人机可发射两枚 AGM－114 地狱火飞弹）在美国边境巡逻，并已允许联邦调查局、特勤局、得克萨斯州巡警和其他地方执法部门在类似情况下使用该无人机。不过，目前这些无人机仅用于监视目的，而不是对嫌疑目标进行打击。[1]

2011年，美国得克萨斯州康罗市蒙哥马利县治安办公室利用联邦赠款购买了一架“影鹰”无人机。该无人机装备了“各种非致命武器系统”。警方相信配备一系列携带非致命性武器的无人机有利于挽救执法警察的生命。虽然警长办公室声称其还没有立即使用该无人机上的“非致命武器”的计划，但首席副警长兰迪・麦克丹尼尔认为，使用武装无人机“当然是我们未来愿意看到的东西”。[2]也有美国学者认为，武装无人机是美国国内执法机构（警方）未来必备的装备。[3]

2015年，北达科他州“抢先”（第一个州）通过立法授权该州警方可以在执法过程中使用非致命性武装无人机。该无人机可以携带橡皮子弹、胡椒喷雾、催泪弹、泰瑟枪等“非致命武器”。美国学界认为，随着警方对非致命性武装无人机使用需求的增长，以及非致命性武装无人机成本的降低，会有更多的州不

---

1 Chris Schlag, The New Privacy Battle: How the Expanding Use of Drones Continues to Erode Our Concept of Privacy and Privacy Rights, 13 PiTT. J. TECH. L. & POL'Y 1, 2 (2013).

2 Stephen Dean, New Police Drone Near Houston Could Carry Weapons, CLICK2HOUSTON (Nov. 10, 2011, 1: 51 PM).

3 Alexandra A. Breshears, *Use of Armed Drones by Domestic Law Enforcement: Presence and the Fourth Reasonableness Factor*, 33 Thomas M. Cooley Law Review. 183 (2016).

可避免地效仿北达科他州，通过立法授予警方使用非致命性武装无人机。[4]

二、美国各界对警方使用武装无人机的争论

美国警察的装备已经出现了军事化的倾向，这已经引起民众对警方滥用武力的担忧。随着个别州通过立法授权警方使用武装无人机，民众的担忧更甚了。这也引起了美国学界对此问题的激烈争论，主要观点大致如下。

（一）赞成武装无人机的观点

美国警方和学界为了执法警察和嫌犯的人身安全，节约执法成本，大都赞成在执法中使用非致命性武装无人机，有的学者甚至赞同使用致命性武装无人机。其主要观点如下：

一是有利于保障执法警察的人身安全，降低执法成本。毫无疑问，警方当然愿意在执法中使用携带非致命武器的武装无人机。警方坚持认为，武装无人机可以挽救警察的生命，使公众受益。使用无人机的成本也比直升机或其他飞机小得多。武装无人机将使某些侦查活动更容易、更安全、更有效。尽管令人担忧，美国的一些警局还是可能会向执法警察提供该类武装无人机，作为另一种工具来保证他们的人身安全和降低执法成本。

二是有利于警方对重点人群的控制。除了保证执法警察的人身安全和降低警方的执法成本的考虑，警方赞成使用武装无人机的理由还有：重点人群的控制。在监控抗议游行的队伍时，执法警察可以使用无人机在安全距离监控游行队伍的行进路线；使用胡椒喷雾或橡胶子弹来阻止人群越过或进入某些未经批准的地点。对于人群中实施暴力行为的个人，警方可以使用该武装无人机发射泰瑟枪来阻止其暴力行动，直到增援警察赶到现场。[5]据《印度快报》报道，印度勒克瑙的一个警察局已经开始使用非致命性武装无人机。为了控制粗暴的人群和暴徒，警察开始用胡椒喷雾装备无人机。勒克瑙警察局长声称："我们正计划利用这些无人机来控制不守规矩的暴徒，并用胡椒喷雾剂喷射他们。"[6]

三是有利于保障公民（或嫌犯）的人身安全。在1999年纽约警察枪杀Amadou Diallo一案中，四名纽约警察认为Diallo与强奸嫌疑犯的描述相符，在昏暗

---

4 Justin Glawe, First State Legalizes Taser Drones for Cops, Thanks to a Lobbyist, THE DALY BEAST (Aug. 26, 2015, 11: 15 PM).

5 Skunk Riot Control Copter, DESERT WOLF, http: //www. desert - wolf. com/dw/products/ unmanned - aerial - systems/skunk - riot - control - copter. html.

6 Riot Control Drone Armed with Paintballs and Pepper Spray Hits Market, RT NEWS (June 19, 2014, 23: 42).

的公寓大楼外，警察向他走来。Diallo不顾命令，向公寓大楼撤退，伸手去拿钱包。一名警察以为他在伸手拿武器，大喊“枪!”当时，四名警察发射了41发子弹，其中19发击中Diallo。但是，在现场没有发现Diallo携带任何武器。经过陪审团审判，所有4名警察均被宣告无罪。这个案件表明，警方往往会因为过度紧张自己的人身安全而过度使用武力。[7]

华盛顿邮报的警察枪击事件数据库显示，2015年，美国共有991人被警察射杀致死，844起案件中，警察开枪是为了保卫自己的生命安全。在仅仅42起案件中，警察开枪是为了保护他人的生命安全。在剩下的102起致命的枪击事件中，开枪的警察也不清楚是为了自己的人身安全，还是为了公众的人身安全。对警察致命枪击事件的分析表明，绝大多数此类枪击事件发生在警察自己感到生命威胁的时候。[8]

在上述“Diallo”案（或其他警察枪击案）中，如果警方可以使用无人机的话，嫌犯就不会身亡。一是因为警察不在现场或离现场有安全距离，嫌犯的异常举动，如伸手掏钱包（被执法警察怀疑拿武器）的行为不会危及执法警察的人身安全。此时，执法警察也就没有射杀嫌犯的必要。二是即使嫌犯掏出的是枪支，执法警察也可以在确认以后，再用武装无人机对其进行攻击。这样警方就不会“滥杀无辜”，从而减少公民的丧亡。另外，使用无人机可以减少执法警察与违法行为人之间的直接对抗与冲突，对抗与冲突减少，从而执法警察的人身安全威胁也随之减少，警方使用致命武器的机会也就随之减少，相应地，公民的人身安全也就可以得到更充分的保障。

（二）反对警方使用武装无人机的观点

美国的立法机构、学者们和一些公民权利保护团体大都反对警方使用非致命性武装无人机，其理由是：警方可能会滥用武力。

一是立法禁止使用武装无人机。当被问及美国警方使用武装无人机的问题时，美国联邦航空局无人机系统集成办公室主任吉姆·威廉姆斯强调，现有的法律禁止民用飞机使用武器，这些法律也同样适用于警用无人机。联邦法律规定，任何民用飞机的飞行员都不允许从飞行中的飞机上抛洒“物体”，从而对他人的人身或财产造成危害。此处的“物体”当然包括致命和非致命的武器弹药。[9]

---

7 Du Charme, The Search for Reasonableness in Use-of-Force Cases: Understand the Effects of Stress on Perception and Performance, 70 FORDHAM L. REV. 2525 (2002).

8 Ian Thresher, *Can Armed Drones Halt the Trend of Increasing Police Militarization*, 31 Notre Dame J. L. Ethics & Pub. Pol'y 455 (2017).

9 Ben Wolfgang, FAA Official: No Armed Drones in U. S., WASH. TIMES (Feb. 13, 2013).

目前，美国联邦和各州立法大都禁止警方使用武装无人机。不过，其立法也有差异：一种是禁止所有的武装无人机，不分其是否携带非致命武器。比如，加利福尼亚州无人机法案规定，除非获得联邦法律的授权，任何个人或团体不得使用能够造成身体伤害或生命死亡，或损害、毁坏动产、不动产的武装无人机。弗吉尼亚州也完全禁止使用武装无人机。另一种是只禁止携带致命武装的无人机。比如，北达科他州无人机飞行法案规定，政府执法机关禁止使用或授权他人使用携带致命武器的无人机。肯塔基州无人机飞行法案规定，除了美国陆军、空军、海军武装力量，或海岸警卫队，以及上述部门的组成机关之外，无人机不得携带致命装备。俄勒冈州的无人机法规定，公共机构不得操作能够发射子弹或其他射弹、引导激光或以其他方式用作致命武器的无人机。

二是武装无人机使警察的装备更加军事化，引起民众对其人身安全的担忧。美国有学者认为，允许警方在美国境内操作和使用武装无人机“将是警察军事化的最新、最极端的例子”。最近的一项民意测验显示，美国公众对警方持续获得军事化武器的意图表示担忧。美国公民自由联盟认为，武装无人机的使用会使警方对公众使用武力更容易，因此“武力将被更多地使用”。武装无人机也更有可能对无辜的旁观者造成伤害。2004 年，在警方开始使用“泰瑟枪”制服嫌疑犯时，大赦国际提出了以上类似的论点，即警方经常用“泰瑟枪”来对付嫌疑犯，从而过度地使用该非致命的武器。美国公民自由联盟也声称，警方正在继续过度地使用“泰瑟枪”。[10] 美国航空航天协会、联邦政府委员会也建议各州考虑“禁止任何无人机在商业领空携带武器飞行”。国际警察局长航空委员会(IACP)“强烈劝阻”警方使用携带任何武器的无人机。

三是武装无人机的使用使执法警察陷入“道德越轨”（Moral Disengagement）的困境。人们一般会遵守普遍的道德原则，而一些人则会绕开这些道德原则，使自己的行为与这些道德原则相悖，此为“道德越轨”行为。

“忽视或扭曲后果”理论认为，如果有害的结果被忽视、最小化、被扭曲或不相信，个人的道德标准就不会被激活。当一个人能够亲身体会到其行为会给他人带来痛苦时，其道德标准更有可能被激活，从而约束自己的有害行为。相反，当一个人无法亲身感受其行为对他人造成的伤害时，情况正好相反。在这些情况下，即使是高度的个人责任感对伤害行为的约束也是非常脆弱的。当操作无人机的警察不在执法现场时，他无法亲身感受到其使用武装无人机给嫌犯造成的损害和痛苦，有害的结果被忽视或最小化，导致执法警察陷入“道德越

10 Rebecca McCray & Emma Andersson, Tasers No Longer a Nan – Lethal Alternative for Law Enforcement, ACLU (May 3, 2012, 3: 39 PM).

轨”的困境，从而使其更多地使用武装无人机攻击违法者。[11]

“非人性化”（dehumanization）理论认为，与我们熟知人的痛苦相比，陌生人或被“物化”的人，更不容易引起我们的同情与怜悯。一旦我们非人道地对待他人，就会使他人沦为“物”，我们就会做出非人道的行为。在警方使用武装无人机的情形下，通过无人机的操作平台，警察看到的是执法现场违法行为人的“虚拟的图像”（而不是有血有肉、有情感、活着的行为人）。这会使操作无人机的警察陷入非人性化的对待“虚拟的违法行为人”的困境。从而将其当成视频游戏中的敌人（而不是现实社会中的人）随意射杀。[12]

总之，由于操作无人机的警察不在执法现场，从而使其陷入“忽视或扭曲后果”和“非人性化”的道德困境，最终会导致执法警察更多地使用武力。更多的武力的使用，当然会有更多的人因此受到伤害。

三、警方使用武装无人机的合宪性分析

不可否认，武装无人机的使用会给社会公众的人身安全造成更多的威胁，但是，如果该武装无人机的使用能够受到严格限制，在法律规定的情形下使用，还是可以兴利抑弊、造福社会的。在美国，为了保障公民的人身安全，执法警方使用武力是受到法律严格限制的，即警方使用武力要受到美国宪法第四修正案的合宪性检验。

在 Tennessee v. Garner 一案中，美国联邦最高法院裁定“使用致命武力阻止明显没有暴力性的嫌疑犯逃跑”是违宪的。该案中，在嫌犯（盗窃嫌疑）攀爬栅栏试图逃跑时，一名执法警察朝其头部开枪，将其打死。警方认为如果嫌犯爬上栅栏，他就会逃走。田纳西州（Tennessee）的法律规定，允许执法警察使用一切必要手段逮捕逃跑或反抗的嫌疑犯，包括使用致命武力。但是，联邦最高法院认为，州法赋予警方使用致命武器对付逃跑的非暴力嫌犯的规定是违反宪法的。法院认为，只有在执法警察有合理的理由相信，嫌犯将会给其和他人人身安全造成即刻的严重伤害时，警方使用致命武器才是合宪的。[13]

在 Graham v. Connor 一案中，美国联邦最高法院确立了在逮捕、调查截停或其他扣押嫌犯过程中过度使用武力的宪法标准。在该案中，上诉人（一名糖尿

11　Albert Bandura, *Moral Disengagement in the Perpetration of Inhumanities*, 3 PERSONALITY & SOC. PSYCHOL. REv. 193, 194, 2016.

12　Albert Bandura, *Moral Disengagement in the Perpetration of Inhumanities*, 3 PERSONALITY & SOC. PSYCHOL. REv. 193, 194, 2016.

13　Tennessee v. Garner, 471 U. S. 1, 3 (1985).

病患者）的脚、手腕、额头、肩膀等多处受伤，因为警察在进行拦停调查时怀疑他喝醉了，使用了武力。法院认为，在判定警方是否过度使用武力时，应该以宪法第四修正案的“客观合理”标准为判准。根据这一判准，应该根据执法警察面临的具体事实和环境，来考察他们使用武力的行为是否“客观合理”，而不管其根本意图或动机如何。“客观合理”的判准，要求综合考虑每个具体案件的事实和情节，包括所涉犯罪的严重程度；嫌犯是否对执法警察或他人的人身安全构成直接的严重的威胁；嫌犯是否积极反抗逮捕或企图逃跑。法院还裁定，必须从在现场的执法警察的角度来判断使用武力的“合理性”。[14]

大多数州的警察部门基本上都会遵循联邦最高法院的判决意见。当然也有一些州的警察部门提出了更详细的指导规范。比如，芝加哥警方将执法对象与警方的互动关系分为“合作者”“抵抗者”“攻击者”。当执法对象被认为是“抵抗者”时，执法警察可以对“抵抗者”采取身体强制方式进行控制。当身体强制变得困难时，警察可以使用非致命武器，如使用化学喷雾器、电警棍或警犬。如果上述武力仍然无法制服执法对象，该“抵抗者”就进入“攻击者”类别，警察可以使用冲击武器、弹药或致命武力。[15]波士顿警局将警方可以使用的武器分为：非致命武器（non – lethal force）、比致命武器损害较小的武器（less lethal force）和致命武器（deadly force），并规定了不同武器的使用范围。非致命武器适用于防御性的情形下，如警察和他人遭到违法行为人的攻击时（没有人身危险性）；警察执法遭遇身体抵抗时（抵抗不激烈）。使用“比致命武器损害较小的武器”的情形是潜在暴力局势升级等。该类武器仅限于12口径的非致命枪支和弹射弹。致命武器的适用则要符合上述“Graham”案确立的标准。[16]

警方在执法时使用武装无人机攻击嫌犯，也属于使用武力的范围。因此，警方也必须遵守上述“Graham”案确立的标准。不过，与传统武器不一样的是，武装无人机可以在警察不在执法现场的情形下发动攻击。这就与“Graham”案确立的标准之“执法现场之理性警察”要件不一致。法院确立该标准的目的是：只有执法现场的警察才能综合考量执法现场的各种因素（如对抗程度、不确定性、案件形势的快速演变等），并快速地决断是否使用武力。而不在执法现场的警察，仅仅通过无人机的操作平台，是无法精准判定执法现场的具体情形的。由于他无法感知执法现场的各种压力、对抗、焦虑等因素，相应地，也就不具

14 Graham v. Connor，490 U. S. 386，388（1989）.

15 CHI. POLICE DEP'T，The Use of Force Model，GEN. ORDER G03 – 02 – 01，CHICAGO POLICE. ORG（last updated May 16，2012）.

16 BOS. POLICE DEP'T，Rules & Procedures，RULE 303 – Use of Deadly Force（Apr. II，2003）.

备决定是否使用武力的能力。因此，要解决以上难题，在案发现场的执法警察应该综合考量案发现场的所有情形，然后作出是否使用武装无人机攻击嫌犯的决定，并通知不在案发现场操作无人机的警察是否使用武力。

与此相应的另一问题是，由于操作武装无人机的警察不在执法现场或距离执法现场有安全距离，上述"Graham"案确立的标准之"对执法警察或其他人的人身安全构成直接威胁"该如何判定？警察不在执法现场，不会危及其人身安全，所以警方不能使用武装无人机。但是，嫌犯还是可以对警察之外的公民的人身安全造成即刻的严重威胁。因此，如果警方使用武装无人机时，嫌犯的行为符合上述要件（如嫌犯开车撞向人群或向人群开枪射击），警方仍然可以使用武装无人机攻击嫌犯，保护公民的人身安全。

总之，虽然使用常规武器与使用武装无人机携带的武器的方式不同（警察在场与不在场），但是，它们都属于武器的范畴。因此，警方使用武装无人机的行为仍然要受到"Graham"案确立的标准的检验。

四、美国学者提出的警方使用武装无人机的指导意见

为了规范警方使用武装无人机，保障社会公众的人身安全，美国有些学者提出了一些武装无人机使用的指导意见（或政策）。

有学者提出了警方使用武装无人机的建议：一是武装无人机的操作系统要及时更新。二是警方配备的武装无人机应该有警方的统一标识，便于民众辨认。三是武装无人机应该配备广播，与现场执法警察或嫌犯进行对话。四是警方在每次使用武装无人机前应该进行检查和认证，确保无人机能够适航，检查过程应详细记录在案。五是操作无人机的警察应提交使用无人机的详细记录，包括飞行记录、监视记录和必要时使用武力的报告。六是所有参与无人机使用武力事件的警察都应该提供详细的报告。[17]

还有学者提出了警方使用武装无人机的相关政策：一是警方在使用武装无人机时，应该遵循联邦和州所有的关于无人机的法律。二是执法警察在使用武装无人机之前，应该向警方监管部门或上级主管机关申请批准。三是警方使用武装无人机携带的武器时，应该符合"Graham"案的判准。该判准应该考虑的因素有：所涉犯罪的严重程度、嫌犯是否对执法警察或其他人的人身安全构成直接的严重的威胁、嫌犯是否剧烈地反抗逮捕或企图逃离。四是除非明显违反"Graham"案的判准，上级主管机关应批准执法现场警察使用武装无人机的申

---

17 Alexandra A. Breshears, *Use of Armed Drones by Domestic Law Enforcement: Presence and the Fourth Reasonableness Factor*, 33 Thomas M. Cooley Law Review 183 (2016).

请，使用其携带的非致命的或致命的武器对付嫌疑犯。五是除非操作武装无人机的警察在案发现场，或者虽然操作无人机的警察不在案发现场，但是其已经与执法现场的警察进行了精准的信息交流，并获得执法现场警察的指令，否则不得使用武装无人机攻击嫌犯。[18]

总之，上述第一位美国学者强调的是警用无人机的日常管理制度，包括无人机的适航性，以及使用无人机后的详细记录等内容，属于无人机使用之前和之后的管理。其目的是确保无人机适航，以及保存使用无人机的各种证据，以便应对事后的责任追究。第二位学者强调的是执法现场警察使用无人机攻击违法行为人的合法性。

五、我国警察使用武装无人机的必要性

在武装无人机技术发展成熟后，我国警察也应该配备该无人机，以提升警方的控制力，保障警察的人身安全。理由如下：

一是保障执法警察的人身安全。我国警察目前遭遇暴力袭击后的伤亡率非常高，据统计，“我国警察平均每年负伤 4148 人，死亡 426 人。死亡负伤比为 10. 27%。而同一时期美国的数据是负伤 71421 人，牺牲 254 人，死亡负伤比为 0. 35%。我国警察的死亡负伤比是美国的 29. 3 倍”。[19] 在美国警察的死亡率比我国要低的情形下，美国警方仍然要引进武装无人机，保障执法警察的人身安全。为了减少我国警察的伤亡率，我国警方更应该引进武装无人机。

二是应对群体性事件。群体性事件是一种危机性社会事件。某些利益要求相同或相近的群众个体或团体、组织，在利益受损或得不到满足并受到策动后，可能非法集会、游行，集体上访、静坐请愿，或集体罢课、罢市、罢工，集体围攻冲击党政机关、重点建设工程和其他要害部位，导致交通阻断，甚至会产生集体械斗、打、砸、烧、杀、抢等暴力性行为。中国社科院法学院研究所发布的《2014 年中国法治发展报告》统计了 14 年间百人以上群体性事件有 871 起。其中 2010 年、2011 年、2012 年每年有 200 件左右。群体性事件严重地影响我国的社会安定，危及人们的生命和财产安全。为了处置群体性事件，我国警察往往冲在最前线，其伤亡在所难免。因此，如果警方可以使用武装无人机，就可以监控群体性事件中的人群。在人群试图进入禁区时，为阻止人群的非法

---

18 Eric Brumfield, *Armed Drones for Law Enforcement: Why It Might Be Time to Re-Examine the Current Use of Force Standard*, 46 McGeorge Law Review 543, 570 (2014).

19 谯冉：《中美警察使用武器裁量权比较研究》，载《中国人民公安大学学报》（社会科学版）2017 年第 6 期。

行动，在警告无效后，执法警察可以使用无人机携带的非致命武器攻击不听劝阻的人群。在有暴力行为时，警方也可以使用无人机携带的非致命武器对其“精准打击”。

三是应对暴恐活动。暴恐活动，是“暴力恐怖犯罪活动”的简称，是指出于反对国家或社会的目的，或为了实现其政治目标而采取绑架、暗杀、爆炸、控制劫持、扣押人质等恐怖手段，制造社会恐慌，应当受到刑罚处罚的犯罪行为。暴恐犯罪给人民群众的生命财产安全带来严重危害，给社会造成巨大的恐慌。为了打击暴恐犯罪行为，我国警方可以使用武装无人机对暴恐易发地区或重点人群进行“空中”监控，[20]在发现异常情形时，及时向警方发送暴恐情报，使暴恐犯罪消灭在萌芽状态。[21]在出现紧急情况时，警方也可以在警告无效后，使用武装无人机携带的非致命武器攻击暴恐分子。必要时，警方甚至可以使用武装无人机携带的“致命性”对暴恐分子进行精准打击，消灭其暴恐能力。在美国，就有使用武装无人机射杀暴恐分子的案例。2010年，奥巴马政府授权打击Anwar al－Awlaki，因为其与恐怖组织来往密切。2011年9月30日，Anwar al-Awlaki——这位美国公民在也门被无人机袭击杀死。他是第一个被置于中央情报局“杀戮或俘获”名单的美国人，也是唯一直接被政府用无人机袭击并被杀死的美国人。[22]

六、结论

警方配备武装无人机是大势所趋。在我国警方配备武装无人机后，为了使警方合法地使用该武器，扬其利，抑其弊，我们结合美国关于使用武装无人机的指导政策，提出以下若干意见。

一是警方使用武装无人机之前要经过上级主管机关的批准，操作无人机的警察应该经过培训，持有操作员证书。以此表明警方使用武装无人机的谨慎性。

二是武装无人机的使用（主要是航行，不包括使用武器的行为）要符合我国法律法规的相关规定（如关于航空管制方面的相关法律法规），以此表明警方

---

20 在我国，警方配备警用直升机的省市还比较少。2015年9月底，我国仅有警用直升机54架，其中多数为进口。到2017年6月，我国警用直升机增加到66架。从目前数据来看，我国部分省市还尚无警用直升机，如西藏、青海、新疆等地区。在没有警用直升机进行空中监控或使用警用直升机成本太高时，武装无人机就可以替代警用直升机，对重点地区或人员进行全天候的监控。

21 2014年，我国在新疆开展为期一年的严打暴恐犯罪活动，截止到2015年4月，共打掉暴力恐怖团伙181个，96.2%的暴恐犯罪团伙被摧毁在预谋阶段。

22 Jennifer Griffin, Two U. S. -Born Terrorists Killed in CIA-Led Drone Strike, Fox NEWS (Sept. 30, 2011).

使用无人机的合法性。

三是执法警察应该按照《人民警察使用警械和武器条例》第七条的规定，使用武装无人机携带的非致命性武器（或称之为警械）。使用武装无人机携带的致命武器时，警方除了要考虑该条例第九条规定以外，还得考虑以下因素：该犯罪活动是否会对执法警察或他人的人身安全构成即刻的严重威胁；嫌犯是否激烈地反抗逮捕或企图逃离。以此表明警方使用武器的谨慎性和合法性。

四是使用武装无人机携带的非致命或致命武器时，不在执法现场的无人机操作员（警察）要接受执法现场的警察的指挥。此规定是为了防止操作无人机的警察陷入上文论述的“道德困境”，滥杀无辜。

五是每次使用武装无人机后，警方都应该制作此次武装无人机使用情况（进行监控或使用武器）的详细报告。以此作为以后警方培训的资料，或作为证据使用。

中国企业境外投资的法律风险及建议

林翠珠*

改革开放以来，中国企业的海外投资领域不断扩大，特别是进入21世纪后，中国企业的海外投资正以前所未有的速度蓬勃发展。中国企业的海外投资不仅是国家战略发展的要求，也是新的经济发展增长点，同时这是扩大企业自身发展空间、增强企业自身竞争力的必经途径。根据商务部、国家统计局和国家外汇管理局联合发布的《2017年度中国对外直接投资统计公报》数据显示，2017年中国对外直接投资高达1582.9亿美元，投资流量规模仅次于美国和日本，已经位居全球第三；截至2017年底，中国对外直接投资超过1582亿美元，投资流量规模仅次于美国和日本，位居第三；截至2017年底，中国对外直接投资存量已超过18090亿美元，跃居全球第二位。从规模上看，中国的海外投资已遍及全球189个国家和地区。[1] 可以毫不夸张地说，中国的对外投资在全球外国直接投资中的影响力正在稳步上升，而中国公司的“走出去”更是势不可挡。

随着中国企业海外投资的迅猛发展，企业在投资过程中面临的风险也必然会受到更多关注。一般而言，海外投资风险在不同国家、不同行业、同一项目的不同阶段、同一阶段的不同工作项下表现不同。参照国务院国有资产监督管理委员会印发的《中央企业全面风险管理指引》第三条规定：“本指引所称企业风险，指未来的不确定性对企业实现其经营目标的影响。企业风险一般可分为战略风险、财务风险、市场风险、运营风险、法律风险等；也可以能否为企业带来盈利等机会为标志，将风险分为纯粹风险（只有带来损失一种可能性）和

---

* 林翠珠——广东恒福律师事务所副主任、执行合伙人，双博士，全国律协首期涉外律师领军人才，中国广州十大涉外大律师。

1 参见中华人民共和国商务部、国家统计局、国家外汇管理局：《2017年度中国对外直接投资统计公报》。

机会风险（带来损失和盈利的可能性并存）。”[2] CCG 在对中国企业全球化发展的研究成果《中国企业全球化报告（2018）》一书中提到，中国企业海外发展面临的“法律风险”是主要风险之一。为了满足我国企业海外发展的需求以及为了我国企业持续保持国际化经营，中国企业的海外投资应引起人们对法律风险的更多关注。本文将结合相关案例分析中国企业海外投资的法律风险。

从投资行业的角度来讲，东道国或其授权机构根据特定时期的法律、政策、经济发展水平等对不同投资行业进行评估并决定是否批准该投资项目。这是东道国对国家主权的适当行使，其目的是引进符合该国经济发展目标的外国投资并更好地服务于该国的经济和社会发展。所以，当东道国的法律对外国特定领域如技术密集型产业或者能源密集型产业等对国家安全和国民经济产生特殊影响的产业或企业进行特别限制时也便不足为奇。以美国为例，美国《2018 年外国投资风险评估现代化法案》（即 FIRRMA 法案）限制中国在生物技术、通讯技术及农业等领域对美国技术的获得以及使用。进入 21 世纪后，中国公司对美国的投资，尤其是中国在技术密集型产业或者能源密集型产业的投资，会招致美国采取特定措施来控制中国资本以使其符合本国的经济发展目标。2018 年，蚂蚁金服收购美国汇款公司 MoneyGram 宣告失败。尽管蚂蚁金服与美国汇款公司 MoneyGram 签署了并购协议并为此提供了 4500 万美元的保函，但鉴于相关知识产权流到外国公司手中的可能性，且出于缓解美国国家安全担忧与提高美国国家安全保护水平等综合考虑，最终美国外资投资委员会（CFIUS）禁止了这桩交易。除国家安全外，中国企业在对外寻求并购或者投资标的时，如何遴选优质的中介机构对并购或者投资标的进行尽职调查，如何有效与美国律师合作，了解当地投资并购法律与程序以避免法律风险也是一个亟待解决的问题。

若在境外投资的目标企业是上市公司，则东道国可能依据其证券方面的法律法规对中国企业的投资活动进行严格监管。一般来说，东道国可能从三个方面对投资行为进行监控：首先，要求收购方进行大量的信息披露，其中包括预先警示、公告、收购报告等；其次，可能会订立本国的上市公司的收购法律规则；最后，可能会反收购，即目标公司的经营者为了维护公司利益，可能尽力采取一些措施阻止正在进行的企业收购，或避免不合其利益的收购发生。[3]

从反垄断法的角度来看，欧洲以及美国对此规定非常严苛，不熟悉反垄断法以及违反反垄断法的规定会使中国企业面临天价罚款从而影响企业发展。以

---

2 参见 http://www.china.com.cn/finance/txt/2006-06/21/content_6249943.htm。

3 李洁：《中国企业境外投资的法律风险及其防范——基于案例分析的视角》，华中科技大学 2013 年硕士学位论文。

欧盟汽车行业为例，欧盟对汽车行业制定了一系列规定，如《第123/85号条例》《2002年汽车行业豁免条例》《2010年纵向协议豁免条例》《330/2010号一般纵向协议豁免条例》《一般纵向限制指南》以及《汽车行业纵向限制补充指南》等。反垄断执行机构欧盟反垄断委员会也对企业或企业联盟进行强制性的较为密集的反垄断调查。2018年，欧盟反垄断委员会就日产等汽车制造企业是否通过Accenture软件垄断汽车零部件领域进行反垄断调查，同年，欧盟反垄断委员会对5家汽车公司进行了3.95亿欧元的罚款。以中集集团收购荷兰博格工业公司为例，在中集集团与荷兰博格工业公司签署初步收购协议一个月之后，欧盟反垄断委员会便发起了反垄断调查。欧盟反垄断委员会认为中集集团在罐式集装箱市场中的份额超过一半，假如对博格进行收购将会阻碍公平竞争并且存在垄断的嫌疑，所以此次收购不得不被中止。在收购过程中，中集集团调整了收购策略，通过结构设计分离了涉嫌垄断的业务，即中集集团与博格公司共同成立一家新的公司——Newco公司，然后该公司成功对博格进行了最终的收购。上述利好案例启发中国企业在“走出去”的时候务必对东道国的政策法律、投资环境和相关行业情况等进行全面考察，以尽量避免和降低投资风险。

从目标企业经营的角度来看，在劳工法领域，为了促进本国经济发展，保障劳动率和刺激就业，东道国规定外商企业在本国发展需雇佣本地居民和/或限制外商企业工作人员的入境；劳工的人权保护也是无法回避的法律问题，劳工保护直接影响着“走出去”企业的生存能力和国际竞争力。对2005—2014年发生的120起“走出去”失败案例进行调查分析后可知，因为直接或间接的法律因素导致失败或造成损失的事件占16%，失败案例中的三分之一都是源自中资企业对当地劳工法不熟悉。[4]比较典型的案例是上汽收购韩国双龙，该案中因员工罢工，韩国法院直接介入，最后导致双龙进入破产程序。在环境法领域，随着国际环境法的日益发展和日趋完善，国际投资引发的或与之相关的环境保护问题也在不断显现。因中国经济发展历来对资源有着很大的需求，中国企业的海外投资在一定程度上具有很强的资源导向性。[5]尽管按照“十三五”规划的指引，中国的海外投资产业结构正向多元化方向转型，但从当前中国企业在“一带一路”沿线国家的投资分布来看，石油天然气、金属矿等重要资源的开采业，加工组装制造业，劳动密集型建筑和服务行业的投资仍占据较高比重。这些投资对东道国的环境影响较大，且一般多投向经济不发达、投资门槛低、生态环境较为脆弱且缺乏完善环境保护法规的亚、非、拉美地区。这就导致中国企业

---

4 王辉耀主编：《中国企业国际化报告（2014）》，社会科学文献出版社2014年版，第28页。

5 韩秀丽：《中国海外投资中的环境保护问题》，载《国际问题研究》2013年第5期。

在经营这些项目时，如果缺乏良好的环保意识，便很容易引发环境违法问题，进而造成投资的失败。自身较低的环保意识加上东道国的环境不佳，很容易使中国企业在对外投资时引发环境违法问题。[6]

针对上述中国企业“走出去”过程中可能面临的法律风险，笔者建议：一方面，企业在展开境外投资时，应当尽量加强了解和研究东道国境外投资的相关法律制度，在对外投资之前遴选优质的机构对投资目标国与投资标的进行尽职调查，在谋求专业支持的基础上，尽量提高企业内部法务的处理能力；另一方面，政府相关部门应提供不同形式的境外风险防控公共服务，如相关政府部门提供对外投资领域的国别报告，对重大“走出去”项目进行指导，协助中国企业制订灵活的风险转移策略，促进与东道国政府及多边投资担保机构的双边及多边合作，等等，助力中国企业更好地“走出去”。

6 刘真：《“一带一路”倡议推进中中国企业法律风险与对策研究》，载《湖北大学学报》2016年第6期。

图书在版编目（CIP）数据

法治论坛．第55辑／广州市法学会编．—北京：
中国法制出版社，2019.11
ISBN 978－7－5216－0771－0

Ⅰ．①法… Ⅱ．①广… Ⅲ．①法学－丛刊 Ⅳ．①D90－55

中国版本图书馆CIP数据核字（2019）第288682号

责任编辑：王佩琳（wangpeilin@zgfzs.com） 封面设计：周黎明

法治论坛．第55辑

FAZHI LUNTAN · DI 55 JI

编者/广州市法学会

经销/新华书店

印刷/三河市紫恒印装有限公司

开本/710毫米×1000毫米 16开 印张/25 字数/384千字

版次/2019年11月第1版 2019年11月第1次印刷

中国法制出版社出版

书号 ISBN 978－7－5216－0771－0 定价：85.00元

北京西单横二条2号

邮政编码 100031 传真：010－66031119

网址：http：//www.zgfzs.com **编辑部电话：010－66038139**

市场营销部电话：010－66033393 **邮购部电话：010－66033288**

《法治论坛》格式规范

1. 《法治论坛》文章以质量过硬为刊用标准，来稿要求是原创作品，未在正式刊物公开发表。

2. 《法治论坛》侧重以法律实践问题为切入点进行理论探讨，文章要求观点鲜明、论述缜密、论据充分、格式规范。

3. 所有来稿请注明论文题目、作者简介（包括法律职称）、联系电话、通讯地址、邮政编码、电子邮箱等。

4. 投稿请用电子邮件方式，邮件主题：×××（作者姓名）投稿。我们将尽快通知作者刊用情况。

5. 提倡文责自负，反对抄袭剽窃。本出版物已获中国知网授权使用“学术不端文献检测系统”。

6. 论文格式规范如下：

（1）来稿要有内容提要和关键词；

（2）脚注：注解一律采用脚注形式，并用横线与正文隔开；序号左顶格，以数字1、2、3……标示，全文连续编排。引用杂志的文章、引用的专著和引用的网络文章均用书名号。

例：

范愉著：《纠纷解决的理论与实践》，清华大学出版社2007年版，第565页。

章武生：《ADR与我国大调解的产生和发展》，载《纠纷解决——多元调解的方法与策略》，中国法制出版社2008年版，第3页。

王利明：《审判方式改革中的民事证据立法问题探讨》，载《中国法学》2000年第4期（引用期刊文章不需注明页码）。

援引自学位论文集的文章也用书名号。引用时应当标明作者毕业的学术单位、年份和学位层级，引用论文特定部分的内容应当标明页码或者章节，例如：李小明：《准政府组织的行政法定位及其权利规制》，吉林大学2016年博士学位论文，第139页。

(3) 参考文献

引用的文章和引用的专著用书名号，均不需注明页码。

例：

王卫国著：《破产法》，人民法院出版社1999年版。

【英】施米托夫著：《国际贸易法文选》，赵秀文译，中国大百科全书出版社1993年版。

杨兴培：《论刑事和解制度在中国的命运选择》，载《法学杂志》2006年第6期。

有纸质产品的情况下，不建议引用网站内容。如果引用网站内容，请标明网站名字和频道、网址、最后访问时间。

例如：王利明：《标准合同的若干问题》，载中国民商法律网民事法学频道，http：//www. civillaw. com. cn/weizhang/default. asp？id =22250，最后访问于2017年1月26日。

《法治论坛》2017年1月起入选南京大学CSSCI集刊目录，文章将同时被中国知网（www. cnki. net）署名转载，如不同意转载，请在投稿时作出声明。

地址：广州市越秀区小北路113号8楼广州市法学会

邮编：510046

电话：020 -83527753 83525279

投稿邮箱：gzfzlt@126. com（不区分大小写）